KB252313

한국근현대 농민사회연구

조승연 지음

서경문화사

Peasant Society in Modern and Contemporary Korea

by Cho Seung Yeon

Curator

The National folk Museum of Korea

Seokyung Publishers

Seoul, 2004

Peasant Society in Modern and Contemporary Korea
한국근현대
농민사회연구
조승연 지음

머리말

　　"공기와도 같은 것, 공기 속에 보이지 않는 산소와도 같은 것, 물과도 같
은 흙과도 같은 것, …어디에나 있으면서 어디에도 없는 것, 존재하고도 존재
하지 않는 것, 흔해빠져 아무도 눈여겨보지 않으면서도 내가 없으면, 일분 일
초도 없으면 세상은 순식간에 죽음의 바다, 나는 농민이다. 조상대대로 농민이
다. …"

　　우리들은 몇 년전 2000년을 맞으면서 새 천년의 희망에 대해 이야기했
다. 하지만 지금 우리의 농업이나 농촌에 대해서는 어떤 낙관적인 기대나
전망도 할 수 없는 상황이다. 우리 삶의 기반이던 농민사회는 해체위기에
처해있고, 그 위기를 타개해 나갈 방안도 거의 찾을 수 없는 상황이 되었다.
농민사회에서 일어나는 어떠한 경제현상이나 사회현상도 농민들 스스로 결
정하지 못하고 외부의 구조적 힘에 의해서 결정된다. 여기서 외부의 힘은
국가정책, 자본의 이해관계, 초국적 기업 등을 가르키며, 국가는 정책을 통
해 농민들의 농업생산구조를 규정한다. 따라서 자본은 농자재, 농산물 가격,
노동력 시장 등과 관련하여 농민에 대한 구체적인 이해관계를 가지며, 자기
들의 이해관계에 따라 농업과 농촌을 변모시키고자 한다.
　　이러한 조건 속에서 오늘날 우리의 농촌·농민사회의 현실은 위기를 넘
어 해체의 상황 속으로 빠져들고 있다. 통계청의 「2003년 농업 및 어업 기
본통계조사」에 의하면, 10년 전 농촌인구의 15%였던 65세 이상 노인 비중
이 지난해 27.8%로 늘어났다. 우리나라 전체인구에서 65세 이상 노인이 차
지하는 비중은 8.3%이다. 자녀들은 모두 도시로 나가고 노인 부부만 남은

가구가 늘면서 두 집 가운데 한 집(44%)은 2인 가구로 나타나며, 2인 가구 비중은 10년 사이 14%나 늘어났다. 특히 0-14세 인구비중은 해마다 줄어 지난해에는 10.7%로 떨어졌다. 65세 이상 인구를 0-14세 인구로 나눠서 산출한 노령화 지수는 260으로 전국 평균(40)의 6배를 넘어섰다. 이러한 현상은 단순히 노인인구가 많다는 문제를 넘어 영농 계승자의 단절로 인한 농촌사회의 유지 자체가 어렵다는 것을 말해준다. 실제 농사를 짓는 사람(농가경영주)을 기준으로 보면 상황이 더욱 심각하다는 것을 알 수 있다. 농가 경영주의 57.7%가 60세 이상이고, 10년 전에 61.5%를 차지했던 60세 미만의 비중은 42.3%로 크게 떨어졌다. 농민들의 농업생산에서 경작규모가 1헥타르(3,000평) 미만의 농가는 77만 3,000가구로 전체의 61.2%에 달하고, 정부가 집중적으로 육성할 계획인 9,000평 이상을 경작하는 농가는 8만 3,000가구(6.6%)에 지나지 않는다. 농촌 지역의 총인구는 353만명으로 10년간 34.7%줄어들었으며, 가구수는 126만 가구로 10년간 20.6%감소했다. 전체 인구에서 농가인구가 차지하는 비중은 이제 7.4%에 불과하다. 산업화 과정에서 이제 농민은 우리 사회의 절대 다수에서 소수로 줄어들었다. 그리고 농촌은 우리에게 잊혀진 인간애를 일깨우는 "고향"의 이미지로만 남아 있다. 우리들 삶의 뿌리로서 "아름다운 고향"이란 또 하나의 "허구적인 상상의 공간"으로 묘사되고 있다. 이와 같이 해체 위기에 직면해 있는 지금이야말로 "우리에게 농민·농업이 무엇이며, 어떠한 존재여야 하는가?"를 되묻는 작업이 보다 진지하게 되새김 되어야 할 때인 것 같다.

산업화·도시화에 따른 매년 30만~40만명의 이농인구(離農人口)로 인해 지금 수도권 인구가 전체 인구의 과반수를 차지하고 있다. 부산·대구 등 대도시 역시 과밀인구로 몸살을 앓고 있다. "이농민에 의한 대도시 함락" 현상이 보편화된 것이다. 농민들이야 농업을 포기하고 도시로 이주하면 그만이지만 그 순간 그 들은 도시빈민으로 전락해 각종 도시·환경·사회 문제를 야기 시킨다. 농업문제가 도시문제로 무대를 바꾸어 각종 사회문제를 일으키고 있는 셈이다. 일반적으로 이농에 따른 도시의 사회적 인구 팽창은 주택문제를 비롯한 교통·환경·문화·교육·복지 시설에 대한 추가 수요를 촉발

해 더 많은 사회적 비용지출을 초래한다. 농촌·농민문제는 단순히 시장경제의 원리나 통상정책 차원에서 풀 수 없는 다양한 공공적 기능과 관련돼 있다. 예컨대, 환경적 효과 이외에도 식량안보 문제, 국민의 건강과 생명을 위한 안전한 먹을거리 확보, 지역사회 보전과 국토의 균형개발 문제, 민족 고유의 전통문화의 계승 발전 등을 감안할 때, 농업을 지키는 문제는 고차원의 다원방정식으로 풀어야 할 경세(經世)정책의 대상이다. 당대의 농업정책은 오늘을 사는 우리에게만 영향을 미치는 것이 아니라 후손들에게 더 무서운 영향을 미친다는 생태환경적 교훈을 결코 잊어서는 안 될 것이다.

이 책은 필자가 여러 학회지를 통해 발표한 논문들을 모아 약간 다듬은 것으로, 전체 2부로 구성되어 있다. 전체 책 내용을 미리 염두에 두지 않은 가운데 쓴 글을 엮었기 때문에 책의 구성이 체계적이지 못하지만, 인류학적 현지조사와 미시적 사례연구를 토대로 씌여진 이 책의 글들은 근현대 한국 농민사회에 대한 이해라는 관점의 큰 흐름은 나타내고 있다. 제1부 "일제하 농민사회의 이해"는 일제 식민지 시대 우리 농민과 농업의 상황을 집중적으로 다룬 5편의 논문으로 이루어져 있다. 먼저 식민지 시대 농촌의 인구구성과 농업노동력의 유출, 겸부업의 형태 등에 대해서는 '제1장 일제하 농촌의 인구구성과 인구유출'에서 밝히고 있고, 일제하 농민의 농업생산형태와 일본인 대지주의 농장경영에 관해서는 '제3장 일제하 농민의 농업생산형태에 관한 연구'와 '제4장 식민지 농업생산기반의 형성과 일본인 대지주의 농장경영'에서 다루고 있다. 그리고 일제하 농민들의 초등교육과 식민지 교육정책에 대해서는 '제2장 일제하 농민의 초등교육과 황국신민화 정책'에서, 일제하 농민들의 일상생활에 사회적, 공간적으로 영향을 미친 지역체계의 변화에 대해서는 '제5장 식민지형 소도시의 형성과 도시공간의 변화'에 실려 있다. 제2부는 "해방이후 농민사회에 대한 이해"에서는 본격적인 산업화 정책이후 농민사회가 겪어 온 변화를 사례연구(case study)를 통해서 집중적으로 다룬 5편의 논문으로 구성되어 있다. 먼저 농업노동력의 유출에 따른 유출형태, 농업노동, 토지소유관계, 인구 및 가구, 가족구성 등의 변화에 대해서는 '제6장 농민의 이농에 따른 농업생산구조의 변화'와 '제7장 농민의 가족구성의 변화와 가족농 생산형태', 농민을 규제하는 국가의 농업정책에 따라 농민들이 가족이라는 집합적 단위를 매개로 어떤 대응전략을 강구하면서 농업생산의 지속과 생계를 유지하고 있는가를 분석한 '제10장 농민의 대응전략과 농업생산형태의 변화' 그리고 '제8장 도서지역 농어민의 가족구성과 경제활동'은 도서지역의 농어민의 경제활동과 가족구성에 대해서 다루고 있다. 8,90년대 농업기계화에 따른 농업생산조직의 변화에 대해서는 '제9장 농업기계화와 농업생산조직의 변화'에서 다루고 있다.

이 책의 기본 시각은 국가와 농민이다. 국가정책에 따라 농민사회가 규정되고, 그것에 따라 농업과 농촌이 영향을 받는다는 것이다. 지금까지 한국 농민사회의 역사는 한마디로 해체와 위기 속에서 진행된 희생의 역사였다. 한국의 농업·농민 사회를 통제하는 제도적 장치로서 가장 광범위하고 지속적인 것은 국가의 농업정책이다. 이 때 국가는 한편으로는 개별 자본의 이윤 극대화를 최대한 지원하면서 다른 한편으로는 사회적 재생산의 전체 과정의 원활한 진행을 통해서 자본주의 체제를 유지하고 성장시켜 나가는 것을 그 기본적 과제로 한다. 따라서 농업정책은 자본의 축적으로서 농업에 대한 다양한 요구를 실현시키기 위한 각종 경제정책을 추진하는 것이다. 이 때문에 자본은 농민에 대한 다양한 요구를 관철시키기 위해 농업지배의 다양한 전략을 세우며, 국가는 이를 실현시키기 위하여 농업정책을 통해 자본 관철의 물적 기반을 마련하는 것이다.

이와 같이 농민을 규제하는 국가의 농업정책이 농민의 생산과 재생산 체계의 변화를 가져오는 외부의 구조적 압력이라면, 농민은 이러한 위기에 대해 가족이라는 집합적 단위를 매개로 다양한 대응전략을 강구하면서 농업생산의 지속과 생계를 유지하는 것이 한국 농업의 일반적 전개과정이다. 농민들은 자신이 가지고 있는 가족 노동력과 토지 및 생산도구 등의 생산수단을 가부장적 원리에 기초하여 최대한 이용하는 전략으로 농업생산의 위기와 여기에서 파생되는 농민가족생활의 궁핍화에 대응하고자 한다. 농민의 대응전략은 한국 농업의 현행구조와 국가의 정책 논리 그리고 농민 생계유지 간의 대립적 상충관계에 기인한 것이다. 예컨대, 이 책은 현재의 영세소농 구조와 경제 논리에 매몰된 국가의 농업정책 그리고 농민의 생존권 요구 사이의 갈등은 오늘날 한국 농민 사회에 배태되어 있는 모순구조의 핵심을 이루고 있다는 것을 규명하고 있다. 이 책에서 다루고 있는 대상 시기는 근현대(近現代)이다. 필자는 사회과학이 자기의 학문으로 발전되려면 자국(自國)의 역사와 문화를 바탕으로 기술(idiographic : 사례서술적)되어야 하며, 또한 역사학은 사회과학의 도움으로 과학(nomethetic : 법칙정립적)이 되어야 한다고 생각해 왔다. 그리고 현실 문제를 깊이 이해하고 해결하기 위해서는 최소한 자국의 근현대사에 대한 엄밀한 고찰이 반드시 선행되어야 한다고 생각해 왔다.

이 책에 실은 글들은 본래 하나의 책을 염두에 두고 쓴 것이 아니고 또한 각각의 논문을 쓴 시기도 다르기 때문에 내용의 일부가 중복되거나 현재의 조사마을 상황과 다소의 차이를 보이기도 한다. 이 책을 읽는 독자들께 이 점에 대해 양해를 구한다. 이 책이 한국 근현대 농민사회의 역사적 변화와 지역·시대별 특성 그리고 현재 농민과 농촌·농업이 당면한 해체의 위기적 상황을 이해하고 농민사회의 현실을 보다 생동감있게 포착하는 데 조금이나마 도움이 되었으면 한다. 또한 필자는 이 책이 제시하고 있는 구체적인 현실과 풍부한 사례를 통해서 농촌과 농민사회를 총체적으로 조망할 수 있는 이론틀과 연구방향을 제시하고 앞으로의 농민연구를 위한 실마리와 그 분들의 문제해결에 도움을 줄 수 있다면 그 이상 바랄 것이 없다.

이 책이 출판되기까지는 많은 분들의 가르침과 도움을 받았다. 특히 필자가 이 글들을 쓰는 과정에서 영남대학교 박현수 교수님의 가르침에 많은 도움을 받았다. 선생님을 통해서 이 땅에서 학문하는 데 필요한 "실사구시(實事求是)의 연구자세"와 "한국의 농민사회"라는 주제를 일관되게 분석할 수 있는 방법론을 배울 수 있었던 것은 이 책 전체를 지탱하는 토대가 되었다. 재작년 말에 갑자기 돌아가신 아버님은 필자에게 항상 모든 일에 성실한 자세로 임하고, 좋은 연구물을 많이 남기는 것이 연구자의 가장 중요한 역할이라고 일러주셨다. 아버님을 다시 한번 떠 올리게 된다. 그리고 이제는 홀로되신 어머니께는 그저 건강하시기만을 빌며, 책이 나오면 어머니 모시고 성묘라도 갈 생각이다. 게을러지지 않도록 옆에서 항상 자극해주며, 평안한 가정을 꾸려주고 있는 아내와 올 곧게 자라고 있는 성민, 수민에게도 항상 고맙고 든든한 마음을 가지고 있다.

이 책에는 본문과 부록에 많은 도표가 사용되고 있는데, 이는 도표를 통해서 숫자의 흐름을 보면 그때까지 몰랐던 사실이나 커다란 경향의 흐름을 알 수 있고, 도표를 다른 용도로 적절하게 이용할 수도 있기 때문이다. 그렇지만 출판사의 편집부에서 작업하는 분들은 상당히 귀찮았을 것이다. 꼼꼼한 편집에 감사드린다. 어려운 출판여건에도 불구하고 이처럼 아름답게 책을 만드는데 힘써주신 서경출판사의 편집 직원과 김선경 사장께 감사드린다.

2004년 6월

더불어 사는 삶을 생각하며   조 승 연

목 차

표 및 그림 목차

제 I 부
일제하 농민사회에 대한 이해

갈곧없는 소작인

이세상앤 불상하고 원통한 사람 너무나많다.
시무고 김매고 걷우고 타작까지 하고서
헐벗고 굶주리는무리 너무나 많다
건넌집 수복이네는 왼한해 지은곡식으로
모도다 빗갚아주고 먹을 것은 조곰도없는데
어제는 지주한데 농터까지 빼앗기고서
단네식구가 갈곳없어서 왕왕들 울고만잇다

이세상엔 불상하고 원통한사람 너무나많다
시무고 김매고 걷우고 타작까지 하고서
농터맞아 빼앗기고 좇기는무리 너무나많다
부자집고깐마다 곡식이 태산이오
아득이 넓은들은 모도다 논밭이건만
어찌하야 수복이네 네식구가
먹고 농사할 곡식과 논밭은 없더란말이냐?
수복이네는 남다잘사는데 자기네만 못사는듯하야
더욱더 소리처 통곡한다

(홍용익, 『조선농민』, 조선농민사, 1933년 1월호)

제1장

일제하 농촌의 인구구성과 인구유출

1. 서 론

이 논문은 일제하 식민지 한국 농촌의 인구구성과 인구유출을 한 마을의 사례를 통하여 규명하고자 하는 것이다. 따라서 이 논문의 일차적 과제는 식민지 지배의 편의를 위해 실시된 제반 농업정책에 따라 농촌의 인구구성과 인구유출이 어떤 특징을 지니고 있었는지를 분석하는 것이다. 한국의 농촌은 20세기 초반에 커다란 구조적 변화를 겪게 되었다. 이러한 변화를 규정한 요인은 여러 가지로 이야기될 수 있지만, 그 중에서 일제의 식민통치라는 정치적 상황과 그에 따른 식민지 농업정책이라는 경제적 조건이 가장 결정적이었음은 말할 필요가 없다. 이러한 일본 제국주의의 침략과정을 경제적 측면에서 보면 식민지적 농업구조의 창출과정이라고 할 수 있다.

일본 자본주의는 식민지적 초과 이윤의 수탈에 의한 원시적 축적을 획득하기 위하여 부분적으로는 자본 수출을 선행시키면서 제국주의적 식민지 지배에 나서게 되었다(박현채 1979 : 223-50). 따라서 일제는 한국을 식민지화하면서 식민지 농업을 재편성하여 일본의 제국주의적 정책 수행의 기반을 삼고자 하였다. 이 과정에서 일제가 식민지 한국의 농업에서 정책적으로 추진한 사업은 시기에 따라 그 양상을 달리했다. 시기적으로 볼 때 1910년대와 20년대 그리고 1930년대를 나누어 그 특징을 검토해 볼 수 있다. 그 중에서도 특히 1920년대의 산미증식계획과 1930년대의 농촌진흥운동에 대한 논의는 여러 학자들에 의해 그 성격과 내용이 검토되어 왔다. 지금까지의 연구들은 1920년대 산미증식계획이 일본 자본주의의 발달과정에서 나타난 식량문제를 해결하기 위해서 추진되었다는 점과 그리고 1930년대의 농촌진흥운동은 급격한 농민층 분해와 고율의 소작료로 인해 농촌사회가 불안정해짐에 따라 취해진 농업정책이었다는 점을 밝혀주고 있다.[1]

지금까지 이러한 식민지 시대에 관한 연구는 주로 일제 침략에 따른 민족 저항사의 분야나 실증분석에 입각한 사회경제적 시대구분의 문제에 치중되었으며,[2] 일제하 농촌의 사회구조에 관한 연구는 아주 열악한 수준에 머물렀던 것이 사실이다. 최근 일제하의 사회적 성격을 둘러싼 논쟁이 활발히 전개되고, 식민지 시대 운동론에 관한 관심이 고조됨에 따라 일제하 식민지 농촌의 사회구조에 관한 총체적 분석의 요구가 증대되고 있다. 이와 같은 식민지 사회에 대한 총체적 분석의 요구는 오늘의 한국

---

1) 일제가 농민몰락과 농민 대중의 저항, 즉 농촌의 사상적·경제적 파탄을 극히 우려하여 전개한 것이 농촌진흥운동이었다. 1930년대의 농촌진흥운동은 원료와 식량공급지, 상품시장, 값싼 노동력 공급지로서의 조선을 약탈함으로써 배태시킨 구조적 모순에 대한 반응이다. 일제편에서 보면 '빵'을 줌으로써 '사상의 오염'이나 악화를 막고 장차 '충량한 황국 신민'으로 갱생시키는 데 있었다. (한도현, 1986, 「1930년대 농촌진흥운동의 성격」, 235쪽)에서 참조.
2) 물론 역사학과 경제학의 식민지 시대에 관한 연구들은 대부분 일제 시대의 사회경제적 성격의 규명에 있었다. 현대의 한국 사회를 이해하고 설명하려는 학계의 이같은 노력은 각 학문의 시대적 사명을 반영한 것으로 보아야 할 것이다. (박현수, 1990, 「식민지 도시에 있어서의 일본인 사회의 형성-1900년 무렵 부산과 대구의 경우」, 9쪽).

사회를 하나의 전체로서 이해하는 데나 한국 사회의 작은 부분 또는 좁은 한 측면에서 이해하는 데나 이를 결정한 과거는 중요한 것이며, 특히 가까운 과거는 그 중요성이 더 클 수밖에 없기 때문이다(박현수 1990 : 9). 오늘날의 농촌의 사회구조를 이해하기 위해서는 일제하 농촌에 대한 분석은 필수적인 것이다. 왜냐하면 오늘날의 농촌 상황은 이러한 역사적 전개과정을 통하여 심화되어 왔기 때문이다. 따라서 일제하 농촌에 관한 역사과정을 보다 체계적이고 구조화된 형태로 재구성하기 위해서는 인류학적 관점에 의한 역사연구가 필요하다(정승모 1984 : 47).

한 사회의 사회구조를 기초차원에서 규정하는 '사회의 단위와 조직'은 사회구성체내에서 자연적 결합형태로서 나타나는 부분들이다. 구체적으로 보면 인구·가족·친족 등이 이에 해당한다. 그래서 한 사회의 구조와 변동을 해명하고자 할 때 인구현상에 대한 탐구는 중요한 조건이 된다. 왜냐하면 한 사회의 유지·발전에 필요한 사회적 재생산[3]의 요소는 여러 가지가 있겠지만, 특히 인구의 재생산 과정은 가장 중요한 요소의 하나일 뿐 아니라 사회 전반에 걸친 지속과 변화의 근거를 동시에 제시해 주기 때문이다. 예컨대, 출산율, 사망율, 인구이동, 인구증가, 성별·연령별 인구구조 등이 모여서 한 사회의 인구현상을 구성하게 되고, 이러한 인구현상은 사회의 다른 요소들과 상호 밀접한 관계를 이룰 뿐만 아니라 사회의 구조적 변화를 불러일으킨다. 그리고 한 사회의 구조적 변화에 있어서 사회적 재생산은 양면성을 띠는데, 그것은 재생산이 생산체계의 지속을 가능케 함과 동시에 그 개념속에는 시간성이 내포되어 있어 체계의 변화에 대한 근거, 즉 운동법칙(law of motion)을 제시해 준다(정승모 1984 : 108 - 109).

이러한 인구현상 가운데 특히 인구의 사회적 이동은 정치, 경제, 사회문화 및 개인의 심리와 같은 다른 사회적 요소와 밀접한 연관성을 갖

---

3) 사회적 재생산은 생산의 사회적 관계의 재생산을 뜻하는데, 이는 때로는 노동 자체의 재생산을 의미하기도 하며 世代에 걸친 인구 재생산이란 뜻으로 쓰이기도 한다. (정승모, 1984, 「同族地緣共同體와 朝鮮傳統社會構造」, 109쪽).

으며, 사회구조의 변화에 커다란 영향을 미치기 때문에 중요한 연구대상
이 되어 왔다. 그러나 이러한 인구이동의 문제는 전국적인 규모, 예를
들면 농촌과 도시의 대비를 통하여 농업인구의 변화현상이나 또는 대도
시 자체의 인구증가의 문제로만 고찰되어 왔고 농촌의 한 마을의 차원
에서 어느 정도 깊이 있는 분석은 이루어진 바가 없었다. 따라서 이 논
문은 마을 수준의 인구구성과 인구동태의 분석을 통하여 궁극적으로 식
민지 사회의 구조를 기술하고 해명하는 데 목적을 두고 있다.

본 논문에서 일제하 농촌의 인구구성과 유출형태를 파악하기 위한 1
차 자료는 『朝鮮の農村衛生』(1940)과 『朝鮮農村の實態的研究』(1941)에 수
록된 마을의 인구구성과 인구유출형태, 가족구성 그리고 겸부업, 출가(出
稼) 등에 관한 것을 이용한다. 이를 통하여 이 논문은 일제하 마을의 인
구구조가 어떤 특징을 나타내는 가를 울산지역 한 마을의 사례연구를 통
하여 일제하 농촌의 인구구성과 인구유출이 어떠한 양상으로 나타나는가
를 밝히고자 한다.4)

2. 식민지 농촌의 인구구성

1) 농촌의 농업인구

일제의 침략으로 인하여 식민지 조선의 농촌 사회는 심각한 사회구
조적 변동을 초래했다. 특히 일제의 수탈로 말미암은 농민의 궁핍화는

---

4) 일반적으로 인구학에서의 인구분석은 정태분석과 동태분석으로 나누고 있다. 정태
  분석은 생물학적 기준, 경제적 기준, 사회문화적 기준에 의해서 이루어진다. 동태
  분석은 인구의 변화를 다루는 분석으로 인구의 증가 또는 감소와 소속인구의 특성
  변화에 대한 분석이다. 인구증가는 출산과 사망으로 표현되는 자연적 증가와 유출
  과 유입으로 나타나는 사회적 증가로 나타난다. 이러한 인구의 사회적 증가는 유
  출인구와 유입인구에 의해서 결정된다. (최재율, 1986, 『농촌사회학』, 141쪽)에서 참
  조.

농업 공황을 전후로 하여 첨예하게 전개되었다. 이러한 변화의 주된 원인의 하나는 일제의 수탈로 인한 농촌 인구의 유출과 탈농화 현상이다. 한일합방 이후 농촌·농업인구의 변화양상을 전국적인 단위로 살펴보면, 한일합방이 이루어지기 직전인 1910년 봄에 총취업업호수 가운데 농업에 종사하는 호수가 84%를 차지하고 있었다(朝鮮總督部 1927 : 94). 1910년 5월 10일 구한국 정부 고문부가 실시한 조사에 따르면, 총직업별 호수 289만 4,777호 중에서 농업에 종사하는 가구는 243만 3,450호로 84.1%를 차지하고 있었다. 이처럼 일제 초기의 직업인구중에는 절대 다수가 농업에 종사하고 있었다.

일제하 식민지 조선의 농가인구 및 농가호수의 변화양상을 살펴보면, 1910년 당시 호구조사 결과 총인구는 1,331만 3천명이었으며, 이중에서 농업인구는 1,042만 7천명으로 총 인구의 78.3%를 차지하였다. 그 후 1920년까지는 급속한 인구증가를 보이고 있으며, 특히 총인구에 비하여 농가인구의 증가율이 월등히 높았다. 그러나 1920년을 고비로 하여 농가인구의 증가는 크게 둔화되어 1932년 까지 12년 동안의 연평균 증가율은 총인구 증가율의 절반 밖에 않되고 있다. 전체 인구에 대한 농가인구의 구성비는 1920년의 83.4%를 정점으로 하여 점차 감소하여 1942년에는 70%미만까지 낮아졌다. 한편 농가호수는 1910년도에 234만 6천호로서 총호수의 83.3%를 차지하고 있는데, 절대수를 보면 1920년까지 급속히 증가하다가 20년대에는 270만 호대에 머물고 다시 4~5년간 급속히 증가하고는 30년대에는 정체하고 있다.

물론 농가호수의 비중은 급속히 감소하여 22년 이후 80% 이하로 되고 1940년 이후는 70%미만으로 줄어들었다. 그리고 농가 가운데 겸업을 하는 농가의 비중은 매우 낮아 5%내외에 불과하였다(농림신문사편 1949 : 44). 이처럼 20년대에 급속히 증가하던 농업인구 및 농가호수가 30년대에는 정체하고 있는 것은 농촌의 궁핍화에 따른 많은 농업인구 및 농가가 도시로 유출하거나 일본, 만주 등지의 해외로 나갔기 때문이다.5)

이러한 해외 유출인구의 존재는 식민지 지배에 따른 농촌의 하층 계층
의 탈농화 현상에 지나지 않는 것이다.

<표 1-1> 일제하 농림업인구

인구 / 연도	1917	1925	1930	1940
총노동력 인구	10,920	11,497	9,766	9,196
농림업 인구	9,289	9,553	7,665	6,685
비 율	85.1	83.0	78.5	72.7

자료 : 김철, 1988, 『日帝末期의 파시즘과 韓國社會』, 135쪽에서 재작성.

특히 만주사변6) 이후의 농민경제의 몰락상은 인정식(印貞植)이 1938
년 경북 달성군 월배면 도원리에서 행한 조사에서 보다 생생하게 나타
난다. 이 촌락의 총농가 호수는 57호였는데 농촌진흥운동이 진행된 최근
7~8년 사이에 자작농 12호중 5호가 자소작농 내지 소작농으로 전락하
였고, 자소작농 30여호중 8호가 소작농 내지 농업노동자로 전락하였고
그 나머지도 자작농지의 소유규모가 4~5反에서 0.5~1反으로 감소되어

---

5) 1910~1919년까지의 해외 유출인구는 만주가 306,594명, 일본이 34,684명, 총
341,278명으로 대부분 만주로 이출하였다. 그러나 1920~1930년까지의 해외 유출인
구는 만주가 144,679명, 일본이 352,832명으로 일본으로의 유출인구가 급격하게 증
대하고 있다. 일본으로 유출된 대부분의 인구는 도시지역에서 잡업 노동이나 공장
노동자로 취업하였다. 1910~1930년까지의 전체 해외 유출인구는 만주 451,273명,
일본 387,516명으로 총 838,789명에 달한다. (김철, 1988, 『日帝末期의 파시즘과 韓
國社會』, 31~36쪽)에서 참조.
6) 1931년 9월 18일 류탸오거우사건[柳條溝事件]으로 비롯된 일본 관동군(關東軍)의 만
주에 대한 침략전쟁을 말한다. 일본군은 봉천(奉天 : 瀋陽) 외곽의 류탸오거우에서
스스로 만철(滿鐵) 선로를 폭파하고 이를 일으킨 집단으로 당시 군벌 장쉐량[張學
良] 정규군의 소행이라고 하여 일본은 만철 연선(沿線)에서 북만주로 일거에 군사
행동을 개시하였다. 일본군은 1932년 초까지 거의 만주 전역을 점령하고, 같은 해
3월 1일에는 일본의 괴뢰국가인 만주국의 성립을 선포하여 만주를 일본 침략전쟁
의 병참기지로 만들었다.

거의 소작농과 다를 바 없는 존재로 몰락하였다. 그래서 순소작 농민과 다를 바 없는 농민이 7할을 상회할 정도로 증가하였고, 탈농상태에 있었던 피용호도 새로 5호(약 9%)나 발생하였다(인정식 1940 : 98 - 99). 이러한 피용호(被傭戶)는 농업노동만으로 생계를 유지할 수 없기 때문에 그들은 농번기에는 농업노동자가 되기도 하지만 주로 사방공사나 또는 토목공사에 고용되어 생계(生計)를 이어간다. 따라서 이들은 농업노동자라기 보다 오히려 탈농층에 가까운 존재들이었다.

지금까지 살펴보았듯이 일제의 식민지 농업정책으로 추진된 '토지조사사업', '산미증식계획', '농촌진흥운동' 등으로 인하여 농촌사회는 매우 피폐하게 되어 많은 농민이 농업이외의 부문으로 유출되기에 이른다. 이러한 현상은 일제 후기에 조사된 한 촌락의 사례에서 보다 구체적으로 나타나고 있다. 이 촌락의 인구구성과 인구유출 등의 인구구조 현상의 분석을 통하여 일제의 식민지 농업정책이 농민의 일상의 생활공간이었던 마을에 구체적으로 어떻게 영향을 미치게 되는가를 알 수 있을 것이다.

2) 인구구성

이상에서 살펴본 일제하의 농가인구 및 농가호수의 변화상을 한 촌락의 사례를 통하여 좀 더 구체적으로 살펴보자. 사례로서는 한 마을을 선정하여 전수조사를 행함으로써 일제하 농촌의 인구구성과 유출형태를 밝히고 있는 조선농촌사회위생조사회(朝鮮農村社會衛生調査會)의 실태조사보고서인 『朝鮮の農村衛生』을 분석자료로 사용한다. 이 보고서는 1936년 7~8월 사이에 조사된 경남 울산읍 '달리(達里)' 마을을 조사대상으로 하였다. 이 마을 농가의 경제적 상황은 다음의 <표 1-2>의 농가개황표와 같다.

다음의 <표 1-2>촌락의 농가개황표를 통하여 농가의 토지소유별 구성을 살펴보면, 지주 4호(3.1%), 자작농 7호(5.5%), 자소작농 42호(33.1%),

소작농 51호(40.2%), 농업노동자 23호(18.1%)로 총 127호로 이루어져 있
다.7) 이를 구체적으로 살펴보면, 지주 4호(일본인 2호 포함)중 2호는 지
주겸 자작이고, 1호는 지주겸 자소작 나머지 1호는 지주겸 소작으로 이
루어져 있다. 지주 4호의 총경지면적은 논 19町 4反 5畝와 밭 8町 7反 1
畝로 모두 28町 1反 6畝이다. 호당 평균면적은 7町 0反 5畝(21,150평)이
다.

<표 1-2> 달리마을의 농가개황표

계 층	호 수		경영형태	가족원수 (인)	농업노동력(인)			경지면적		耕畜 (두)
	호수	%			가족원	정고	임시고	답	전	
지 주	4	3.1	地·自:2 地自小:1 地·小:1	4.75	0.75	1.25	12.7	48.6 (12.9)	21.8 (4.5)	1.25
부 농	6	4.7	自:1 自·小:5	6.3	0.3	2.3	157.5	19.8 ·(4.8)	3.8 (1.5)	1.3
중 농	20	15.8	自:2 自·小:13 小:5	5.4	1.9	0.5	60.3	2.5	2.1	0.8
빈 농	74	58.3	自:4 自·小:24 小:46	4.4	1.6	—	19.7	4.5	1.3	0.1
농 업 노동자	23	18.1	—	4.18	1.68	—	—	—	—	—

자료 : 大野 保, 『朝鮮農村の實態的研究』, 342~343쪽
비고 : 여기에서 畓은 2斗落을, 田은 6斗落을 1反으로 하며, 畝는 30평을 나타 낸다.
　　　 가족노동력은 성인 남자 1명에 대해서 부인은 0.8, 자식은 0.5로 한다.

---

7) 농가경제 개황표에 조사된 호수(127호)가 인구구성의 농가호수(129호)와 다른 것은
　 인구구성의 조사는 昭和 11년(1936) 여름에 조사되었지만 농가경제의 조사는 그 전
　 년의 호수를 사용하고 있기 때문이다.

자작농 7호의 경지면적은 논 3町 0反 5畝, 밭 1町 1反으로 총 4町 1
反 5畝이며 총경지면적의 4.6%를 차지하고 호당 평균면적은 논 4反 4畝,
밭 1反 5畝로 총 5反 9畝를 차지한다. 자소작농 42호의 경지면적은 논
16町 0反 2畝, 밭 5町 8反 9畝로 총 21町 9反 1畝의 자작지와 논 21町 3
反 6畝와 밭 1町 9反 4畝로 총 23町 3反의 소작지로 이루어져 총 경작면
적은 44町 8反 6畝이다. 이러한 자작농의 경작면적은 달리마을 총경지면
적의 50.3%나 차지하고 있다.

소작농 51호의 경지면적은 논 27町 4反 1畝, 밭 5町 4反으로 총 32町
8反 1畝로 호당평균면적은 논 5反 2畝, 밭 1反으로 총 6反 2畝이다.[8] 농
업노동자 23호의 소작지는 극히 적어 소작지 합계가 논 8畝, 밭 2反 2畝
로 총 3반으로 자기 책임의 농업경영은 거의 없는 것이나 마찬가지이다.
농업노동자 23호의 가족원수는 96명으로 호당 평균 4.18명을 이룬다. 그
리고 계층별 농업경영 상황을 살펴보면, 지주 4호(3.1%), 부농 6호(4.7%),
중농 20호(15.8%), 빈농 74호(58.3%), 농업 노동자 23호(18.1%) 이다.

이 조사에서 파악된 농촌의 인구구성 및 인구유출을 구체적으로 살펴
보면, 다음과 같다. '달리'마을의 인구는 남자가 274명, 여자가 316명으로
전체 인구는 590명으로 구성되어 있고 그리고 가구수는 모두 126가구이
다.[9] 이러한 촌락규모를 1915년에 조사한 면리(面里)편제와 비교해 보면,
당시 150호 이상이 1.3%, 100-150호가 2.9%, 60-100호가 9.7%, 30-60호
가 26.8%, 10-30호가 42.4%, 10호 미만이 15.9%로 조사되어 있다. 위 통

---

8) 농가 1호당 평균 경지면적 변화의 상태를 보면, 1918년의 1.63정보(논 0.56, 밭 1.05)
   에서 1926년 1.58정보(논 0.57, 밭 1.01), 1930년 1.52정보(논 0.56, 밭 0.96), 1936 1.44
   정보(논 0.55, 밭 0.89)로서 1918년 이후 지속적으로 감소하고 있다. (朝鮮總督部 農
   林局, 「朝鮮小作年報」, 1938, P.140).
9) 본 논문에서는 일본인 가구 3가구를 제외했다. 일본인 3가구는 남자 7명, 여자 8
   명으로 모두 15명이다. 구체적인 인구구성을 살펴보면, 0~9세가 5명(남 3, 여 2),
   10~19세가 1명(여 1), 20-29세가 2명(여 2), 30~39세가 4명(남 2, 여 2), 40~49세
   가 1명(남 1), 60~69세가 2명(남 1, 여 1)으로 평균 가족원수는 5명이다. 일본인가구
   의 경제상황을 보면 3가구 중 2가구는 지주이다. (朝鮮農村社會衛生調査會, 1940,
   앞의 책, 145~146쪽)을 참조.

계에 따르면 60호 미만이 86.1%를 차지하고 있으며, 이것은 「경국대전(經國大典)」과 「오가통사목(五家統事目)」에서 규정한 소리(小里)가 조선후기까지 표준적인 촌락규모임을 알 수 있다(박경하 1993 : 69). 따라서 달리마을의 규모는 이 보다는 큰 대리(大里) 규모의 촌락임을 알 수 있다.

마을의 인구를 성별·연령별로 살펴보면, 아래의 <표 1-3>와 같으며 이를 인구모형으로 나타내면 <그림 1>과 같다.

<표 1-3> 달리마을의 성별·연령별 인구구성

연 령	남	여	계(%)	성 비
1 - 9	98	105	203(34.4)	94.4
10 - 19	42	55	97(16.4)	75.0
20 - 29	38	39	77(13.0)	92.7
30 - 39	24	41	65(11.0)	60.5
40 - 49	26	30	56(9.4)	90.0
50 - 59	24	25	49(8.3)	96.0
60 - 69	15	11	26(4.4)	133.3
70 - 79	7	8	15(2.5)	87.5
80 이상	–	2	2(0.3)	–
계	274	316	590(100.0)	87.0

자료 : 朝鮮農村社會衛生調査會, 1940, 『朝鮮の農村衛生』, 142~143쪽, 149쪽.

위의 <표 1-3>과 <그림 1>을 통하여 '달리' 마을의 성별·연령별 인구구성을 살펴보면, 다음과 같은 사실을 알 수 있다. 남자가 274, 여자가 316명으로 여자가 남자보다 훨씬 더 많으며 60대를 제외한 모든 연령층에서 여자가 더 많은 비율을 차지하고 있다.

이 시기의 인구구조에는 1~20세까지가 남녀 모두 300명으로 전체인구의 약 50.8%를 차지하고 있다. 특히 1~9세의 인구가 203명으로 34.4%를 차지하고 있다. 이것은 이들의 부모가 아직 혼인한 지 10년 미만의 사람이 많다는 것을 의미한다. 농업 노동력의 근간을 이루는 청장년층에 속하는 20대에서 50대까지의 인구는 247명으로 전체 인구의 41.7%를 이루고 60대 이상의 인구는 43명으로 전체의 7.2%를 차지하고 있다. 이와 같은 사실에서 '달리'촌락의 인구구성은 20대에서 50대가 완만하기는 하지만 전체적인 인구모형을 볼 때 피라미드형을 하고 있다. 이것은 이 연령대의 인구가 이촌(移村을) 하여 다른 부문에 종사하기도 하지만 중농 이하의 계층은 촌락에 계속 잔류하면서 농외의 타부문에 겸부업의 형태로 종사하기 때문이다.[10]

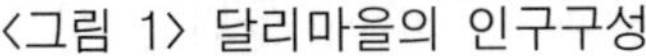

<그림 1> 달리마을의 인구구성

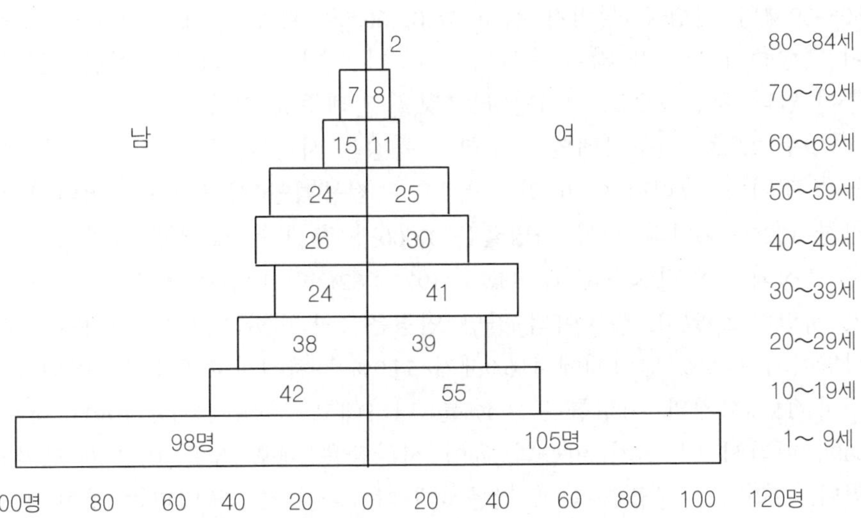

---

10) 그러나 산업화·공업화로 인하여 촌락의 인구가 대량 유출되기 시작하는 60년대 이후의 농촌의 인구모형을 보면 20대에서 50대의 계층이 극단적으로 들어간 형태를 나타내고 있다. 일반적으로 농촌인구의 유출은 1960년대 후반에 본격화 되기 시작하였는데, 1970년대 전반에 일시적으로 둔화되었다가 1970년대 후반 이후 다시 급증하고 있다. 순이농 인구를 기준으로 할 때, 1965~70년에 연평균 약 50만명의 농촌인구가 도시로 유출되었는데 이는 1950년대 전반의 약 12만명, 1960년대 전반의 19만명에 비해 크게 증가한 숫자이다. 1970년대 전반에 순이동인구는 약 37만명으로 약간 둔화되었지만, 1970년대 후반에 다시 51만명으로 급증하였다. 1980년대 전반에는 다시 연평균 약 37만명으로 이농이 상대적으로 둔화되고 있다. (박진도, 1994, 『한국자본주의와 농업구조』, 149~150쪽)에서 참조.

이번에는 성별 구조를 통해 성비를 살펴보자. 여기에서 성비는 여자 100명에 대한 남자의 수를 가르킨다. 일반적으로 큰 전쟁이나 인구이동이 없는 상황에서 한 나라의 성비는 95－102 사이로 나타나지만(은기수 1987 : 58), '달리' 마을의 연령별성비는 1～9세가 94.4, 10～19세가 75.0, 20～29세가 92.7, 30～39세가 60.5, 40～49세가 90.0, 50～59세가 96.0, 60 69세가 133.3, 70～79세가 87.5로 나타난다. 그리고 전체 연령층의 성비는 60.5에서 최고 133.3까지 나타난다. '달리' 마을 전체의 성비는 여자 100명에 대해 남자는 불과 87 밖에 않되는 상태이다. 특히 10～19세와 30～39세의 연령층 성비가 각각 75.0, 60.5로 매우 낮게 나타나는 것은 이 연령층의 인구가 많이 유출되었기 때문이다.11) 이러한 현상은 인구유출이 남녀 차별적으로 일어난다는 것을 말해주고 있다.

일반적으로 전통시대의 인구학적 특징은 사망률, 특히 유아 사망률이 높은 것이다. 그러나 이미 인구학적으로 전통적인 시기에서 벗어나기 시작한 1925－30년의 유아 사망율은 1,000명 출생당 180명에 달하는 것으로 추정되고 있다(Kwon, Tai Hwan 1977 : 82). 이 마을은 출산아의 32.7%가 사망하고 있고, 사망아의 사망 연령은 1년 미만의 유아 시기가 전체 사망아의 37.5%, 만 1세에서 6.9세가 54.9%를 차지하고 있는데, 반해 7세에서 15세까지의 사망률은 3.4%를 나타내고 있다(大野保 1941 : 348－349). 따라서 이 시기 마을의 유아 사망율은 매우 높은 비율을 보이고 있다. 그리고 사망율과 함께 전통시대에는 출산율도 높았다는 것이 인구현상의 특징이다. 그러나 1930년대의 출산력 수준은 순수 재생산 수준을 1이상 계속 유지할 정도로 높지는 않았다(은기수 1987 : 79). 이 시기의 출산력 수준이 생각보다 높지 않은 이유는 토지의 압박이 심했던 경제 상황에서 자식이 많다는 것은 자녀 양육과 가족 구성원의 부양에 많은

---

11) 유출연령이 남녀 대체로 12세에 시작되고, 남자는 16세에 약간 늘어나서 25세까지 계속되고, 여자는 17, 8세에서 끝나고 있다. 이러한 젊은 남녀의 유출이 농촌 인구 구성에 있어서 청년기의 불균등을 초래한 원인이 된다. (朝鮮農村社會衛生調査會, 1940, 앞의 책, 139쪽)를 참조.

어려움이 있기 때문이다. 따라서 이러한 인구 현상은 일제하 식민지 농촌에 있어서 인구가 사회구조의 전반에 미치는 영향은 현대사회에서 인구가 사회구조에 미치는 영향 보다 훨씬 크다는 것을 나타내고 있다.

다음으로 달리마을의 계층별 인구구성을 살펴보면 아래의 <표 1-4>와 같다.

<표 1-4> 계층별 인구구성

		上層		中層		下層 A		下層 B		총 계	
		인원	총계(%)	인원	총계(%)	인원	총계(%)	인원	총계(%)		
1~9	남	8	14(28.0)	32	65(32.2)	38	83(32.8)	20	42(44.7)	98	203
	여	6		33		44		22		105	
10~19	남	3	8(16.0)	15	34(17.3)	20	47(18.8)	4	8(8.5)	42	97
	여	5		19		27		4		55	
20~29	남	6	12(24.0)	17	29(14.8)	12	25(10.0)	3	11(11.7)	38	77
	여	6		12		13		8		39	
30~39	남	2	3(6.0)	5	11(5.6)	13	37(14.8)	4	14(14.9)	24	65
	여	1		6		24		10		41	
40~49	남	0	5(10.0)	7	18(9.2)	12	23(9.2)	7	10(10.6)	26	56
	여	5		11		11		3		30	
50~59	남	1	3(6.0)	8	19(9.7)	10	21(8.4)	5	6(6.4)	24	49
	여	2		11		11		1		25	
60~69	남	1	3(6.0)	8	12(6.1)	5	9(3.6)	1	2(2.1)	15	26
	여	2		4		4		1		11	
70이상	남	0	2(4.0)	3	8(4.8)	3	6(2.4)	1	1(1.0)	7	17
	여	2		5		3		0		10	
계		50(100.0)		196(100.0)		250(100.0)		94(100.0)		590	

자료 : 朝鮮農村社會衛生調査會, 1940, 『朝鮮の農村衛生』, 143~147쪽에서 재작성.

위의 <표 1-4>계층별 인구구성을 통하여 알 수 있는 사실은, 1세에서 9세까지의 인구는 상층에서 하층으로 감에 따라 그 비율이 증가하고, 20세에서 29세까지의 청년층은 그 점하고 있는 비율이 낮아지고 있는 것이다. 그리고 하층 A계층의 청년층이 하층 B계층보다 적은 비율을 차지하는 것은 이 계층의 유출이 보다 많았기 때문이다. 하층 B계층의 10~9세대가 적은 것은 10세 이하의 연령층이 차지하는 비율의 큰 것과 관련시켜서 보면 그들의 부모가 결혼하고 나서 아직 그 기간이 길지 않다는 것을 나타내는 것이다.

달리마을의 여자들의 평균 혼인연령은 17.02세인데, 이것을 계층별로 보면, 상층 18.3세, 중층 17.2세, 하층 A계층 16.8세, 하층 B계층 15.9세이다. 여자들의 혼인연령의 빈도분포에 보면, 상층에 있어서는 18·9세가 많다. 그리고 중층에 있어서는 17세대가 가장 많다. 하층 A계층에 있어서는 16세대가 가장 많고 하층 B계층에 있어서는 14세대가 압도적으로 많다. 남자의 평균 초혼연령은 상층 19.57세, 중층 23.94세, 하층 A계층 24.40세, 하층 B계층 25.40세이다(大野保 1941 : 346-347). 이와 같은 계층별·성별 혼인연령의 차이는 경제적 생활조건의 차이로 인해서 나타난다. 즉, 여자의 혼인연령이 낮고 남자의 혼인연령은 매우 높은 것은 여자는 생활의 빈곤 때문에 딸을 빨리 출가시키려는 것을 반영하고 남자는 가족의 생계를 지키려는 것을 반영하고 있는 것이다. 이러한 혼인연령의 차이는 계층에 따라 인구를 상이한 입장에서 보기 때문이다.[12] 예컨대, 개별 농가의 입장에서 볼 때 이것은 농업만으로 생계를 유지하기 힘든 하층 이하의 계층에서는 여자를 소비주체로 보고, 남자는 생산주체로 인식하고 있다는 것을 말해 준다.

---

12) 인구에 관한 논의에서 인구를 손(手)으로 보는 입장과 입(口)입장으로 나누어 진다. 인구를 손으로 보는 입장은 인구를 생산주체로 보고 많을 수록 좋다는 주장이다. 반면에 인구를 입으로 보는 입장은 인구를 소비주체로 보고 인구는 많은 것 만큼 부담스러운 것이므로 인구증가는 억제되어야 한다는 주장이다. (최재율, 1986, 앞의 책, 138쪽)을 참조.

3) 계층별 가족유형과 구성

가족은 사회나 시대에 따라 형태와 기능이 다르고 한 사회 내에서도 농촌과 도시에 따라 다르다. 또한 신분 계급에 따라 가족 및 가구의 형태에 차이가 나며 상층의 경우에 보다 확대가족의 비율이 높다는 점에 착안하여 경제적 부의 차이에 따른 가족형태의 차이를 전제한다(조은 1993 : 12 - 13). 따라서 가족의 형태는 경제적 조건이나 생산양식과 밀접한 연관을 가지고 있다. 그리고 가족의 구조적 형태가 어떤 순서로 이어지는가 하는 것은 그 체계의 근본적인 특성에 의해 결정된다기 보다 그 사회의 가족 조직이 갖는 기본원리와 인구 및 경제적 변수가 서로 맞물려서 일으키게 되는 결과이다(Sorensen 1984 : 311). 이러한 가족의 유형은 고정적인 것이 아니다. 가족은 혼인을 통하여 창출되고 자녀들이 성장하고 부모가 사망함에 따라 하나의 주기를 갖는다. 이러한 가족주기로 인해 가족의 유형도 핵가족에서 직계가족으로 그리고 핵가족으로 연속적인 변화를 겪게 된다. 인구의 변화와 가족의 주기에 따라 가족유형과 가족원의 수도 변화를 보이는 것이다. 그래서 특정 시점에서의 가족 구성원에 따른 가족유형의 분류의 약점을 보완하는 방법의 하나는 가족주기에 따른 가족유형의 분류이다(조은 1993 : 26).

가족유형에 관한 논의에서 주의해야 할 사항은 가족과 가구의 개념에 관한 부분이다. 이 논문에서 가족은 혈연을 바탕으로 정서 또는 정신적 유대를 기반으로 한 집단으로 보고, 가구는 경제적·생활상의 편의를 기반으로 한 집단으로 정의 한다. 일반적으로 농촌의 인구유출이 거의 없던 시기의 가족 구성원은 가구 구성원과 현실적으로 일치하는 경우가 많았지만 그러나 농촌의 가족 구성원이 자신의 집(방위가족, family of orientation)[13]에서 급속히 빠져나가기 시작한 이후부터는 가족 구성원과

---

13) 모든 사람은 두 개의 가족성원으로 순환하면서 살아간다. 하나는 자신이 태어나고 성장한 방위가족(family of orientation)이고, 다른 하나는 자신의 혼인으로 이루어지는

가구 구성원이 일치하는 비율은 훨씬 줄어들고 있다. 따라서 사회나 시대에 따라서 나타나는 이러한 차이를 고려하면서 가족유형에 대한 논의가 되어야 할 것이다. 이 논문에서 분석 자료로 사용하는 『朝鮮の農村衛生』(1940)에는 가족주기에 대한 구체적인 자료가 없기 때문에 여기서는 계층에 따른 가족구성을 통하여 살펴보기로 한다.

'달리' 마을의 계층별 가족구성은 상층이 8가구에 50명, 중층이 37가구에 196명, 하층 A가 59가구에 250명, 하층 B가 22가구에 94명으로 나타난다. 계층에 따른 가족구성의 특성을 살펴보면, 상층 농가의 가족구성은 어머니와 함께 사는 가구가 전가구의 반수이고 며느리와 손자로 구성된 가구가 약 37.5%를 차지하고 있다. 직계가족의 구성원은 가구주 부부·부모·자식으로 구성되어 있다. 상층에 있어서 직계가족의 비중이 높은 것은 그들이 대가족을 이룰 수 있는 경제적 여유를 가지고 있고 동시에 농업생산에서 많은 농업 노동력을 필요로 하기 때문이다. 그리고 상층 농가에 있어서 가구주 부인의 평균연령은 41.5세, 가구주는 39.6세로 부인들이 가구주보다 나이가 많다.

중층 농가의 가족구성은 어머니와 함께 가구주가 전가구의 32.4%이고 며느리, 형제를 갖는 세대는 10.8%, 기혼자식과 동거하는 것은 8.1%, 손자가 있는 것은 8.1%에 이르고 가족 구성원의 수를 보면 어머니, 며느리의 순서를 나타내고 있다. 그래서 중층에는 가족구성이 다른 계층에 비해 더욱 많은 직계가족의 형태를 보이지만 그 비중은 상층에 비해서 극히 적게 나타난다. 그리고 상층 농가에서는 전혀 나타나지 않는 가족유형인 확대가족의 가족구성을 보이는 형제와 함께 사는 가구주가 10.8%있는 것은 중층농가가 차남 이하 형제들을 혼인후 즉시 분가 시킬 수 있는 경제적 기반을 가지고 있지 않기 때문이다. 중층에서는 여자 가구주가 4명이지만 부인이 있는 가구주는 불과 3사람에 불과하다.

하층 농가의 가족구성은 직계가족이 양적으로 감소하고 있는 것이

생식가족(family of procreation)이다.

<표 1-5>에 분명하게 나타나고 있다. 하층 A계층에서는 2.2%, 그리고 하층 B계층에서는 3.2%에 지나지 않는다. 하층의 가족구성은 거의 전 가족이 가구주 부부와 미혼 자녀로 이루어져 있는 핵가족의 형태를 띠고 있다. 어머니와 함께 사는 가구의 수도 적고 특히 하층 B계층에는 어머니와 같이 사는 가구가 전혀 없다. 여자 가구주는 하층 A계층에는 2명, 하층 B계층에는 4명으로 좀 더 많은 수를 나타내고 있다.

그리고 하층농가 가족구성의 특징을 살펴보면, 그것이 핵가족이라는 것과 남자 가구주의 유출에 의한 여자 가구주의 비율이 많다는 것을 알 수 있다. 이들 하층농가가 대부분 핵가족으로 구성되었다는 것은 직계가족 형태를 유지할 수 있는 경제적 기반이 열악하다는 사실을 반영하고 있기 때문이다. 그리고 친족이외의 가구구성을 살펴보면, 정고(定雇)의 고용원을 포함하는 가구가 상층과 중층에서 각각 24명과 18명으로 나타난다. 특히 상층의 가구에 포함된 고용원에는 7명의 여자가 포함되어 있다.

가족형태는 가족의 구성에 따라 핵가족(Nuclear family), 직계가족(Stem family), 확대가족(Extended family), 결합가족(Joint family)으로 유형화된다. 핵가족은 가구주 부부 혹은 부부와 미혼 자녀들로 구성되는 가족이고, 직계가족은 단순가족원 뿐만 아니라 父母·兄弟 등으로 구성되는 가족이다. 한국사회의 가족구성은 종법(宗法)의 원리에 따라 큰아들-큰손자로 가계(家系)가 계승되는 '장자 중심의 직계가족의 원리'로 이루어져 왔다. 그래서 혼인한 장남이 부모를 모시고 사는 직계가족을 가장 이상적으로 여긴다. 확대가족은 부부와 혼인한 자녀들의 핵가족이 결합된 형태를 말한다. 결합가족은 혼인한 형제자매들의 핵가족이 결합된 형태를 말한다. 따라서 결합가족은 핵가족이 수평적으로 연결된 형태가 된다. 이 촌락의 전체 가족원수에 대한 직계가족원 수의 비율을 보면, 상층은 46%, 중층은 22.5%, 하층 A는 11.2%, 하층 B그룹은 겨우 3.2%를 차지하고 그리고 전체 가족원에서 직계 가족원의 비율은 16.6%를 나타낸다. 따라서 상층에서 하층으로 내려갈수록 직계가족원 수는 급격하게 낮아진

다는 사실을 나타내고 있으며 이는 하층으로 내려 갈수록 가족형태에서
직계가족이 적다는 것을 의미한다.

<표 1-5> 계층별 가족구성

		상층	중층	하층A	하층B	총계
가구수(인구수) (호당 가족원수)		8(50) (6.25)	37(196) (5.27)	59(250) (4.25)	22(94) (4.32)	129(605) (4.68)
가구주代	가구주	7	33	48	18	109
	처·여자가구주	8	34	54	21	120
	형제	–	5	–	1	6
	자매 기혼	1	–	1	–	2
	미혼	–	1	3	–	4
	형수나 제수	–	1	–	–	1
	처의 자매	–	–	–	1	1
	처의 형제	–	1	1	–	2
	從 형제	1	–	–	–	1
부모 代	부	–	4	1	–	6
	모	5	12	10	–	28
	장모	–	–	1	–	1
	양모	–	–	1	–	1
자식 代	기혼아들	3	3	2	–	8
	미혼아들	7	42	58	26	136
	기혼 딸	1	–	1	–	2
	미혼 딸	5	43	62	26	140
	며느리	4	4	2	–	10
	사위	–	–	1	–	1
	조카	–	1	–	–	1
	질녀	–	3	–	–	3
손자 代	손자	3	6	1	–	10
	손녀의 자	3	2	1	–	6
	딸	–	1	2	–	3
	손자 며느리	1	–	–	–	1
	친척	1	–	–	1	2
定雇	남자	17	18	–	–	37
	여자	7	–	–	–	2

자료 : 朝鮮農村社會衛生調査會, 1940, 『朝鮮の農村衛生』, 126~127쪽, 133쪽.

〈표 1-6〉 직계가족원의 비율

구 분	총가족원수(가구수)	직계가족원수	총가족원수에 대한 비율(%)
上層	50 (8)	23	46.0
中層	196 (37)	44	22.5
下層 A	250 (59)	28	11.2
下層 B	94 (22)	3	3.2
계	590 (126)	98	16.6

자료 : 朝鮮農村社會衛生調査會, 1940, 『朝鮮の農村衛生』, 129쪽.

다음은 가구주의 남녀별 구성을 살펴보면, 다음의 <표 1-7>과 같다. 가구주 부부가 모두 정상적인 가구는 모두 96가구이고, 남자 가구주만 있는 경우는 10가구, 여자 가구주만 있는 경우는 20가구이다. 그리고 계층별로 보면, 중층이하에는 결손가구가 층별로 상당히 나타나지만 특히 하층 A계층이 정상가구 42가구에 결손가구가 17가구로 나타나고 있다. 계층에 따라 이러한 특징을 보이는 것은 중층 이하의 계층에서 많이 유출되거나 또는 생계를 유지하기 위하여 농외 부문에 종사하기 때문이다.

〈표 1-7〉 가구주의 구성

	부부공존하는 가구주	처없는 남자 가구주			여자 가구주			계
		남편	미혼자	불명	부인	未出稼	불명	
상층	7	0	0	0	1	0	0	8
중층	30	1	2	0	4	0	0	37
하층A	42	3	2	1	5	5	1	59
하층B	17	1	0	0	1	2	1	22
계	96	5	4	1	11	7	2	126

자료 : 朝鮮農村社會衛生調査會, 1940, 『朝鮮の農村衛生』, 130쪽.

‘달리’ 마을의 호당 평균 가족원수를 살펴보면, 상층이 6.25, 중층 5.27, 하층 A 4.25, 하층 B 4.32로 촌락 전체의 가구당 평균 가족원수는 4.68이다. 5명 이하의 소수 가족이 지배적이지만 동거하는 가족원의 범위는 매우 다양하고 광범위하다. 그리고 상층에서 하층으로 갈수록 가족원수가 감소한다는 것은 중층 이하의 계층에서 가족원이 많이 유출되거나 또는 생계를 유지하기 위하여 농외 부문에 종사하기 때문이다. 그래서 식민지 농정으로 인한 농촌의 피폐는 농민의 경제생활의 몰락으로 이어져 결국 가족원을 유출시키는 결정적인 원인이 되고 있음을 알 수 있다. 평균 가족원수의 변화는 1931년에 5.10명이었던 것이 1932년 5.0명, 1933년 4.98명, 1934년 4.97명, 1935년 4.73명으로 점차 감소하고 있다(朝鮮農村社會衛生調査會 1940 : 151 - 153). 이러한 가족원수의 감소현상 역시 해마다 유출되는 사람이 증가하기 때문이다.

3. 농촌의 인구유출형태

1) 농촌의 인구유출[14]

일제의 식민지 농업정책의 강화는 농촌의 인구구성에 많은 변화를 초래했다. 특히 농촌인구의 유출은 그것이 비록 농업의 자본주의화에 따른 필요노동력의 감소에서 나타나는 ‘잠재적 과잉인구’[15]의 형태와는 다

---

14) 일제하 농촌의 인구현상에 관한 자료에서는 출가(出稼)로 표시하고 있는데, 이는 가족원의 생계를 위해서 촌락을 떠나거나 또는 촌락에 머무르면서 농업 이외의 부문에 겸부업을 종사하는 것을 의미한다. 이 논문에서는 出稼를 인구의 유출과 같은 의미로 사용한다.

15) 잠재적 과잉인구란 “자본주의적 농업경영하에서는 경영규모가 토지의 면적에 의해 제한되기 때문에 자본축적이 진전되고 유기적 구성이 고도화됨에 따라 농업노동자에 대한 수요는 절대적으로 감소한다. 또한 농업이 자본주의적으로 경영되지 않는

르지만은 소작농지의 협소함으로 인하여 자신의 노동력을 연소시키지 못하였던 대부분의 농민들은 기회만 있으면 농외 부문에 취업할 수 밖에 없는 처지에 놓이게 되었다. 이러한 상황 하에서 농촌 농민은 가족원 가운데 일부가 도시로 유출되거나 걸식·유랑 또는 일본이나 만주로 이주하는 것 이외에는 대안이 없었다. 농촌인구의 유출에 관한 전국 단위의 통계자료를 보면 다음과 같다.

<표 1-8> 농촌인구의 유출 추계

	추계자연증가	추계합계	현실인구	추계와 차이
부(府)	200,861	773,014	2,375,733	+ 1,602,719
군(郡)	6,566,737	22,983,581	21,424,914	− 1,558,667

자료 : 『殖産銀行調査月報』, 1941年 3月, 9쪽.

이 <표 1-8>은 1917년부터 1939년까지 인구의 자연증가를 추계한 것을 토대로 하여 유출인구를 간접적으로 파악한 것이다. 이 계산에 의하면 약 160만 정도 유출된 것으로 된다. 특히 농업 노동력은 1921년 전체 인구의 83%, 1931년 80.1%, 1933년 79.8%, 1936년 75.0%, 1938년 73.6%로 감소한다(殖産銀行調査月報 1941 : 3). 이러한 유출인구들이 도시로 몰려가기도 했지만 일본·만주로의 유출도 많았다. 만주로의 유출에 관한 추정치를 보면 1923년까지 누계 약 85만 7천 정도, 1940년경에는 만주국내에 약 100만을 넘었다고 한다. 조선을 떠나 거의 무일푼 상태로 만주에 도착한 조선인의 입장에서 볼 때는 생계유지를 위하여 가장 손쉬운 일은 육체노동 뿐이었다. 한편 일본으로의 유출은 1920년대 이후 수가 매년 약 10만-16만에 이른다(殖産銀行調査月報 1941 : 19-20). 또

경우에도 자본주의하에서는 농민층이 분해되어 농업인구는 절대적으로 감소한다. 그 결과 농업인구의 일부분은 도시 프롤레타리아나 또는 비농업 인구로 부단히 이행하는 사람들"을 의미한다.

한 빈농호수는 1923년의 1,9 69,039호(전체 농가호수의 72.2%)에서 1938 년에는 2,501,911호(전체 농가호수의 8 3.7%)로 532,772호가 증가하였다. 특히 빈농 중 0.3정보 이하의 경영규모를 갖는 극빈농의 수는 1923년의 631,508호(전체 빈농호수의 32.3%)에서 1938년에는 488,345(전체 빈농호수 의 19,5%)로 감소하고 있는데, 이러한 현상은 몰락한 극빈농의 농가 유 출에 기인하는 것으로 볼 수 있다(백욱인 1987 : 172 - 173).

이와 같이 농민은 농업경영의 수지악화를 극복하고 생계를 유지하기 위해서 가능한 모든 형태의 노동에 종사할 수 밖에 없는 입장에 놓이게 된다. 그러나 농촌 과잉 노동력을 흡수할 산업 부문의 발달이 미진하기 때문에 이러한 농촌 과잉인구는 농한기를 이용하여 일시적으로 광산·공장·도시 잡업 부문에 고용되거나 토목 건설 현장에서 막노동을 하게 된다. 이러한 농촌 인구의 유출현상은 「朝鮮人勞動者一般事情」(1933)에 의하면, 1927년 중 유출수는 90만명에 달한다. 이중 1년 이상의 장기 유출자가 41만명이고, 1개월 이상에서 1년 이내의 단기 유출자는 49만명이다. 1개월 이상에서 1년 이내 유출자는 대부분 농한기에 일시적으로 출가하여 광업·토목 건축업·도시 잡업 등에서 임노동에 종사하였다.16)

농업 이외에 다른 소득원이나 취업기회가 적었던 당시의 상황하에서 농촌의 유출자들은 농업으로부터 이탈되어 농업노동자나 도시의 하층노동 종사자로 만들거나 유랑걸식하게 만들었다. 이러한 상황은 일제의 식민정책으로 인하여 더욱 심화되기에 이르렀다. 결국 농촌의 영세 하층농들과 생산수단인 토지로부터 격리된 많은 유랑인구들은 북선(北鮮)이나 만주 등지로 이주하거나 일본 등지의 광산·공장·도시 잡업 등의 전시 노동시장에 흡수되어 농촌의 인구와 가구 수는 지속적으로 감소되었다.

---

16) 이 시기의 사회현상 가운데 간과 할 수 없는 것은 농민의 이촌과 이촌 농민에 의한 도시인구의 급격한 증가이다. 1927년에 농어촌의 이촌자의 총수는 약 90만명에 달하는데, 이중 일시적 유출자－1년 이내 귀촌할 의사를 갖고 1개월 이상 이촌하는자－가 약 49만명이고, 장기 이촌자－1년 이내 귀촌하지 않을 의사를 갖고 이촌하는 자－는 약 41만명이다. 남자가 53만명, 여자가 37만명에 이른다. (南滿洲鐵道株式會社 經濟調査會, 1933, 「朝鮮人勞動者一般事情」, 4쪽).

2) 계층별·지역별 유출형태

인구이동은 사회경제적 계급 또는 사회계층간의 이동을 뜻하는 수직적 이동과 지역간의 이동을 뜻하는 수평적 이동 또는 지역적 이동으로 구분한다(최재율 1986 : 156). 본 논문에서 분석하는 유출형태는 농촌에서 도시로의 이동을 의미하는 지역적 이동을 말한다. 이러한 농촌인구의 유출을 보는 견해는 두 가지로 나누어진다. 하나는 경제발전과 산업구조의 고도화에 따른 농업인구의 자연적 이동이며 경제발전을 위한 필요한 인구이동이라고 보는 견해와 다른 하나는 농정부재와 농가경제의 침체로 인한 농민의 농업으로부터의 이탈, 부랑화로 보는 견해이다(박현채 1981 : 53). 하지만 한국 농촌에서의 인구유출은 후자에 의한 원인이 더 일반적이다. 특히 일제하의 농촌에서의 인구유출도 일제의 식민지 농정(農政)의 결과로 인해 나타나는 현상이다.

<표 1-9> 유출호수·인원과 가족구성원

	戶　數			人　數			家　族　構　成　員　別						兄·弟嫂 子婦
	全戶	出嫁戶	비율	全人口	出嫁 人口	비율	夫	長男	二男	三男	兄弟	娘	
中層	37	10	27.0	196	25	12.8	−	7	6	2	2	1	4
下層A	59	29	49.2	250	55	22.0	6	18	7	3	6	11	4
下層B	22	8	36.4	94	13	13.8	2	4	3	1	−	3	−
계	118	47	36.4	450	93	15.3	8	29	16	6	8	15	8

자료 : 朝鮮農村社會衛生調査會, 1940, 『朝鮮の農村衛生』, 135쪽.
비고 : 出稼는 잠재적 과잉인구의 해결방법의 하나로서 중층이하의 가족이 농업 이외에서 생계를 유지하는 것을 의미한다. 따라서 상층의 가족이 다른 지역으로 이동하는 경우는 여기에 포함하지 않는다.

'달리' 마을에서 나타나는 인구의 유출현상을 구체적으로 살펴보면,

촌락의 129중에 49호와 전체인구 605명 중에서 93명(15.3%)이 유출되고 있다. 이 논문에서 사용하고 있는 보고서에는 출가(出稼)라는 용어로 서술되어 있지만 여기에서는 유출이라는 용어로 사용한다. 그것을 자세히 나타내면 다음의 <표 1-9>와 같다.

먼저 유출인구가 어떤 계층에서 많은가를 살펴보면, 하층 A그룹에서는 전체호수의 약 반수와 전인구의 약 1/5이 유출되고 있다. 그러나 더욱 두드러진 현상은 중층 이하의 전계층에서 인구의 유출이 보편적인 것으로 나타난다는 것이다. 즉, 중층에 있어서 전호수의 27.0%, 전인구의 12.85, 하층 B그룹에 있어서는 전호수의 36.4%, 전인구의 15.3%가 유출하고 있다.

가족원별 유출자는 장남이 29명으로 다수를 점하고, 이남·삼남은 각각 16명과 6명이다. 이러한 유출형태는 성장하면서 가족의 생계를 위해 유출해야 하는 가족이 많다는 것을 나타내고 있다. 또한 이것은 처음 유출되는 연령이 낮다는 사실과도 관련되는 문제일 것이다. 가족원 가운테 가구주의 유출은 8호이며, 특히 딸의 유출은 15명으로 많은 수를 차지하고 있는데, 이것은 식민지 시대 농촌에서 집을 떠나 도시로 가서 일하는 임노동의 전형적인 형태이다. 이러한 임노동 형태는 1930년대 공장노동자의 3할을 차지하고 있었던 방직공업 부문의 여공들이다(정진성 1983 : 70-82). 계층별 유출형태의 특징을 살펴보면, 중층 이하의 118가구 중 47가구가 유출자를 가지고 있다. 하층A 집단은 전체 호수 59호 중 29(49.2%)가 유출하고 있고 유출인구는 250명 중 55명(22.0%)이나 된다. 중층 농가의 유출자 중에 며느리, 형수·제수, 조카 등이 보이는 것은 이 계층의 유출이 처와 자식 등을 동반해서 일본으로 유출하는 형태로 비교적 여유 있는 상황을 나타내고 있다.

다음으로 호당 유출자의 수를 살펴보면 <표 1-10>과 같다. 중농층의 전 유출 호수에 대한 1호당 평균 유출자의 수가 2.5인의 다수에 달한다는 사실은 단독 출가 이외에 가정의 형식을 갖추어서 출가하는 등 경제적 여유가 다소 있다는 것을 나타낸다. 그리고 각 계층에 있어서의 1호당 평균 유출인원은 하층 A그룹이 0.89명인데 반해서 중층의 그것은 0.59명에 지나지 않는다.

<표 1-10> 호당 평균 유출자수

	유출호수에서 제외한 평균	전호수에서 제외한 평균
中 層	2.5	0.68
下層A	1.9	0.89
下層B	1.6	0.59
마을전체	2.02	0.79

자료 : 朝鮮農村社會衛生調査會, 『朝鮮の農村衛生』, 137쪽.

인구이동은 전자본제 사회에서도 존재하였지만 전사회적, 전계층적으로 광범위하게 일어난 것은 자본주의 사회경제체계의 출현 이후였다. 일제하 식민지적 자본주의의 물결 아래 농촌 외부에서 임노동의 기회가 주어지면서 가난한 농민들은 이농, 이촌을 단행하게 되었다. 이러한 인구이동은 성과 연령에 따라 선택성을 갖는 개별 이동과 가족 단위의 이동으로 이루어졌지만 그 중에서 우리의 자료를 통해서 분석이 가능한 개인 단위의 이동을 살펴보자. 농민들이 선택하는 유출지역은 그 당시 식민지적 사회경제적 상황을 구체적으로 말해주기 때문에 개별 유출자의 이촌 후의 유출지역은 관심을 끄는 문제의 하나이다. 이들 유출자의 유출 지역을 구체적으로 표시하면 <표 1-11>과 같다.

달리 마을 개별 유출자의 전체 유출지역의 반은 일본이고 다음으로 촌내(村內)가 많다. 일본으로 간 유출자의 구체적인 유출 지역은 자세하게 알 수는 없지만 추적할 수 있는 범위내에서는 이시가와(石川), 오사까(大阪)이 많고 도쿄(東京), 홋카이도(北海道) 등으로 일부 유출되었다. 하층 A에서는 유출자 55인중 32인이 일본으로 유출한 것에 반해, 하층 B

계층에서는 일본으로의 유출자는 한 사람도 없다. 하층 B에서 달리 마을 내 가장 많은 것은 가구주 자신이나 또는 자식이 정고(定雇)되어 있는 경우가 많기 때문이다.

<표 1-11> 유출지역

	人員	流 出 地 域				
		일 본	경남外	경남內	村內(달리)	불명
中層	25	13	–	7	2	3
下層A	55	32	4	5	13	1
下層B	13	–	2	3	7	1
계	93	45	6	15	22	5

자료 : 朝鮮農村社會衛生調査會,『朝鮮の農村衛生』, 136-137쪽.

이러한 인구이동의 지배적인 유형은 사회의 변화과정과 밀접하게 관련되어 있다. 리치몬드(Richmond 1969)는 사회를 그 발전수준에 따라 전통사회, 산업사회 그리고 탈산업 사회로 구분하고 전통사회에서는 농촌에서 농촌으로의 인구이동이, 산업사회에서는 농촌에서 도시로의 인구이동이, 그리고 탈산업사회에서는 도시에서 도시로의 이동이 그 주류를 이룬다고 한다(한상복·권태환 1986에서 재인용). 농촌의 인구 유출지역은 대부분 농촌에서 농촌으로의 이동과 농촌에서 도시로의 이동이 일반적이지만 그러나 식민지라는 특수한 상황 때문에 일제하 농촌에서의 이주는 만주와 일본 등의 해외로의 유출이 많이 나타나고 있다.[17]

이와 같이 일본이나 만주는 일제시대 농업과 농촌을 떠나는 농민들이 선택할 수 있는 중요한 이동 목표지였다. 그렇지만 유출지역으로서의

---

17) 大野保가 조사한 자료에 의하면, 慶州郡 菊堂里의 주민이 유출된 지역도 '達里' 마을과 마찬가지로 조선내와 일본 그리고 만주 지역으로 나타나고 있다. (大野保, 1941, 『朝鮮農村の實態的硏究』)에서 참조.

일본과 만주는 차별성을 가졌다. 만주로의 이동이 비교적 역사가 오래되고 1930년대 후반 일본에서 조선인의 노동 이민에 대한 억제 정책이 실시되면서 만주로의 이동하는 사람이 증가하였다. 만주로의 이동은 지리적으로 가까운 북부 지역의 농민들이 선택하는 이동지였다. 한편 일본으로의 이동은 만주로의 이동가 달리 지리적으로 일본과 근접한 남부 지역의 농민들이 노동을 목적으로 한 것이 주가 되었기 때문에 달리 마을의 유출자의 유출지역도 마을내 정고(定雇) 형태로 유출된 22명을 제외하면 반 이상이 일본으로 유출하고 있다.

3) 유출자의 직업유형

유출자가 갖는 직업의 유형은 계층에 따라 구분해서 보아야 한다. 왜냐하면 중층의 가족원이 유출하여 갖는 직업은 부·겸업적 특성이 강하기 때문이다. 이때 부업과 겸업은 나누어 보아야 한다. 부업의 경우 자기 고용적 성격이 강하며, 일정 정도의 자본이 필요한 반면 일시적 임노동 형태로 현금수입을 얻는 겸업의 경우는 임노동적 성격이 강하다. 이러한 겸·부업의 종류를 大野保의 『朝鮮農村의 實態的 硏究』에서 살펴보면, 경북 경주군 국당리(菊堂里)[18]의 겸부업의 종류는 다음의 <표 1-12>와 같다.

다음의 <표 1-12>에 의하면, 빈농과 극빈농이 갖는 겸부업의 종류는 목재매매 1, 토지중개업 1, 소중개업 8,[19] 冠 소매 2, 과자·과일 소

---

18) 경주군 국당리의 호수는 79호이다. 구체적인 촌락의 계층별 구성상황을 살펴보면, 中地主 1호, 中農 7호(상층 4호, 하층 4호), 貧農 33호, 極貧農 28호, 出稼·雜業 9호와 그리고 과수원을 경영하는 일본인 1가구로 구성되어 있다. (大野保, 1941, 앞의 책, 313~314쪽).

19) 소의 중매업이 8호나 되고 채소장사가 12호가 되는 것은 이 지역이 부산에 온 소의 배후지로서 소의 매매가 상당히 행해져 각 지역의 장날을 순회하여 소매매의 중개를 통하여 많은 이익을 얻을 수 있기 때문이다. 그리고 채소장사가 많은 것은 이 촌락이 경주읍과 가까워 좋은 판로를 가지고 있을 뿐만 아니라 토질이 적당하

<표 1-12> 계층별 겸부업의 종류

種　類	貧　農	極貧農	出嫁雜業	계
목재매매	1	-	-	1
토지중개업	1	-	-	1
소의 중개	5	3	-	8
관소매(冠小賣)	2	-	-	2
과자상	1	-	-	1
담배	1	-	-	1
철물행상	-	1	-	1
의류행상	-	-	1	1
접대부중개업	-	-	1	1
솥장수	1	-	-	1
인조진주	1	2	1	4
돗자리짜기	1	-	-	1
죽세공	2	-	-	2
가마니짜기	-	1	-	1
기와공	1	-	-	1
수의사(獸醫)	1	-	-	1
밑반찬만들기	1	-	1	2
미장이	1	-	-	1
채소	6	6	-	12
집임대	1	-	-	1
계	27	13	4	44
겸부업호수	25	13	4	42
총호수	33	28	9	70

자료 : 大野保, 『朝鮮農村の實態的硏究』, 1941, 335~336쪽에서 재작성.

매업 1, 담배 소매 1, 철물 행상 1, 의류행상 1, 접대부 소개업 1, 솥 장수 1, 인조진주 4, 돗자리 짜기 1, 죽세공 2 ,가마니 짜기 1, 기와공 1, 수의사 1, 밑반찬 만들기 2, 미장이 1, 야채행상 12, 집 임대 1 등이 있었다(大野保 1941 : 334). 이러한 겸부업의 종류를 나누어 보면, 크게 과자, 담배, 채소, 의류상과 같이 상업적인 것과 인조진주의 제작, 돗자리나 가마니짜기와 같이 가내공업적인 것 그리고 미장이나 수의사와 같이 특수한

여 년 2·3회의 수확을 거두어 많은 이익을 볼 수 있기 때문이다. (大野保, 1941, 앞의 책, 334~335쪽)에서 참조.

기술을 요하는 것 등의 3가지로 나누어 볼 수 있다.[20] 촌락에서 빈농 이
하의 계층들이 생계유지를 위하여 갖는 겸부업에서 가장 많이 나타나는
업종은 특별한 기술이나 자본이 필요없는 소규모 행상이나 소를 매매하
는 거간꾼이 가장 많이 나타나고 있다.

이 촌락의 농민이 경작하는 소작지를 가지고 있는 지주는 모두 4명
인데, 이들은 모두 경주읍내에 사는 부재지주들이다. 이들은 고리대, 정
미업, 미곡상 등에 종사하고 있다. 마을내에 있는 지주는 다른 촌락에
위치하고 있는 약 2정보의 논을 소유하고 있다(大野保 1941 : 319-320).
유출된 농가는 모두 9호이며, 이들 가구 중에 서 연고·일고로 고용되는
가구가 2호, 일본으로 탄광 광부나 자유노동자로 유출되거나 경주읍내에
서 고용되어 있는 가구가 3호 이다. 그리고 밑반찬 만들기, 접대부 소개
업, 죽세공, 의류 행상, 인조진주 만들기에 전업으로 종사하여 생계를 유
지하고 있는 가구가 5호이다. 이러한 종류의 겸부업은 도시 주위에 있는
촌락이 갖을 수 있는 직업유형이 된다.

이러한 겸부업에 종사하는 계층은 대부분 빈농층 이하에서 행지지만
그 종류는 매우 다양하게 나타났다. 그러나 중농층에 있어서는 겸부업이
거의 나타나지 않고 있으며 부농이나 지주는 비교적 많은 자금이 요구
되는 고리대, 정미업 등과 같이 어느 정도 많은 자금이 요구되는 상업적
인 것에 종사하고 있다.

다음은 '달리' 마을의 유출자가 유출해서 어떠한 직업을 갖는가를 살
펴보자. 이들 유출자들의 임노동은 대부분 가족 구성원의 일부가 일정
기간 동안 집을 떠나서 농업 노동에는 종사하지 않고 도시의 공장이나
광산, 공사장 등지에서 임노동을 한 노동 수입을 송금하는 것이다.

---

20) 첫번째 상업적인 것에는 목재매매, 토지매매의 중개, 소매매 중개, 冠 매매, 과자·
　　과일의 행상, 의류행상, 접대부 소개업, 솥 장수 등이 있다. 두번째 가내공업적인
　　것에는 인조진주 가공, 죽세공, 돗자리 짜기, 가마니 짜기 등이 있고 세번째 특별한
　　기술이 필요한 것에는 기와공, 獸醫, 밑반찬 만들기, 미장이 등이 있다. (大野保,
　　1941, 앞의 책, 334~346쪽)에서 참조.

<표 1-13> 유출가족원의 직업

		工場 勞動	日雇 勞動	定雇	交通 勞動	農業	商業	公職	其他	不明	總計
중층	자식·형제	5	−	1	4	−	−	2	1	4	17
	딸	−	−	−	−	−	−	−	−	1	1
	며느리	−	−	−	−	−	−	−	−	1	1
	계	5	−	1	4	−	−	2	1	6	19
하층A	남편	−	3	2	1	−	−	−	−	−	6
	자식·형제	5	7	10	2	2	2	−	−	6	34
	딸	−	−	4	−	−	−	−	−	6	10
	계	5	10	16	3	2	2	−	−	12	50
하층B	남편	−	−	2	−	−	−	−	−	−	2
	자식·형제	−	1	7	−	−	−	−	−	−	8
	딸	−	−	3	−	−	−	−	−	−	3
	계	−	1	12	−	−	−	−	−	−	13
총계	남편	−	3	4	1	−	−	−	−	−	8
	자식·형제	10	8	18	6	2	2	2	1	10	59
	딸	−	−	7	−	−	−	−	−	7	14
	며느리	−	−	−	−	−	−	−	−	1	1
	총계	10	11	29	7	2	2	2	1	18	82

자료 : 朝鮮農村社會衛生調査會, 『朝鮮の農村衛生』, 138쪽에서 인용.

<표 1-13>에서 보는 바와 같이 생계 곤란으로 임노동에 종사하는 농가의 인구수는 82명으로 전체 중층 이하 농가의 인구수의 540명의 6.5%에 이른다. 계층별 유출자는 중층이 19명, 하층 A가 50명, 하층 B가 13명이다. 유출자의 직업은 정고(29명)가 가장 많고, 일고 노동자(11명), 공장노동자(10명)가 다음이다. 정고는 하층 A가 16명, 하층 B가 12명으로 나타난다. 일용노동자는 하층 A그룹이10명으로 가장 많고, 공장노동자는 중층과 하층 A의 가구(가구주 10명중 5명)에서 많고 하층 B에는 나타나지 않는다.

그리고 계층별 유출가족원의 직업을 살펴보면, 공장노동에 종사하는 유출 가족원의 직업은 중층이나 하층 모두 자식이나 형제가 종사하고 있다. 이들은 주로 농촌 가내 공업노동자로 취업한다. 가내공업 노동자

는 농촌 가내공업 노동자와 도시 가내공업 노동자로 구분되는데, 이들은 주로 방직공업의 마기직공(麻機職工), 식료품 공업의 두부·주류의 제조공, 목재 및 목제업의 목형공·목수 등의 농촌 가내공업의 노동자로 종사하였을 것으로 추측된다. 일고노동은 하층A 집단에 많은 분포를 보이는데 전체 11명 중 10명이나 된다. 교통노동은 중층과 하층 A가구에서 나타나는데 1명을 제외하고는 모두 자식이나 형제들이었다. 이들은 일반 짐꾼·운반부 등의 잡역직(雜役職)에 종사하는 경우가 대부분이었을 것이다. 추수기 이후 철도·도로·하운(河運)을 통하여 도시 소비지나 수출항구로 쌀이 집중되는데, 이 시기는 농한기로서 철로연변의 읍내나 항구도시에서 임시고(臨時雇)로 잡역직·운반부로 고용될 수 있는 기회가 비교적 높기 때문에 상당수의 유출자들은 이러한 부문에서 일자리를 찾았다(백욱인 1987 : 202)

다음으로 가족성원중 유출자는 자식과 형제가 59명, 딸이 14명, 남편이 8명으로 순위이지만 남편이 출가하지 않으면 생계를 유지할 수 없을 정도의 극빈층의 가구에 있어서의 가구주는 공장노동자가 아니고 정고나 또는 일용노동자이다. 중층 이하의 계층은 소규모의 소작지에서 농업경영을 계속하면서도 부족한 생계를 충당하기 위해서 농한기에 일자리를 찾아 다른 지역으로 일시 유출하거나 또는 가족원 중 일부가 도시로 유출되거나, 농가부업·겸업을 통하여 부족을 메워나갈 수 밖에 없었다. 그러나 일제 초기부터 하층농의 도시로의 유출, 해외유출은 해마다 증가하지만 아직 도시 산업부문의 미발달로 인하여 근대적 산업노동자로 전화될 수는 없었다.

4. 맺 음 말

지금까지 살펴보았듯이 일제의 식민통치하에서 실시되었던 토지조사사업(土地調査事業), 산미증식계획(産米增殖計劃), 농촌진흥운동(農村振興運動) 등 일련의 농업정책들에 의해 식민지 조선의 농촌사회는 더욱 급격한 변화를 겪게 되었다. 특히 이러한 변화과정에서 농촌은 일제 식민지 후기로 갈수록 더욱 궁핍해지며 마을의 인구는 더욱 외부로 유출될 뿐만 아니라 유출되지 않더라도 생계를 유지하기 위해서 농외 부문에 다양한 겸부업을 갖었다. 특히 하층 농가들의 열악한 사회경제적 조건은 이들 계층의 가족규모 및 구성, 형태 등에 커다란 영향을 미쳤다.

지금까지 이 논문에서는 식민지 농업정책의 결과 초래된 농촌의 인구구성과 인구유출의 상황을 하나의 촌락단위에서 전개되었던 양상을 밝혀보았다. 이러한 사례연구를 통해서 다음과 같은 몇 가지의 결론을 끌어낼 수 있다.

첫째로, 인구구성에 있어서의 특징은 청장년기의 비중이 낮은 것으로 나타났는데, 이것은 이 연령층의 인구가 많이 유출되었기 때문이다. 이러한 인구의 유출현상을 계층별로 보면, 상층보다 하층으로 내려갈수록 20~29세까지의 청년층의 비중은 급격히 저하되고 있다. 성별로 보면, 여자는 모든 연령에 있어서 남자보다 다수인 것이 일반적이다. 이러한 현상은 촌락의 인구유출에서 남녀의 차이를 나타내는 것이며 특히 30대와 10대에서 남자의 유출로 인해 성비(性比)에 있어서 더욱 두드러진 차이를 보이고 있다.

둘째로, 일제시대 가족구성의 유형은 상층으로 갈수록 직계가족이 많고 하층으로 내려 갈수록 핵가족 구성이 많이 나타난다. 그리고 가족구성원의 수도 계층에 따라 차이를 나타내는데 상층의 평균 가족원은 6.25, 하층 B는 4.32로 약 2명 정도의 차이를 보인다. 이러한 사실은 하층으로 갈수록 가족원의 유출로 인하여 가족의 크기에 영향을 많이 받았다는 것을 말해준다.

셋째로, 농촌 인구의 유출현상은 중층 및 하층에 보편적으로 나타나고 있다. 유출하는 가족원은 장남이 가장 많고, 가구주의 유출도 상당수 나타나고 있다. 이들의 유출지역은 일본이 가장 많고, 촌락 내에 잔류하면서 농업부문에 정고(定雇)나 일고(日雇)의 형태로 고용되는 촌락내 유출도 많이 나타난다. 그리고 유출자의 직업은 정고(定雇), 일용노동자, 공장노동자의 순이며 유출시의 최초 연령도 10대 초반부터 시작된다. 이렇게 유출된 농촌의 영세 하층농들과 생산수단인 토지로부터 격리된 많은 유랑인구들은 북선(北鮮)이나 만주 등지로 이주하거나 또는 일본의 광산·공장·도시 잡업 등의 전시(戰時) 노동시장에 흡수되어 농촌의 인구와 가구수를 지속적으로 감소시켰다.

　지금까지 이 논문에서는 1930년대 후반 일제 식민지하 농촌의 인구구성과 인구의 유출형태를 한 촌락의 사례를 통하여 살펴보았다. 물론 이상과 같은 결론은 잠정적인 것에 지나지 않는다. 이러한 결론이 일반화되기 위해서는 한편으로 일제 식민지 농업정책에 대한 연구가 좀 더 진행되고 다른 한편으로 이러한 식민지 농업정책의 결과로 나타난 농촌의 가족유형과 가족구성 그리고 가족원의 유출 등에 관한 구체적인 양상이 좀 더 많은 사례들에서 밝혀져야 일제하 농촌의 사회구조에 관한 총체적 분석을 할 수 있을 것이다.

『인류학연구』제7집, 1994, 영남대 문화인류학연구회

제 2 장

일제하 농민의 초등교육과 황국신민화 정책

1. 들어가는 말

　일본은 강화도 조약을 구실로 하여 1876년 2월 한국[1]에 대해 「한일수호조규(韓日修好條規)」라는 불평등조약을 강요하고, 이어서 같은 해에 「한일수호조규부록(韓日修好條規附錄)」과 「한일통상장정(韓日通商章程)」을 체결하였다. 이러한 일련의 조약들의 체결을 통하여 일제는 한국 침략의 토대를 구축하였다. 예컨대, 한일수호조규에서는 한국 침략을 위한 기초 작업을 하였으며, 그 부록에서는 좀 더 나아가 그 범위를 넓히고 일본 화폐를 강제 유통시켜 일본 상인의 침투를 용이하게 하였고, 통상장정에서는 관세의 자주권을 박탈하여 일본 상품의 시장화를 꾀하였다(서길수

---

[1] 통감부 시대에 "한국", "대한제국" 등의 국명(國名)이 혼용되다가 1910년 조선총독부의 식민체제가 수립된 이후에는 조선(朝鮮)으로 고정되었다(1910년 8월 29일자, 칙령 제 328호에 의거). 최석영, 1997, 『일제의 동화이데올로기의 창출』, 16쪽. 그래서 이 글에서는 1910년 8월 29일 이전의 경우에는 "한국"으로, 그 이후는 '조선'으로 칭한다.

1990 : 8-9). 제국주의의 식민지 경영의 궁극적인 목적은 종주국 내부의 모순들을 식민지 지배를 통해 해소하려는 것이며, 특히 경제적으로 식민지 경제를 자국 경제에 종속시킴으로써 자신들의 경제적 이익을 획득하는 데 있다.

일제는 식민지 한국에서 이를 관철시키기 위하여 한국의 전통적인 관습·습관·언어의 무시, 민족의식·민족운동의 부정, 일본식 풍습이나 일본어의 강요, 일본인 의식의 강제, 일본인으로서의 조선인의 징용·징병 등의 정책을 실시했다. 또한 동화정책(同和政策)은 우리문화 말살정책으로 귀결되었다(주강현, 1999 : 48). 그에 따라 일제의 교육은 식민지 지배를 강화하고 합리화하기 위한 수단으로 사용되었다. 식민지 조선인을 우민화하고 식민지 정권에 순종하는 노예를 만듦으로써 항일 감정을 없애고 일제의 한국 강점에 저항하지 못하게 하는 데 식민지 교육의 목적이 있었다. 이러한 일제의 교육정책은 1905년 을사조약 체결 직후부터 이미 시행되었다(역사문제연구소 1993 : 164).

이처럼 식민지 한국에서 일본의 황국 신민화를 위한 교육정책은 1910년 일제 강점 이전인 통감부 통치 초기부터 시작되었다. 그것은 일찍부터 학교와 교육내용에 대한 통제가 식민지내의 반일 감정을 약화시키고 또한 민족의식을 억압하는데 매우 중요하다고 판단했기 때문이다. 그러나 식민지에서의 일본의 교육 목표는 첫째, 일본문화와 일본적 가치관을 주입시켜 동화를 촉진하는 것과 둘째, 일본의 산업화에 필요한 값싼 노동력으로서의 구실을 할 수 있는 최소한의 현대적 지식을 가르치는 일이었다(문옥표 1990 : 9).

조선에서는 1880년대부터 조선 왕실이나 외국인 선교사 등에 의해 소학교부터 남녀 대학에 이르기까지 각종 학교가 설립되기 시작했으며, 1894년 갑오개혁 때에는 이미 근대적 교육제도의 기초가 마련되어 서구형의 소학교, 외국어학교, 의학교, 농상공학교 등의 건립이 진행되고 있었다(박경식 1986 : 140). 그 외에 서구적 과목과 한글을 가르치는 조선인이 설립한 사립 소학교들도 상당히 존재했다. 그리고 1905년 일본의 통감정치가 시작될 무렵에는 애국심과 연결된 민족교육운동이 전국적으로 확산되어 각종의 야학, 노동학교, 직업학교 등이 도시, 농촌의 여러 지역에 등장하였으며, 전통적 교육기관이었던 서당에서도 현대적인 교과 내용을 수용하려는 움직임이 일고 있었다(Tsurumi 1984 : 294).

이러한 상황하에서 통감부의 교육정책은 조선 민족이 스스로 원하였던 민족주의적 교육을 탄압하고 일본적 가치를 주입시키는 일이었다. 즉, 통감부는 민족의식, 애국주의에 입각한 자생적 교육을 원하지 않았기 때문에 곧 국민교육운동에 대한 탄압에 착수하였다. 국민교육운동에 대한 탄압은 우선 1895년에 공포된 소학교령을 폐지하여 보통학교령으로 대체함으로써 실질적으로 6년이던 초등학교 연한을 4년으로 단축하는 것으로 나타났다(한기언 1970 : 9), 그 후 1908년에는 사립학교령, 서당에 관한 훈령, 학회령 등을 공포하여 사립학교, 서당 등에서 행하던 애국교육에 제동을 걸었다(박경식 1986 : 141).

이와 같은 일제의 교육 탄압과 통제는 조선인에 의해 운영되는 사립학교에 가장 엄격하게 적용되었는데, 교과서까지 일본 정부에서 발행한 것을 사용하도록 강요하였다. 사립학교, 기독교 계통의 학교에 대한 억압정책에 비해 전통적 교육기관이었던 향교나 서당 등에 대하여는 회유하여 수용하려는 정책을 추진하였다. 일제는 당시 활발하였던 교육운동에 대해서도 대대적인 탄압을 가하였다. 국가 또는 정부의 허가를 받은 교과서 외에 민족의식을 담은 교과서는 전면적으로 사용을 금하였다. 많은 책이 정치적인 내용을 담았다거나 양국(兩國)간의 우호를 해친다는 이유로 배포가 금지되거나 압수되었다. 공립학교에는 일본인 교사가 파견되어 학교 행정을 장악하고 다른 교사들을 감시하였다. 사립학교에 대해서도 조선총독부는 민족교육을 말살하기 위하여 1908년의 「사립학교령」, 1911년의 「사립학교규칙」 등을 통해 조선인이 설립한 사립학교에 대한 강력한 탄압을 전개하였다(오성철 2000 : 22). 즉, "부실한 사립학교를 정비하고 내실있는 사립학교를 육성한다"는 명분아래 사립학교에 대해 허가제를 실시하였다. 이로 인해 5천여개에 달하던 사립학교중 3천개 이상의 학교가 문을 닫지 않을 수 없었다.

한편 1910년 조선을 병합한 일제는 식민지 사회체제를 공고히 하기 위하여 여러 가지의 정책을 세웠다. 그 중 하나가 교육정책이었다. 일제의 식민지 교육정책의 목표는 무엇보다도 식민지 사회체제를 비판하고 민족의 자주와 독립을 고취하는 자주적인 교육제도를 해체하고 조선인들의 높은 자녀교육열을 식민지 학교교육을 통해 흡수함으로써 이들을 일제와 식민지 사회체제에 충량한 국민으로 육성하는 데 있었다. 이러한 목적을 위하여 일제는 1911년, 1922년, 1938년, 1943년 네 차례에 걸쳐서 「조선교육령」을 공포하였다. 1911년의 교육령에서는 교육의 목적을 '충성스럽고 선량한 국민의 양성'으로 규정하여 일본 천왕에게 오직 순종하면서 일본의 노예가 될 것을 강요하였다. 조선인에게 민족의식을 심을 수 있는 교육은 철저하게 배제되었다. 1930년대에 들어서 일제는 한편으로 전국 각지에 세워진 야학(夜學)을 탄압하고 기존의 야학을 농촌진흥운동의 전개를 위해 일제가 조직한 마을의 농촌진흥위원회에서 장악하도록 하여 그 성격을 식민지적 야학으로 변질시키거나 야학의 인가를 취소하면서, 다른 한편으로 농촌 지역에 2년제의 간이학교를 설립하여 농민층의 자녀교육열을 흡수하였다. 그 후 일제는 1938년 조선교육령을 다시 개정하여 '내선일체화(內鮮一體化)' 방침에 의해 조선인의 교과과정을 더욱 철저한 '황국 이데올로기' 교육으로 변질시켰다.

2. 식민지 교육정책과 조선교육령

일제는 식민지 조선의 지배와 통치를 효율적이고도 철저하게 수행하기 위해 한편으로는 무력에 의존하고, 다른 한편으로는 교육과 자국어

(일본어)의 보급에 힘을 기울였다. 이러한 식민지 교육정책을 집행하는 부서로서 조선총독부 내무부내[2]에 학무국을 두고, 학무국에는 학무과와 편집과를 두었다. 학무과는 각급 학교들의 교육행정과 그것을 통제하는 기능을 담당하였다. 그리고 편집과는 각급 학교용 교과서의 편집과 출판을 통제하여 총독부에서 발행한 교과서와 검정을 받은 교과서만을 사용하도록 강요하였다.

일제는 조선인에 대한 일제의 교육방침과 교육에 관한 법령을 내용으로 하는 전문 30조의 「조선교육령」을 1911년 8월에 공포하였다. 「조선교육령」에서 "교육은 「교육에 관한 칙어」의 취지에 따라 충성스럽고 선량한 국민을 육성하는 것을 본의로 한다"(제2조), "보통교육은 보통의 지식기능을 주되 특히 국민으로서의 성격을 함양하는 국어를 보급하는 것을 목적으로 한다"(제5조)라고 규정하였다. 이것은 사실상 일제가 식민지 조선에서 실시할 황국신민화 교육의 근본 방향을 밝힌 것이다. 이러한 일제 초기의 교육방침은 데라우치 총독의 말에서도 잘 나타나고 있다.

"조선은 아직 내지(內地)와 사정이 같지 않다. 그러므로 교육은 특히 그 힘을 덕성의 함양과 국어의 보급에 힘써 제국 신민으로서의 자질과 품성을 구비하여야 한다."[3]

데라우치(寺內) 총독의 교육방침은 조선인에게 이성이 발달할 수 있는 교육의 기회를 주지 않는 데 있었다. 즉, 일본 신민화(臣民化)의 토대가 되는 일본어의 보급을 통하여 충량한 제국 신민과 그들의 부림을 잘 받는 실용적인 근로인, 하급관리, 사무원의 양성을 목적으로 하였다. 이와 같은 취지와 교육방침에 따라 1911년 8월 전문 30조로 이루어진 제1

---

2) 조선총독부내에는 총독관방, 총무부, 내무부, 농상공부, 탁지부, 사법부 등의 기본 부서를 두고 식민지 정책을 실시하였다. 그후 1919년 9월 '총독부 관제개혁'을 실시하여 기존의 '부'를 '국'으로 고치고 총독관방, 내무국, 재무국, 식산국, 법무국과 함께 새로 학무국과 경무국을 만들었다.

3) 朝鮮總督府, 1935, 『施政二十五年史』, 168쪽.

차 「조선교육령」이 공포된 것이다. 이어서 보통학교, 고등보통학교, 실업학교, 사립학교 등의 교육규칙과 학교관제 등이 공포되었다. 그러나 전문학교의 규칙이 공포된 것은 1915년의 일이다.

「제1차 조선교육령」과 이에 따른 교육과정을 중심으로 식민지 초기의 교육 방침을 살펴보면 다음과 같다. 첫째 일본어 보급을 목적으로 하였으며, 둘째 우리 민족을 이른바 일본에 '충량한 국민'으로 만들고자 노력하였으며, 셋째 노동력을 착취하기 위하여 한국인에게 저급한 실업교육을 장려하였으며, 넷째 한국인을 우민화하려고 하였다. 이러한 기본방침은 각급 학교의 교육 연한과 학교 명칭을 일본인 학교와 차별을 둔 사실에서도 잘 살펴볼 수 있다. 그리고 제1차 조선교육령에 나타난 교육과정을 보면, 보통학교의 교과목은 보통학교 본래의 목적을 관철시키기 위하여 수신, 국어(일어), 조선어 및 한문, 산술을 필수과로 하며, 이과, 창과, 체조, 도화, 수공, 재봉 및 수예, 농업초보, 상업초보는 지역의 형편에 따라 이를 과하지 않을 수 있도록 하였다(손인수 1987 : 631). 교과과정과 수업시간수를 보면, 한국어는 조선어로, 일본어는 국어로 고쳐 사용하게 하였으며, 교육과정에서 일본어의 위치는 수업시간 총수의 5분의 2에 가까운 시간이었다.

그 뒤 1919년 3.1운동 이후 개정된 「제2차 조선교육령」에서는 사이토(齊藤 實) 총독의 이른바 '문화정치'에 따라 일본 학제와 형식상 동일한 정책이 실시되었다. 그러나 이면에 숨겨진 교육정책은 동일한 교육정책과 교육기간을 확충함으로써 일본식 교육을 강화하여 우리 민족의 사상을 일본화 또는 말살하려는 데 주안점을 두었다. 그리고 1910년대 보통학교는 이른바 '간이 실용'을 표방한 4년제 학교였다. 교과는 수신, 국어(일본어), 조선어 및 한문, 산술, 이과, 창가, 체조, 도화, 수공, 재봉 수예, 농업초보, 상업 초보 등으로 구성되어 있었다. 일본어가 가장 큰 비중을 차지하였으며, 그 다음 산술과 조선어 및 한문이었다. 조선어와 함께 한문이 정식 교과로 포함되어 있었던 것은 서당을 지향하는 조선인을 보통학교로 끌어 들이기 위한 유인책이었을 것으로 보인다. 그 외 나머지 교과는 상황에 따라 설치할 수 있는 '가설과목(加設科目)'으로 되어 있었다. 따라서 1920년대 보통학교 교과과정의 대강은 식민지 지배 이데올로기의 교화를 위한 과목으로서의 수신과 초보적인 일본어 읽고 쓰기 그리고 셈하기 교과였다. 도한 농업초보와 상업 초보 등 저급한 직업적 교과가 강조되었다.[4]

<표 2-1> 제2차 조선교육령에 의한 교과과정 및 교육시간

학년	1년	2년	3년	4년	5년	6년
수신	1	1	1	1	1	1
국어	10	12	12	12	9	9
조선어	5	5	3	3	2	2
산술	5	5	6	6	4	4
국사					2	2
지리					2	2
이과				2	2	2
직업			1	1	2	2
도화	3	3	1	1	1	1
창가	(창가포함)	(창가포함)	3	3	3	3
체조				2	4	4
가사				2	4	4
전체	24	26	27	33	36	36

자료 : 역사문제연구소, 1993, P.169에서 인용

---

4) 오성철, 2000, 『식민지 초등교육의 형성』, 23쪽.

1938년 미나미(南次郞) 총독은 '황국 신민화'를 보다 철저하게 추진하려는 의도에서 법령을 재개정하여 「제3차 조선교육령」을 공포하였다.[5] 신교육령의 중요한 사항과 내면을 살펴보면 다음과 같다. 첫째 교명(校名)을 일본인 학교와 동일하게 개칭하여 교육제도상으로 보아서 한국인과 일본인 간의 차별대우가 철폐되었다고 하였으나 그 실상은 일본인이 사립학교의 교장이나 교무주임의 자리를 차지하도록 하는 방침이었다. 둘째, 교육목적을 뒷받침하는 교육내용으로 일본어, 일본사, 수신(修身), 체육 등의 교과를 강화하였다. 셋째, 한국어의 사용을 금지하고 사립중학교의 설립을 금하였다. 이 이후부터 학교에서는 한글이 폐지되고 일본어의 상용이 강요되었다.

<표 2-2> 조선교육령의 특징

구분	제1차 조선교육령 (1911)	제2차 조선교육령 (1922)	제3차 조선교육령 (1938)	제4차 조선교육령 (1943)
학제	보통학교(3~4년)	보통학교(6년)	심상소학교(6년) 고등소학교(2년)	국민학교(6년)
	고등보통학교(4년) 여자고등보통학교(3년) 실업학교(3~4년)	고등보통학교(5년) 여자고등보통학교(4년) 실업학교(3~5년) 사범학교(6년)	중학교(5년) 고등여학교(2년) 실업학교 사범학교(7년)	중학교(5년) 고등학교(2년) 실업학교 사범학교
	전문학교(3~4년)	전문학교(3~4년)	전문학교 대학	전문학교 대학 대학원
정책	무단통치	문화통치	황국신민화정책	전시비상조치
특징	-사립학교 통제 -역사,지리과목 제외 -사립학교 감소 -교직원의 당국 인가	-내선일체 -동화교육 강화 -총 교육연한 연장 -실과교육 강화	-조선어 선택과목	-이과교육 강화 -학병제 실시 -교련,무도 신설

---

5) 조선총독부가 1937년 10월에 제창한 '황국신민서사(皇國臣民誓詞)'는 국체명징·내선일체·인고단련의 3대 요소를 가장 적절하게 표현한 것이며, 1938년 3월에 공포된 제3차 조선교육령은 이 토대위에서 제정된 것이다. 손인수, 1987, 『韓國敎育史 Ⅱ』, 639쪽.

한편 1941년부터는 전시에 응하여 전문학교의 수업연한을 단축하였다가 1943년 3월 「제4차 조선교육령」을 공포하여 모든 교육기관에 대한 수업 연한을 단축하는 동시에 '황국의 도에 따른 국민연성'을 교육목적으로 하였다. 또한 이른바 '결전학년(決戰學年)'의 새 교과서를 중등학교에 사용하게 하였다. 이에 따라 민간인 사립학교와 기독교 학교의 교육목적도 강제적으로 바뀌었고, 그에 따라 결전학년의 교과서를 쓰지 않을 수 없었다. 이처럼 「조선교육령」은 일제 식민지 교육정책을 그대로 반영하고 있었다. 다음의 <표 2-2>는 일제 식민지 하에서 네 차례에 걸쳐 개정된 조선교육령의 시기별 특징을 잘 보여주고 있다.

3. 농민의 초등교육과 보통학교[6]

개항 이후 조선 사회에서 보통교육을 하게 된 것은 당시 조선 사회가 처한 특수한 사정과 연관이 있다. 즉 조선 사회는 개항 이후 한일합방을 거치면서 일제 시기에 이르기 까지 민족의 자주 독립을 하나의 과제로 갖게 되었으며, 이러한 과제를 달성하기 위한 방법으로 근대적 교육이 강조되었다(신용하 1980). 따라서 개항부터 일제 말기까지 민족해방운동의 일환으로 사학을 비롯한 여러 가지 형태의 교육운동이 전개되었다. 1920~1930년대 전반까지 농촌에서 활발하게 전개된 야학운동도 이러한 맥락에서 이해할 수 있다. 이러한 사회적 환경에서 조선 사회의 모든 계층에서 자녀에 대한 교육열이 높아졌다.

---

6) 보통학교라는 명칭은 1905년에 대한제국 정부의 학부참여관(學部參與官)으로 고용된 시데히라 타이라(幣原坦)가 기초한 "조선교육개량안(朝鮮教育改良案)"에 처음 등장한다. 시데히라에 의해 '보통학교'라는 명칭이 고안되었으며, 이에 기초하여 이듬해 "보통학교령"이 공포된 것이다. 그가 제시한 표면적인 이유는 조선이 전통적으로 보통 교육을 중시하였으므로 '보통학교'라는 명칭을 사용한다는 것이다. (오성철, 2000, 앞의 책, 20쪽)에서 참조.

물론 조선 전통사회의 모든 계층에서 나타나는 높은 자녀교육열은 이러한 요인 외에도 다른 요인에 의해 형성되었다. 이에는 개항, 갑오개혁, 한일합방을 거쳐 조선 봉건사회의 신분질서가 무너지면서 교육이 사회이동, 지위획득의 수단으로서의 의미를 갖게 되었다는 점, 그리고 전통적으로 조선 봉건사회가 폐쇄적 신분구조를 갖고 있음에도 불구하고 이념적으로 학문적 성취를 통한 사회적 신분이동을 강조하여 상민으로 구성되는 일반 농민층에서도 자녀들에게 나은 사회적 지위와 생활의 기회를 마련해 주기 위한 수단으로 자녀교육열이 오래 전부터 높았다는 점이 포함된다. 이와 같은 조선인의 높은 자녀교육 의지를 이용하여 일제가 식민지 조선 사회에서 식민지 체제를 공고히 하기 위하여 세운 것이 보통학교[7]였다. 보통학교의 수와 학생수는 다음의 <표 2-3>과 같다.

1920년대 이후 공립보통학교의 수와 학생수가 크게 증가하고 있었지만 이들 학생수가 조선 전체의 학령기(學齡期) 연령(7세~14세) 아동에서 차지하고 있는 비율은 극히 낮았다. 1935년도 공립보통학교 학생수는 681,004명으로 같은 연도에 학령기 아동 4,278,794명(國勢調査資料)의 15.9%에 불과하였다. 이것을 성별로 보면, 1935년 남학생 545,532명, 여학생 135,472명은 각각 같은 연도 학령기에 있는 남·여아의 24.8%, 6.5%로 나타난다. 한편 농촌 지역의 취학률은 전국의 취학률보다 낮았다. 구체적인 상황을 정확하게 알 수 없지만 대체적인 윤곽을 알려주는 당시 신문기사의 자료를 보면, 1935년 전국 아동의 취학률은 25.8%였으며, 도시 남아의 취학률은 79.8%, 도시 여아의 취학률은 9.1%였다.[8] 같은 연도의 상황임에도 불구하고 위의 자료와 비교하여 전반적으로 취학

---

7) 보통학교는 통감부 시기인 1906년 「보통학교령(普通學校令)」에 제정 공포되면서 출현한 식민지 초등교육기관이다. 1910년 일본의 대한제국 합방이후 「조선교육령(朝鮮教育令)」 및 「보통학교규정(普通學校規程)」이 발포되면서 여전히 그 명칭이 사용되었다. 1938년 제3차 「조선교육령」 이후에는 명칭이 소학교(소학교)로 바뀌었고, 식민지배 말기인 1941년 「국민학교규정(國民學校規程)」 발포 이후에는 국민학교로 명칭이 다시 바뀌었다. (오성철, 2000, 『식민지 초등교육의 형성』, 1쪽).

8) 동아일보 1936 1. 29일자와 2. 1일자

률이 높은 것은 학령기 아동수의 추정의 차이와 취학아동을 공립보통학교에 한정하지 않고 당시 극소수이지만 관립, 사립 보통학교 및 일본인이 주로 다니는 소학교까지 확대하여 추정하였기 때문으로 판단된다.

<표 2-3> 일제하 공립학교의 수와 학생수의 변화

연 도	1920	1925	1930	1935
학교수	559	1,187	1,639	2,269
총학생수				
남	89,402	333,664	387,478	545,890
여	12,646	57,660	77,291	135,795
계	102,038	391,324	464,769	681,685
조선인 학생수				
남	89,363	333,535	387,478	545,890
여	12,604	57,540	77,041	135,472
계	101,967	391,075	464,281	681,004
남자비율	87.6	85.3	83.5	80.2
조선인 학생비율	99.6	99.9	99.9	99.9

자료 : 朝鮮總督府學務局, 1935, 『朝鮮諸學校一覽』, 102~108쪽.

1932년 농가 계층별 초등교육의 내용을 살펴보자. 농민 계층을 지주, 부농, 중농, 빈농의 네 계층으로 나누어 각 계층의 가계수지에 관한 자료를 제시한 것이다.[9] <표 2-4>의 자료는 단지 4개의 농가만을 대

---

9) 함북 경원군 안농면을 대상으로 한 표본조사의 결과이다, 여기서 부농 중농, 빈농의 구분 기준은 명확하지 않다. 안농면 농가호수 1,080호 가운데 부농은 382호, 중농은 497호, 빈농은 201호의 구성을 이루고 있다. 빈농은 소작료가 지출 항목에 들어가 있는 것으로 볼 때 소작농이라 할 수 있다.

<표 2-4> 농민 계층별 가계수입과 교육비 지출(1932년)

번호	계층	가족수	가계수지(원)			비 고
1	지주	7명	총 수입액		435,000	〈가족구성〉
			총 지출액		319,43	
			지출 항목	공과금	24.66	남 : 1명(25세) 여 : 6명(87세, 67세, 22세, 18세, 10세, 3세)
				식료비	126.97	
				의복비	39.00	
				교제비	40.00	
				의약비	10.00	안농공보 1년 :
				교육비	11.80	수업료−8.80
				관혼상제비	40.00	책값−1.00
				기타	27.00	잡비−2.00
			수입/지출 차액		+115,57	
2	부농	7명	총 수입액		314,43	〈가족구성〉
			총 지출액		324.05	
			지출 항목	공과금	24.23	남 : 4명(50세, 24세, 17세, 13세)
				식료비	198.02	여 : 3명(52세, 25세, 3세)
				의복비	28.00	
				교제비	5.00	
				의약비	3.00	보통학교, 서당
				교육비	21.80	수업료−12.80
				관혼상제비	2.00	책값−5.00
				기타(담배)	42.00	학용품−4.00
			수입/지출 차액		−9.62	
3	중농	11명	총 수입액		187.58	〈가족구성〉
			총 지출액		245.88	
			지출 항목	공과금	17.14	남 : 6명(51세, 34세, 14세, 10세, 5세, 3세)
				식료비	91.14	여 : 5명(79세, 57세, 38세, 17세, 16세)
				의복비	25.60	
				교재비	20.00	
				의약비	10.00	
				교육비	70.00	보통학교
				관혼상제비	−	수업료−3.60
				기타	12.00	책값−14.80 식비−48.00
			수입/지출 차액		−58.30	
4	빈농	8명	총 수입액		69.88	〈가족구성〉
			총 지출액		100.35	
			지출 항목	공과금	1.04	남 : 4명(40세, 14세, 5세, 3세) 여 : 4명(41세, 12세, 9세, 1세)
				식료비	17.00	
				의복비	60.81	
				교재비	13.00	
				의약비	−	
				교육비	1.00	
				관혼상제비	−	
				기타	−	
			수입/지출 차액		−30.47	

자료 : 朝鮮總督府內務局, 1932, 『咸鏡北道慶源郡經濟狀況調査』, 113~128쪽.

상으로 한 것이기 때문에 일반화하기에는 어려움이 있지만 전 조선 농가수지 상황과 교육비 지출에 관한 포괄적인 자료를 구하기 어려운 상태에서 이 자료를 토대로 추론할 수 밖에 없다. '부농'의 사례에서 나타나듯이 서당의 일년 수업료는 4원이지만 보통학교의 수업료는 8원 80전이었다. 보통학교 수업료가 서당 수업료의 약 두 배가 넘는 액수였음을 알 수 있다. 상농의 경우 보통학교 학생 일인당 일년 교육비가 수업료와 책값, 기타 학용품비를 통틀어 15월 80전이었다. 당시 쌀 한가마니가 17원이었으니 보통학교 한 학생을 취학시키려면 일년에 약 쌀 한가마니 정도의 교육비가 필요했다고 할 수 있다.

그 정도의 교육비 조차 지출할 수 없는 경우에는 아이를 학교에 보내기가 어려웠을 것이다. 예컨대, '빈농'의 경우에는 보통학교 학령 아동기에 해당하는 9세와 12세 여아(女兒)가 두 사람 있음에도 불구하고 교육비는 전혀 지출되지 않고 있다. 그렇지만 부농과 중농의 사례를 보면 경제적 조건만이 취학 여부를 결정한다고 보기는 어렵다. 부농의 경우에는 연간 9원 정도의 적자에도 불구하고 두 아이를 한 사람은 보통학교에, 또 한 사람은 서당에 취학시키고 있다. 중농은 가계(家計)의 상황으로 볼 때 납득하기 어려울 정도로 과다한 교육비를 지출하는 경우이다. 연간 총 수입 188원의 1/3이 넘는 70원을 아들 한 사람의 보통학교 교육비로 지출하고 있다. 그 결과 연간 58원의 적자를 보이고 있다. 교육비 지출이 70원으로 큰 이유는 타지 유학으로 식비를 과다하게 지출하기 때문이다. 이것은 1930년대에 조선인의 ·보통학교 취학이 반드시 농가의 경제적 상황에 의해서만 결정되는 것은 아니었음을 보여준다.

농민가족 아동의 계층별 취학상황은 불완전하지만 1932년 전국 농가 1,256호에 대한 조사를 통해 살펴볼 수 있다. 이 조사에 따르면, 지주 41호의 취학 아동수는 28명, 자작농은 212호 97명, 자소작농은 379호 147명, 소작농은 386호 107명, 궁농(窮農)은 143호 11명, 비농가는 95호 13명으로 나타난다. 여기서 농촌 가족의 학령기 아동수에 대한 조사는 전혀 되어 있지 않기 때문에 정확한 취학율의 계산은 불가능하지만 대신 가구당 평균 취학 아동수를 통해 취학율의 차이를 추측해 볼 수는 있다. 계층별 농민의 자녀들의 평균 취학 아동수는 <표 2-5>에 나타나듯이 지주층에서 0.68, 자작농의 경우 0.46, 자소작농 0.39, 소작농 0.28, 궁농 0.08, 비농가 0.14로 나타나고 있다.

<표 2-5> 농민 자녀의 지역·계층별 취학상태(1932년도)

계 층		남 부	중 부	북 부	전 체
지주	조사가구	14	13	14	41
	취학아동수	11	8	0	28
	가구당평균 취학아동수	0.79	0.62	0.64	0.68
자작농	조사가구	44	31	137	212
	취학아동수	25	10	62	97
	가구당평균 취학아동수	0.57	0.32	0.45	0.46
자소작	조사가구	180	95	104	379
	취학아동수	68	34	45	147
	가구당평균 취학아동수	0.38	0.36	0.43	0.39
소작	조사가구	171	139	76	386
	취학아동수	64	29	14	107
	가구당평균 취학아동수	0.37	0.21	0.18	0.28
궁농	조사가구	88	26	29	143
	취학아동수	9	1	1	11
	가구당평균 취학아동수	0.10	0.04	0.03	0.08
비농가	조사가구	62	6	27	95
	취학아동수	8	1	4	13
	가구당평균 취학아동수	0.13	0.17	0.15	0.14
(전체)	조사가구	559	310	387	1,256
	취학아동수	185	83	135	403
	가구당평균 취학아동수	0.33	0.27	0.35	0.32

자료 : 盧東奎, 1932, 「朝鮮農家經濟實相調査解剖」, 『東方評論』1-3, 516~524쪽.
참고 : 1. 남부는 전남,전북,경북,충남이고 중부는 경기,강원,함북, 북부는 평남,함남,함북이다.
　　　2. 궁농은 가족생계를 보장할 규모의 소작지를 경작하지 못하는 소작농으로 남부지역은 약 1,000평 이하의 논, 북부는 약 2,000평 이하의 밭을 소작하고 있는 농가이며, 이들은 모두 자기 소유의 가옥을 갖지 못하고 있다.

<표 2-6> 빈농 가족구성원의 교육정도(1930년대초)

농가 번호	가족수	가족형태	가족원과 교육정도
1	7	핵기족	①경영주(54세) : 한학, ②처(44세) 무학(無學) ③2남(19세) : 보통학교 2년수업, ④장녀(16세) : 무학 ⑤3남(13세) : 보통학교 2년수업, ⑥2녀(8세) : 무학 ⑦4남(4세)
2	7	핵가족	①경영주(42세) : 강습소수업, ②처(40세) : 언문독해(諺文讀解) ③장남(18세) : 보통학교 졸업, ④*장녀(16세) : 무학, 언문독해 ⑤2녀(10세) : 무학, ⑥2남(4세) ⑦3녀(2세)
3	8	직계가족	①경영주(25세) : 한문독해, ②처(22세) : 무학 ③장녀(1세), ④모(44세) : 무학 ⑤조모(69세) : 무학, ⑥*동생(22세) : 무학, 언문독해 ⑦*누이(18세) : 무학, 언문독해, ⑧누이(15세) : 무학
4	4	핵가족	①경영주(46세) : 무학, ②처(38세) : 언문독해 ③*장남(15세) : 무학, 언문독해, ④장녀(10세) : 무학
5	5	핵가족	①경영주(33세) : 한문, 언문독해, ②처(35세) : 언문독해 ③장녀(11세) : 무학, ④장남(5세) ⑤2녀(2세)

자료 :『農家經濟調査 全羅南道』(1930),『農家經濟調査 慶尙南道』(1931),『農家經濟調査 京畿
道』(1932)
참고 : *는 보통학교가 아닌 야학에서 문자를 깨우친 사람이다.

　　그런데 위의 <표 2-6>에서 알 수 있는 것은 빈농의 자녀들 가운데
서도 다른 계층에 비해 수는 적지만 보통학교 교육을 받는 아동들이 있
었다는 것이다. 이들은 아마 대부분 남아(男兒)들이었을 것이다. <표 2-
6>에서 보는 바와 같이 1930년대 초반 농가경제 자료조사 중에서 빈농
5가구의 자녀들 특히 조사 당시 7세 이상, 24세 이하 자녀들의 교육정도
를 살펴보면, 남성은 전체 5명 중 3명이 보통학교를 중퇴하거나 졸업하
였고 여성은 9명 모두 보통학교 교육을 받아보지 못하였다. 다만 남성의
경우 보통학교 교육을 받은 3명중 1명만 조사 당시 학령기인 7~14세에

있었고, 나머지 2명은 그들의 연령이 조사 당시 18~24세에 분포되어 있었으므로 그들의 보통학교 교육은 조사 당시 보다 10년 전인 1910년대 말이나 20년대 초에 이루어졌다고 볼 수 있다. 한편 여성의 경우 조사 당시 7~14세의 연령 범위에 있는 자는 모두 7명으로 이들 중 아무도 보통학교 교육을 받고 있지 않았다.

이들 빈농 5호 가족원들의 교육상황을 구체적으로 살펴보면, 10~29세의 남성과 10~19세의 여성 중에서 공립보통학교 교육을 받지 않았으면서도 한글을 해독하고 있는 가족구성원은 일단 당시 야학이나 가정수학, 서당교육을 받은 것으로 볼 수 있다. 이들 인구는 남성이 3명, 여성이 2명이다. 한편 이들 연령층에서 공립보통학교 교육을 받아 문자를 해독하고 있는 인구는 남성이 3명, 여성은 한명도 없다. 반면에 한글을 읽고 쓰지 못하는 인구는 남성은 한 명도 없으나 여성은 5명이었다. 교육비는 월사금, 입학수수료, 교과서대, 문방용구, 수학여행, 운동, 보호자회비 등을 포함하는 학교 교육비로서 농가번호 1)호를 제외하고 교육비를 지출하는 농가가 없었다. 7세~15세 학령기의 아동을 갖고 있는 농가는 농가번호 2), 4), 5)호를 포함한 3호이지만 이들은 자녀교육을 위한 교육비를 지출하고 있지 못하였다. 다만 이들 세 농가의 학령기 아동이 모두 여아였다는 점을 고려할 때 여아에게 교육비 지출이 전혀 이루어지지 않았다는 것은 경제적 사정 외에도 당시의 남녀차별 의식의 결과일 것이다.

이와 같이 일제 시대 농촌 아동 혹은 빈농층의 아동 대부분이 공식적 초등교육으로부터 배제된 이유는 무엇보다도 교육비의 부담일 것이다. 당시 공립보통학교 교육은 지역과 시기에 따라 차이가 있으나 매달 월사금으로 60-70전의 교육비를 지출해야 가능했다. 여기에 더하여 학용품값이나 혹은 통학로 등을 가산하면 자녀 1명을 교육시키는데 드는 비용이 연간 평균 10~15원이었고(朝鮮農會1930 : 250), 보통학교 졸업에 필요한 전체 교육비는 상층농의 경우 312원, 중간계층의 경우 258원, 하층농의 경우 199원으로 조사되었다.10) 이러한 교육비를 계속 지출하지 못하여 보통학교에 입학하였다가도 중도 퇴학하는 아동도 매년 10% 내외에 달하였다(강만길 1987 : 88). 교육비 외에 빈농층 아동의 낮은 취학율의 또 다른 원인은 일제의 교육정책 자체의 성격에서 찾을 수 있다. 원래 서구에서 근대에 보통교육이 확대된 중요한 이유 중의 하나는 당시 과학기술의 발달로 자본주의 산업이 고도로 발달함에 따라 지식과 기술을 갖춘 노동력의 필요성이 커진데 있었다. 이러한 배경에서 개별 자본이 감당할 수 없는 미래의 노동력 재생산 과정에 국가가 복지서비스의 형태로 참여하여 미래의 노동력 재생산을 위한 교육이나 훈련의 비용을 전부 또는 상당 부분을 부담하는 것이 바로 의무교육의 확대였다(J.Humphries, 1982)

그러나 근대 조선사회에서 보통교육이 확대되어 간 배경은 이와 상당히 달랐다. 근대 조선 사회에서는 국가의 독립과 자주를 위한 민족해방운동이나 조선 사회의 근대화를 위한 개혁운동과 연관하여 보통교육이 확대되었다(신용하 1980). 즉, 서구와 같은 경제적 이유보다 정치적 이유가 오히려 조선 사회의 보통교육의 확대에 중요한 배경이 되었다. 이러한 교육의 성격은 일제 시대에도 그대로 이어져서 만주독립운동의 수단으로 자리 잡았다. 일제는 조선을 강점하고 3.1운동을 겪으면서 식민지 사회체제를 공고히 하기 위하여 무엇보다도 필요한 것이 근대 이후 민족독립운동의 일환으로 전개된 조선인 주체의 교육운동과 조선인의 높은 자녀교육열을 분리시키는 것이라고 파악하였다(박경식 1986 : 141). 한편으로 사학탄압, 야학탄압 정책을 펴고 다른 한편으로는 조선의 높은 자녀교육열을 제도적으로 흡수하기 위하여 학교제도를 정비해 나갔다. 즉 일제에 의해 추진된 식민지 학교제도를 통한 보통학교의 확대도 경제적 배경보다는 정치적 배경에서 이루어진 것이었다.

---

10) 朝鮮總督府, 1940, 「朝鮮における兒童敎育費及び小兒死亡に伴う諸經費の現況」, 『調査月報』11, 62〜63쪽에서 참조.

보통교육 제도를 정비해가면서 일제는 바로 정치적 이유에서 교육의 확대로 나타나는 진보적 지식인층의 증대를 경계하여 보통교육을 모든 인구층으로 확대시키는 것을 꺼렸다. 그 결과 공립보통학교에 수용된 학생은 조선 전체 학령 아동의 3할 정도에 불과하였다(주요섭 1930 : 8). 또한 보통학교 경비도 국고 보조, 지방비 보조가 적어 각각 1.1%, 15.2%를 차지할 정도로 적었다. 나머지는 기부금, 기본재산수입, 부담금 및 수업료였다. 특히 수업료가 차지하는 비중은 18.8%이었다(朱曜燮 1930 : 34). 예컨대, 보통학교 교육 자체가 이미 조선 전체 학령 아동의 7할을 배제하고 있었고, 이러한 상태에서 농촌 아동들은 특히 보통교육에서 소외될 수 밖에 없었다. 보통학교는 도시를 중심으로 면소재지에 설치되었고 학령기인 7~14세의 농촌 아동들은 영세한 소농 중심의 농업생산구조에서 농업노동자로 인식되었거나 실제로 과도한 농업노동이나 가사노동을 담당하였다. 예컨대 당시까지 교육이 일반적으로 사회이동이나 지위획득의 유효한 통로로 인식되지 못한 상황에서 아동노동의 생활화에 기초한 전통적인 소농 생산구조와 아동 노동의 금지에 기초하여 출현한 근대의 보통학교제도와는 서로 거리가 멀었다. 이러한 사정은 다음의 자료에서도 잘 나타나고 있다.

"…농촌에 나와 보시면 알 일이지만 농촌에는 가난한 가정이나 넉넉한 가정이나 대체로 보아 고생사리에는 별 차이가 없습니다. 어려운 사람들은 벌어먹기 위하여 넉넉한 사람은 좀 더 벌기 위하여 아침부터 저녁까지 손노흘 틈이 별로 없어 보입니다. …이 집에는 수물 넘는 아들도 열살,여듭살 된 딸도 모다 아직 학교구경을 모하였습니다. 학교에 가면 돈드는 것이 만흔 것도 한 가지 이유이지만 그보다도 자식들이 학교에 가면 일도와 줄 식구가 줄어 생산에 타격이 잇슴이외다, 어룬으로부터 어린애들까지 근육노동이 생활의 전부가 되어 잇읍니다…"11)

한편 여아의 취학률은 남아 취학율의 3분의 1 수준이었다. 그 결과 "농촌의 남자 아니는 열 가운데 세, 여자 아이는 겨우 하나가"12) 보통학

---

11) 동아일보, 1935. 6. 15일자

교 교육을 받았다. 그런데 열 가운데 한 명만이 교육을 받은 여아가 계층적으로 빈농층에 속할 가능성은 거의 없었다. 앞에서 보았듯이 1930년대 초 빈농 5호중 7~14세의 연령에 있는 여성 중 보통학교 교육을 받은 사람은 한 명도 없었다. 농촌 여아의 취학률이 이와 같이 낮은 것은 앞에서 살펴본 일반적 원인과 함께 조선 사회에 뿌리 깊은 남존여비의 관념과 관행에 의해 설명된다. 이러한 상황을 나타내는 사례를 보면,

> "우리 옵바는 방학만 되면 곡꼭 내려와서 나, 건너집 순이, 넘엇집 보배 이렇케 세 사람을 우리 집 안방에 모아노코 글도 가르치고 자미잇는 이약이를 하여주어서 가갸 뒷다리도 모르던 우리들이 지금은 보통 언문 소설 갓흔 것은 좍좍 읽고 글세도 보통학교 4학년생 만치는 씁니다. 그럿치만 에구 늙은네는 엇져면 그럿케 생각이 뚝 한판에 박아낸 듯 할 까요, 텬왕씨 갓흔 보배 아버지는 말할 것도 업고 식자나 좀 잇다는 순이 아버지는 우리 아버지와 덩다라서 마조 안끼만 하면 게집애들이 글이 다 무엇이냐고 장단을 서로 마처는 것을 보면 눈이 석자 세치나 기러지겠지요…"13)

일제는 사회체제를 유지하기 위하여 교육의 내용에 대한 철저한 통제를 하였다. 일제는 1922년 신교육령을 통해 교과과정을 일본어, 일본의 역사와 지리를 중심으로 재편해나갔다. 당시 보통학교 교과목의 매주 수업시간을 보면, '국어'인 일본어의 수업시간이 매주 64시간으로 가장 많았으며, 그 외 수신(修身), 일본의 역사와 지리 공부가 14시간이었고 반면에 조선어의 공부시간은 20시간에 불과하였다. 그리고 조선의 역사와 지리는 없었다. 한편 공립보통학교 학생 한명이 6년 동안 공부한 교과목의 총시간을 1시간으로 환산하여 각 교과목의 공부시간을 보면 국어인 일본어가 23분, 산술 11분, 조선어와 한문이 7분, 창가(唱歌)와 체조 7분, 수공(남학생에 해당)과 재봉(여학생에 해당) 3분, 수신 2분, 이과 2분, 도서 2분, 역사와 지리가 각각 1.5분이었다. 이것은 아래의 <표 2-

---

12) 동아일보, 1936. 1. 29일자
13) 朝鮮農民社, 1927, 「農村生活相의管見」, 『朝鮮農民』3-9, 30쪽에서 참조.

7>보통학교 교과목의 수업시간에 잘 나타나 있다.

<표 2-7> 보통학교 교과목의 수업시간

교과목	주당 수업시간(시간)	시간당 수업시간(분간)
국어(일본어)	64	23(38.3)
산술	30	11(18.3)
조선어 및 한문	20	7(11.7)
창가 및 체조	22(남)　19(여)	7(11.7)
수공(남아) 및 재봉(여아)	9(남)　8(여)	3(5.0)
수신	6	2(3.3)
이과(理科)	6	2(3.3)
도서(圖畵)	6(남)　4(여)	2(3.3)
역사	4	1.5(2.5)
지리	6	1.5(2.5)
전체	171(남)　165(여)	60(100.0)

자료 : 주요섭, 1930, 『朝鮮敎育의 缺陷』, 44～46쪽에서 인용.

4. 농민의 초등교육과 야학

일제하 농촌에서 자녀의 문화화(enculturation), 사회화와 교육은 거의 가족집단에 의해 이루어졌다. 전통사회에서 가족은 생산과 소비의 통합 단위였다. 가족생활과 경제활동이 분리되지 않은 상태에서 자녀의 사회화와 교육도 가족생활과 분리되지 않고서 장기간에 걸쳐서 진행되었다. 따라서 전통사회의 총제적인 가족생활 그 자체가 바로 자녀의 사회화와 교육과정이었다. 그러나 근대에 들어서면서 자녀들의 교육을 전담하는 기관으로 학교가 등장하여 더 이상 가족이 자녀의 사회화와 교육을 전담하는 제도가 되지 못하였다.

앞에서 살펴보았듯이 농민층의 높은 자녀교육열, 특히 남아에 대한 높은 교육열에도 불구하고 당시 공식적 교육기관인 공립보통학교 교육은 여러 가지 점에서 이러한 농민층의 자녀교육열을 충족시킬 수 없었다. 농촌 아동 특히 빈농층 아동의 대부분은 공립보통학교 교육으로부터 배제되었다. 따라서 많은 농촌 인구가 문맹으로 남게 되었다. 예컨대 북부 지역의 한 농촌의 사정을 보면, "남녀노소 이 백명 중에 국한문을 완전히 아는 사람은 여덟, 국한문을 바르게 아는 사람이 열둘, 조선글만 아는 사람이 다섯, 이렇케 도합 수물다섯 살함을 제하고는 왼통 낫노코 ㄱ자도 모르는 눈뜬 장님"이었다.14) 이러한 상황에서 1930년대 일제의 탄압으로 소멸되기 까지 공식 교육제도로부터 소외된 계층의 욕구를 충족시키면서 농촌의 교육을 담당하였던 것은 여러 계열의 운동 세력과 개인에 의해 세워진 야학(夜學)이었다. 야학의 기원은 1906년 함흥의 보성야학, 1907년 마산의 노동야학까지 거슬러 올라가나지만 농민층과 그 자녀들을 대상으로 한 야학이 본격적으로 설립된 것은 1920년대에 들어와서 였다. 이들 야학은 당시 '노동야학', '농민야학', '야학' 그리고 지역명을 따서 'OO야학'이나 또는 '여자야학'이라는 다양한 명칭을 갖고 있었다(강동진 1970 : 188).

당시 농촌에 설립된 야학의 수와 야학교육을 받은 학생수를 정확하게 파악할 수는 없지만 부분적인 자료를 통해 대체적인 상황을 파악할 수 있다. 조선농민사15)의 『조선농민(朝鮮農民)』1927년 12월호와 1928년 3

---

14) 朝鮮農會, 1930, 『農民』1 - 1, 60쪽.
15) 1925년 10월 천도교에서 설립한 조선농민사(朝鮮農民社)는 농민야학, 공생조합운동, 공동경작운동 등의 농촌계몽운동을 주도했다. 특히 조선농민사의 기관지인 조선농민은 창간호부터 야학의 교재로 농민독본, 농민과학강좌, 의생강좌, 상식문답 등을 연재하면서 농민야학과 귀농운동을 주장했다. 손인수, 1979, 『한국교육사』, 671쪽에서 참조.

월호에 실린 농민야학에 대한 소개에 의하면, 함흥군 98개, 의주군 55개, 단천군 17개, 용천군 33개, 영양군 28개, 고원군 51개, 장진군 13개, 기타 지역 22개로 모두 317개나 되었다. 이들 야학은 영양군을 제외하고는 모두 북부 지역에 설치된 것이며, 그것도 「조선농민사(朝鮮農民社)」에 의해 표창을 받은 야학이었다. 그런데 당시 야학이 많은 지역은 남부 지역인 영남, 호남지역이었으므로(강동진 1970 : 195), 북부 지역의 야학의 수를 통해 다른 지역의 야학의 정황을 추정할 수 있을 것이다. 뿐만 아니라 당시 고원에서 야학을 조사하고 그 소감을 표현한 김병제의 말, 즉 "우리도 살아야겠다. 우리도 알아야겠다. 우리의 운명을 우리의 손으로 개척하여야 되겠다하면서 그의 첫 수단으로 오늘날 방방곡곡에서 우후준순처럼 일어난 것이 농민 야학이다"16)라는 것에서 당시 야학의 성격과 성립 동기를 알 수 있다.

이와 같은 야학의 발전에서 빼놓을 수 없는 것이 여자 야학이다. 야학이란 것이 원래 사회주의운동 세력의 연관 속에서 전개되었으며, 이들 사회주의운동 세력은 당시의 봉건적인 남녀차별을 철폐하는 것이 민족독립과 민족해방을 위하여 필요한 것으로 파악하고 있었고 이러한 남녀차별을 철폐하기 위한 방법으로 무엇보다도 필요한 것으로 여성의 자각과 계몽을 들고 있었다. 즉, 1920년 개벽지가 여러 명망가에게 조선 여성 해방의 범위와 방법에 대한 설문조사를 하였는데 이 조사에 의하면, 응답자의 대부분이 조선 여성 해방을 위한 방법으로 양성동등교육 필요성을 들었다.17) 사회주의 계열과 민족주의 계열의 여성해방 운동의 통일전선으로 결성된 근우회도 행동강령으로 일천만 여성의 문명퇴치를 선언하고 있었다.18)

---

16) 朝鮮農民社, 1928, 『朝鮮農民』4 − 11, 38쪽.
17) 「諸名士의 朝鮮女子解放觀」, 『開闢』, 1920년 4월.
18) 근우회의 행동강령을 보면 다음과 같다. 여성에 대한 사회적 법률적 일체차별 철폐, 일체 봉건적 인습과 미신타파, 조혼폐지 및 결혼의 자유, 인신매매금지 및 공창금지, 농민부인의 경제적 권익옹호, 부인노동자의 임금차별 철폐 및 산전산후 임금지불, 부인 및 소년 위험노동과 야업폐지, 일천만 여성의 문명퇴치. (조선일보,

야학은 농촌 여성교육을 당면의 급선무로 여기고 여성에게도 남성과 동등한 교육 기회를 주기 위해 세워졌다. 많은 수의 여자야학과 남녀공학 야학이 운영되는데, 1927년 12월호와 1928년 3월호에 게재된 야학 조사자료에 남녀공학 야학이 84개, 여자야학이 5개였다. 이외에도 전국적으로 야학의 수가 상당하였음은 당시 단편적인 신문자료를 통해서도 확인된다(노영택, 1975).

이들 야학에서 공부한 학생수도 상당하여 앞의 『조선농민(朝鮮農民)』의 야학 조사자료에 의하면, 야학의 총 학생수가 10,159명, 남자 학생수가 8,752명, 여자 학생수가 1,407명이었다. 야학의 교육기간이 1년 이내의 단기교육이고 야학의 학생수도 조사 시점에 따라 달랐으므로, 야학의 학생수는 보통학교 학생수에 뒤지지 않을 것으로 추측된다. 예컨대 조사 당시 함흥군의 야학에서 공부한 학생수는 3,840명, 비슷한 시점에서 이곳의 보통학교에서 공부한 학생수는 4,500명인 점을 고려할 때, 이러한 추측이 타당하다는 것을 알 수 있다.

지금까지 살펴본 야학의 수와 야학의 학생수를 나타내면 <표 2-8>과 같다. 학생수에 있어서 남학생 보다 여학생의 수가 훨씬 적었던 것은 보통학교 학생수에 있어서의 남녀 차이에 있어서와 마찬가지로 남녀차별적인 관행과 그리고 남성에 비해 빠른 농촌 여성의 혼인 연령 등에 기인하였던 것으로 볼 수 있다.

야학은 주로 농한기(農閑期에)에 이루어졌고, 교육 연한은 대개 몇 개월 정도이고 길어야 1년 이내 이었기 때문에 다양한 교과목을 가르치기는 어려웠다. 따라서 주로 농민이나 농촌 아동의 문맹퇴치를 목적으로 한 조선어, 일어, 산술, 간단한 한문으로 교과내용이 구성되었다. 그러나 야학의 교육이 문맹타파만을 목적으로 한 것은 아니었다. 당시 야학에서 조선어 독본의 교재로 사용되었던 이성환의 『문맹퇴치용 농민독본(農民讀本)』을 살펴보면, 초보적인 계급의식과 사회의식을 높여주는 내용을

1929. 7. 25일자).

<표 2-8> 전국 야학수와 야학 학생수(1927, 1928)

지역	야학수	남학생	여학생	전체
함남 함흥군	98	3,065	775	3,840
함남 단천군	17	441	49	490
함남 고원군	51	1,037	178	1,215
함남 장진군	13	237	17	254
평북 용천군	33	1,232	88	1,320
평북 의주군	55	1,144	38	1,182
기타 북부지역	22	903	190	1,903
경북 영양군	28	693	72	765
경남 사천군	9	?	?	778
전체	326	8,572+?	1,407+?	10,937

자료 : 『朝鮮農民』, 1927, 1928, 3-12, 4-3, 4-11, 15쪽, 20~21쪽, 34~38쪽, 동아일보, 1931. 10. 6일자.

담고 있다. 당시 산술 교재로 쓰인 『농촌 산술』과 『대중 산술』을 중심으로 살펴보면, 산술(算術)은 농촌 생활에 필요한 기초적인 내용에 한정되었다. 야학에서도 일어를 가르치고 있었는데 이것은 한편으로 일제의 비위를 맞추려는 의도도 있었지만 다른 한편으로 당시 식민지 사회체제에서 국어의 지위를 차지한 것은 일어였으므로 사회생활에서 일어의 비중을 무시할 수 없었기 때문이다. 그 외 야학에서는 공립보통학교에서 가르치지 않은 조선의 역사와 지리를 가르침으로써 민족의식을 고취시켰다. 야학에서 가르친 교과목은 <표 2-9>와 같다.

그 성격은 조금 다르지만 공립보통학교나 야학의 공통된 교육의 목표와 효과는 문맹타파에 있었다. 보통학교의 교육은 일본 문화와 일본적 가치관을 주입하여 민족동화(民族同和)를 촉진시키는 것과 식민지 경제

<표 2-9> 과목별 야학의 수(1927, 1928년)

과목	조선어	산술	작문	일어	주산	습자	강화	한문	토론	서간	농민독본	역사	농업	농민잡지
야학(개교)	115	105	75	70	54	43	28	26	23	22	11	10	7	7

과목	시사	수신	지리	창가	노동독본	교리	수양독본	이과	書取	사회	과학	도서
야학(개교)	6	6	5	3	3	2	1	1	1	1	1	1

자료 : 朝鮮農民社, 『朝鮮農民』 2-12(1927, 15~25쪽), 4-3(1928, 20~21쪽), 4-11(1928, 34~38쪽).

참고 : 1. 여기에 나와 있는 야학은 앞의 <표 2-8>의 북부지역의 야학이다.
　　　 2. 야학의 교과목은 야학설립단체나 운동세력, 개인 그리고 교사에 따라 조금씩 다르다.
　　　 3. 교리과목은 천도교 계통의 야학에서 가르친 것이다.

체계에 필요한 노동력으로서의 구실을 할 수 있도록 최소한의 지식을 가르치는 것을 목표로 하고 있었다. 따라서 1938년 "황국 신민화 이데올로기" 교육을 철저히 추진하기 전까지는 "일본어로 자유롭게 의사를 발표할 수 있는 능력을 기르고 조선어는 보통의 언어와 문장을 이해하게 하고 간단하고 실용적인 조선 글을 쓸 수" 있도록 보통학교 교육이 이루어졌다(이병혁 1990 : 51). 반면 야학은 식민지 체제를 비판적으로 인식할 수 있게 하고 나아가 일제의 식민지 지배로부터 벗어날 수 있는 하나의 방법으로 농촌의 문맹타파운동을 전개하였기 때문에 일본어도 가르쳤지만 조선어를 중점적으로 가르치는 문자교육을 추진하였다. 야학의 문맹타파 운동에 대한 대표적인 인식의 일단을 보면 다음과 같다.

"밝은 눈을 준비하자. 과거에 있어서 우리 농민은 엇더하였습니까? 사람으로서 사람 대우를 바덧습니까! 모든 권리를 가진 무리는 우리의 피와 기름을 함부로 빠라먹으며 짐승가티 대접해왔습니다.… 이것이 왠 까닭이겟습니까, 이것은 무엇보다도 우리 농민은 눈이 어듭기 때문이라 하고 할 수 밧게 업습니다. …가장 쉬운 조선글을 배우도록 합시다. 이것은 아는데의 첫문이며 잘사는데의 첫길

입니다."19)

　보통학교와 야학 교육을 통해 1930년에는 조선인 가운데 일본글이나 조선글을 읽고 쓸 수 있는 남성의 비율은 36.1%, 여성의 비율은 8.0%가 되었다. 특히 <표 2-10>에서 보듯이 남성의 경우 20~29세 연령층의 인구 중에서 문자해독 인구가 차지하는 비율이 55.8%로 가장 높았으며, 여성의 경우 10~19세 인구가 차지하는 비율이 14.4%로 가장 높았다. 이는 남성의 경우 20대에서도 교육이 지속되는데 반해 여성의 교육은 20대에 도달하기 전에 끝났음을 의미한다. 그리고 이들 연령 이후 문자해독 인구 비율은 계속 낮아져 80세 이상에 도달하면 남성은 약 35%, 여성은 4% 수준에 이른다. 80세 이상 인구의 경우 전통적인 교육의 효과로 받아들인다면, 1930년까지 새로운 공립보통학교와 야학의 교육은 남성에게는 20%, 여성에게는 10%의 문맹퇴치에 기여한 것으로 추정할 수 있다. 그리고 농민층 특히 빈농층에서는 이들 비문맹자들의 다수가 야학 수학자일 것이라는 추측이 가능하다.

　그 외 공식적인 보통학교 교육과 비공식적인 야학 교육은 모두 여성에게 남성과 똑같은 교육기회를 주었다는 점에서 당시 사회의 남녀차별적 시각을 약화시키는데 어느 정도 기여하였다고 할 수 있다. 특히 야학교육은 의식적으로 여성 교육을 강조하였다. 이러한 교육이 당시 "여자가 글을 배우면 사납다"라든가 또는 "부인과 소인은 가르칠 필요가 없다"라는 등의 통념으로 여성에게 일상생활에 필요한 최소한의 상식만을 가르쳐 왔던 봉건적 문화와 관행에 미쳤던 상징적, 실제적 효과는 상당히 컸다. 더구나 보통학교의 교과과정과 야학의 교과과정에서 보듯이 남녀에게 똑같은 과목과 내용을 가르치고 있었던 점도 남녀평등 의식을 고취하는데 상당한 기여를 하였다.

---

19) 金明昊, 1927, 「今冬의 農閑期」, 『朝鮮農民』3-12, 4~6쪽.

〈표 2-10〉 연령별·성별 문맹인구의 비율(1930)

연 령	남 자	여 자	전 체
0 - 9	190,331(6.3)	50,847(1.7)	241,178(4.1)
10-19	1,003,154(45.4)	295,882(14.4)	1,299,036(30.4)
20-29	865,838(55.8)	201,355(13.2)	1,067,193(34.6)
30-39	697,675(52.6)	114,788(9.1)	812,463(31.5)
40-49	480,708(47.6)	66,027(7.1)	546,735(28.1)
50-59	289,566(42.3)	37,519(5.7)	327,085(24.3)
60-69	157,268(38.7)	21,696(4.9)	178,964(21.8)
70-79	59,873(36.3)	8,978(4.4)	68,851(18.7)
80이상	7,195(35.4)	1,281(4.2)	8,476(16.6)
전체	3,751,608(36.1)	798,373(8.0)	4,549,981(22.3)

자료 : 朝鮮總督府, 1930, 『朝鮮國勢調査報告』, 47~52쪽, 259~265쪽, 291~293쪽에서 작
성.

5. 맺 음 말

일제는 '내선일체'의 식민정책 기조 위에서 교육목표를 조선인의 '황
민화(皇民化)'에 두었다. 한일합방 직후 조선교육령에서는 교육목적을
'충량한 국민' 양성에 두었다. 이것은 일제의 교육정신이 담긴 「교육에
관한 칙어」에 바탕을 둔 것이다. 1910년 조선을 병합한 일제는 식민지
사회체제를 공고히 하기 위하여 여러 가지의 정책을 세웠다. 그 중 하나
가 교육정책이었다. 일제의 식민지 교육정책의 목표는 무엇보다도 식민
지 사회체제를 비판하고 민족의 자주와 독립을 고취하는 자주적인 교육
제도를 해체하고 조선인들의 높은 자녀교육열을 식민지 학교교육을 통

해 흡수함으로써 이들을 일제와 식민지 사회체제에 충량한 국민으로 육성하는 데 있었다. 이러한 목적을 위하여 일제는 1911년, 1922년, 1938년, 1943년 네 차례에 걸쳐서 「조선교육령」을 공포하였다

일제는 한편으로 전국 각지에 세워진 야학을 탄압하여 기존의 야학을 농촌진흥운동의 전개를 위해 일제가 조직한 마을의 농촌진흥위원회에서 장악하도록 하여 그 성격을 식민성 야학으로 변질시키거나 야학의 인가를 취소하면서, 다른 한편으로 농촌 지역에 2년제의 간이학교를 설립하여 농민층의 자녀 교육열을 흡수하였다. 그 후 일제는 1938년 다시 조선교육령을 개정하여 '내선일체화(內鮮一體化)' 방침에 의해 교과과정을 더욱 철저한 '황국 이데올로기' 교육으로 변질시켰다. 이러한 사회적 상황은 공식, 비공식 교육기관으로 관립, 사립, 공립의 초등, 중등학교와 서당 및 야학이 국가, 각종 사회단체나 개인에 의해 세워지게 되었다. 그 중에서 농민층의 자녀교육에 중요한 의미를 갖고 있었던 것은 보통학교와 야학이었다.

일제는 조선을 합방하고 3.1운동을 겪으면서 식민지 사회체제를 공고히 하기 위하여 무엇보다도 필요한 것이 근대 이후 민족해방운동의 일환으로 전개된 조선인 주체의 교육운동과 조선인의 높은 자녀교육열을 분리시키는 것이라고 파악하였다. 그래서 한편으로는 사학탄압, 야학탄압 정책을 펴고 다른 한편으로는 조선의 높은 자녀 교육열을 제도적으로 흡수하기 위하여 학교제도를 정비해 나갔다. 농촌 가족 아동들의 보통학교 취학은 반드시 농가의 경제적 상황에 의해서만 결정되는 것이 아니라는 것을 보여주고 있다. 일제에 의해 추진된 식민지 학교제도를 통한 보통학교의 확대도 경제적 배경보다는 정치적 배경에서 이루어진 것이었다.

야학은 일제의 식민지 교육정책에 따른 교육시설의 부족과 생활의 빈곤으로 정규학교의 취학이 어려운 시기에 초등교육기관으로서의 역할을 수행하여 커다란 교육적 성과를 올렸을 뿐만 아니라 국권회복을 위

한 민중계몽에도 크게 기여하였다. 이 야학교육으로 수많은 농촌 아동들이 교육의 기회를 가질 수 있게 되었고, 문맹자들의 계몽과 여성교육에도 커다란 기여를 하였다. 이와 같이 야학이 보통학교 교육으로부터 배제된 농촌 아동에게 파고들 수 있었던 원인은 네 가지로 정리될 수 있다. 첫째, 전통적으로 농민층도 높은 자녀교육열을 가지고 있었고 이러한 교육열이 근대에 들어오면서 점점 더 높아졌다. 둘째, 야학은 학생들에게 교육비 부담을 지우지 않았다. 세째, 야학의 교육은 당시 농촌 사회의 농민층 아동의 노동생활을 고려하여 주로 농한기 겨울철 밤에 이루어졌다. 넷째, 야학의 위치가 농민층 아동이 쉽게 접근할 수 있는 지역생활권 안에 설치되었다.

식민지하의 조선인에게는 보통교육과 실업교육을 중심으로 약간의 전문적 기술을 가르치는 전문교육만 허용되었다. 보통교육을 통하여 일본어 교육을 강화하고 실업교육을 통하여 하급지식을 갖춘 직업인을 양성하고자 한 것이다. 특히 1938년에는 조선교육령을 개정하여 조선의 3대 교육강령으로 조선인의 황국신민화를 더욱 철저하게 하기 위한 '국체명징(國體明徵)', 조선인의 민족성을 말살하기 위한 '내선일체', 인내를 강요한 '인고단련(忍苦鍛鍊)' 등이 제정되었고, 각급 학교에서는 「황국신민서사」를 암송 제창하게 하였다. 결과적으로 일제 식민지 교육정책의 핵심은 기존의 교육기반과 그의 발전 가능성을 파괴하여 한국인 전체를 일본 제국주의 질서 안에서 최하층에 해당하는 열등하고 자립 불가능한 국민으로 만드는 데 있었다고 볼 수 있다.

『선생님, 학생, 교과서 - 가르침과 배움의 역사』 특별전 도록, 2000, 국립민속박물관

제 3 장

일제하 농민의 농업생산형태에 관한 연구

1. 머 리 말

한국의 농촌·농민은 20세기 초반에 접어들면서 정치적, 사회경제적, 문화적으로 커다란 변화를 겪게 되었다. 이러한 변화를 규정한 요인은 여러 가지로 논의될 수 있지만 그 중에서도 특히 일제의 식민통치라는 정치적 상황과 그에 따른 식민지 농업정책이라는 경제적 조건이 가장 결정적이었음을 말할 필요가 없다. 이와 같은 일본 제국주의의 침략과정을 경제적 측면에서 보면 식민지적 농업생산형태의 창출과정이라고 할 수 있다. 예컨대, 일본 자본주의는 식민지적 초과이윤의 수탈에 의한 원시적 축적을 강행함과 아울러 협소한 국내 시장을 보완하는 해외 시장을 획득하기 위하여 부분적으로는 자본 수출을 선행시키면서 제국주의적 식민지 지배에 나서게 되었던 것이다.[1] 이러한 제국주의의 식민지 경

---

1) 박현채, 1979, 「일본자본주의의 성립과 제국주의화 과정」, 『현대 일본의 해부』, 한길사, 223~250쪽에서 참조.

영의 궁극적인 목적은 종주국 내부의 모순들을 식민지 지배를 통해 해소하려는 것이며, 그것도 경제적으로는 식민지 경제를 자국 경제에 종속시킴으로써 그들의 경제적 이익을 획득하는 데 있다. 따라서 일본 제국주의의 식민지 한국에 대한 경제적 요구는 상품의 독점적 판매시장, 식량 및 원료의 공급지, 값싼 노동력 공급지, 자본투하시장 등으로 나타나게 되었다.

이와 같이 일제는 식민지 한국에서 농업의 재편성을 통하여 제국주의적 정책수행의 기반을 삼고자 하였다. 이 과정에서 일제가 추진한 농업정책과 그 사업은 시기에 따라 양상을 달리했지만 그 기본 방침은 식민지 전 기간을 통하여 관찰되었다. 시기적으로 볼 때 1910년대와 20년대 그리고 1930년대로 나누어 그 특징을 검토해 볼 수 있다. 지금까지의 연구들은 1920년대의 산미증식계획이 일본 자본주의의 발달과정에서 나타난 식량문제를 해결하기 위해서 추진되었다는 점과 그리고 1930년대의 농촌진흥운동은 급격한 농민층 분해와 고율의 소작료로 인해 농촌사회가 불안정해짐에 따라 취해진 농업정책이었다는 점을 밝혀주고 있다.[2)]

일제하 농민의 농업생산형태를 이해하는 일은 일제하 농촌·농업정책 나아가 일제의 식민지 한국지배의 성격 그리고 민족운동과 그 성격을 이해하는 데 핵심적인 위치를 차지한다. 일제하 도시지역에서는 자본주의적 생산관계가 확대됨으로서 근대적 노동계급이 형성되기 시작하였지만 인구의 압도적인 다수가 거주한 농촌 지역에서는 여전히 지주—소작관계에 기초한 생산관계가 중요한 사회경제적 관계였다. 식민지하 농촌은 제국주의의 지배구조 속에 편입되어 있기 때문에 농촌·농민경제

---

2) 1930년대의 농촌진흥운동은 식민지 조선을 약탈함으로써 배태시킨 구조적 모순에 대한 반응이었다. 일제편에서 보면 '빵'을 줌으로써 '사상의 오염(사회주의화)'이나 악화를 막고 장차 '충량한 황국 신민'으로 갱생시키는 데 있었다. (한도현, 1986, 「1930년대 농촌진흥운동의 성격」, 『한국 근대농촌사회와 일본제국주의』, 235쪽)에서 참조.

의 총체적 모습은 자본주의적 사회경제 관계의 하위구조로서 파악되어
야 하지만, 이 연구에서는 그 당시 농촌 인구의 대부분이 반봉건적 마을
공동체내의 사회관계 및 경제관계에 매여 있었기 때문에 일단 농촌 내
부의 관계에 초점을 맞추어서 분석하고자 한다.

최근에 들어서서 경제학, 사회학, 인류학, 민속학 등의 여러 학문분야
에서는 특정한 지역에 대한 사례연구에 있어서 역사적 접근방법(diachronic
approach)에 커다란 관심을 보이고 있다. 특히 지난 몇년 사이에 지역사,
지방사, 향촌사, 촌락사 등의 다양한 이름으로 그러한 방법에 입각하여
특정한 지역에 관한 연구가 활발하게 진행되어 왔다. 물론 인류학에서도
통시적 접근방법을 통하여 특정 지역의 문화와 역사에 대한 연구가 많
이 이루어지고 있다. 이러한 연구경향은 한 사회의 역사과정을 보다 체
계적이고 구조화된 형태로 재구성하기 위해서는 인류학적 관점에 의한
역사연구가 필요하다는 것을 말해준다. 오늘날의 역사학은 사건사 중심
의 역사서술을 극복하면서 사회구조의 규명을 가장 중요한 과제로 내세
우고 있다. 한편, 인류학에서는 역사를 연구영역으로 받아들이는, 또는
그 자체가 역사과학(歷史科學)이라는 관점과 관심이 새롭게 대두되었다
(정승모 1984 : 105).

이러한 관점에 입각하여 이 연구는 일제하 농민의 농업생산형태를
김제지역 한 마을의 사례연구를 통하여 구체적으로 규명하고자 하는 것
이다. 예컨대 총독부의 농촌통제정책으로 인한 식민지 농촌·농민의 위
기라는 추상적 수준의 분석과 농민들의 구체적이고 실제적인 일상적 삶
의 모습이 간과된 전국적인 단위의 통계중심의 연구에서 한 단계 더 나
아가 마을 단위의 사례연구를 통하여 일제하 농업생산형태의 구체적인
양상을 분석하고자 한다. 이것은 조선총독부의 관변 통계자료의 한계를
벗어난 사례연구(idiographic study)가 무엇보다도 필요하다는 것을 의미한
다. 물론 오늘날에 이르기까지 한국의 농촌사회는 지역에 따른 상당한
특수성과 다양성을 보여주고 있으며, 따라서 이러한 지역적 특수성이 어

떻게 한국 농촌 전반이 갖는 보편성과 상호 유기적으로 관련되어 있는가 하는 문제가 이러한 사례연구의 왕성한 토양 위에서만 가능하다(이호철 1992 : 229).

이 논문에서 다루고자 하는 사례지역은 전북 김제군에 위치한 벽골마을이다. 이 마을이 위치한 김제지역은 일제하에서 크게 성장한 식민지형 소도시이며, 특히 군(郡) 중심지의 주변에는 대규모 식민지형 농장과 지주제(地主制)가 발전했던 곳이다.[3] 따라서 이 연구의 사례마을인 벽골마을 주민들은 그 당시 대부분 소작농의 형태로 존재하고 있었다.

이 연구에서는 현재의 농업구조를 규정한 일제 식민지 시기의 농업생산형태를 살펴보고자 한다. 일제 식민지 시대는 한국 사회에서 식민지적 자본주의가 전개된 시기로서 그 영향은 농촌사회에도 밀려들어 농민·농업은 커다란 변화를 겪게 되며, 이러한 변화는 일제의 농업정책에 의해 강하게 규정되었다. 그래서 본 연구의 구체적인 내용은 일제하 벽골마을의 인구 및 가구와 가족구성, 계층구성 그리고 계층에 따른 농업경영형태와 농업노동의 구성을 통하여 일제하 농업생산형태의 구체적 양상을 분석하고자 한다. 예컨대 이 연구는 일제 식민지하 조선의 농촌은 어떠한 사회였으며, 그것은 결국 어떠한 성격과 유산을 오늘날의 한국 농업에 물려주었는가를 규명하는 데 그 목적을 두고 있다.

2. 인구 및 가구와 가족구성

일제하 반봉건적 지주소작관계에서 농업생산의 기초 단위는 가족 노

---

3) 일제 식민지하 벽골마을의 농민들이 경작한 소작지는 모두 6개의 일본인 농장 소유의 농지였다. 특히 이 마을 농민들의 소작지의 50%를 소유한 구마모토 농장은 1903년에 설립되었으며, 1940년에는 논 2,907.5정보, 밭 92.9정보로 전체 3,000.4정보의 농지를 소유한 대규모 농장이었다. (大野保, 1941, 『朝鮮農村の實態的研究』, 267～268쪽)에서 참조.

동력에 기초한 개별적이고 고립적인 소작경영체제였다. 이러한 농업생산
형태에서는 모든 가족 구성원들이 농업노동을 분담하지만 개별 농가의
가족노동력은 연령·성에 따라 질적 차이를 갖고 구성되기 때문에 개별
농가의 가구주는 이러한 질적 차이를 갖는 노동력에 따라 농업노동을
조직하고 통제하게 된다. 일제는 농업생산에 있어서 소작경작체제를 뒷
받침하기 위해 1909년 민적법(民籍法)의 실시를 통하여 전통적 호적제도
를 폐지하고 일본식의 家(いえ)제도, 호주 가족제도를 근간으로 한 일본
식 호주제도(戸主制度)를 강제하였다.4) 따라서 부모자녀관계, 부부관계,
형제자매관계, 조손(祖孫)관계, 기타 친족관계로서 파악되었던 종래의 친
족관계는 이들 보다 우선적인 것으로 호주 가족관계속에 포함된 내부
관계로서 의의를 가지게 되고, 호주의 호주권이 통일적인 새로운 형태의
가부장권으로 창출되었다(박병호 1986 : 73). 따라서 이 시기의 농업노동
력은 지주 계급을 매개로 한 일제 독점자본의 구조와 개별 농가의 가구
주에 의한 가족 구성원의 노동력에 의해 구체적으로 조직되었고 보아야
할 것이다.

이와 같이 개별 농가의 토지소유 및 경작규모나 농기구의 소유 못지
않게 농업생산에서 농민들에게 가족의 생계와 생활을 위하여 사용할 수
있는 경제적 자원은 가족 노동력이다. 이러한 가족노동력의 크기는 가족
구성에 의해 결정되며 가족구성은 경제인구학적 조건에 의해 결정된다.
그래서 여기에서는 먼저 농업노동의 중요 자원이 되는 인구와 가구구성
및 가족생활에 대해서 살펴보고자 한다. 농촌인구의 분석은 인구의 분
포, 인구의 구성과 특징 그리고 인구동태 및 추세 등이 중요하지만 자료

---

4) 식민지 조선에서는 1909년 民籍法의 시행 이후부터 일본의 "家(いえ)"의 개념이 적
  용된 새로운 戸主制가 실시되었다. 일본의 호주제는 호주의 戸主權과 家督權이 家
  를 유지·존속시키는 바탕이 되었다. 그러나 한국의 경우 조선 전통시대에도 호주
  는 있었지만 그의 호주권이 조선의 家를 유지시키는 데 핵심적 역할을 한 것은 아
  니었다. 즉, 조선시대의 戸口式에서는 각 戸마다 호주가 누구인가를 밝히고는 있지
  만, 그 호주가 일본에서의 경우와 같은 존재는 아니었다. (함한희, 1998, 「일제 식민
  지 시대의 가족제도의 변화」, 『한국인류학의 성과와 전망』. 41쪽)에서 참조.

의 한계 때문에 인구구성 및 가구와 그리고 구체적인 가족생활을 중심
으로 일제 식민지하 벽골마을의 인구와 가구 및 가족구성을 살펴보고자
한다.

<표 3-1> 벽골마을의 계층별 가족구성

구 분		부 농	중 농	빈 농	농업노동자	전 체
인구수	남	16	56	103	55	230
	여	14	49	107	39	209
	소 계	30	105	210	94	439
가구수		5	17	38	20	80
가구당 평균		6	6.2	5.5	4.7	5.5

그러면 일제하 벽골마을의 인구 및 가족구성을 살펴보자. 먼저 일제
하 벽골마을의 계층별 가족구성을 정리하면 <표 3-1>과 같다. 이 <표
3-1>에 의하면, 일제하 조사마을의 인구수는 남자 230명, 여자 209명으
로 전체 인구수는 439명이며, 가구수는 80가구였다. 또한 가구별 가족구
성원의 수는 2인이 3가구(3.7%), 3인이 6가구(7.5%), 4인이 17가구(21.2%),
5인이 19가구(23.7%), 6인이 11가구(13.7%), 7인이 11가구(13.7%), 8인이 9
가구(11.3%), 9인이 3가구(3.7%), 10인이 1가구(1.2%)로 나타나고 있다. 그
리고 계층별 가족구성은 부농이 5가구에 30명, 중농이 17가구에 105명,
빈농이 38가구에 210명, 농업노동자가 20가구에 94명으로 나타난다.

가족구성의 성별·연령별 특성[5]은 이를 완전하게 분석할 수 있는 인
구학적 자료의 한계때문에 추적조사가 가능한 몇 가구의 사례를 통하여
이 시기 벽골마을의 가족생활을 재구성하고자 한다. 먼저 제적대장(除籍

---

5) 계층별 가족구성에 관한 자료는 필자가 『朝鮮農村の實態的研究』와 「제적대장」을
   토대로 면접를 통해서 추적조사한 것이다.

臺帳)에서 1940~1970년 사이에 나타난 가구는 모두 135가구이다. 이들 가구 중에서 1940년에 호주(戶主)가 될 수 있는 연령층을 20~55세로 보고, 이들의 출생년도를 역산(逆算)하면 대개 1885~1920년 사이에 태어난 사람들로 추정해 볼 수 있다. 따라서 135가구 중에서 호주가 이 시기에 태어난 가구는 104가구로 나타나고 있다. 이 104가구를 통하여 그 당시 가족형태를 살펴보면, 부부와 미혼자녀로 구성된 핵가족이 69가구이고, 부모와 자의 부부 그리고 이들에게서 태어난 자녀들로 구성된 직계가족이 32가구이다. 그리고 1인 단독으로 이루어진 가구가 3가구로 나타나고 있다. 가족구성원의 질적 구성은 가구주와 처, 미혼 자녀로 구성된 가족이 54가구이고 부부로 이루어진 가족이 9가구, (편)부부와 미혼자녀로 이루어진 가족이 6가구이다. 그 외 부모형제나 또는 기타 가족원을 포함한 가족형태는 32가구이다.

벽골마을의 계층별 평균 가족원수를 살펴보면, 부농이 6명, 중농이 6.2명, 빈농이 5.5명, 농업노동자가 4.7명으로 마을 전체의 가구당 평균 가족원수는 5.5명이다. 5명 이하로 구성된 가족이 지배적이지만 동거하는 가족원의 범위는 매우 다양하고 광범위하다. 그리고 상층농에서 하층농으로 내려갈수록 가족원수가 조금씩 감소한다는 것은 중층 이하의 계층에서 가족원이 많이 유출되거나 또는 생계를 유지하기 위하여 농외부문에 종사하기 때문이다. 따라서 식민지 농정으로 인한 농촌의 피폐는 농민의 경제생활의 몰락으로 이어져 결국 가족원을 유출6)시키는 결정적인 원인이 되고 있음을 알 수 있다.

이와 같은 계층에 따른 가족 구성원의 차이는 토지의 압박이 심했던 당시의 경제상황에서 자식이 많다는 것은 자녀 양육과 가족 성원의 부

---

6) 평균 가족원수의 변화에 있어서 이러한 경향은 다음의 자료에서도 잘 나타나고 있다. 1931년에 5.10이었던 것이 1932년 5.0, 1933년 4.98, 1934년 4.97, 1935년 4.73으로 점차 감소하고 있다. (鮮農村社會衛生調査會(編), 1940, 『朝鮮の農村衛生』, 151~153쪽). 이러한 가족원수의 감소현상은 해마다 유출되는 사람이 증가하고 있다는 것을 잘 보여준다.

양에 많은 어려움이 있었기 때문이다. 따라서 이러한 인구 현상은 일제하 농촌에 있어서 인구가 사회구조의 전반에 미치는 영향이 현대 사회에서의 그것 보다 훨씬 크다는 것을 나타내고 있다. 특히 빈농이나 농업노동자층의 농업수입은 가구단위로서의 농가의 사회경제적 재생산 비용에도 미치지 못하며, 이들은 겸·부업 및 임노동에 종사하고 있지만 생활 수준의 저하와 그에 따라 부채농으로 전락하는 사회적 존재이었다. 이러한 빈농의 열악한 사회경제적 상태는 빈농 이하층의 가족규모와 형태 그리고 가족 구성원의 질적 구성에 영향을 미쳤을 것으로 추정할 수 있을 것이다.

가족의 규모(가족원수)를 통하여 가족노동력의 크기를 살펴보면, 그 당시 벽골마을의 평균 가족원수는 5.5명이었다. 이들 가족원들은 농업생산의 단위를 이루며, 가족구성원들은 일정한 연령에 도달하면 누구나 모두 노동능력이 있는 것으로 간주되었다. 농민의 노동력을 자세하게 파악하여 식민지 수탈에 동원하려는 일제의 식민지하에서 가족노동력의 노동능력을 철저하게 평가하는 작업이 이루어졌다. 히사마(久間健一)는 전북 지역 59개의 농가를 표본조사하여 연령별 노동능력을 평가하였다. 그에 따르면 19~48세 남성의 노동능력을 완전한 노동능력 1단위로 평가하고, 이것에 기초하여 연령을 고려한 노동능력을 평가하고 있다.[7] 이러한 노동능력의 평가에 의하면 벽골마을의 평균 가족 크기에서 농가가 보유하고 있는 노동력의 크기는 대부분 1단위 이상은 되었다. 당시 농업생산력 수준에서 완전한 성인 노동력 1단위가 소화할 수 있는 최대 경작면적은 1.0－1.5정보로 추산되므로 성인 노동력 1단위 이상을 보유하고 있는 대부분의 농가는 최소한 2정보 이상의 농지를 경작하여야 가족노동력을 완전 소화할 수 있다. 따라서 2정보 미만의 경작규모를 갖는 대부분의

---

7) 히사마(九間健一)의 연령별 노동평가를 보면, 1~12세는 0, 13~15세는 0.3, 16~18세는 0.6, 19~48세는 1.0, 49~54세는 0.8, 55~60세는 0.6, 60세 이상은 0으로 평가하였다. 久間健一, 1935, 「農民家族經濟と其の經營規模に關する硏究」, 『朝鮮農業の近代的樣相』, 西ヶ原刊行會, 193쪽에서 참조.

농민들은 농업 노동력상 과잉 노동력의 상태라는 것을 의미한다.

이와 같이 식민지적 농업경영 속에서 고율 소작료와 소작인의 열악한 지위, 소작원의 불안정 및 소작농의 농업 경영에서의 경영자적 독립성의 상실 그리고 영세 소농경영을 특징으로 하는 반봉건적 지주소작관계를 맺고 있는 소작 빈농층은 소작지 경영만으로 가구경제를 재생산해 나가지 못했다. 따라서 이들은 농가경제를 재생산하기 위하여 다양한 겸부업 등을 통하여 생계보충기회를 가질 수 밖에 없었다. 물론 이러한 생계보충기회는 식민지적 경제구조에 의해 조건지워진 것이었다.

일제의 식민지 농업정책의 강화에 따른 농촌의 피폐는 벽골마을의 인구구성에도 많은 변화를 초래했다. 특히 농촌인구의 유출은 그것이 비록 농업의 자본주의화에 따른 필요노동력의 감소에서 나타나는 잠재적 과잉인구의 형태와는 다르지만은 소작 농지의 협소함으로 인하여 자신의 노동력을 연소시키지 못하였던 대부분의 농민들은 기회만 있으면 농외부문에 취업할 수 밖에 없는 처지에 놓이게 되었다. 이러한 상황하에서 농촌 농민은 가족원 가운데 일부가 도시로 유출되거나 결식 · 유랑 또는 일본이나 만주로 이주하는 것 이외에는 대안이 없었다.

벽골마을에서는 전체 80가구중에 19호가 유출 가족원을 가지고 있다. 유출인구가 어떤 계층에서 많은가를 살펴보면, 부농 5가구에서는 유출 가족원이 전혀 나타나지 않는 반면에 중농은 17가구에서 4호(23.5%), 농업노동자층이 20가구에서 2호(10%), 빈농층에서는 전체 38가구중에서 13호(34.2%)가 유출되고 있다. 따라서 가족원의 유출에서 두드러진 현상은 중층 이하의 모든 계층에서 가족원의 유출이 보편적인 것으로 나타난다는 것이다. 이들 유출자의 이촌 후의 유출지역은 국내 13명, 만주 2명, 일본 2명, 기타 2명으로 나타나며, 이들의 직업은 대부분 공사장의 인부, 공장의 노동자, 상점의 점원 등에 종사하고 있었다.

지금까지 식민지 농업정책의 결과 초래된 농촌의 인구현상을 하나의 마을 단위에서 살펴보았다. 이를 통해서 다음과 같은 사실을 알 수 있다. 가족구성원의 수가 계층에 따라 차이를 나타내는데 부농의 평균 가족원은 6.0명, 농업노동자는 4.7명으로 약 1명 이상의 차이가 나타난다. 인구의 유출은 중층 및 하층농에 보편적으로 나타나고 있다. 이렇게 유출된 농촌의 영세 하층농들과 생산수단인 토지로부터 격리된 많은 유랑인구들은 북선(北鮮)이나 만주 등지로 이주하거나 또는 일본의 광산·공장·도시 잡업 등의 전시 노동시장에 흡수되어 농촌의 인구와 가구수를 지속적으로 감소시켰다.

3. 계층구성

지금까지 일제하 농촌의 계층구성에 대한 연구들은 대부분 농촌의 계층구성을 "지주-자작농-자작겸소작농-소작농" 등으로 구분한 통계자료에 입각하여 농민들의 소유분해의 측면만을 검토하였다. 이러한 소유분해에 대한 분석은 반봉건적 계급관계의 분해를 설명하는 것에 지나지 않기 때문에 그것이 비록 반봉건적 지주제의 전개나 또는 농민층의 몰락이라고 하는 현상을 지적하는 데는 도움이 될지 모르지만, 농촌경제의 질적 변화를 밝히는 데는 큰 의미가 없다. 반봉건제하의 농민층을 구체적으로 이해하기 위해서는 생산관계상의 여러 특질을 동시에 포괄할 수 있는 기준이 필요하다.

생산수단의 소유여부나 그 양적 규모 그리고 농업생산방식(가족노동에 의한 것인가 또는 타인노동에 의한 것인가 하는 것) 및 가족의 재생산방식(농업외 수입의 의존여부)의 차이 등에 따라 발생하는 여러 가지의 기준이 필요하다. 이 경우 농민층은 "지주, 부농, 중농, 빈농, 농업노동자"로 구분하는 것이 일반적이다. 그리고 이와 같은 계층구분을 위해서는 무엇보다도 생산수단, 즉 토지의 소유 및 경작규모를 우선적 지표로 삼아야 한다. 왜냐하면 일제하 반봉건적 지주소작관계에서 가장 중요한 농업·농민문제는 토지문제이고 고용·피고용관계나 겸·부업문제

등은 결국 토지문제와 관련될 때 보다 객관적으로 이해될 수 있기 때문
이다. 그러면 이들 개별 농가의 토지소유, 경작상황, 생산수단의 소유상
황, 고용피고용 관계 및 겸부업 등을 통하여 일제하 벽골마을의 계층구
성을 구체적으로 살펴보자.

　일제하 벽골마을의 계층구성을 보면 모든 범주의 계층을 나타내고
있는데, 그 내용은 부농 2호(2.5%), 부농에 가까운 중농 상층 3호(3.8%),
중농 하층이 17호(21.3%), 빈농 15호(18.8%), 극빈농 23(28.8%)호, 농업노
동자가 20호(25%)이다. 이를 토지소유관계를 통해서 보면, 전체 농가 80
호 중에서 토지소유자는 자소작 부농 4호와 자소작 중농 4호로 합쳐서
불과 8호에 불과하고, 나머지 72호(90%)는 토지를 소유하지 않은 농민으
로 나타나고 있다. 또한 전체 경작면적 중에서 121정보(90%)에 대한 토
지소유는 마을 밖의 대규모 농장에 귀속되어 있다. 벽골마을은 김제평야
의 중심지에 위치하고 전지역이 「동진수리조합」의 몽리구역(蒙利區域)에
해당하며, 벽골마을 전체의 경작면적 132.4정보 중 133.2정보가 논으로
구성된 전형적인 논농사 중심의 평야지대이다.8) 또한 전체 경작면적
132.4정보 가운데 119.6정보(전체 경작지의 91.2%)가 소작지이며 이 소작
지의 대부분은 김제 지역에 소재한 일본인 농장이 소유하고 있다.

〈표 3-2〉 벽골마을의 계층구성

구 분	부 농	중 농 상층 하층		빈 농	극빈농	고 농	전 체
가구수 (%)	2 (2.5)	3　　17 20(25.5)		15 (18.8)	23 (28.8)	20 (25.0)	80 (100)

자료 : 大野保, 1941, 『朝鮮農村の實態的研究』, 261쪽에서 재정리.

---

8) 이 자료는 滿洲大同學院의 大野保가 1940년 10월 중순부터 11월 중순에 걸쳐서 전
　북, 경북, 평남의 3도 6개 부락에 대하여 농가구성의 실태를 조사한 것 중의 하나
　이다.

벽골마을의 전체 경작면적지의 90% 이상이 소작지로서 경작되고 있는 상태에서도 각 소작 농민들간의 경작지의 분배상황은 매우 불균등하게 나타나고 있다. 뒤쪽의 <표 3-5>농업경영형태별 특성에서 알 수 있듯이 자소작농 4호, 소작농 1호는 6정보 이상의 소작지를 보유하고 있는 반면에, 38호의 소작농은 2정보 미만의 소작지를 보유하고 있다. 이것은 앞에서도 보았듯이 지주가 가능한 자기에게 유리하고 안전한 소작인을 선택한 것9)과 그리고 그러한 조건에 합당한 자는 당시 농촌에서 오히려 예외적으로 존재한 사실에 기인할 것이다. 또한 이러한 현상은 거의 일반적으로 나타나고 있었음을 다음의 기술에서 추측할 수 있다.

"소작인중에는 한편으로 자가노동력에 의해서는 경작이 불가능할 정도의 넓은 소작지나 또는 양질의 소작지만을 갖은 자가 있고, 그 반면에 소작지가 협소하거나 불량 소작지 뿐임으로 인하여 생활을 유자할 수 없는 다수의 영세 소작농의 존재를 보는 상태에 있고, 이러한 현상은 中南鮮 지방의 평야지역에 특히 심하다."10)

"소작농 1호의 소작지 면적을 보면 …數町에서 십여町내지 20町에 이르는 자도 있고 그리고 數町 이상을 소작하는 자는 이를 일부 轉貸小作에 부치는 자도 있지만 대부분은 전부를 자가경작한다. 자가경작하는 경우에는 스스로가 경작에

---

9) 일제하 지주의 소작인 선택조건은 다음과 같은 사항을 들 수 있다. 1)소작인으로서 里人의 평판이 좋은 자, 2)얼마간의 자산을 가진 자, 3)생활에 여유와 신용이 있는 자, 4)가족노동력이 많은 자, 5)신용있는 보증을 하는 자, 6)지주와 친척관계에 있는 자, 7)높은 소작료로 소작할 것을 희망하는 자, 8)조상때부터 지주나 관리인과 친교가 있는 자, 9)지주에게 효율적으로 토지구입을 알선하는 자, 10)지주 또는 관리인에게 무상 노역 또는 선물을 많이 주는 자, 11)구소작인의 체납소작료를 대납하는 자, 12)지주 또는 관리인에게 금전을 융통하고 있는 자, 13)기타 축우가 있는 자, 14)가족중 관공서에 다니는 자가 있는 자, 15)각종의 사회운동에 관여하지 않는 자, 16)비료의 증시를 많이하는 자 등이다. 朝鮮總督府(1932 : 62)에서 참조. 이러한 조건 중에서 6)8)9)10)12)의 5조건을 제외한 여타의 조건에 의해 많은 소작지를 차입·경영하는 소작인이라면, 그 소작인은 지주에 의한 경제외적 강제가 작용할 수 있는 여지가 훨씬 적은 근대에 가까운 경영형태를 갖은 것으로 볼 수 있다.
10) 朝鮮總督府, 1932, 『朝鮮の小作慣行』, 62쪽.

종사하지 않거나 종사하더라도 자가노동력으로서는 노동력이 부족하여 고용인을
사용함을 보통으로 한다."11)

  이러한 점은 경작규모별로 벽골마을의 농가들를 분류12)해 봄으로써
보다 구체적으로 제시된다. <표 3-4>에 의하면 호수란에서 보듯이 자
작논 3정보 내지 소작논 6정보 이상을 경작하는 농가[부농]가 5호(6%),
자작논 1정보 내지 소작논 2정보 이상을 경작하는 농가[중농]가 17호
(21%), 자작논 5반보 내지 소작논 1정보 이상을 경작하는 농가[극빈농]가
23호(29%) 그리고 전혀 경작하지 않는 농가[고농]가 20호(25%)로 나타난
다(표 3-7을 참고). 이를 경영형태별로 보면, 자소작농 8호중 4호가 상
농, 4호가 중농에 속하고 있으며, 소작농 52호중 1호가 부농, 13호가 중
농, 15호가 빈농, 23호가 극빈농에 속하고 있다.

  이와 같은 계층구성을 통해서 볼 때, 일제하의 벽골마을에서는 "부농
-일고·농업노동자"라고 하는 자본주의적 생산관계와 "대지주-임노동
이나 겸부업을 통하여 생계를 유지하는 영세 소작농"이라고 하는 반봉
건적 생산관계가 동시에 나타나고 있으며, 이러한 상황을 동시에 성립시
킬 수 있었던 것은 바로 빈농과 농업노동자들의 광범위한 존재이었다.
또한 농장주들은 소작인 선발, 품종선택에서 시작하여 생산, 유통, 분배
등의 노동과정 전체에 대한 강력한 노동통제를 행하여 농장관리에서 효
율적이고 합리적인 방안을 강구하는 기업가적 지주였으며, 농장의 소작
인들은 농장주에 의해 노동과정 전체를 강력히 통제 당하여 사실상 농
업경영상의 자립성을 상실하고 있었다는 점에서 농업노동자와 크게 다
를 바 없는 존재였다.

---

11) 朝鮮總督府, 1932, 『朝鮮の小作慣行』, 64쪽.
12) 경작규모에 따른 농가분류에 있어서 일제시대의 경우에는 3정보 이상을 대농, 1-3
  정보를 중농, 1정보 미만을 소농 또는 빈농으로 분류하는 기준이 일반적으로 사용
  되었는데, 여기에서 사용한 자료의 분류기준도 이에 준한 것으로 생각된다. 따라서
  본 논문에서도 원자료의 분류기준을 그대로 사용한다. 그리고 소작농의 기준을 자
  작농의 2배로 잡은 것은 수익면에서 자작지가 소작지의 2배 이상이 되기 때문이다.

4. 농업경영형태와 농업노동

1) 농업의 경영형태

(1) 부농경영

벽골마을 전체 80호의 계층에 따른 존재양상과 농업경영상의 특징을 구체적으로 살펴보면, 먼저 부농으로 분류되어 있는 농가는 2호이다. 가족원수는 각각 8인과 5인으로 구성되어 있으며, 이러한 수치는 다른 계층의 가족원수와 커다란 차이를 보이지 않는다. 이들 농가는 200여 두락13)(경지점유율 20.6%)를 주로 고용노동에 의해 경작하고 있음을 알 수 있다. 농업노동의 고용상황을 보면 연고를 5인씩, 일고를 1,000인씩, 그 외에도 계절고나 고지 등을 약간 고용하고 있다. 이러한 농업경영상의 특징으로 볼 때 이는 거의 농업자본가에 가까운 계층이다. 이들 농가를 부농으로 분류한 것은 농업경영에서 압도적으로 고용노동에 의존하고 있다는 점과 상당한 규모의 토지를 소유하고 있다는 점이다. 1)번 농가는 200두락(40,000평)의 토지를 소작하고 있지만, 동시에 자기 소유의 토지도 다른 사람에게 소작주고 있으며(토지소재지 때문에), 자작지 28두락(논 24, 밭 4)을 가지고 있다. 2)번 농가는 83두락(16,600평)을 자작하고 10두락을 남에게 소작을 주고 있으며, 또 100두락을 소작하고 있다. 소와 수레는 하나씩 가지고 있고, 그 집은 아주 화려하다고는 말할 수 없고 다른 집과 마찬가지로 초가에 불과하지만 물론 비교적 크고 생활정도도 비교적 높다.

현재 1)번 농가는 벽골마을 내에서 구마모토(熊本) 농장의 소작인 40호 정도를 대표하며, 그의 일로서는 농장 직원이 마을에 출장 올 경우에는 자기 집에 머물게 하고, 소작인을 불러 모으는 등의 일을 하기 때문

---

13) 본 논문에서 사용하고 있는 1두락은 200평을 나타낸다.

에 이에 대한 보수로서는 소작료가 기한내에 전부 납입될 경우에는 납입액의 3分이나 5分의 보수를 받도록 되어 있다. 이는 200-300원의 수입이 되는 셈이다(大野保 1941 : 277). 이와 같이 1)번 농가는 이전의 악덕 마름 대신에 현재 구마모토 농장의 관리인으로 되어 있고, 그 때문에 현금수입도 얻고 있다. 소유지 200두락(약 13.3정보)의 토지를 저당 잡혀서 일만원의 부채를 지고 있지만, 이것은 오히려 생산적인 용도로 이용되고 있는 것 같다. 이들 두 가구 모두 그 부근에서 부농으로서 사회적 경제적 지위는 대단히 높다. 그러나 이와 같은 계층은 아주 예외적으로 나타나는 것에 그친다.

한편, 중농상층으로 분류되어 있으나 부농으로 간주하는 것이 타당한 3호의 농가를 보면, 이들은 100두락(경지점유율 22.4%) 이상의 경지를 연고 2-4인, 일고 600-1,000인 그리고 약간의 계절고나 고지 등 다량의 고용노동을 사용하고 있다. 특히 3)번 농가는 벽골마을의 구장직(區長職)을 맡고 있다. 이들 부농층 5호의 경지점유율은 43.0%에 달하며, 모두 소와 우차(牛車) 등의 생산도구를 가지고 있다. 또한 이들은 금융조합으로부터 많은 액수의 돈을 빌려 쓰고 있는데, 그 돈으로 고리대를 하는 경우도 있으나 대체로 생산적으로 사용하고 있다. 이러한 사실을 통해서 볼 때, 부농은 자신도 농업노동에 종사하면서 다수의 임노동자를 고용해서 비교적 양호한 생산용구 및 유동자본을 이용해서 상업적 농업을 경영하는 자로 규정할 수 있다. 따라서 농업의 경영형태로 볼 때 부농경영의 특징은 상업적 농업의 경영, 일정 규모 이상의 경영규모, 임노동자의 항시적 고용 등으로 요약될 수 있다.

(2) 중농경영

벽골마을에서 중농으로 분류되는 농가는 모두 20호이지만 3호는 실제로 부농에 포함시켜도 무리가 없을 정도로 다른 중농 계층과 차이를 나타내기 때문에 부농층으로 포함시켰다. 따라서 중농층 이들 3호를 제외한 17호이며, 이들 농가는 경지규모나 임노동 고용정도에 있어서 부농층의 5호에 비해 훨씬 못 미친다. 연고는 13호 중 6호가 각 1인씩, 일고는 예외적으로 매우 많이 사용하는 농가도 있으나 대체로 40-50일부터 100일 정도 고용하는 농가가 많다. 이러한 정도의 임노동 사용은 수도작 농사의 특수성으로 인한 농번기 때의 노동력 수요의 폭증으로 인한 것이기 때문에 항시적인 임노동 고용으로 보기 어렵다. 반대로 이들 중 임노동 행위를 하는 농가는 거의 없다. 경지규모는 대체로 30-40두락(경지점유율 32.2%)이며, 대부분이 소작지이다. 牛,車 등의 생산도구를 가진 농가는 매우 적어 17호 중에 3호 뿐이다. 출가노동이나 겸부업을 행하는 농가도 드물다. 출가(出稼)노동을 하는 경우는 11),17)번 농가 2호이며, 겸부업을 하고 있는 농가는 마을 내에서 잡화상(雜貨商)을 경영하는 22)번 농가 1호 뿐이다(<표 3-7>의 농가개황표를 참고). 부채는 대부분 금융조합에서 대출받은 것이며 그 액수는 2-3백원 부터 6백원 정도이다. 따라서 이들 계층의 농업경영은 자기의 경지규모로써 가족의 생계유지 및 자가 노동력의 투여가 가능하다고 할 수 있다.

(3) 빈농

빈농은 모두 15호로 경지규모는 15-30두락(경지점유율은 15.5%)정도이며, 이 경작지는 대부분이 소작지이다. 소를 소유하고 있는 집은 불과 3호 뿐이며, 마차를 소유한 것은 한 집도 없다. 부채는 100-500원 정도이다. 이 계층에서는 중농군 이상의 경우와 달리 가마니짜기 부업이 증가하여 15호중 5호가 현재 하고 있으며, 한 농가(23번)는 중매상을 겸업하고 있다. 또한 중국이나 만주, 김제읍 등지에 출가하고 있는 경우도 3호에 이르고 있다. 이 정도의 농가 까지는 대체로 자가 농경을 영위하며, 한편 약간의 부업 등을 해가면 자기 노동을 소비하여 겨우 생활을 유지해 갈 수 있음을 보여주는 것이다.

그리고 극빈농은 모두 23호이며, 대부분 15두락 미만을 경작하는 소작농들(경지점유율은 9.1%)이다. 경지규모가 영세한 자는 6두락 미만인 경우도 있으며, 중요한 생산도구인 우차(牛車) 등을 소유한 농가는 전혀 없다. 부업으로서의 가마니짜기는 5호에서 행하고 있으며, 그들은 오히려 10두락 이상의 농가가 대부분인데, 이는 규모가 너무 작으면 원료인 볏짚 조차 얻기가 어려웠기 때문이다. 이들 중 출가노동을 행하는 자는 23호 중 7호에 달하며, 전반적으로 일고노동일수도 매우 커서 최소 20 - 30일부터 150일 정도가 가장 많으며, 300일에 달하는 농가도 있다. 그리고 이들 빈농층 38호 가운데 비농업 임노동에 종사한 농가는 11호이며, 이들 농가의 유출자는 11명으로 모두 남성으로 추정된다. 유출자의 가족 내의 위치는 자식이 4명, 동생이 2명, 불명확한 사람이 5명이었다. 이들의 이동지는 중국과 만주가 2명, 북해도와 일본이 각각 1명, 그 외 나머지는 국내이고 이들이 행한 노동의 종류는 광산, 공사장 등의 인부로 나타나고 있다. 이상에서 본 바와 같이 빈농 및 극빈농층은 경지규모가 협소하기 때문에 농업수입만으로는 생계유지가 어려울 뿐 아니라 자가 노동력을 완전하게 연소시키기도 어려워 임노동이나 또는 겸부업 등을 생계유지를 위한 중요한 원천으로 삼고 있다.

(4) 농업노동자(雇農)와 임노동

전혀 농사를 짓지 않고 자신의 임노동을 통하여 생계를 유지하는 농업노동자로 분류되는 농가는 모두 20호이다. 이들의 농업노동의 피고용일수는 100일부터 300일 이상에 달하는 경우도 있다. 이들은 농업노동만으로 생계가 유지되지 않을 뿐 아니라 농업노동 투입의 계절적 불균형이 심하기 때문에 농업노동 이외에도 다양한 겸부업에 종사하였다. 이들 계층의 겸부업은 모두 5농가에서 나타나고 있다. 가마니짜기, 목수, 미장이가 각각 1호씩이며, 2가구는 유출 가구원을 가지고 있는데, 한 가구는 아들이 평양의 공사장 인부로 일하고, 다른 한 가구는 아들이 전남에 있는 상점에서 점원으로 일하고 있다.

벽골마을에서 이루어지고 있는 임노동관계를 구체적으로 살펴보면,

완전 고농(雇農)이 20호이며, 임노동을 통하여 생계를 유지하는 극빈농이 23호로 전체 농가의 반 이상이 임노동에 종사하고 있다. 임노동 형태는 연고, 계절고, 일고, 고지 등의 네 종류로 나타나고 있는데, 이러한 농업노동자는 그 성격에 따라 "머슴"과 "근대적 농업노동자"의 두 개의 집단으로 나눌 수 있다. "머슴"은 전통적 농업노동자의 성격이 강한 것으로서 지주나 부농의 직영지에서 가족 노동력을 보충하는 양식으로 존재(년고)했었으며, 이미 이러한 형태의 농업노동자는 일제하에서도 광범위하게 존재했었다. "머슴"으로 고용되는 연고 형태의 농업노동자가 갖는 이러한 성격은 다음의 자료에서도 잘 나타나고 있다.

"머슴으로 불리는 년고는 대개 고용살이로 남자 20－50세 정도의 사람에 대해서만 이루어진다. 고용기간은 12월에 고용해서 이듬해 일이 끝나는 11월 말까지 일년 기간이다. 노임은 나락 1석과 현금 60－80원 정도이다. …식사는 보통 3食이며, 제초와 수확과 운반과 같이 특히 빠쁠 때에만 4식이 지급된다. …샛머슴으로 불리는 계절고는 농번기에만 계절적으로 고용되기 때문에 여름철의 계절고는 6월 20일 경의 모내기 때부터 제초에 걸쳐 7월 전부, 가을의 계절고는 10월1일에서 11월 말까지의 수확에서 운반의 시기로 임금은 모두 2달 정도에 50－60원 정도이다. 년고와 마찬가지로 고주(雇主) 집에 살며 식사를 제공받는다. 계절고는 남자 뿐이며 여자는 없다."(大野保 1941 : 282－283).

반면에 "근대적 농업노동자"는 주로 비옥한 평야지대에서 농번기에 농업노동에 고용(일고, 계절고)당하는 임금 노동자층이었다. 이처럼 토지를 잃고 토지에서 완전히 분리된 이전의 소작농이나 또는 적은 면적의 소작지를 경작하고 있지만 도저히 생계를 유지할 수 없는 영세 소작인이 소작지를 포기하고 평야지대를 유랑하면서 농번기에 김매기, 이앙, 추수 등의 농업노동에 고용되어 결국 농업노동자층을 형성하게 된다. 이러한 근대적 농업노동자층은 1937년의 경우에 약 11만 7천호(약 50만명)에 달했으며, 전체 농가호수에 대하여 전국적으로는 약 3.7%, 평야지대에서는 약 5.0%의 비율을 차지하고 있었다[14].

이상과 같이 일제하 조사마을의 계층구성은 부농 5호, 중농 17호, 빈농 15호, 극빈농 23호, 농업노동자 20호로 이루어져 있으며, 특히 임노동을 통하여 생계를 유지하거나 보충할 수 밖에 없는 극빈농, 농업노동자가 43호로 53.8%를 차지하고 있다. 이러한 계층구성에 따른 농업경영상의 특징을 볼 때, 일제하 농민들은 그 대부분이 전근대적인 고율 소작료하에서 영세한 경지에 의존하는 소작 빈농층이었다고 할 수 있다. 이러한 소작 빈농들의 생활상의 특징은 다음의 자료에서도 잘 나타나고 있다.

> "빈농이라는 것은 자신의 영세한 농업경영으로는 가족의 생계를 유지할 수가 없어서 한편으로는 노동력을 판매해서 노임수입을 얻어서 생계를 보충하지 않으면 안되는 농민층이다."(인정식 1948 : 144).

> "…자가의 농경만으로는 도저히 그 생활을 유지할 수 없을 뿐 아니라 노동력을 소화하지 못하여 다른 집에 임노동 등으로 고용되는 일수가 증가한다. 이들 농가의 피용(被傭)은 이미…생명을 유지하기 위하여 필수적이다. …겸부업에 대해서 보면…토지의 협소함으로 인해 생계 보충적이긴 하지만 오히려 그 겸부업에 의해 보다 높은 생활을 획득하는 계층이다."(大野保 1941 : 190－181).

이상에서 알 수 있듯이 일제하의 빈농층이란 경영규모가 극히 영세할 뿐만 아니라 고율 소작료의 부담으로 인해 농업경영만으로는 생계유지가 불가능하여 임노동이나 겸부업에 의존하지 않을 수 없는 계층이다.

그러면 이 시기 벽골마을의 계층구성에서 70% 이상을 차지했던 이들 빈농층과 농업노동자들의 구체적인 재생산조건을 살펴보자. 위에서 살펴보았듯이 고율 소작료와 열악한 소작조건 그리고 영세 소농경영을 특징으로 하는 소작빈농층은 소작지의 경영만으로는 농가 경제를 재생산해 나가지 못했다. 그래서 이들은 농가경제를 재생산하기 위하여 다양한 생계유지의 전략을 갖지 않을 수 없었다. 물론 이러한 생계유지전략은 식민지적 상황이라는 조건에 의해 규정지워질 수밖에 없었다. 그러한 조건하에서 소작 빈농층이 선택할 수 있었던 대응전략은 임노동과 겸부업을

---

14) 朝鮮總督府, 1937년도(1939년 간행), 「朝鮮總督府統計年報」에서 참조.

통한 경제활동의 다양화였다.

　이 시기에 있어서 임노동 기회는 부농 경영의 광범위한 성립을 제한하였던 반봉건적 토지소유관계 및 미곡(米穀) 단작화 농정(農政) 그리고 전반적으로 제한되었던 공업으로 인해 제한이었지만 농촌 내부에서의 부농경영과 농촌 외부에서의 각종 공사장 및 광공업 등으로부터 주어졌다. 벽골마을의 소작 빈농층이 참여한 임노동의 형태는 재촌형(在村型) 임노동과 출가형(出稼型) 임노동이 있다. 재촌형(在村型) 임노동은 마을에 거주하면서 마을내의 농업 임노동이나 기타 잡역에 종사하거나 또는 농업노동에 종사하면서 동시에 농한기를 이용하여 부근의 광산이나 공사장 등에 출력(出力)하는 것이다. 농업 임노동의 기회는 부농경영 및 일부 중농경영에서 제공되었다. 이는 수도작 농업이 농번기에 집중적인 노동력의 투하를 요구하기 때문에 부농경영이 어느 정도 형성되어 있지 않은 벽골마을과 같은 촌락에서도 농업 임노동의 수요가 있었기 때문이다.

　한편 출가형 임노동은 가족구성원의 일부가 일정 기간 동안 집을 떠나 농업노동에는 종사하지 않고 도시의 공장이나 광산, 공사장 또는 일본이나 만주 등지의 해외에서 임노동을 하여 수입을 송금하는 것이다. 조사마을의 경우 출가형 임노동의 전형은 빈농과 농업노동자층에서 나타나고 있는데, 중농의 경우에는 1인이 비교적 안정된 직업인 경성의 우체국에 근무하고 있다. 그러나 빈농 이하에서 나타나는 출가노동은 만주, 일본 등지로 나가거나 또는 대부분 공사장에서 일하고 있다. 이러한 임노동에 종사하는 빈농층15)은 모두 11가구에 이르고 있다. 출가형 임노동은 도시의 공사장 인부나 해외 출가에서 나타나며, 대부분 단신출가로서 일단 농업 경영을 떠나서 오로지 농외 임노동에만 종사하는 형태이다. 그래서 출가형 노동에 종사하는 사람들은 가족 구성원 가운데 청년

---

15) 1930년의 조사에 의하면, 임노동에 종사하는 소작농의 비율이 경기도 41.7%, 충북 38.4%, 충남 50.7%, 전북 48.1%, 전남 47.0%, 경북 29.7%, 경남 39.7%, 황해도 27.6%, 강원도, 32.8%, 평북 22.3%, 평남 24.4%으로 나타나고 있다. (朝鮮總督部農林局, 1933, 『朝鮮に於ける小作に關する參考事項摘要』, 62쪽)에서 참조.

층인 자식들이 주로 종사하였다.

그렇지만 이 시기에 있어서 임노동은 부농경영의 미성숙, 도시공업 발전의 전반적 제한을 인해 임노동의 기회는 제한되어 소작 빈농층의 48%에 해당하는 비율만 임노동에 종사할 수 있었다. 따라서 소작빈농층은 임노동 이외에 겸부업을 통해 부족한 생계를 보충해 나갔다. 벽골마을에서 나타난 겸업은 주로 농업경영과는 무관한 목수, 미장이 등이며, 부업은 농업과 관련된 것으로서 가마니 제조가 가장 일반적으로 행하는 것이다. 특히 가마니짜기는 짚을 원료로 하였으므로 소작 빈농층에게는 매우 중요한 부업이었다.

이와 같이 소작 빈농이하의 계층이 임노동이나 겸부업에 종사한 사실은 한편으로 농업경영만으로 생활이 불가능했을 뿐만 아니라 다른 한편으로 농업경영에서 자가 노동력을 완전 연소시킬수 없었다는 사실을 말해 준다. 이는 당시 일반적인 소작농가에서의 노동력은 과잉상태였다는 것을 나타내 준다. 이러한 소작 빈농층의 노동력 과잉현상은 1930년대부터 농촌에서 소작농으로 생계를 유지할 수 없는 많은 농민들의 탈농이나 유출로 인해 어느 정도 해소되었다.

2) 농업노동의 구성

일제하 벽골마을의 농업생산형태의 특성을 구체적으로 파악하기 위해서는 생산에 투입되는 노동의 형태, 즉 노동력의 구성양태, 노동력의 결합방식 등에 대한 분석이 필요하다. 그래서 여기에서는 이와 같은 계층구성을 토대로 농업생산에 투입되는 계층별 노동형태와 노동과정을 구체적으로 살펴보자.

먼저 계층에 따른 토지소유별 경작형태를 살펴보면, <표 3-3>에 나타나는 바와 같이 부농(5호)은 자소작 4호, 소작 1호이고 중농(17호)은 자소작 4호, 소작 13호이다. 그리고 빈농과 극빈농은 모두 완전 소작을 하고 있다. 이와 같이 벽골마을의 농민들을 경작규모별로 분류한 후에

각 계층의 경지구성을 경작지, 소유지, 임대지, 임차지로 나누어 살펴본 것이 <표 3-4>이다.

<표 3-3> 토지소유별 경작형태

구 분	부 농		중 농		빈 농	극빈농	전 체
	자소작	소작	자소작	소작	소작	소작	
소 계	4	1	4	13	15	23	
전 체	5(6.3%)		17(21.3%)		15(18.3%)	23(28.8%)	60(75.5)

참고 : 전체의 수치는 농업노동자 20호(25%)를 제외한 것이다.
자료 : 大野保, 1941, 『朝鮮農村の實態的硏究』, 263~264쪽에서 재작성.

<표 3-4>의 계층별 경작규모를 보면, 농가호수의 6%에 해당하는 5가구의 부층농이 전체 경작지의 42.5%, 전체 소유지의 88.7%, 전체 임차지의 38.7%, 전체 임대지의 100%를 집중하여 호당 경작지 11.44정보, 소유지 4.88정보, 임차지 9.36정보, 임대지 2.80정보를 갖는 것으로 나타난다. 그리고 중농은 17가구(21%)에 경작지 32.3%, 소유지 11.3%, 임차지 33.3%를 보이고 있다. 그 반면에 농가호수의 48%(38가구)에 해당하는 빈농 및 극빈농층은 경작지의 25.2%, 임차지의 28%를 보유하며, 호당 경작지 1.98정보(=임차지)를 갖는 것으로 나타난다. 그리고 농업노동자는 소유지나 경작지를 전혀 갖지 않은 것으로 나타나고 있다.

각 계층의 경작규모의 농지구성을 통해서 볼 때, 벽골마을의 농민들은 우선 경지구성에 있어서 부농과 빈농으로의 커다란 양극분화의 경향을 나타내고 있음을 알 수 있다. 특히 부농층은 그 경작지의 규모로 보아 가족노동에 의한 자급자족적 농업경영의 범위를 넘어서고 있으며 고용노동의 사용정도를 동시에 고려해 볼 때, 이미 상당한 정도의 부농경영의 형태를 띠고 있음을 알 수 있다. 히사마(久間健一)는 당시의 생산력 수준으로는 노동능력 1단위(=성인 남자의 노동능력)당 8-12단보, 단위

소비능력(=성인 남자의 소비능력)당 3-4.5단보의 경지규모가 가족노동력을 최대한 활용함과 동시에 생계유지에 가장 적정한 규모로 보았다(久間健一 1943 : 108-112). 이를 볼 때 대체로 3-5정보 이상의 토지를 경작하는 농가[16]의 경우 고용노동력에 의존하지 않을 수 없을 뿐 아니라 그 경지규모는 가족의 생계유지를 위해 필요한 규모를 초과하는 것으로서 어느 정도의 잉여를 판매할 수 있었던 것이다. 따라서 벽골마을의 경우 중농 이상의 계층에서는 농업생산에 투하되는 농업노동의 상당 부분을 고용노동을 통해서 해결하고 있다는 것을 알 수 있다.

〈표 3-4〉 계층별 경작규모

		전	체(%)			가	구	당		③ / ①	④ / ②
		① 경작지	② 소유지	③ 임차지	④ 임대지	경작	소유	임차	임대		
부농	% 6	57.2 (42.5)	24.4 (88.7)	46.8 (38.7)	14.0 (100.0)	11.44	4.88	9.36	2.80	% 81.8	% 57.4
중농	21	43.4 (32.3)	3.1 (11.3)	40.3 (33.3)	0	2.55	0.18	2.37	0	92.9	0
빈농	19	21.7 (16.1)	0	21.7 (17.9)	0	1.45	0	1.45	0	100.0	0
극빈농	29	12.2 (9.1)	0	12.2 (10.1)	0	0.53	0	0.53	0	100.0	0
농업노동자	25	0	0	0	0	0	0	0	0	0	0
계 또는 평균	100	134.5 (100.0)	27.5 (100.0)	121.0 (100.0)	14.0 (100.0)	1.68	0.34	1.51	0.18	90.0	50.9

자료 : 大野保, 1941, 『朝鮮農村の實態的研究』, 263~264쪽에서 재작성.
단위 : 정보

---

16) 3-5정보라는 수치는 경험적인 것이다. 일제시대의 학자들은 대체로 자작농 3정보 이상을 경영하는 자를 부농으로 간주하고 있다. (印貞植, 1937, 『朝鮮の農業機構分析』, 141쪽)에서 참조.

벽골마을 농민들의 토지소유관계에서 특히 주목되는 것은 부농경영
에 있어서 경작지 중에서 소작 임차지가 차지하는 비중이 82%이며, 소
유지 중에서 임대지로 소작주는 것이 57%나 된다는 사실이다. 전자는
벽골마을의 부농경영이 주로 소작지의 임차에 의한 소작형 부농이라는
것을 의미하며, 후자는 이 마을의 농업경영에서 부농경영이 지주로 전화
(轉化)할 가능성을 어느 정도 내포하고 있음을 의미한다.17)

농업경영에서의 이러한 모순현상은 <표 3-5>의 부농 5호에 대한
개별적인 농업경영의 상황에서 쉽게 볼 수 있다(표 3-7을 참조). 즉, 부
농 3), 4), 5)는 자작지 보다 소작지가 압도적으로 많으며 따라서 소작형
부농이라 할 수 있다. 부농 2)는 자작지와 소작지를 비슷하게 갖고 있으
면서 약간의 임대지를 갖고 있으며, 이 자체가 자작형 부농이라고 규정
할 수는 없지만 대체로 이 두 농가의 사례를 통하여 이 시기에 자작형
부농도 성립하고 있음을 추측할 수 있다. 그리고 부농의 1)번 농가는 약
15정보를 자경하면서도 13정보를 임대하여 소작시키고 있다. 물론 이 농
가의 경지 임대차 문제는 거주지에서 멀리 떨어진, 즉 통작(通作)거리가
먼 자기 소유지를 소작주고 대신에 가까운 곳에서 그 정도의 경지를 차
입하여 소작하고 있는 것으로 생각할 수 있다. 그렇지만 부농 1)은 이미
13정보 규모의 지주로 전화하고 있는 것은 뚜렷한 사실이며, 따라서 적
어도 당시의 부농경영 중에는 이미 지주로 전화하고 있는 존재도 있었
으며, 또한 이러한 경로를 통해 형성된 지주도 있었을 것임을 추정해 볼
수도 있다.

벽골마을의 농업생산형태의 특성을 구체적으로 파악하기 위해서는
농업생산에 투입되는 농업노동의 형태, 즉 노동력의 존재형태나 노동력
의 결합방식 등에 대한 분석이 필요하다. 개별 농가의 노동력 구성은 가
족구성이나 가축, 농기구 등에 따라 차이가 있었으나 1940년대 가족노동

---

17) 물론 부농 중 단 2호만 임대지를 가지고 있고 그것도 임차지를 초과하고 있지 않
　　기 때문에 단순히 임대지의 존재를 가지고 바로 지주로의 성장이라고 까지 말할
　　수 는 없지만 여기서는 다만 그 잠재적 가능성을 시사하는 데 그친다.

은 평균 44%이고 고용노동은 56%를 차지하였다.[18] 고용임금도 농업 총수입의 10%, 농가 경영비의 15.6%를 차지할 정도였다. 물론 모든 가족 구성원들이 농업노동을 분담하였지만 가족 노동력은 연령·성에 따라 질적 차이를 갖고 구성되기 때문에 개별 농가의 가구주는 이러한 질적 차이를 갖는 노동력에 따라 농업노동을 조직하고 통제하였다. 그러면 이 시기 벽골마을에서 농업생산에 투입된 농업노동은 어떻게 조직되었는가를 구체적으로 살펴보자.

<표 3-5> 계층별 농업경영형태

	호 당 가족수	고 용 관 계				피 고 용 관 계				경 지 (정보)		
		(人) 연고	(日) 계절고	(口) 고지	(人) 일고	(人) 연고	(日) 계절고	(口) 고지	(人) 일고	임대	자작	소작
부농	6.0인	3.8 (5)	14.6 (5)	22.6 (4)	880 (5)	−	−	−	−	14.0	10.4	46.8
중농	6.2	0.4 (6)	2.2 (9)	9.5 (15)	95.3 (17)	−	−	−	6.5 (7)	−	3.1	40.3
빈농	6.1	−	0.6 (4)	1.7 (5)	27.3 (11)	−	−	−	20.0 (9)	−	−	21.7
극빈농	5.2	−	−	0.9 (4)	2.6 (4)	0.04 (1)	0.6 (5)	1.9 (6)	91.0 (22)	−	−	12.2
농업노동자	4.7	−	−	−	−	0.2 (4)	1.5 (8)	10.2 (15)	104.0 (19)	−	−	−
전체	5.5	0.3 (11)	1.5 (18)	4.0 (28)	81.1 (37)	0.1 (5)	0.5 (13)	3.1 (21)	57.3 (53)	14	13.5	121.0

참고 : ( )는 각 계층의 농가중에서 해당되는 농가호수를 나타낸다.
자료 : 大野保, 1941, 『朝鮮農村の實態的研究』, 263~264쪽에서 재작성.

---

18) 자가 노동력은 성인남자 2인 정도이며, 1인당 노동일수는 123일로 일본보다 적었다. 농업 종사자가 5명일 때는 가족노동이 77%, 임금노동이 23%를 점하였다. 가족 노동력이 많으면 그만큼 고용노동력이 적었다. (大野保, 1941, 『朝鮮農村の實態的研究』, 236쪽)에서 참조.

일제하 벽골마을에서 나타나는 임노동 형태는 연고(年雇), 계절고(季節雇), 고지,[19] 일고(日雇) 등이 있다(大野保 1941 : 281). 이러한 임노동의 고용·피고용관계가 계층에 따라 나타나는 것을 <표 3-6>을 통해 살펴보면, 부농은 평균 이상의 가족을 보유하면서도 농가 1호당 연고 3.8인, 계절고 14.6일, 고지 22.6구찌(口) 및 일고 880인을 사용하여 농업을 경영하고 있다. 그 반면에 빈농층은 호당 계절고 0.6인, 고지 1.7구찌, 일고 27.3인을 사용하고, 극빈농은 고지 0.9구, 일고 2.6인을 사용하고 있다. 한편 농업노동의 피고용관계에 있어서는 부농은 전혀 고용되지 않는 반면에 중농·빈농은 각각 일고가 6.5인, 20인씩 고용되어 있고, 극빈농층과 고농에 있어서는 각각 일고로 91인, 104인이 종사하는 이외에도 고지, 계절고, 연고에도 약간씩 고용되고 있다. 이러한 사실에서 농업노동의 고용관계에서 부농은 농촌에서 전적으로 고용자적 존재로 나타나며, 극빈농 중의 상당수도 농업노동자(雇農)과 유사한 정도의 피고용자적 존재로 나타난다는 것을 알 수 있다.

이러한 점을 좀 더 구체적으로 살펴보기 위하여 작성한 것이 <표 3-6>이다. 이 표에 의하면, 부농의 5호 모두가 연고, 계절고, 일고를 고용하며, 4호가 고지를 사용하고 있으며, 그 반면에 피고용에 종사하는 농가는 전혀 없다. 그리고 중농은 모든 농가가 농업생산에서 일고를 사용할 뿐만 아니라 동시에 3농가는 일고노동에 종사하기도 한다. 극빈농 중에는 극히 일부분만 고지, 일고 등의 고용노동을 사용하기도 하지만 96%는 일고노동에 종사하며 계절고, 고지 등에 종사하는 농가도 약 1/4 정도 된다. 그리고 농업노동자는 약 95%가 일고노동에 종사하고, 75%가

---

19) 고지는 일제시대에 중남부, 그중에서도 전라북도를 중심하여 하여 성행했던 농업노동청부제도로서 빈농이나 농업노동자가 임금을 미리 받고 다음해 농사철에 일을 해주는 것이다. 고지에는 빈농 및 농업노동자가 개별적으로 청부하는 것이 있었고, 또 일군의 빈농이나 단체를 조직하여 그 대표자로 하여금 지주와 노동의 청부계약을 하게 하고 그 대표자의 지휘에 따라 농업노동에 종사하여 계약임금의 분배에 참여하는 단체적인 것이 있었다. (久間健一, 1935, 『勞動隊制度と雇只隊制度』, 211~297쪽)에서 참조.

고지노동에 종사하며 또한 계절고, 연고에도 상당수 종사하는 것으로 나타난다.

<표 3-6> 계층별 농업노동의 구성

구 분	고 용 관 계				피 고 용 관 계			
	년 고	계절고	고 지	일 고	년 고	계절고	고 지	일 고
부 농	19 (76)	73 (61)	113 (35)	4,400 (68)	0 (0)	0 (0)	0 (0)	0 (0)
중 농	6 (24)	37 (31)	161 (50)	1,617 (25)	0 (0)	0 (0)	0 (0)	110 (2)
빈 농	0 (0)	9 (8)	25 (8)	410 (6)	0 (0)	0 (0)	0 (0)	300 (7)
극빈농	0 (0)	0 (0)	21 (7)	60 (1)	1 (20)	14 (33)	44 (18)	2,093 (46)
농업노동자	0 (0)	0 (0)	0 (0)	3 (0)	4 (80)	29 (67)	204 (82)	2,080 (45)
전 체	25 (100)	119 (100)	320 (100)	6,490 (100)	5 (100)	43 (100)	248 (100)	4,583 (100)

자료 : 大野保, 1941, 『朝鮮農村の實態的研究』, 263~264쪽에서 재작성.

<표 3-6>은 계층별 농업노동의 사용 구성비를 나타낸 것인데, 이것에 의하면 고용관계에서 농가 전체의 6%에 해당하는 부농이 전체 연고의 76%, 전체 계절고의 61%, 전체 고지의 35%, 전체 일고의 68%를 거의 독점적으로 사용하고 있다. 그 반면에 피고용 관계에서는 농업노동자가 각각 80%, 67%, 82%, 45%의 농업노동을 담당하고 있는 것으로 나타나며, 극빈농도 각각 20%, 33%, 18%, 46%를 담당하고 있는 것으로 나타난다. 특히 일고노동에 있어서는 극빈농도 거의 농업노동자 못지 않은 비중을 차지하고 있으며, 기타 노동에 있어서도 농업노동자의 1/2-1/3 정도로 종사하고 있음을 주목해야 한다. 이것은 0.5정보 미만의 영세 토

지소유자의 상당수(일고노동에서는 거의 대부분이고, 계절고, 고지노동에서는 약 1/4정도)가 농업노동에 종사하고 있음을 의미한다. 계층에 따른 농업노동의 구성에서 이상과 같은 사실에 비추어 볼 때, 부농의 고용자로서의 성격과 농업노동자의 피용자로서의 성격을 뚜렷하게 확인할 수 있다. 예컨대, 극빈농도 고용노농을 사용한다는 사실과 또한 소규모의 토지를 보유하고 있는 극빈농이 농업노동자와 거의 비슷한 정도의 피고용 노동에 종사하고 있다는 사실을 확인할 수 있다.

지금까지 벽골마을 농인들의 계층별 농업노동 구성에 대한 분석에서 필자는 부농의 고용자적 성격과 극빈농과 농업노동자의 피용자적 성격을 구체적으로 확인할 수 있을 뿐만 아니라 부농경영은 농업노동에서 고용노동을 항시적으로 사용하고 있으며 그 정도가 이미 가족노동의 보충적 성격을 넘어 중요 부분을 구성하고 있다는 의미에서 부농경영의 자본가적 성격의 한 측면을 볼 수 있다. 그리고 또 하나의 중요한 사실은 농업노동의 사용면에서 볼 때 부농경영이 다른 계층의 경영보다 상당히 효율적이라는 점이다. 이것은 경작규모가 커짐에 따라 농업지출의 주요 항목을 구성하는 노동력의 확보·유지에 필요한 지출이 절감됨을 의미하며, 또한 계층간의 농업생산력의 차이를 나타내 준다. 그러나 일제하 한국 농업의 발전단계가 자본주의적 농업의 일반적 법칙이 전개되지 않은 것은 당시의 사회경제적 조건하에서 지주적 상품생산이 부농적 상품생산을 압도하고 있었기 때문이다.

이와 같이 일제하 농촌의 농업노동은 가족노동 이외에 교환노동, 임노동 등을 이용하여 농업노동력의 문제를 해결하였지만, 그중에서도 특히 임노동의 비중이 높았다. 이처럼 고용노동력을 농업경영의 필수조건으로 한 가장 큰 이유는 농촌의 농업경영에서 배제된 채 다른 출구가 마련되지 못하여 그대로 농촌에 퇴적된 빈농이나 농업노동자가 상당수 존재하였다는 사회적 조건과 그리고 이앙과 수확과정에서 인간노동을 대체할 만한 도구의 발전을 이루지 못했다는 기술적 조건 때문이었다.

　　한편 경운작업에 주로 사용되며 농작업에 있어서 매우 중요한 축우 및 우차(牛車)의 호당 소유현황을 보면, 부농은 모두 소와 우차를 각각 1대씩 소유하고 있으며, 중농은 17호중 3호가 소를, 1호가 우차를 소유하고 있을 뿐이다.[20] 빈농 중에서 소를 갖고 있는 농가는 15호 중 3호 뿐인 것으로 나타난다. 따라서 경지규모 및 고용관계에 있어서는 부농과 빈농 사이에 커다란 차이가 있지만 여타의 생산수단에 있어서는 차이가 뚜렷하기는 하지만 전자 만큼 확연하지는 않다. 이것은 농기구,[21] 비료 등에 관한 다른 자료의 부족으로 단정적이지는 않지만 부농경영을 생산도구라는 측면에서 볼 때 농업경영 기반은 그렇게 확실한 우위를 차지하고 있지는 않음을 의미한다. 이러한 사실은 일제가 식민지 한국 농민들의 노동력과 생산력의 수탈에만 치중했을 뿐 농기구의 개선·개량에는 무관심하였다는 것을 말해 준다.

---

20) 1927년말 전북의 경우 축우의 총수는 5만 3,636두에 이르러 농가 4호당 한 마리의 소를 가지고 있는 것으로 나타나며, 농우 한 마리가 경작하는 면적은 4.76정보에 달한다. 그러나 이수치도 지방별로 큰 차이가 있어서 산간지역은 2호당 한 마리를 가지고 있고 평야지역은 7호당 한 마리를 가지고 있었다. 소 한 마리당 경작면적도 차이가 있어 산간지역의 경우는 2정보이고 평야지대는 8정보에 달하였다. (全羅北道 農會, 1928, 『全北の農業』, 59~60쪽). 일제하의 가장 기본적인 원동력인 농우를 가진 농가의 비율이 이렇게 낮았으며, 중농, 대농만 농우를 소유하고 있었으며, 특히 부자집만 마차를 가질 수 있었다. 따라서 소가 없는 농가는 소를 빌리거나 또는 2-3일씩 일을 해 주는 방식으로 하여 일을 해 나갔다. (윤수종, 1990, 「한국농업생산에서의 노동조직의 변화에 관한 연구」, 65쪽).
21) 일제시대 농기구의 수준에 대해서 이청원은 ①조선의 경작농구는 정체적인 후퇴적·원시적·租野的 소박한 성질을 가지고 있는 동시에 농구가격도 형언할 수 없는 정도의 소액이고, ②부유한 농가에서는 양호한 농구를 사용하는 데, 매정보당 농구가격을 계산해 보면 부농보다 빈소농들이 악질 농구를 쓰면서도 오히려 1정보당 가격은 고가라는 사실을 지적하고 있다. 이청원, 조선농업의 생산규모, 『비판』4권(오미일編, 1991, 『식민지시대 사회성격과 농업문제』, 429~433쪽에서 재인용)

5. 맺음말

　지금까지 이 논문에서는 일제 식민지하 농민들의 가족구성과 규모 및 그에 따른 농업경영과 노동형태를 통하여 농업생산형태를 분석해 보았다. 일제하 농업생산형태의 특징은 반봉건적 지주소작관계에서 농민들이 지주제를 매개로 한 제국주의 자본의 논리에 의해 조직되었다는 점이다. 이때 일본 제국주의 자본의 논리는 반봉건적 지주소작관계를 매개로 식민지 한국 농민들의 농업생산체계에 구체적인 영향을 미치게 된다.

　지금까지의 논의를 종합하여 검토해 보면, 일제하의 벽골마을 농민은 부농, 중농, 빈농, 농업노동자로 분화되어 있었으며, 이들은 전 계층적으로 소수의 식민지적 대지주 계급에 의해 지배되고 있는 분해의 양상을 나타내고 있다. 특히 벽골마을의 계층구성에서 빈농 이하의 계층들이 전체 80농가 가운데 58(72.5%)농가를 차지하고 있었다. 계층별 평균 가족원수를 살펴보면, 부농이 6명, 중농이 6.2명, 빈농이 5.5명, 농업노동자가 4.7명으로 마을 전체의 가구당 평균 가족원수는 5.5명이다. 5명 이하로 구성된 가족이 지배적이지만 동거하는 가족원의 범위는 매우 다양하고 광범위하다. 그리고 상층농(上層農)에서 하층농(下層農)으로 내려갈수록 가족원수가 조금씩 감소한다는 것은 중층 이하의 계층에서 가족원이 많이 유출되었다는 것을 말해 준다.

　계층에 따른 농업노동의 구성을 살펴보면, 부농은 가족노동 16%, 고용노동84%를 차지하고, 중농은 가족노동 61%, 고용노동 39%를 타나낸다. 그리고 빈농과 극빈농은 가족노동이 각각 90%와 96%를 차지하여 농업생산에 투입되는 농업노동은 대부분 가족노동으로 해결하고 있음을 알 수 있다. 따라서 부농은 평균 이상의 가족노동을 보유하면서도 농업노동의 84%는 고용노동에 의해 경영되고 있다. 중농은 주로 가족노동(61%)에 의존하면서 보충적으로 고용노동(39%)을 사용하고 있으며, 빈농·극빈농은 거의 대부분 가족노동(90−96%)에 의존하여 경영하고 있다. 그리고 부농층으로 갈수록 고용노동 중에서도 특히 상시 고용에 의존하는 비율이 높게 나타나고 있다.

그리고 이 시기의 농촌경제의 특징적인 현상은 상품경제화의 심화였다. 이 현상은 주로 세 가지의 과정을 통하여 진전되어 갔다. 1)농업경영 부문에서의 생산수단의 구입, 즉 자급하여 사용하던 녹비(綠肥)에서 구입하여 사용하는 금비(金肥)로의 대체가 대표적인 예이다. 그것은 단위면적당 생산의 증대를 지향하는 농민들 뿐만 아니라 소작료의 고율화를 지향하는 지주의 이익에도 들어맞는 것이었기 때문에 이 시기에 급속하게 진전되었다. 2)부업부문에서의 상품경제화이다. 종래의 주된 부업이었던 자가소비용 직물업을 대신하여 판매에 중점을 둔 가마니나 새끼와 같은 짚제품 가공업이 보급되어 갔다. 그것은 자급비료 원료와 경합됨으로서 구입 비료의 투입을 증대시키는 요인이 됨으로서 농가 가계부문에서의 상품경제화도 촉진시켰다. 그리고 3)농산물 판매의 증가이다. 1)과 2)의 국면을 통한 화폐수요의 증대에 대하여 대부분은 농산물 판매량의 증대에 의해 해소하였다.

이러한 상품경제화의 심화라는 점에 덧붙여 이 시기 농민경제의 또 하나의 특징으로서 부업과 겸업 부문의 존속을 지적할 수 있다. 이것은 농업경영 수입만으로는 생계비를 충족시킬 수 없었고, 가족원의 농외 부문 유출이나 겸부업을 통해서만 비로소 농가의 재생산이 가능하게 되었음을 의미한다. 이와 같이 일제하의 한국 농촌에서는 "부농-일고·농업노동자"라고 하는 자본주의적 생산관계와 "지주-임노동이나 겸부업을 통하여 생계를 유지하는 영세 소작농"이라고 하는 반봉건적 생산관계가 동시에 나타날 수 있었던 것은 바로 빈농과 농업노동자의 광범위한 존재 때문이었다.

이 시기의 농민경제에서 상품경제화의 심화는 농민층 분해를 촉진하였지만, 그것이 농업자본가-농업노동자로의 분해를 전망할 수 있는 것은 아니었다. 오히려 영세 소작농층의 증대와 빈농의 두터운 퇴적이라는

것이 당시 벽골마을의 농민층 구성의 기본적인 양상이었다고 할 수 있
다. 그리고 낮은 농업생산력, 고율의 소작료, 농산물 가격수준의 저위성
이라는 조건하에서 자본축적을 실현할 수 있었던 극히 일부의 소작농층
은 고용노동을 통하여 가족노동 중심의 농업경영을 뛰어넘는 토지소유
의 확대를 지향하고 있었다. 그렇지만 일제하 한국 농업의 발전단계가
자본주의적 농업의 일반적 법칙이 전개되지 않았던 것은 반봉건인 지주
적 상품생산이 부농적 상품생산을 압도하고 있었기 때문이다.

『역사민속학』제8집, 1998, 한국역사민속학회

<표 3-7> 벽골마을의 농가개황표(1941년)

농가유형	농가호수	가족수			경작면적(두락)				고 용				임노동수입		겸·부업
					논		밭		연고人	계절고日	고지口	일고人	일고日	기 타	
		남	여	계	자작	소작	자작	소작							
부농	1	5	3	8	24	200	4	–	5	6	60	1000	–		
	2	2	3	5	80	100	3	–	5	18	–	1000	–		
중농상	3	2	1	3	20	160	–	–	4	16	40	1000			벽골마을의 구장
	4	4	2	6	22	140	3	–	3	9	10	800			
	5	3	5	8	–	100	–	2	2	24	3	600			
	6	3	5	8	14	50	–	2	1	7	5	450			
	7	5	2	7	–	50	–	–	–	4	20	120			
	8	5	2	7	–	47	–	–	1	5	13	100			자식이 훈련소로
	9	2	3	5	–	45	–	–	–	5	21	100			
	10	5	5	10	–	45	–	–	–	–	10	100			자식이 김제의 운송회사에 근무
중	11	4	1	5	15	13	1	–	–	–	13	80	50		경성의 우편국에 근무
	12	4	5	9	–	40	–	–	–	–	–	10	20		
농	13	3	4	7	–	40	–	–	–	4	10	150			
	14	2	1	3	–	40	–	–	–	–	–	50			
하	15	3	4	7	–	36	–	–	1	1	4	30			
	16	1	1	2	11	13	1	–	–	4	9	40			
	17	4	2	6	–	35	–	1	1	–	10	50			자식 농장에 근무
	18	4	3	7	–	30	–	2	–	–	2	60			
	19	3	2	5	4	22	1	–	–	–	30	50			
	20	4	2	6	–	33	–	–	–	5	6	100			
	21	2	3	5	–	30	–	–	1	2	4	30			
	22	2	4	6	–	30	–	–	1	–	4	100	40		잡화상 경영(300)
	23	3	4	7	–	29	–	–	–	–	4	30	30	자식이 중매상	식료·잡화 중매(100)
빈농	24	3	2	5	–	28	–	–	–	1	–	10		동생이 중국 안시성에서 상업	
	25	4	1	5	–	25	–	–	–	3	2	50			가마니짜기(50)

| 농가유형 | 농가호수 | 가족수 | | | 경작면적
(두락) | | | | 고 용 | | | | 임노동수입 | | 겸·부업 |
| | | 남 | 여 | 계 | 논 | | 밭 | | 연고인 | 계절고日 | 고지口 | 일고人 | 일고日 | 기 타 | |
					자작	소작	자작	소작							
	26	2	5	7	−	25	−	−	−	−	8	60	30		
	27	4	4	8	−	25									동생이 김제읍에서 상업경영
	28	3	6	9	−	25	−	−	−	1	1	20			가마니짜기(50)
	29	4	2	6	−	24	−	−	−	−	−	30	−		
빈농	30	5	4	9	−	22	−	−	−	−	−	−	50	1인이 산업조합에 근무	가마니짜기(100)
	31	3	1	4	−	18	−	−	−	−	−	−	40		
	32	2	2	4	−	18	−	−	−	−	−	−	60		가마니짜기(50)
	33	1	4	5	−	18	−	−	−	−	−	50	−		
	34	4	4		−	18	−	−	−	−	−	50	20		가마니짜기(40)
	35	1	3	4	−	18	−	−	−	−	10	40	−	동생이 만주에 가서 근무	
	36	2	4	6	−	18	−	−	−	−	−	20	30		
	37	2	2	4	−	15	−	−	−	−	−	80	20		
	38	2	3	5	−	13	−	−	−		−	−	30	동진수리조합감독(여름 3개월)	
	39	1	3	4	−	13	−	−	−		9	20	20		
	40	3	3	6	−	12	−	−	−		4	−	21	1인이 渡日出嫁(40)	
	41	2	3	5	−	12	−	−	−		−	−	200		가마니짜기(50)
	42	5	2	7	−	12	−	−	−		−	−	100		가마니짜기(30)
	43	3	3	6	−	12	−	−	−		−	−	2	자식이 경성에 취업	가마니짜기(40)
극빈농	44	4	2	6	−	11	−	−	−		−	−	130		가마니짜기(40)
	45	4	4	8	−	10	−	−	−		−	10	20		가마니짜기(20)
	46	3	4	7	−	8	−	−	−		4	10	30	중학교로 1인	
	47	4	4	8	−	8	−	−	−		−	−	20		
	48	2	2	4	−	7	−	−	−		4	20	−	1인이 全羅南道에서 人夫감독. 자식이 工事場에서 勤務	
	49	1	3	4	−	7	−	−	−		−	−	200		
	50	1	2	3	−	7	−	−	−		−	−	150	본인이 청진극장에 근무	
	51	1	2	3	−	6	−	−	−		−	−	150		
	52	4	1	5	−	6	−	−	−		−	−	90		
	53	5	1	6	−	6	−	−	−		−	−	150		

농가유형	농가호수	가족수			경작면적 (두락)				고 용				임노동수입		겸·부업
		남	여	계	논 자작	논 소작	밭 자작	밭 소작	연고人	계절고日	고지口	일고人	일고日	기 타	
극빈농	54	1	3	4	–	6	–	–	–		–	–	100		
	55	2	2	4	–	6	–	–	–		–	–	150		
	56	2	2	4	–	6	–	–	–		–	–	50		
	57	3	4	7	–	6	–	–	–			–	150	자식이 전라남도 공사장에서 근무	
	58	3	1	4	–	6	–	–	–		–	–	40		
	59	2	3	5	–	6	–	–	–		–	–	150		
	60	2	2	4	–	0.5	–	1	–		–	–	40	자식이 북해도에 근무	
고농군	61	4	1	5	–	–	–	–	–		–	–	150		
	62			4	–	–	–		–	–	–	–	100		
	63	5	3	8	–		–			–	–	–		자식이 평양의 공사장에서 근무	
	64	2	1	3	–	–	–	–	–	–	–	100			
	65	4	1	5	–	–	–	–	–		–	40	50		
	66	3	2	5	–	–	–	–	–	–	–	–	50	자식이 전남의 상점에 근무	
	67	2	2	4	–	–	–	–	–	–	–	–	80		
	68	2	3	5	–	–	–	–	–	–	–	–	60		
	69	4	3	7	–	–	–	–	–	–	–	–	30		
	70	3	2	5	–	–	–	–	–	–	–	–	–	목수200일 (300)	
	71	3	2	5	–	–	–	–	–	–	–	–	60	가마니짜기 (40)	
	72	1	2	3	–	–	–	–	–	–	–	–	60	미장이100일 (150)	
	73	2	4	6	–	–	–	–	–	–	–	–	100		
	74	3	1	4	–	–	–	–	–	–	–	–	100		
	75	1	1	2	–	–	–	–	–	–	–	–	300		
	76	1	1	2	–	–	–	–	–	–	–	–	50		
	77	5	3	8	–	–	–	–	–	–	–	–	100		
	78	2	2	4	–	–	–	–	–	–	–	–	400		
	79	3	2	5	– -	–	–	–	–	–	–	–	100		
	80	2	2	4	–	–	–	–	–	–	–	–	100		

제 4 장

식민지 농업생산기반의 형성과
일본인 대지주의 농장경영

1. 들어가는 말

　한국은 일제의 식민지가 되면서 사회경제적으로 커다란 변화를 겪게 되었다. 이러한 변화를 규정한 요인은 여러 가지로 논의될 수 있지만 그 중에서도 특히 일제의 식민통치라는 정치적 상황과 그에 따른 식민지 농업정책이라는 경제적 조건이 가장 결정적이었음을 말할 필요가 없다. 이와 같은 일본 제국주의의 침략 과정을 경제적 측면에서 보면 식민지적 농업생산형태의 창출과정이라고 할 수 있다. 이러한 일본 제국주의의 식민지 경영의 궁극적인 목적은 종주국 내부의 모순들을 식민지 지배를 통해 해소하려는 것이며, 그것도 경제적으로는 식민지 경제를 자국 경제에 종속시킴으로써 그들의 경제적 이익을 획득하는 데 있다. 일제는 자신들의 이해와 요구를 실현하기 위한 농정을 식민지 한국에서 실시하였다. 농정의 방향은 토지소유관계와 생산구조의 재편성, 이를 추진하기 위한 식민지 농정체제의 구축으로 요약될 수 있다.

　이와 같이 일제는 식민지 초기부터 한국에서 농업의 재편성을 통하여 제국주의적 정책수행의 기반을 삼고자 하였다. 이 과정에서 일제가 추진한 농업정책과 그 사업은 시기에 따라 양상을 달리했지만 그 기본 방침은 식민지 전 기간을 통하여 관철되었다.1) 일제 식민지 경영의 구체적 방안으로 내세워진 것 가운데 농업 부문을 보면, 첫째 한국을 식량 및 원료의 공급지로 재편하고, 둘째 일본의 농업이민을 장려하는 것으로 되어 있었다(권태억 1986 : 125). 1900년대 들어서면서 일본 자본주의가 해결해야 했던 문제들 가운데 식량의 부족과 원면(原綿)으로 대표되는 산업원료의 공급부족 그리고 과잉 인구문제 등이 식민지 경영과 직접적으로 관련되는 것이었다. 일제가 식민지 경영에서 농업을 중시하게 된 이유는 바로 이러한 조건들 때문이었다(박명규 1992 : 125).

　일반적으로 일제하 농업생산형태의 분석에서 가장 핵심적인 고리는 식민지 지주제2)의 구조적 특질을 밝히는데 있다. 이는 식민지 농업생산

---

　1) 일제의 농업정책은 시기적으로 볼 때 1910년대와 1920년대 그리고 1930년대로 나누어 그 특징을 검토해 볼 수 있다. 지금까지의 연구들은 1920년대의 산미증식계획이 일본 자본주의의 발달과정에서 나타난 식량문제를 해결하기 위해서 추진되었다는 점과 그리고 1930년대의 농촌진흥운동은 급격한 농민층 분해와 고율의 소작료로 인해 농촌 사회가 불안정해짐에 따라 취해진 농업정책이었다는 점을 밝혀주고 있다. 특히 1930년대의 농촌진흥운동은 식민지 조선을 약탈함으로써 배태시킨 구조적 모순에 대한 반응이었다. 일제 편에서 보면 '빵'을 줌으로써 '사상의 오염(사회주의화)'이나 악화를 막고 장차 '충량한 황국 신민'으로 갱생시키는데 있었다. (한도현, 1986, 『1930년대 농촌진흥운동의 성격』, 235쪽)에서 참조.

　2) 日帝下 植民地 地主制의 실태와 성격에 대해서는 식민지 조선의 사회성격과 관련해서 많은 연구가 이루어져 왔다. 지금까지 일제하 조선의 지주제에 대한 연구는 크게 세 가지의 경향으로 정리할 수 있다. 첫 번째는 지주적 토지소유의 성격에 관한 것이다. 이러한 논의에는 식민지반봉건사회를 구성하는 생상관계로서 반봉건적 지주제로 보는 견해와 자본주의적 생산관계로서의 자본주의적 지주제로 보는 견해로 나누어 볼 수 있다. 두 번째는 지주제의 유형론에 관한 것이다. 그리고 세 번째는 개별 地主家에 대한 경영분석을 통해 개항기부터 해방후 농지개혁까지의 지주제의 동태적 변화를 파악하고자 한 것이다. 앞의 두 연구경향이 소작관행, 통계자료, 대지주명부 등과 같은 일반자료 분석에 의한 것이라면 세 번째의 연구경향은 개별 지주가의 소장자료와 면 단위의 제적부, 토지조사부, 농지분배대장 등 지주제의 구체적 실태를 파악할 수 있는 자료를 발굴, 분석한 것이다.

관계가 지주제를 기본으로 하고 있고, 식민지 한국 사회의 기본적인 대립관계가 지주―소작관계로 압축되기 때문이다. 본 연구에서 문제의 범위를 일제 초기의 일본인 대지주 농장의 형성과 변화로 한정한 것은 이 시기 일본인 농장이 식민지 지주제의 본질과 특성을 집중적으로 나타내면서 식민지 지주제의 기본유형을 표출하고 있다고 보았기 때문이다.

그래서 이 연구는 일제에 의한 식민지형 농업생산기반의 형성과 그에 따른 식민지 대지주제의 형성 및 전개 양상을 살펴보는데 그 목적을 두고 있다. 이러한 관점에 입각하여 이 연구는 일제하 농민의 농업생산형태를 광활한 김제만경평야 지역과 그 지역의 대표적인 일본인 대지주의 농장이었던 「구마모토 농장(熊本農場)」의 사례연구를 통하여 구체적으로 규명하고자 하는 것이다. 예컨대, 총독부의 농촌통제정책으로 인한 식민지 농촌·농민의 위기라는 추상적 수준의 분석과 농민들의 구체적이고 실제적인 일상적 삶의 모습이 간과된 전국적인 단위의 통계중심의 연구에서 한 단계 더 나아가 한 지역의 사례연구를 통하여 일제하 농업형태의 구체적인 양상을 분석하고자 한다.

일제 식민지 시대는 한국 사회에서 식민지적 자본주의가 전개된 시기로서 그 영향은 농촌사회에도 밀려들어 농민·농업은 커다란 변화를 겪게 되며, 이러한 변화는 일제의 농업정책에 의해 강하게 규정되었다. 그래서 본 연구의 구체적인 내용은 일제하에서 전개되었던 미작 중심의 농업생산기반의 형성과 식민지 지주제의 구체적 양상을 「구마모토 농장」의 사례를 통하여 일제하 농업생산형태의 구체적 양상을 분석하고자 한다. 결국 이 연구는 일제 식민지하 한국의 농촌은 어떠한 성격의 사회였으며, 그것이 결국 어떤 성격과 유산을 오늘날의 한국 농업에 물려주었는가를 규명하는 데 그 목적을 두고 있다.

이 연구는 당시 대다수 직접생산자였던 소작농민의 입장에서 농업경영분석을 기준으로 하고 있지만 그 전제는 지주소작관계의 기초과정에 있어서의 농업생산력에 대한 분석이다. 이는 일제하 농업생산력의 발달이 일본인 대지주나 총독부 권력에 의해 이루어졌다고 이해하고 있기 때문이다. 그래서 이 논문에서는 농업경영방식을 규정한 식민지 농업정책과 그에 따른 미작 중심의 농업생산기반의 형성 그리고 일본인 대지주의 농장을 사례연구로 분석하고자 한다. 이 지역은 일제하 일본인 대지주들이 많이 존재했던 곳으로 농업생산력이 다른 지역보다 높은 곳이었으며, 또한 일제에 의해 미작(米作) 중심의 농업생산의 조성이 가장 활발하게 이루어졌던 식민지 지주제의 전형적인 지역이었다.3)

2. 일제의 식민지 농업정책

일제하의 농업생산기구나 형태를 체계적으로 분석하기 위해서는 일제의 농업정책에 대한 구체적인 이해가 필요하다. 왜냐하면 식민지적 조건이라는 구조적 상황이 농민들의 농업생산에 직, 간접적으로 커다란 영향을 미쳤기 때문이다. 따라서 일제가 식민지 한국 사회에서 전개한 농업정책의 내용을 살펴봄으로써 이러한 농업정책이 농업생산구조를 규정하는 데 어떻게 작용하고 그에 따라 농민들은 농업 재생산을 위하여 어떻게 대응했는가를 구체적으로 분석할 수 있을 것이다. 여기에서는 먼저 일제하에 전개된 식민지 농업정책과 그에 따라 형성된 식민지 한국 농촌·농업 상황을 구체적으로 살펴보도록 한다.

일반적으로 일제하 한국은 식민지 지배의 물적 기반을 위한 본원적 축적으로서 1910년대의 토지조사사업과 임야조사사업을 통하여 자본주

---

3) 일제하 전북의 상황에 대해서『朝鮮の寶庫全羅北道發展史』(1928)에는 다음과 같이 기술하고 있다. "전라북도는 근래 행정, 경제, 상공업, 교통, 교육, 위생 등 모든 기관을 정연하게 완성해나감과 아울러 新進의 전라북도라고 부를 一區劃을 형성하는 데에 이르렀다. 실로 현대의 本道와 과거 20년 전의 본도와 비교한다면 隔世의 감을 금지 못한다". 그러나 이러한 발전은 모두 일제의 식민지 착취를 위한 수단이 되었다. (宇津水初三郞編, 1928, 1쪽에서 참조).

의로의 계기가 마련되었으며, 1920년대 농업정책으로 대표되는 산미증식계획(1920∼1934)[4] 그리고 30년대 이후의 군수산업을 중심으로 한 공업부문의 급속한 발전을 계기로하여 자본주의로 전화하였다고 파악한다. 그러나 1910∼1917년에 실시된 토지조사사업과 1917년에 시작되어 1924년에 제1차 사정 사무가 종료된 임야조사사업은 배타적인 근대적 토지소유권의 확립, 직접생산자인 농민의 경작권 박탈[5]과 토지임대차 관계의 법률적 계약화를 그 내용으로 했다.

이와 같이 1910∼1924년의 시기는 봉건사회에서 자본주의 사회로의 이행기인 동시에 식민지 경제의 확립기인 것이다. 다시 말해서 토지조사사업은 일제의 조선 지배를 위한 식민지 통치권력의 물질적 토대를 마련하는 과정이었다. 이 과정에서 일제하 대다수의 농민들은 생산수단인 토지로부터 분리되었을 뿐만 아니라 총독부를 매개로 한 일본 자본의 농업침탈에 직면하여 일본 자본의 초과이윤 수탈의 대상으로 전락하여 생존의 위협을 받는 상황에 처하게 된다.

한편 일본에서의 「쌀소동(1918)」으로 인해 심각한 식량부족 문제에 직면한 일제는 식민지 한국에 대한 식량수탈을 통해 이러한 문제를 해결하기 위하여 1920∼1934년 사이에 산미증식계획[6]을 실시하게 된다. 산

---

4) 산미증식계획의 결과 일본으로의 미곡 이출량의 증가는 일본 국내의 식량문제 해결에는 도움을 주었지만 식민지 한국에서는 지주소작인과의 모순을 심화시켰다. 산미증식계획기간의 미곡생산은 농사개량의 진전에 의해 1920∼1922부터 1930∼1932년에 걸쳐서 1,713만석으로 증가(240만석 증가)한 데 비해서 수출량은 동기간에 295만석에서 725만석으로 증가하였다. 그 결과 한국인 1인당 미곡소비량은 1915∼1918년 사이에 평균 0.70석에서 1931∼1934년간 연평균 0.44석으로 감소하였다. 1920년에서 1930년에 걸쳐서 일본인 1인당 미곡소비량이 연평균 1.1석으로 변화가 없었다는 사실을 고려하면 산미증식계획은 식민지 한국의 식량문제 해결보다는 일본의 식량문제 해결이라는 측면에 더 큰 역할을 하였다. (河合和男, 1986, 『朝鮮ニ於ケル産米增殖計劃』, 170쪽).
5) 농민의 경작권은 소작농민이 임의대로 거래할 수 있는 소작권으로서 지주는 마음대로 소작인을 갈아치울 수 없었다. 그러나 토지조사사업은 이러한 소작농민의 소작권을 부정한 것이다.
6) 일제의 산미증식계획은 3차에 걸쳐 실시되었다. 제1차 산미증식계획(1920∼25년)은

미증식계획은 일제 총독부의 강압 하에서 실시된 식민지 정책사업으로 미곡증산을 위하여 의무적으로 수리시설을 만들어 수리조합(水利組合)에 가입하게 해서 수리비를 부담시켰으며, 일제가 지정하는 품종과 화학비료를 계획에 따라 투입하도록 했다. 이러한 산미증식계획을 통한 값싼 쌀의 원활한 수급[7]을 위한 노력은 그 중개자로서 식민지 조선의 지주계층의 이해를 옹호하고 직접 생산지인 농민을 억압하는 반봉건적 지주—소작관계의 유지 · 확대로 나타난다. 예컨대, 조선의 자작농 계층은 일제의 산미증식계획에 의하여 강요된 고액의 수리비[8]와 품종, 화학비료의 비용 부담이 과중하게 된 데 비하여 미미한 생산증가분이 이를 충당하지 못하여 부채가 누증됨으로써 몰락이 가속화되었다. 그리고 이 계획에 따른 수리비를 비롯한 농업생산의 투입비용의 증가분은 모두 소작농에게 전가되어 부채만 누적되고 생산의 증가분은 소작료로 흡수되어 자소작농과 소작농의 몰락이 더욱 가속화되었다.

1920년 이후 5개년 동안에 40만 정보를 개간하여 920만석의 미곡증산을 목표로 하였다. 제2차 산미증식계획(1926~34년)은 1926년부터 12개년에 걸쳐 806만석의 증산을 목표로 하고 그 방법으로서 35만 정보에 대한 수리시설 및 토지개량을 실시하여 472만석을 증산하며, 139만 정보에 대한 농사개선을 통하여 334만석을 증산하려고 했다. 제3차 산미증식계획(1940~45년)은 일제의 침략전쟁에 수반하는 군량의 보급문제가 절박하여 다시 강행되었다. 이 계획은 1940년부터 10년간에 걸쳐 증산목표를 680만석으로 하여, 이 중에서 511만석은 농사개선의 방법에 의하여 달성하고 169만석은 토지개량의 방법에 의하여 달성한다는 것이다. (신용하, 1988, 「일제하 지주제도의 분화」, 『식민지시대의 사회체제와 의식구조』).

7) 쌀은 주로 일본 시장으로 수출되었다. 그 판매 경로는 처음에는 대개 "지주—지방의 미곡 상인 또는 정미업자—수출 미곡상인"이었지만 1920년대 중반 이후는 서서히 "지주—수출 미곡상인으로 바뀌어 갔다. 그것은 지주가 스스로 정미하여, 중간 상인을 배제해 갔기 때문이다. (박섭, 1997, 『한국근대의 농업변동』, 5쪽).

8) 『水利組合と小作慣行』에 의하면, 지방에 따라서 수리조합의 특색이 잘 나타나 있다. 그 중에서 농민의 몰락과 관계있는 것을 보면 다음과 같다.

군산지방 : "토지의 겸병이 성하여 자작농에서 소작농으로 전락하는 사실이 적지 않아…"(9쪽).

수원지방 : "토지방매의 경향은…새로운 조합에서는 상당히 행해진 결과로서 자작농의 감소, 소작농의 증가가 나타나고 있다" (4쪽).

산미증식계획의 결과와 1930년대 일제의 공황 모순의 전가로 식민지 한국의 농민층 몰락은 더욱 가속되고 농민들의 소작쟁의도 더욱 격화되었다.[9] 이러한 상황에서 일제는 자국의 경제적 모순을 타개하기 위해 침략전쟁을 일으키고 후방의 안정을 위해 한국의 농민 및 농업의 안정화를 위한 농정(農政)을 실시하지 않을 수 없게 된다. 그래서 일제는 1930년대 초부터 식민지 공업화 정책을 시작하는 한편 이제까지 식량공급지화정책이라고 할 수 있는 산미증식계획을 중단하고 식민지 공업화에 의한 원료공급지화 정책으로 농업정책의 중심을 전환했다.[10] 이러한 목적으로 실시된 농업정책이 농촌진흥운동과 농지령이다.

먼저 1930년대 농업정책의 기본이 되었던 농촌진흥운동의 전개과정을 구체적으로 살펴보자.[11] 1933년부터 5개년 계획으로 실시되었던 농촌진흥운동은 농가경제의 자력갱생계획, 건전한 농민정신의 함양, 건실한 농촌건설을 목표로 설정하고 있다. 이를 일제 측에서 보면 빵을 줌으로써 사상의 오염이나 악화를 막고 장차 충실한 황국 신민으로 갱생시키는데 있었다. 이 운동의 구체적인 모습은 농가단위의 식량증산계획, 농

---

9) 소작쟁의 심화의 원인으로는 1920년대 농촌경제의 전반적인 악화와 사회주의 사상의 전파에 따른 소작농민의 급격한 계급의식의 성장을 들 수 있다.

10) 그 대표적인 정책이 1933년에 대대적으로 실시된 남면북양(南綿北羊)정책이었다. 먼저 '면화증식계획'에서는 1933년부터 20년 동안 목화재배면적을 50만 정보로, 면화 생산량은 6억근(斤)으로 목표를 잡았다. 그리고 '면양장려계획'에서는 서북(西北)의 6개도 농가에 호당 5마리의 사육을 강요하여 10년 후에는 110만 마리에 이르게 할 계획이었다. (최운규, 1988, 『근현대조선경제사』, 405~406쪽).

11) 1930년대의 농업정책은 이외에도 「자작농창정사업(自作農創定事業)」과 「고리부채정리사업(高利負債定理事業)」 등이 있었다. 「자작농창정사업」은 소작인이 자작농지를 소유할 수 있도록 하여 격렬한 소작쟁의를 방지하고, 자작지가 소작지 보다 생산성이 높은 것을 이용하여 토지생산성을 높여서 농가의 갱생을 꾀한 정책이다. 그리고 「고리부채정리사업」은 금융조합의 자금을 대부하거나 일본 대장성의 예금부 자금을 금융조합을 통해서 농민들에게 저리로 대부하여 정리하도록 한 것이다. 그러나 이러한 정책의 시행은 1930년대의 일본과 식민지 한국의 상황, 즉 한국에서의 농민운동과 일본 독점자본의 대륙침략의 요구에 의한 것이다. (박섭, 1986, 「1930년대 식민지 조선의 사회정책적 농정과 반봉건적 지주제의 변화」, 서울대 석사학위논문, 39~40쪽)에서 참조.

가부채 청산과 현금수지균형 개선, 생활개선, 마을 공공시설 건립 등으로 나타나며,[12] 조선총독부에 총독부농촌진흥위원회(위원장 : 정무총감)를 설치하고 각 도·군·면에 각급 농촌진흥위원회를 구성하여 마을 단위의 농촌진흥계획을 지도·감독하도록 했다. 당시 총독부의 강력한 행정력을 동원하여 추진했던 농촌진흥운동은 표면적으로 농가의 경제력 향상과 살기 좋은 농촌건설을 목표로 하고 있지만 실질적인 추진배경에는 일제 식민통치로 인한 수탈과 지주소작관계로 악화된 민심수습, 1929년 이후 전 세계를 휩쓴 세계 대공황으로 인해 침체된 농촌경제의 회생, 1933년에 발생한 만주사변의 후방기지인 식민지 한국에서의 정치·사회적 안정의 필요성이 깔려 있었다.

이 시기에 시행된 농촌진흥운동의 가장 중요한 사업은 농가경제갱생계획(農家經濟更生計劃)이었다. 갱생계획은 자작농 창정계획(創定計劃), 고리부채 정리사업 등을 주 내용으로 하는 정책이었다. 이 계획은 1933년(昭和 8年) 3월에 「농어촌진흥계획실시에 관한 건」이라는 정무총감의 발의를 기초로 해서 「농가경제갱생계획지도요강(農家經濟更生計劃指導要綱)」이 마련되었다. 이 「요강(要綱)」은 '농가경제갱생기획수립에 관한 방침', '지도부서에 있어서 지도기획의 수립 및 그 실행의 순서와 방법', '기본조사방법', '경제갱생기획수립방안' 등의 네 부분으로 구성되었다. 그리고 갱생계획의 조직은 조선총독부 농촌진흥위원회 – 도(道)농촌진흥위원회 – 군도(郡島)농촌진흥위원회 – 읍면(邑面)농촌진흥위원회로 이어지는 계통조직으로 이루어졌다.[13]

---

12) 朝鮮農會, 1933, 『朝鮮農會報』7卷 12號, 12~27쪽에서 참조.

13) 갱생계획의 실행은 도농촌진흥위원회(道農村振興委員會)의 위원인 관계 과장들을 중심으로 해서 이루어졌다. 이 위원회는 직원을 대개 10개의 반으로 나누어 1개 반이 2개 군을 담당하게 했다. 군에서는 군의 내무계 주임이 갱생계획의 사무 책임자가 되어 군이 관리 중에서 한 명의 보조 집행자와 함께 읍·면(邑·面)의 갱생계획을 지도했다. 읍·면에서는 고참 직원이 갱생계획 사무의 담당자가 되며, 그 외에도 모든 요원이 총동원되었다. 학교 교사가 농업을 지도하기도 하며, 우체국장이나 금융조합원 등도 모두 농촌진흥운동에 나서게 되었다. 그러나 그 실적은 매

총독부의 하급관리와 부락 사이에 중견인물[14]을 개입시켜서 농민들의 자주적인 역량으로 사업을 추진하고자 하였다. 그에 따라 총독부는 전국 74,000여 부락에 각 부락마다 1~2사람씩의 중견인물을 양성하여 농촌진흥지도원과 부락민 사이에 개입했다. 즉, 총독부는 농가 각 호를 대상으로 해서 농업정책을 폈으며, 총독부 지배기구의 모든 하부 조직을 총동원하고 중견인물을 양성하여 정책을 실시했다. 따라서 농촌진흥운동은 빈농의 재생산을 도모하여 지주-소작인간의 소작쟁의를 완화시키고, 총독부의 하부조직을 총동원하거나 총독부가 육성한 중견인물을 식민권력의 하부조직과 촌락사이에 매개시켜서 총독부가 조선의 농민을 직접적으로 통제하려한 것이다. 그 방법은 농가의 잉여 노동력을 자신의 좁은 경지에 최대한으로 연소(노동시간의 연장과 노동강도의 강화)시켜서 생산력을 높이고, 극도의 내핍생활이나 소비 절약을 통해 생계비용(지출)을 억제시키는 것이었다.

일제하에 실시된 토지조사사업, 산미증식계획 등 일련의 농업정책에 의해 농민의 궁핍화, 계급분화는 점점 급격하게 전개되었다. 이러한 농업정책의 근간은 일제의 독점자본을 식민지 통치권력을 통하여 상업적 농산물의 생산을 중심으로 제국주의 입장에서의 국제적 분업체계를 창출하는 것이었다. 즉, 일제는 중화학 공업을 기축으로 한 공업생산에 중

우 미비하여 농가갱생계획이 수립된 농가의 호수를 보면, 1933년 51,705호, 1934년 61,561호로서 갱생지도대상 농가인 230만 호의 5%에 불과했다. (朝鮮農會, 1939, 『朝鮮農會報』13卷 4號, 124쪽). 그래서 총독부는 더 많은 농민을 갱생의 대상으로 포섭하기 위하여 1935년부터 갱생지도부락 <10개년 확충계획>을 세워 1947년까지 약 10년간에 1933~1934년에 이미 갱생계획이 실시중인 5,100부락 12만 호를 제외한 갱생지도 대상 69,700여 부락의 2,180,000여 호를 모두 갱생시키고자 하였다. (朝鮮總督府 農村振興科 編, 1934, 『朝鮮農山漁村振興運動叢書』, 109쪽). 이에 대한 더 구체적인 내용은 조선총독부, 1934. 1월, 「農山漁村振興運動の全貌」, 『朝鮮』224號를 참조.
14) 중견인물이란 자신이 갱생계획을 효과적으로 수행하여 다른 사람에게 자극을 주고 타인과 협조하여 농촌 자체를 갱생으로 이끄는 농촌의 중심인물을 말한다. (增田收作, 1936, 「韓國農業機械化における部落中心人物につきての一考察」, 『朝鮮』257號를 참조).

점을 두면서, 식민지 한국을 원료나 농산물의 공급국으로 편입시켜 공업 제품을 가치수준 이상의 비싼 독점가격으로 판매하는 한편 원료와 농산물을 식민지에서 가능한 값싸게 획득하는 식민지 수탈체계를 구축하게 된다. 이러한 식민지 수탈 과정에서 야기된 모순을 완화시키기 위해 일제는 농촌진흥운동을 전개하였던 것이다.

이 시기의 농촌진흥운동을 중심으로 한 농업정책의 수행과정 속에서도 일제는 식민지 한국의 농민을 더욱 체계적으로 수탈하기 위하여 1937년부터 강제공출정책을 실시하였다. 특히 일제는 1940년대에 들어서면서 공출제를 빌미로 쌀을 비롯한 농산물의 수탈이 극에 달했다. 또한 1943년 8월에 이르러 「조선식량관리령」을 수립하여 쌀, 보리, 밀, 콩 등 뿐만 아니라 모든 곡물을 "국가가 관리하고 매매한다"라고 규정하였다. 이러한 식량관리령을 근거로 하여 「조선식량영단(朝鮮食糧營團)」이라는 양곡 수탈기구를 만들었다. 이 기구는 쌀 부족과 막대하게 소요되는 군비를 충당하기 위하여 한국에서 쌀을 빼앗아 가며 식량소비에 대한 통제를 위하여 설립된 것이다. 일제는 한국의 농촌에서 강제 공출로 빼앗은 쌀을 모두 이 식량영단에서 모아 일본으로 유출시켰을 뿐만 아니라 양곡의 배급까지 독점하였다.15)

다음의 <표 4-1>은 일제 후기에 유출된 쌀의 공출량을 나타내고 있는데, 위의 표에서 생산량이 감소하고 있는 것은 공출 때문에 농민들의 생산의욕의 감퇴로 인한 생산력의 저하에도 원인이 있지만 무엇보다도 전시체제하의 징용, 징발로 인한 농업노동력의 감소와 벼 재배면적의 감소에 있었다. 당시 주된 작물인 벼의 생산량을 보면 1942~1944년 사이의 연평균 수확고는 1930~1932년 사이의 연평균 수확고보다 29.3%(663만석)가 줄어들었다. 특히 1941년~1944년 사이에는 883만석이 감소하였다. 그리고 벼 경작면적을 보면 1942~1944년 사이의 연평균 벼의 재배면적은 1930~1932년 사이의 그것보다 19만 정보나 줄어들고 단위당 수확

---

15) 경성일보사, 1943, 『조선연감』, 642~643쪽.

고는 같은 기간에 13.4%가 줄어들었다.[16] 그렇지만 일제의 공출량은 더욱 증가하여 해방 직전인 1944년에는 전체 생산량의 64%에 이르고 있다.

한편 일제는 1937년에 발발한 중일전쟁으로 인한 전시체제에서 식량의 약탈을 더욱 강화하기 위하여 「식량증산정책」을 다시 내세웠다. 1940년에는 전시 「미곡증산 6개년 계획」과 「잡곡증산 5개년 계획」을 수립하였으며, 이 계획을 집행하기 위하여 국민총력부락연맹(國民總力部落聯盟)을 추진체로 강제노동을 강요하고 농민에 대한 수탈을 극도로 강화하였다. 특히 태평양전쟁이 시작되면서 쌀의 수요가 더욱 증대하자 일제는 1942년 이 계획을 수정하여 당시 전국 논의 3할이나 되는 51만 7천 정보의 천수답을 수리안전답으로 개량하는 계획을 세웠다.[17]

<표 4-1> 일제하 쌀의 공출량(단위 : 천석)

연 도	생 산 량(a)	공 출 량(b)	비 율(b/a)
1941	21,527	9,208	43.1
1942	24,885	11,255	45.2
1943	15,687	8,750	55.7
1944	18,919	11,957	63.8

자료 : 아시아문제연구소, 『일제하 경제침탈사』, 105쪽.

결국 이 시기의 농업정책은 대다수의 농민들에게 내핍생활과 노동력 연소를 강요하여 농업생산력의 증진과 농가경제의 안정을 도모하는 한편, 일부 농민들에게는 경제적·행정적 지원과 지도를 통하여 이들을 '자력갱생'의 이데올로기적 선전모델로 삼는 동시에 체제내로 흡수하고자 하였다. 그리고 지주와 농민의 협조와 융화로 농촌사회의 안정을 도

---

16) 최원규, 앞의 책, 410쪽.
17) 조동걸, 1978, 『일제하 한국농민운동사』, 한길사, 288쪽.

모하고 소작관계에 대한 통제의 강화로 소작쟁의를 순화시킴으로서 궁극적으로 농촌지배를 강화하고자 한 것이었다. 또한 일제는 1940년대에 들어서면서 전시체제의 물자를 최대한 동원하기 위하여 쌀을 중심으로 한 농산물의 생산, 유통, 소비에 대한 경제적 통제를 강화하는 한편 그것들을 최대한으로 수탈하기 위하여 식량공출제도를 실시하여 농촌·농민을 강력하게 통제하는 농업정책을 실시하였다.

3. 수리시설의 확충과 동진수리조합의 설립

농업생산력을 규정하는 가장 기본적인 생산수단으로는 토지를 들 수 있다. 여기에서 토지라고 함은 노동력이 가해져서 농업생산이 가능한 농지를 의미한다. 농지는 자연조건에 따라 변화되기도 하지만 노동에 의해서 변형되기도 한다. 경지면적, 이용률, 수리시설, 비옥도 등은 농업생산력을 규정하는 중요한 요소가 되며, 인간들의 노력에 의해서 어느 정도 변형가능하다. 그래서 여기에서는 수도작(水稻作) 중심의 농업생산에서 특히 중요한 수리시설을 중심으로 한 농업생산의 기반이 일제시기 이후 어떠한 변화를 겪어 왔는지를 살펴보고자 한다.[18] 일제는 조선을 식민지화 한 이후부터 강압적인 농업정책을 펴 나가면서 일본농법을 도입하여 농업생산력의 확충을 시도했지만, 한국의 농업생산 조건과는 성립기반이 다른 일본 농법을 기계적으로 이식하는 것만으로는 효과를 거둘 수 없었다. 그래서 이 지역에 진출한 일본인 지주들은 일본 농업을 이식시킬

---

18) 근대적인 수리사업이 실시된 것은 1906년 '수리조합조례'가 제정되면서부터 이다. 그러나 그것은 1920년대 일본의 식량과 미가(米價)문제를 해결하기 위한 산미증식계획이 실시되면서 부터 본격적으로 이루어진다. 일제에 의해 만들어진 수리조합은 해방 이후 1960년까지 지속되다가 5.16 군사쿠데타 이후 토지개량조합으로 개편되었다가, 1970년 '농촌근대화촉진법'에 의해 농지개량조합으로 다시 개편되어 오늘에 이르고 있다.

수 있는 농업생산 기반의 조성에 주력하였다.

이 시기의 농지기반의 확충은 토지개량사업이라는 이름으로 수행되었으며, 주로 밭이 논으로 변경되는 과정에서 가장 중요한 요인이 되었던 것은 수리시설의 확충이었다. 왜냐하면 일제 초기 일본인 농업경영에서 가장 큰 어려움은 수리문제였으며, 충분한 물이 전제되지 않은 다노다비적(多勞多肥的) 집약농법으로는 농업생산력을 증대시킬 수 없었기 때문이다. 그래서 조사지역에 진출한 일본인 지주들은 근대적 관개기술을 도입하는 일에 주력하였다. 그들은 강철과 시멘트로 저수지와 수로의 골격을 만들고 기계로 저수지 바닥을 굴착하는 토목기술을 투입하였다. 그들은 발로 밟아 움직이는 물자세를 포함하여 전기펌프, 강철수문과 같은 근대적 관개도구와 시설을 들여왔다. 그리고 대규모의 자본과 기술을 관리하기 위하여 관개체계가 대형화되었으며 이러한 관개체계를 관리하는 조직을 별도로 조직하였다.[19]

일제의 통감부는 1906~1907년에 걸쳐서 「수리조합조례(水利組合條例)」를 제정·공포하고 설치요강 및 규약을 제정·시행하면서 지주, 부농이나 일본인 자본가들이 수리에 관한 조합단체를 조직하고 농민들로부터 수리세를 받게 되었다.[20] 1917년에는 「수리조합령(水利組合令)」을 제정했고, 1919년에는 「수리조합보조규정(水利組合補助規定)」을 제정하여 관개시설의 수리만이 아니고, 관개시설의 건설, 지목 변환, 개간척 사업에도 보조금을 지급하기 시작했다(박섭 1997 : 39－40). 이것을 근거로 일본인 대지주들은 각종 지원을 받아 합법적으로 수리권(水利權)을 장악

---

19) 류제헌, 1994, 『한국근대화와 역사지리학－호남평야』, 한국정신문화연구원, 135쪽.
20) 통감부가 설치된 1905년 이후 조선의 관개시설에 대해서 본격적인 조사가 이루어지기 시작했다. 1916년에 이루어진 비교적 상세한 조사에 의하면, 제언(堤堰)이 6,348개, 보(洑)가 20,707개였으며, 관개 논의 면적은 296,288정보로서 논 면적의 27%였다. 제언은 물줄기를 막아서 물을 저장하는 시설이며, 보는 하천으로부터 논으로 물을 끌여들이는 시설인데, 제언보다 보가 3배 정도 많았던 것은 보의 공사비와 유지비가 적게 들었기 때문이다. (박섭, 1997, 『한국근대의 농업변동』, 일조각, 39쪽).

함으로써 일본식 농법의 이식에 주력할 수 있었으며, 이러한 과정은 식민지 조선 농촌의 일본화를 위한 제 1차적 조치로서, 조선의 전통적인 수전(水田) 농업의 파괴를 의미하였다. 일제는 수리조합을 통하여 관개개선을 달성한 일본의 경험을 한국에 그대로 적용하여 이 지역에서도 관개개선사업에 필요한 자본과 기술을 조달함에 있어서 일본인 주도로 결성된 수리조합이 절대적인 역할을 하였다.

김제만경평야를 흐르는 두 개의 주요 하천은 만경강과 동진강이다. 일제하에서 이 두 개의 하천유역은 각각의 관개체계를 일원적으로 통합시키는 지형단위로 이용되었다. 다시 말해서 만경강과 동진강의 하천 유역에서는 제각기 독립적인 관개체계가 발달하였다. 이 두 강 유역의 관개체계 중 조사지역의 농업생산 기반과 밀접한 관련이 있는 동진강 유역의 수리체계를 중심으로 해서 살펴본다.

동진강 유역에서는 관개체계의 통합과정이 만경강 유역에 비해 늦게 시작되었다. 동진강 유역은 고지대와 저지대간의 지형적 차이가 크기 때문에 관개체계를 단일화하는데 더 많은 자본과 기술이 필요하였다. 지류가 본류에 유입하는 양상은 만경강 유역이 동진강 유역에 비해 좀 더 복잡한 편이었다. 고부천, 원평천, 두월천, 신평천 등의 동진강 지류는 본류를 거치지 않고 바로 서해로 유입하였다. 이 지류들의 유역은 동진강 유역과는 전혀 다른 수계(水系)를 형성하였다. 이 지류들의 유역분지는 대부분이 지면이 평탄한 범람원으로 이루어져 있으며, 하천의 유로는 자유곡류천의 양상을 띠고 있었다. 이 자유곡류천의 강바닥은 매우 얕아서 많은 유량을 수용할 수 없었으므로 그 유역분지는 관개수가 항상 부족하였다.

그래서 동진강 유역에서는 수원(水源)을 개발하고 하천의 물을 공동으로 관리하는 일이 더 어려웠다. 특히 고지대의 주민들은 상류와 하류의 물을 공동으로 관리하게 되면 자기들이 많은 손해를 보게 된다는 이유로 물의 공동관리를 격렬하게 반대하였다. 한일합방 이후 일본인 지주들은 만경강 유역의 전례에 따라 동진강 유역의 물 관리를 총괄하는 수리조합을 조직하려고 하였다. 그러나 이러한 노력은 고지대 주민들의 반대로 인하여 1924년까지 성공을 거두지 못했다.[21] 이는 고지대 주민들이 수리조합에 수세를 납부하고 얻는 혜택이 그렇지 않은 것만 못하다고 판단하였을 뿐만 아니라 수리조합에서 부과하는 수세가 너무 많다고 생각하였기 때문이다.

동진강 유역 전체의 물 관리를 총괄하는 수리조합을 조직할 수 있는 기회는 고부수리조합[22]이 설립된 지 4년만인 1924년에 찾아왔다. 일제 식민정부는 일본이 1920년대에 당면한 쌀의 부족현상을 타개하기 위하여 동진강 유역에 대형의 관개체계를 구축하여 쌀의 증산을 도모하였다. 일본인 지주들은 전라북도청으로부터 강력한 지원을 받으며 동진수리조합의 결성을 서둘렀다. 결국 이 수리조합은 동진강 유역 전체를 하나의 관개체계로 통합하여 관리하는 조직이 된 것이다. 동진수리조합의 구역은 김제, 정읍, 부안의 3개 군내의 26개면 125리에 이르는 동진강 평야로서 관개면적은 18,500정보, 조합원은 4,899명이었다.[23]

동진수리조합은 토목기술과 조직 면에서 만경강 유역에서 설립된 임옥수리조합과 유사한 점이 많았다. 이 두개의 수리조합은 대형의 저수지

---

21) 實業之朝鮮社, 1928, 『東津江流域』, 42쪽.
22) 동진강 유역에서 최초로 설립된 수리조합은 고부천 유역을 몽리구역으로 하는 고부수리조합이었다. 고부수리조합은 1916년에 조선인 지주들과 일본인 지주들이 공동으로 참여한 가운데 조직되었다(고부수리조합, 1937, 1~5쪽 참조). 조선인 지주들은 이 조합이 조직에 참여한 인원수와 개인별 토지면적 면에서 일본인 지주들을 오히려 압도하였다. 그런데 고부천 유역분지는 지면의 경사가 완만한 골짜기를 이루어 마치 좁고 긴 회랑(回廊)의 형태를 하고 있다. 고부천 유역은 이러한 지형조건을 갖추고 있기 때문에 관개에 대한 이해관계 면에서 고지대와 저지대간이 대립이 비교적 적었다. 또한 이러한 지형조건은 관개에 유리하였으므로 고부천 유역은 관개에 의한 논농사가 일찍부터 발달할 수 있었다. 만석보와 같은 관개시설은 이곳에서 관개개선을 위한 노력이 예전부터 지속되어 왔다는 증가가 된다. 이와 같은 이유로 인하여 고부천 유역의 저지대는 이미 개항 전부터 조선인 지주들에 의하여 논으로 개간될 수 있었다(류제헌, 앞의 책, 143~145쪽에서 참조).
23) 宇津木初三郎, 1934, 『湖南の寶庫 – 金提發達史』, 51쪽.

와 장거리 관개수로를 축조함으로서 저지대의 관개개선을 꾀하였다는 점이 서로 같다. 동진수리조합은 1927년에 섬진강 상류에 강철과 콘크리트를 재료로 한 댐을 축조하고, 이 댐에 전력을 사용하는 수문을 설치함으로서 대형 저수지를 완성하였다. 그러나 동진수리조합이 저수지의 수원을 몽리구역 외부에 있는 수계에서 구하였다는 점은 임옥수리조합과 전혀 달랐다. 이렇게 섬진제에 저장된 물을 수관을 통하여 섬진강 유로(流路) 대신 동진강 유로로 흘려 보내는 방법, 즉 유역변경식 관개방법은 한국에서 최초로 시도된 것이다.24)

섬진제(蟾津堤)에서 동진강 유로로 흐름을 일단 변경한 물은 정읍군 태인의 낙양리에 이르러 관개수로인 '김제간선(金提幹線)'과 '정읍간선(井邑幹線)' 두 개로 나누어져 흘러 내려간다. 김제간선에 유입된 물은 동진강 이북의 지대를 관통하여 해안 평지까지 공급되며, 정읍간선에 유입된 물은 동진강 이남의 지대를 지나 해안평지까지 도달한다. 섬진제의 저수 용량은 동진강 유역 전체를 관개하고 남을 정도로 막대했다.25) 이러한 물 관리의 개선으로 혜택을 가장 많이 받은 사람들은 저지대의 일본인 지주들이었다. 특히 충적하곡은 배수상태가 개선됨에 따라 논의 경작율이 크게 높아졌다. 관개수로의 간선이 해안평지까지 미치게 됨에 따라 이곳에 대규모의 간척공사를 추진할 수 있게 되었다. 이와 같이 동진수리조합은 동진강 유역의 저지대가 미곡단작지대로 바뀌는데 제도적 역할을 담당하였다.26)

---

24) 동진농지개량조합, 1995, 『東津農組七十年史』, 72쪽.
25) 동진농지개량조합, 앞의 책, 124쪽.
26) 일제하 경지면적의 변화는 구한말(1905년)의 개략적인 토지조사의 결과에 의하면, 약 137만 ha로 이중에서 논이 18만 ha, 밭이 119만 ha이었다. 밭이 논보다 약 6.5배 정도 넓었다. 그리고 한일합방후 1918년의 토지조사에서는 총경지 면적이 434만 ha로 늘어났으며 논의 비율 또한 약 36%로 높아졌다. 일제는 식량문제를 해결하기 위해서 농업정책적으로 농경지를 계속 확대시켜 일제 말기인 1942년에는 총경지 면적이 전 국토의 22%인 485만 ha에 달하게 되었다. (이훈구, 1935, 『농업경제론』, 한성도서, 191~215쪽)에서 참조.

또한 1934년에 공포된 수리조합에 관한 법령으로 인하여 동진강 유역의 수리조합인 동진수리조합과 고부수리조합은 통합되는데,[27] 이러한 관개체계의 통합을 통하여 옥구, 군산 등지의 해안지역까지 물을 공급할 수 있게 되었다. 이는 이곳에 간척과 논의 개간이 가능해졌다는 것을 의미한다. 일제 총독부와 금융기관의 재정적 지원은 일본인 회사로 하여금 자본집약적인 간척사업을 연속적으로 추진할 수 있도록 하였다. 김제만경평야의 해안 저지대는 일제식민통치기에 회사의 자본과 기술에 의하여 대규모의 간척공사가 짧은 시기 내에 완성된 곳이다.

이상과 같이 1920년대 산미증식계획의 실시와 함께 본격적으로 이루어진 일제하의 수리조합사업은 식민지 통치 권력이 동진수리조합을 설립하여 식민지 행정체계에 편입시킴으로써 그 조직적 기반과 식민지 농업에 대한 통제력을 강화하였다. 그 과정에서 정책, 자금 등의 대폭적인 지원을 행함으로서 쌀의 대량증산을 효과적으로 달성하는 기초, 즉 일본 농법[28]의 이식을 통하여 생산력을 확충시키려는 식민지형 농업생산의 기반을 마련하고자 하였다.

---

27) 이 두 수리조합의 통합에서 고부수리조합은 관개에 부족한 물을 섬진제로부터 얻어 쓰고 있었기 때문에 동진수리조합과 대등한 관계에서 합병하지 못하고 일방적으로 흡수되는 형식을 취하였다. 이는 마찬가지로 만경강 유역에서도 임옥수리조합(臨沃水利組合)과 다른 조합들이 통합되어 전북수리조합으로 통합된다(동진농지개량조합, 앞의 책에서 참조).

28) 식민지 조선에 전파되어 온 농업 기술은 일본의 명치유신 이후 일본의 후쿠오카(福岡) 지역에서 형성된 농업기술이다. 후쿠오카 農法은 일본의 전통적인 농법에 서양에서 도입된 농법이 가미되어 형성된 것이다. 후쿠오카 농법은 엄격한 종자선택, 深耕, 多肥, 주도면밀한 中耕除草, 건조대의 설치 등으로 짜여진 기술체계였는데, 크게는 多肥多勞적 농법으로 요약할 수 있다. (박섭, 1997, 『한국근대의 농업변동』, 27쪽)에서 참조.

4. 구마모토(熊本利平)의 대규모 농장경영

일제는 '한국의 토지'와 '일본의 농민'을 결합시키는 척식이민사업을 통해 한국 농업을 체계적으로 침탈해 갔다.29) 특히 이러한 침략과정에서 지속적으로 식민지적 경제구조의 기초가 되었던 것은 식민지 지주제의 형성, 즉 농업생산과정 그 자체에 대한 지배 메커니즘 형성에 있었다. 이러한 지주제의 완성 시기는 1910~18년 사이에 행해진 토지조사사업이 완료된 이후였다. 그러나 토지조사사업이 배타적 토지 소유권의 확립을 통해 식민지 지주제의 법적, 제도적 토대를 마련해 주었지만 식민지 지주제의 형성 배경은 1894년 청일전쟁 이후부터 1910년에 이르는 시기에 완료되었다고 보아도 무리가 없다. 이 시기는 일제가 식민지적 지배 구조를 확립시키는 데 필요한 제반 전제 조건을 갖추어 가던 시기였다. 1894년 청일전쟁의 승리이후 확대되기 시작한 일제의 경제적 침투는 한국 사회 내부의 발전적 조건들을 제거하면서 종속적인 경제구조를 만들었다. 그에 따라 일제는 한국 농업생산 그 자체를 지배하기 위해 일본인의 이민이나 농장 회사의 설립을 적극적으로 뒷받침하였다.

이 시기 일본인들의 농장 설립과정에서 주목되는 것은 농장 부지의 확보에 있어서의 전기적(前期的) 속성이다. 이러한 사실은 이들의 토지축적의 과정을 살펴보면 분명해진다. 예컨대, 당시의 한 보고서에는 "토지매수는 현금으로 하는 경우와 저당유실에 의한 것이 있다"고 기록하고 있다.30) 이와 같이 일본인들이 농장설립을 위하여 토지를 확보하고 축적하는 데는 두 가지의 방법이 있었다. 하나는 현금으로 직접 구입하는 것이었고, 다른 하나는 토지를 저당으로 하고 고리대부업을 하여 저당유실

---

29) 『조선총독부 통계연보』에 의하면, 일제하의 일본인 농업이민은 1910년 2,132호, 1915년 9,573호, 1920년 10,210호, 1925년 9,470호, 1930년 10,505호, 1935년 8,419호, 1940년 6,826호, 1943년 5,977호로서 1930년 이후부터 점차적으로 감소되는 경향을 나타낸다.

30) 『韓國土地農産調査報告』(全羅, 慶尙編), 1905, 546쪽.

(抵當流失)에 의해 담보로 잡은 토지를 장악해 가는 방법이었다.

이 지역에 대한 일제의 관심이 구체적으로 나타난 것은 1899년 5월 1일 군산항의 개항이었다.[31] 일제는 군산항을 통해 곡물을 일본으로 유출시키는 동시에 일본인과 일본 자본의 한국 농촌으로의 진출을 본격적으로 시도했다. 그래서 군산항의 개항 이후 한국에서의 곡물(쌀) 수출은 주로 이곳에서 이루어져 "군산 개항 이전의 미곡(쌀) 수출은 목포, 인천, 강경에서 수출되었는데, …군산 개항 후는 미곡과 기타 화물의 많은 부분이 이 군산항에서 수출되고 있다".[32]

일본인들이 군산항을 중심으로 하여 농지를 매입하기 시작한 것은 1901년 말경이었다. 이 해에는 일본의 이민법이 개정되어 자유도한(自由渡韓)이 가능하게 되었다. 이후 군산항에는 일본인 이주자들이 점차 증대하기 시작하였고 그들은 자신들의 권익옹호를 위해 다른 거류지에서와 마찬가지로 거류민단(居留民團)을 조직하였다. 특히 그 중에서 농업경영에 관계하고 있던 자들은 1904년 5월에 군산농사조합(群山農事組合)을 창립하고 자신들의 토지소유권을 확보하고자 하였다. 이러한 사실은 통감부 설치 이전부터 이미 일본인의 토지소유와 그 보호 노력이 강력하게 이루어지고 있음을 나타내 준다.

당시 한 기록에 의하면, 1908년까지 일본인이 전북 지방에서 "이미 2만 정보, 즉 이 평야의 3분의 1을 매점하였고 투자된 자금은 실로 200만 원을 넘고 있다".[33] 실제로 당시의 군산농사조합의 통계를 보면 1904년 당시 이미 논 63,900두락을 소유하고 있었고, 1909년에는 논 184,737두락, 밭 28,157두락이나 소유하였다. 일본인에 의한 토지소유는 한일합방 이전부터 일본인 거류지였던 군산을 중심으로 평야지대에서 토지의 밀매

---

31) 일본인 대지주들의 농장창설지대는 삼남(三南) 지방을 중심으로 황해도, 경기도에 걸쳐있었다. 그 중에서도 특히 전북 지역의 금강, 동진강, 만경강 유역은 토지의 비옥도나 개항장인 군산과의 근접성 때문에 일본인 대지주들이 밀집한 곳이었다.

32) 吉野誠 1978, 「李朝末期における米穀輸出の展開と防穀令」, 『朝鮮史研究論文集』15集, 111쪽.

33) 福島北溟, 1909, 『朝鮮と全州』 共存舍, 120~21쪽.

(密賣)가 나타나고 있었다. 이처럼 일본인들의 방대한 토지의 집적은 토지의 매매가격이 일본의 토지 가격에 비하여 매우 쌌기 때문에 가능했다. 군산 부근은 상답(上畓)이 1반에 20원 미만, 김제군은 8.3원, 나주 부근은 20원이었고 도시 근교의 논도 30원 이상은 드물었는데, 그것은 일본에 비하면 1/10내지 1/30 정도에 불과한 것이었다. 이러한 토지의 매매가격은 당시 일본인들의 토지겸병을 통한 지주화에 커다란 촉매제가 되었다.

이러한 일본인의 토지매입은 주로 전북의 북부 해안지방을 중심으로 확대되어[34] 나갔다. 당시 일본인들의 기록을 보면, "최초로 농장을 일으킨 곳은 군산 부근에서 전주 사이를 중심으로 점차 그 좌우로 넓혀 나가 현재는 11개 군에 퍼져 있지만 매수 경지가 많은 곳은 익산, 옥구, 임피, 김제 4개 군이다".[35] 따라서 이를 통해서 볼 때 전북지역은 한말 일제의 정치, 경제적 침략과정을 가장 전형적으로 보여주고 있는 곳이다.

1925년의 자료[36]에 의하면 전북에서 50정보 이상의 토지를 소유한 일본인 지주들의 수는 61이었으며, 전체 면적은 약 37,439.4정보에 이르고 있다. 이러한 수치를 그 당시 전북의 전체 경지면적 235,184정보(논 168,400.4정보, 밭 66,784정보)[37]와 비교하면 일본인 지주 61명이 소유한 농지가 모두 논인 경우 전체 논의 22%를 차지한 것이 되며, 그것이 논과 밭을 합한 것인 경우에는 약 16%를 소유한 것이 된다. 동척(東拓) 등 8개의 회사나 공공단체를 제외한 53명의 개인 지주는 전북 지역의 농지

---

34) 당시 일본인들은 해안 가까운 평야지대를 매입한 반면에, 한국인은 하전(下田)부터 파는 것이 관습이었다. 이에 양자의 이해가 일치하여 지역별로 국적에 따라 토지 소유의 양분화 현상이 일어났다(藤井寬太郞, 1911, 『朝鮮土地談』, 22쪽을 참조). 그래서 한국인 지주들이 소유한 토지는 물이 충분한 비옥한 토지였기 때문에 일본인 지주만큼 수리조합의 설립이 급한 과제는 아니었다.
35) 福島北溟, 앞의 책, 121~22쪽.
36) 개벽 64호, 1925년 12월호, 「日本人에게 全滅된 全北의 土地」, 95~96쪽에서 참조.
37) 朝鮮總督府 農林局, 『朝鮮二於ケル小作二關スル參考事項摘要』, 4쪽의 "昭和6年度畓田別耕地及小作地面積表"(1932)를 참조함.

를 1인당 평균 380여 정보나 가지고 있었던 것이다. 이들 중에 부산, 목포에 거주한 4명을 제외한 49명은 모두 전북지역에 거주한 재지지주(在地地主)들이었다.

그리고 1930년에는 30～50정보를 가진 일본인 지주가 1,161명, 50～100정보를 소유한 지주가 269명, 100～500정보를 소유한 지주가 48명, 500정보 이상을 소유한 지주가 64명이나 되어 대규모 농지를 소유하는 일본인 지주의 수는 계속 증가했다. 이처럼 동척이나 개인 농장 등을 통한 토지겸병으로 일본인에 의한 대규모 토지의 소유가 증가했다는 사실은 역으로 한국인의 소규모 토지소유자인 중소지주, 자작농, 자소작농이 계속 토지를 상실해 갔다는 것을 의미한다. 이러한 상황은 다음의 자료에서도 잘 나타나고 있다.

> "일본인과 조선인의 비례를 보면, 조선인은 매년 지주는 자작으로 화하고 자작은 자작겸 소작으로 화하고 자작겸 소작은 순소작으로 화하는 반면에 일본인은 매년 소작은 자작으로 화하고 자작은 지주로 화하여 매년 농가호수가 증가하는 까닭에 조선인의 생활상태는 나날이 퇴보하여 살 수 없어 남부여대(南負女戴)로 정든 고향을 등지고 북만주로 향하게 되었다."(동아일보, 1928. 8. 1일자).

이와 같이 일제하 식민지 권력에 기초하여 강압적으로 형성·유지된 식민지 반봉건 지주제는 기준에 따라 여러 가지 형태로 구분해 볼 수 있다.[38] 일제하 조사지역에서의 농업경영형태는 대부분 영세 소농들이 대규모 농장소유의 토지를 소작하는 형태로 나타났다.

---

38) 신용하는 일제하 한국의 지주제를 기준에 따라 여러 가지의 종류로 구분하고 있다. 예컨대, 일반적으로 행해지던 지주제인가, 소작인의 특수한 소유권으로서의 도지권이 발생한 토지의 것인가에 따라 일반적 지주제와 특수적 지주제로 구분할 수 있으며, 소작료의 징수방법을 기준으로 하여 定租法 지주제, 打租法 지주제, 執租法 지주제로 구분해 볼 수 있고, 또는 지주의 존재양식을 기준으로 하여 개인지주의 지주제와 농장회사의 지주제로 구분할 수 있으며, 지주의 농업경영에의 참여를 기준으로 하여 기생적 지주제와 경영형 지주제로 구분해 볼 수도 있다. (신용하, 앞의 글 참조).

이 시기의 농촌 내부관계로서의 지주−소작인 관계는 그 자체가 독립적인 것이 아니라 전체 사회에서 지배적인 위치를 차지하는 자본(자본가 계급)과 연계를 가지며, 또한 지주의 배후에는 독점 자본이 있어 소작인을 착취할 뿐만 아니라 소작인을 착취하는 지주도 착취하였다. 이러한 식민지적 수탈구조 즉, 자본가−지주−소작인이라는 구조가 하나의 지주 형태를 통해서 관철되는 것이다. 물론 여기에서 선택한 사례는 자본가와 지주가 일치하지만 일제하에 있어서 자본가와 지주는 일반적으로 분리된 계급이었으며 자본가 계급(특히 일본 제국주의의 독점자본)이 궁극적으로 지주를 수탈하는 구조였다.

이에 대한 구체적 자료로는 전북 김제군의 벽골마을을 사례로 들 수 있다.[39] 일제하 벽골마을의 농민들이 경작한 소작지는 모두 일본인의 대규모 농장 소유였으며, 이 소작지를 소유한 일본인 농장은 모두 6개였다. 이들 농장의 토지 소재지와 소유면적을 구체적으로 살펴보면 다음과 같다. ① K농장(熊本農場)−옥구, 김제, 정읍, 익산, 부안 등의 여러 군(郡)에 걸쳐서 논 2,907.5정보, 밭 92.9정보로 전체 3,000.4정보를 소유하며, 조사마을의 전체 소작면적의 50%를 차지하고 있다. ② 東拓(東拓 裡里支店)−전북에서는 장수, 진안, 부안, 익산, 김제, 정읍, 완주, 고창 등의 여러 군(郡)에 걸쳐서 논 6,563.9정보, 밭 526.3정보로 전체 7,090.2정보를 소유하며, 벽골마을의 전체 소작면적의 20%를 차지한다. ③ 농장(石川農場)−김제, 정읍, 부안에 걸쳐서 논 1,662.5정보, 밭 97.7정보로 전체 1,760.2정보를 소유하며,[40] 조사마을의 전체 소작면적의 20%를 차지했다.

---

39) 일제하 벽골마을은 전체 80가구였으며, 이들 가구의 계층구성은 부농 2호, 중농 20호, 빈농 15호, 극빈농 23호, 농업노동자 20호였다. 그리고 전체 80가구 가운데 자소작은 8호에 불과하고 나머지 72호는 모두 소작농가들이었다. (졸저, 2000, 『한국농촌사회변동과 농업생산구조』, 서경문화사, 148쪽에서 참조).

40) 1905년 을사보호조약을 강제로 체결한 후 일본인들은 식민지 조선에서의 농업경영을 위해서 집단적으로 치밀하게 계획을 세웠다. 예를 들어 이시가와현(石川縣)은 1906년에 조선에 시찰단을 보내었는데, 그 시찰단에는 9명의 농업 시찰자가 있었다. 이들이 일본으로 돌아가서 조선에서의 농업경영은 장래성이 크다고 보고하자,

따라서 이들 3개 농장이 전체 소작면적의 90%를 차지하고, 나머지 10% 정도의 소작지는 정읍, 김제에 논 545.8정보, 밭 99.3정보로 합계 645.1정보를 소유한 A농장과 김제, 정읍에 걸쳐서 논 355.0정보, 밭 25.8정보로 전체 380.8정보를 소유한 MA농장 그리고 소유규모는 잘 알려져 있지 않지만 소규모인 MI농장 등이다.[41] 벽골마을 주민들이 경작한 농지를 소유한 이들 농장은 일제 초기부터 설립되었을 뿐만 아니라 전북지역의 여러 곳에 1천 정보 이상의 농지를 소유한 대규모 농장들이다.

구마모토 농장의 지역분포와 토지의 소유 조건은 다음과 같다. 구마모토 농장의 소유지는 5개 군(정읍, 김제, 옥구, 익산, 부안) 24개 면에 걸쳐 있었다. 금강, 만경강 사이에 있는 1,600정보는 개정본장(開井本場), 지경지장(地境支場), 대야지장(大野支場)이 소유하고, 동진강 하류의 약 1,600정보는 화호지장(禾湖支場)이 관리했다. 그것들의 대부분은 1930년경 수리조합사업에 의해 고생산력 지대가 되었고 또한 1본장과 3지장은 군산항으로 철도교통의 요지에 있었으며, 일본으로 쌀을 보내는 거점이 되었다. 또한 소작농의 존재상황에 대해서는 자료가 충분하지 않지만, 소작농은 대체로 1.5정보를 소작하며, 약 3.3정보(1만평) 이상의 소작은 중간 소작을 방지하기 위해서 지주에 의해 금지되었다.

이들 농장 중에 벽골마을의 농민들이 가장 많은 소작지(50%)를 경작한 농장은 화호리(禾湖里)에 위치한 구마모토 농업주식회사의 화호지장(禾湖支場)이었다. 그래서 이 농장을 사례로 해서 일제하의 대규모 농장경영을 구체적으로 분석하기로 한다. 이 농장(1903년에 농장설립)은 일제 초기부터 전 기간 동안 벽골마을 소작지의 최대 지주로서 자리를 유지했을 뿐만 아니라 김제지역 농장들의 일반적 특징을 가장 전형적으로 나타내고 있다. 예컨대, 자본제적 농업경영 방식을 계속 확대했고, 식민지 금융기관과 긴밀히 결합했으며, 근대적 수리체계인 동진수리조합의

그 이듬해인 1907년에 지주들이 중심이 되어서 석천현농업회사를 만들어 조선에 진출했다. (박섭, 1997, 앞의 책, 167에서 재인용).

41) 大野保, 1941, 『朝鮮農村の實態的研究』, 滿洲大同學院, 267~268쪽.

설립(1925년)에도 커다란 영향을 미쳤다. 농장형 지주인 구마모토 농장의 사례분석은 그 당시 일본 자본주의의 구조변혁에 조응한 식민지 경제기구의 변화방향 뿐만 아니라 농장형 지주제의 존재형태와 그 역사적 성격을 드러내 줄 것이다.

구마모토 농업주식회사의 연혁, 토지의 소유규모, 회사의 경제구조 그리고 전체 농장관리기구 등의 분석을 통하여 일제하 농장형 지주의 농업경영에 대해 살펴보기로 한다. 구마모토 농장은 나가사키현(長崎縣) 출신의 구마모토(熊本利平)가 설립한 농장이다. 구마모토는 하관상업(下關商業)을 졸업하고 게이오 대학 이재과(慶應義塾 理財科)를 입학하여 졸업 직전인 1902년에 농장지배인으로서 한국에 건너왔다. 1903년에 독립해서 전북 옥구군 개정면과 정읍군 화호리에 2개의 농장을 창설했다.42) 그 후 토지 브로커로서 여러 명의로 토지를 본격적으로 매입하여 1910년에는 약 1,500정보(그 중에서 웅본의 소유분은 225정보)를 경영했다. 일제 초인 1910년경에는 매입한 토지의 대부분을 웅본이평의 명의로 바꿈으로서 약 2,500정보의 대지주가 되고(표 4-2), 더구나 32년에는 대창, 지경농장(大倉, 地境農場)의 토지매입에 따라 3,500정보에 이른다. 토지의 매입과정을 구체적으로 보면, 처음 그는 일본 자본가의 부탁에 의해 토지 브로커로서 토지 매수에 나섰다.

그러나 1910년경의 세계 불황기에 자본가는 금융경색을 당하고 또한 애초에 기대했던 토지수익을 얻지 못하여 매수했던 토지를 방매하자 구미모토는 자신이 권하여 토지를 매수한 책임상 그의 토지를 전부 인계받았다. 그 후 1912년경부터 경기가 조금씩 좋아지고 지가도 비등하며, 또 제1차 세계대전이 일어나자 그는 이러한 호황을 타서 "아침에 동쪽 근교에 50町步의 토지를, 저녁에는 서쪽 만 경의 수전(水田)을 매수"하여 순식간에 3,000정보가 훨씬 넘는 토지를 소유한 대농장으로 커질 수 있었다. 그리하여 1반보에 200원으로 계산된다 하더라도 거의 630만원의

---

42) 實業之朝鮮社(編), 앞의 책, 25쪽.

〈표 4-2〉 구마모토농장 농지소유의 변화(단위 : 町步)

년 도	논	밭	전 체	자 료
1909年 末			225.0	群山繁榮會編 〈湖南鐵道と群山〉(1910年)
1910年 初	156.9	26.0	182.9	群山農事組合 〈群山農事組合槪況〉(1910年)
1910年 12月	2,286.0	184.0	2,470.0	朝鮮新聞社 〈鮮南發展史〉(1913年)
1911年 12月	2,498.6	226.6	2,725.2	山口豊 〈朝鮮之硏究〉(嚴松堂書店 1914年)
1916年	1,778.0	892.5	2,670.5	朝鮮總督府全羅北道 〈大正五年朝鮮總督府全羅北道統計年報〉(1918年)
1922年 末	2,322.5	210.7	2,533.2	朝鮮總督府殖産局 〈朝鮮の農業〉(1923年)
1925年 末	2,626.5	210.1	2,836.6	朝鮮總督府殖産局 〈朝鮮の農業〉(1927年)
1926年 8月	2,626.5	210.1	2,836.6	全羅北道 〈內鮮人地主所有地調〉(1028年)
1929年 7月	2,750.3	188.0	2,938.3	朝鮮總督府殖産局 〈朝鮮の農業〉(1930年)
1930年 3月	2,750.0	188.0	2,938.0	全羅北道 〈昭和五年三月內鮮人地主所有地調〉(1930年)
1930年 末	2,750.0	188.0	2,938.0	農林省京城米穀事務所鮮山出張所全羅北道·全羅南道(昭和5年末現在)地主調〉(1930年)
1931年 末	2,721.0	192.0	2,913.0	朝鮮總督府農林局 〈朝鮮の農業〉(1933年)
1932年 3月	3,291.0	197.8	3,488.8	
1936年	2,951.0	197.0	3,148.0	全羅北道農務課農政係 〈昭和十一年度道內百町步以上地主一覽〉(刊行年不明)
1938年	2,907.5	92.9	3,000.4	全羅北道農村振興課 〈全羅北道大地主調〉(1939年)

참고 : 1932년 3월의 경지는 31년 말의 경지에 같은 해, 같은 월에 구마모토 農場이 大倉地境
農場(大倉米吉)에서 매수한 토지(논 570.0정보, 밭 5.8정보)를 합친 것이다. (蘇淳烈,
1994, 「植民地後期朝鮮地主制の硏究」, 138쪽에서 재인용).

농장 소유자가 되었다. 이것은 그가 애초에 현금 3천원을 갖고 군산에
발을 들여놓은 때와 비교해 보면 2천 백배 이상의 대성공을 거둔 셈이
다.[43] 그는 1935년 2월 1일 자신을 포함해서 7명을 발기인으로 해서 「주

---

43) 宇津木初三郎, 1928, 앞의 책, 441~442쪽.

식회사 구마모토농장(株式會社 熊本農場)」을 설립하여 농장을 주식회사 형태로 바꾼다.

구마모토 농장의 주인인 구마모토는 동진수리조합의 창설에 많은 역할을 수행하는 등 이 지역에서 일찍부터 많은 영향력을 행사한 인물이었다. 농장과 그에 대한 구체적인 평가를 살펴보면, 첫째, 구마모토는 "참으로 군산의 농업을 일본에 소개한 최초의 인물"44)로서 처음으로 전북 지역에 진출한 일본인 지주이다. 둘째, 토지 소유규모의 순위는 국책회사인 동양척식회사 다음으로 전북에서 두 번째이지만, 개인으로서는 가장 많은 토지를 소유한 지주이다. 셋째, 많은 관리인을 통하여 농사기술을 지도한 농장이다. 농장의 관리인수는 동척에 비해서 약 2배 정도였으며, 그들은 단순한 농사지도원이 아니라 뛰어난 전문적 기술자였다. 넷째, 1930년대 소작쟁의가 네 번이나 발생했던 쟁의 다발 농장이다.45)

이 농장의 관리기구는 경리부, 사업부, 진료부의 3개 부서로 구성되었다. 경리부는 회계업무를 주관하고, 사업부는 농사지도, 소작인 관리 등의 사업활동을, 진료부는 소작인의 무료진료를 담당했다. 특히 이 의료부에서는 화호 농장에 의료기관을 설치하여 의사 2명을 두어 많은 날에는 약 100명 정도가 진료를 받았다.46) 그리고 「웅본농장부속서류(熊本農場附屬書類)」에 의하면, 1944년 당시 직원의 수는 경리부가 11명, 사업부가 16명, 진료부가 6명이지만, 이것을 농장의 본·지장별로 보면 화호지장의 직원이 전체 직원의 반을 차지한다.

이 지역 대부분 농장들의 소작인에 대한 경영방침은 ① 불량행위를 한 소작인은 바꿀 것, ② 소작계약은 1년으로 해서 매년 2, 3월경에 새로 계약할 것, ③ 소작인의 소요비료는 지부가 대부할 것, ④ 농자금으로 경서임(耕鋤賃), 식부비(植付費), 수몰임(水沒賃) 등을 지주에게 대여할 것, ⑤ 자설영(紫雪英)의 종자 및 비료를 대여할 것, ⑥ 소작료는 대부분 정

---

44) 群山新聞社, 1907, 147쪽.
45) 蘇淳烈, 앞의 책, 4쪽.
46) 大野保, 1941, 앞의 책, 275쪽.

조(定租)로 해서 계약할 때 정할 것, ⑦ 소작료 수납은 11월 중에 할 것, ⑧ 빈곤한 소작인에게는 식량과 볍씨를 대여할 것 등을 원칙으로 했다.[47]

미곡 단작(單作)을 특징으로 하는 구마모토 농장의 토지이용방식은 농업경영의 전 과정에 커다란 영향을 미쳤다. 벼의 품종도 이주 초기부터 일본의 개량품종인 '다마금(多摩錦)'만을 재배하다가 1930년부터 총독부가 우량품종으로 장려한 '은방주(銀坊主)'를 도입하여 1941년 현재 95%를 차지하고 있었다. 나머지는 1930년대 후반에 도입한 '서광(瑞光)'이 대부분이었다.[48] 품종교체작업은 토지개량과 제염작업, 수리시설의 진척 정도에 달려있는 것이지만, 쌀의 상품화도 고려하여 전북의 다른 지역보다 다수확의 신품종이 더 널리 재배되었다.[49] 그리고 벼의 작부비율은 극단적 미곡단작의 농업구조를 나타내었다. 이러한 벼 중심의 작부체계는 식량문제의 해결이라는 일제의 식민정책에 따라 이 지역에서 강행되었던 수탈정책의 귀결이었다.

구마모토 농장에서 행한 소작인에 대한 농사지도는 종자뿐만 아니라 비료의 사용에서도 잘 나타나고 있다. "농장은 미리 반당(反當) 질소 2관 800돈과 기타 인산카리 등을 섞은 배합비료를 만들어 반당(反當) 1가마니 반 정도의 비율로 소작인에게 배급한다. 소작인은 이 비료를 마름의 감독 하에 소작 경작지에 넣어야 한다. 이처럼 농장은 현물을 대여하지만 소작인은 그 대금을 소작료 납입 전인 11월 20일까지 현금으로 걷어야 한다. 이 과정에서 농장은 금비(金肥)판매에 의한 이익과 갚을 때까지의 이자가 포함되어 있기 때문에 소작인으로서는 그 이자까지 지불해야만 한다".[50] 이처럼 농장은 비료에 있어서도 종류와 사용을 지정하고 그

---

47) 實業之朝鮮社(編), 앞의 책, 34~35쪽.

48) 大野保, 1941, 앞의 책, 232쪽.

49) 이 시기 전북의 벼품종별 작부율을 보면, 1930년도는 穀良都와 多摩錦이 각각 40%와 13%를 차지하였으며, 銀坊主는 1930년도부터 도입되어 26% 가량 재배되었고 1937년도에는 70%를 점하는 주품종이 되었다. 瑞光은 1936년부터 도입되어 1937년에는 2%를 점하였다. (全羅北道 農務課, 1937에서 참조).

것을 소작인에게 부담시켜 소작인들은 자율적 결정의 여지가 없었다.

이와 같이 일본인 대지주들의 가장 특징적인 성격은 소작농의 노동 과정을 지휘·감독한다는 것이었다. 그것은 재배작물의 결정, 품종의 선택, 각종 재배 관리, 생산물의 가공 등 농작업의 거의 모든 과정에 걸쳐 있었다. 따라서 지주의 감독 하에서 농작업을 수행하는 소작농은 사실상의 임노동자에 지나지 않았다는 사실은 다음의 자료에서도 잘 나타나고 있다.

> "농장 소작인으로 선발되어 소작계약을 체결한 후에도 소작인은 …생산, 유통, 분배의 전 과정에서 농장의 세심한 지도와 간섭을 받아야 했다. …농장은 본부 직원과 郡·面 단위의 각 구역 책임자, 里, 洞 책임자 등으로 편성된 소작부의 하부 관리 조직을 동원하여 수시로 확인 보고하도록 했다. …소작부 경영에 대한 농장측의 이러한 개입과 간섭은 농장 소작인의 외형 여하에 상관없이 그들이 점차 경영상의 자립성을 상실당한 채 실질적으로는 농업노동자적 존재와 다름없이 되어 갔음을 보여주는 것이다."51)

그리고 구마모토 농장은 소작인들을 체계적이고 조직적으로 관리하기 위하여 소작지를 관리하는 마을의 관리인, 즉 마름(舍音)을 두었다. 마름은 소작원을 얻거나 확보하는 과정에서 지주의 대리인으로서 마을 내의 소작인들에게 매우 커다란 영향을 미쳤다. 이들의 중간수탈이나 음성적인 수탈 이외에도 그들에 대한 공식적인 보수도 소작인이 부담하는 경우가 약 15%나 되었으며 지주, 소작인이 함께 부담하는 경우도 약 14%나 되었다. 벽골마을의 경우에도 마름들이 소작인에게 행했던 횡포는 다음의 자료에서도 잘 나타나고 있다.52)

> "1931년까지는 이 부락의 김某라는 자가 熊本, 東拓, 石川 농장의 마름이었

---

50) 大野保, 1941, 앞의 책, 274쪽.
51) 홍성찬, 1992, 『한국근대농촌사회의 변동과 지주층』, 459쪽.
52) 일제 말기에 구마모토 농장의 마름은 벽골마을에 한 사람 있었고, 마름의 역할은 농장직원과 소작인 사이에서 농장직원의 지휘·감독을 받아 주로 직원의 농사지도를 도와주고 소작인의 상태나 소작인의 상황보고, 소작료 정할 때 의견제시 등을 했다. 백귀동(남, 83세)와의 면접자료

다. 그 사람의 권력은 대단히 강대하여 독단으로 소작권을 이동시키며 그 소작지
를 희망하는 자로부터 돈을 받는 등의 소작인 측으로서는 매우 고통을 받았다.
…김某의 평판은 부락민들에게는 물론 지극히 나빴지만 농장이나 주재소나 면사
무소에서는 평판이 좋은 모양이었다. 그러나 김某는 너무 밀접한 교제를 했기 때
문인지 교제비가 궁하게 되어 부락내의 소규모 토지소유자 등을 보증인으로 하여
저당 잡혀 부채를 져서, 1931(소화6년)년 불황 때에 이르러서는 결국 파산하고
마침내 야반도주로 끝났다."[53]

소작 농가는 마름의 자경지의 농경·수확이나 수해 때의 복구 개선
등의 작업에 동원되었으며, 심지어 소작인 중에는 마름의 환심을 사기
위해 스스로 자청하는 경우도 있었다. 원래 마름은 조선시대부터 유래했
던 것으로 지주와 소작인 사이에 개재(介在)하여 관리구역 내 소작지에
관한 소작인의 선정이나 해약에서 소작료의 결정·징수 및 소작계약에
이르기까지 강력한 권한을 가진 중간착취계층이었다.

일본인 대지주들은 식민지 조선에 농업 투자를 할 때 경영의 목표를
지가 상승에 의한 이득보다는 농업 경영에 의한 수입에 두고 있었다. 상
당수의 한국인 지주들이 지가 상승에 의한 이득을 목표로 하고 있었던
것과는 달랐다고 할 수 있다. 그리하여 이들은 조선에 농업 투자를 하는
초기부터 개량 공구의 보급, 시비량의 증가, 다수확 품종의 재재, 벼의
건조도 개선 등 다양한 방법으로 농사 개량을 추구하였다(박섭 1997 :
167). 그리고 대규모 농장을 설립하여 소작농을 통제하기 쉽게하여 자신
들의 의도대로 농사 개량을 농사에 실제 적용되도록 강제했었다.

5. 맺 음 말

지금까지 이 논문에서는 일제 식민지 초기의 수리시설의 확충과 구

---

53) 大野保, 1941, 앞의 책, 276~277쪽.

마모토 농장의 식민지 지주제의 농업경영을 통하여 농업생산형태를 분석해 보았다. 일제하 농업생산형태의 특징은 반봉건적 지주소작관계에서 농민들이 지주제를 매개로 한 제국주의 자본의 논리에 의해 조직되었다는 점이다. 이때 일본 제국주의 자본의 논리는 반봉건적 지주소작관계를 매개로 식민지 조선농민들의 농업생산체계에 커다란 영향을 미치게 된다.

일본인 대지주들은 본래의 소작 조건 외에 계약을 규제하는 기준으로서 일방적으로 농장의 조직, 경영방식, 규정 위반시의 제재 등을 내용으로 하는 「소작규정」과 「소작인 필행사항」이라는 것을 두고 소작인의 사회적 지위를 규정하여 반봉건적 지주-소작관계를 강요하였다. 특히 일본인 지주들은 상품으로서 미곡생산에 관심이 있었기 때문에 적극적으로 품종개량을 주도하였다. 이와 같이 일본의 품종이 빠르게 보급54)될 수 있었던 배경은 직접 경작자에 대한 강압과 통제가 있었다. 일본 품종의 보급과 더불어 일본인 지주들은 식민지 권력기구를 이용하여 수리조합체계를 도입하였다. 이러한 일제의 식민지형 농업생산기반의 조성은 비단 농업생산 과정의 변화뿐만 아니라 식민지 조선 사회 전반에 커다란 변화를 초래했다.

일본인 지주들의 토지수탈이 기간지(旣懇地)를 대상으로 비옥하고 교통이 편리한 답작(畓作)지대에 집중55)되었기 때문에 개항장인 군산 근처의 김제만경평야는 일본인 대지주의 밀집 지역이 되었을 뿐만 아니라 반봉건적 생산관계의 소작 경영이 확대됨에 때라 자작농과 자작겸 소작

---

54) 일본 품종의 도입은 한국의 개항이후 일본과의 왕래가 증가하면서 본격화되었다. 기록상 최초의 것은 "都"라는 품종으로서 1901년 목포상공회의소가 도입한 것으로 되어 있다. 최초에는 일본인 지주들에 의해서 주로 이루어졌지만 1905년 통감부가 설치되고, 1910년 총독부가 설치된 이후에는 정책적으로 강력하게 추진되었다. (박섭, 1997, 앞의 책, 31쪽)에서 참조.

55) 일본은 한일합방 전에 이미 「토지가옥증명규칙(1906)」등으로 일본인의 토지 매매와 소유를 합법화시켰고, 합방 후에는 「토지조사사업」과 「산미증식계획」의 일환인 「토지개량사업」을 실시함으로써 일본 자본의 한국 토지 수탈의 토대를 마련하였다.

농의 소작농화가 다른 지역보다 더욱 급속하게 진행되었다. 그리고 이러한 소작농의 격증, 소작 조건의 악화, 토지 생산성의 저하 등과 관련하여 농가의 호당 경작면적의 감소와 농업경영 규모의 영세화가 급격하게 진행되었다.

특히 쌀의 일본 수출을 위한 유통구조 및 시장의 장악과 폭력적 보호 그리고 일본인 토지소유의 증대 등은 이 지역에서 식민지 지주제가 가장 전형적으로 조건을 제공하였던 것이다. 대규모 토지를 획득한 일본인 농장주들은 개인으로서 농업 자본가나 기업체로서의 농업경영 회사를 막론하고 처음에는 한국의 농업관례에 따라 농장을 경영해 나갔다. 그러나 을사보호조약으로 조선이 사실상 식민지로 되자 지주경영을 더욱 확대하였을 뿐만 아니라 그 경영도 한층 더 강화하여 종래 조선 농업의 관례를 붕괴시켰다. 그들은 새로운 식민지형 지주–소작관계를 정립하여 농업생산과 지대 수취 및 그것의 상품화를 목표로 주요 농업지대 마다 농장을 설치하여 '농장형 지주제' 또는 '소작제 농장'이 식민지 조선 농촌의 농민을 사회경제적, 정치적으로 지배하기 시작했다. 결국 이러한 사실은 일제에 의한 기형적인 식민지적, 지주적 농업재편을 의미하는 것이다.

1903년에 설립된 구마모토 농장(熊本農場)은 일제 초기부터 해방까지 벽골마을 뿐 아니라 김제만경평야 지역 소작지의 최대 지주로서 자리를 유지했다. 농장은 자본제적 농업경영 방식을 계속 확대했고, 식민지 금융기관과 긴밀히 결합했으며, 근대적 수리체계인 동진수리조합의 설립에도 커다란 영향을 미쳤다. 그리고 일본인 농장주는 소작농의 노동 과정을 철저하게 지휘·감독하였으며, 그것은 재배작물의 결정, 품종의 선택, 각종 재배 관리, 생산물의 가공 등 농작업의 거의 모든 과정에 걸쳐 있었다. 따라서 지주의 감독 하에서 농작업을 수행하는 소작농은 사실상의 임노동자에 지나지 않았다.

그리고 주곡(主穀) 특히 쌀의 상품화는 주로 지주들에 의해 이루어졌는데, 그것은 농산물의 지주 편향적 집중현상을 반영하는 것으로서 춘궁 (春窮) 농가의 대량 발생과 농민의 대량 몰락은 고율의 소작료와 경제외적 강제에 의한 일본인 대지주들의 수탈과 그로 인한 농가들의 빈궁화를 잘 말해주고 있다. 농가의 빈궁화는 수리시설의 확충이나 농업기술의 향상이 농업발전을 의미하는 것이 아니라 일제의 경제적 이익을 도모하는 것을 의미하는 것이다. 따라서 일본인 지주를 중심으로 이루어진 농업기술의 향상이 일본으로의 미곡 이출의 증대를 가져와서 결국 농민의 궁핍화라는 메커니즘으로 작용되었다. 결국 식민지 시대 일본인들에 의해 주도된 수리시설의 확충을 통한 농업생산기반의 조성은 일본인 대지주들이 식민지 조선의 소작농민을 전근대적인 신분적 예속관계와 식민지적 수탈관계로 구속하는 것이었다.

『민속학연구』제6집, 1999, 국립민속박물관

제 5 장

식민지형 소도시의 형성과 도시공간의 변화

1. 서 론

이 연구는 1899년 군산항의 개항이 전북 지역의 문화변동, 특히 개항장 군산의 배후지인 김제의 도시화(都市化)에 어떠한 영향을 미쳤는가를 규명하려는 것이다. 따라서 이 논문의 일차적 과제는 식민지 지배의 편의를 위해 실시된 제반 정책에 따라 한국의 식민지형 도시화가 어떤 특징을 지니고 있었는지를 한 지역의 사례연구를 통하여 분석하고자 하는 것이다. 도시화와 산업화를 특징으로 하는 한국의 현대사회는 누구나가 인정하듯이 백여년 전의 개항과 더불어 시작되었으며, 도시화와 산업화라는 세계적 현상을 결정한 것은 자본주의라는 미증유의 초경제적, 보편적 체계였다.[1] 근대 한국의 도시화는 일제의 식민지 정책에 따라 식민지형 도시화가 보편적으로 형성되었으며, 이러한 현상은 일제에 의한 개항

---

1) 박현수, 1990, 「植民地都市에 있어서 日本人 社會의 形成－1900년 무렵 釜山과 大邱의 경우－」, 『인류학연구』 5집, 영남대 문화인류학연구회, 9쪽.

과 더불어 식민지적 상황이라는 역사적 조건과 밀접한 관련이 있다. 물론 이러한 식민지형 소도시의 성장과정은 한국뿐만 아니라 대부분의 제3세계 국가들이 경험한 공통적인 도시발전의 과정이었다.

일본은 강화도 조약을 구실로 하여 1876년 2월 한국에 대해 「한일수호조규(韓日修好條規)」라는 불평등조약을 강요하고, 이어서 같은 해에 「한일수호조규부록(韓日修好條規附錄)」과 「한일통상장정(韓日通商章程)」을 체결하였다. 이러한 일련의 조약들의 체결을 통하여 일제(日帝)는 한국 침략의 토대를 구축하였다. 예컨대 한일수호조규에서는 한국 침략을 위한 기초작업을 하였으며, 그 부록에서는 좀 더 나아가 그 범위를 넓히고 일본 화폐를 강제 유통시켜 일본 상인의 침투를 용이하게 하였고, 통상장정에서는 관세의 자주권을 박탈하여 일본 상품의 시장화를 꾀하였다(서길수 1990 : 8-9). 이와 같이 일본 제국주의의 식민지 경영의 궁극적인 목적은 종주국 내부의 모순들을 식민지 지배를 통해 해소하려는 것이며, 그것도 경제적으로는 식민지 경제를 자국 경제에 종속시킴으로써 그들의 경제적 이익을 획득하는데 있다. 이러한 제국주의의 식민지에 대한 경제적 요구는 상품의 독점적 판매시장, 식량 및 원료의 공급지, 값싼 노동력 공급지, 자본투하시장 등으로 요약될 수 있다.

지금까지 도시화(都市化) 및 도시성장(都市成長)에 대한 연구는 대부분 서구의 산업화 모델(industrial model)이나 또는 후기 산업화 모델(post-industrial model)에서 유추된 이론들에 주로 의존하고 있다. 그렇지만 이러한 모델들은 제3세계의 식민지형 도시들의 변화를 설명하는데 많은 한계를 지니고 있다. 그래서 호바쓰는 도시화의 시공간적 변화형태를 설명하기 위하여 도시화 모델을 산업형 도시모델(the industrial city model)과 전산업형 모델(the pre-industrial model) 그리고 식민지형 도시모델(the colonial city model) 세 가지로 구분하였다(Horvath 1969).[2]

---

2) 호바쓰의 주장은 제3세계의 도시발전 연구와 관련하여 다음과 같은 의의를 지니고 있다. 하나는 기존의 서구 중심의 도시발전이론에 대한 부적절성을 지적하고 제3세계 도시발전의 특수한 측면을 고려하고 있다. 다른 하나는 제3세계 국가 도시발전

첫번째의 모델은 초기 자본주의의 발전과 더불어 나타난 근대 산업 도시의 성장을 모델로 하여 도시화 현상을 설명하고자 했던 시카고 학파, 특히 워스(Wirth 1938)의 도시생태학 이론이 그 대표적인 것이다. 두 번째의 모델은 산업혁명 이전의 전통적인 공간구조나 문화양식을 가지고 있는 저개발 국가들의 도시형태를 도시발전의 중요한 하나의 모형으로 보고자 했던 쇼버그(Sjoberg 1960)의 도시화 이론이 대표적인 것이다. 쇼버그는 산업화 이전의 도시를 행정과 종교의 중심지로 보고, 그 곳에는 지배층이 거주하며 부차적으로 상업의 중심지였는데, 상업은 낮은 신분이 독점하는 경향을 갖었다. 그리고 신분적으로 지배층인 가문의 남자 특히 장년층이 정치적, 종교적 권력을 장악하였으며, 종교적 이데올로기와 교육은 지배층을 유지하는 보수적 성향을 지니고 있다고 주장했다. 마지막 세번째 모델은 제3세계의 도시화 과정을 설명하기 위하여 호바쓰가 주장한 식민지형 도시모델이다.

식민지적 상황이라는 공통된 역사적 경험을 겪었던 제3세계 국가에서는 산업형 도시의 근대성과 전산업형 도시의 전통성이 공통적으로 나타나고 있는 식민지형 도시들이 많이 존재하고 있다. 이와 같이 제국주의의 식민지 지배를 경험한 국가에서의 도시화는 서로 다른 경제적·사회문화적 수준에 있던 기존의 사회구성체(社會構成體)에 대한 선진 자본주의적 생산양식의 침투가 공간적인 차원에서 표현된 것이다. 따라서 식민지 사회의 도시구조는 상이한 생산양식이 접합(articulation)되는 과정에서 침투해 온 지배적인 생산양식의 필요에 따라서 변형되고 구조화된다.3)

의 역사적 뿌리를 찾기 위해서는 식민지 도시에 대한 연구가 절대적으로 필요하다는 규범적 연구방향을 제공하고 있다.

3) 그 결과 대부분의 식민지 국가(저발전 사회)에서의 도시화는 첫째 체계의 생산적 수준과 관계없는 도시인구, 둘째 공업부문의 고용과 도시화간의 집적적인 관계의 부재, 셋째 공업생산과 도시성장과의 연계의 부족, 넷째 새로운 도시대중을 위한 일자리와 서비스의 부족, 다섯째 사회계급의 생태학적 분리의 강화 및 소비와 관련된 계층체계의 양극화 등으로 특징지워진다. (Castells, 1977, 44~58쪽에서 참조).

이러한 도시화 과정은 특히 일제의 식민지하에서도 전형적으로 나타났다. 예컨대, 조선시대 전통적 도시들의 대부분은 지방 상권(商圈)의 몰락과 일제 치하의 정책적 소외로 인해 도시의 기능이 파편화되면서 공간질서를 왜곡시키는 역할을 담당하였다. 일제시대 도시들의 공간적 변화는 초기 단계에는 정치적 기능이 몰려있는 서울과 자원 수탈의 교두보 역할을 수행할 수 있는 교통 요지를 집중적으로 개발하고, 그 다음으로는 내륙의 자원을 집중시키기 용이하고 일본 거류민을 직접 후원하기 위한 인적·물적 체계로서 내륙 도시를 개발하는 과정에서 일어났다. 이와 같이 한국의 근대 도시발전의 단초는 구한말 개항에 이어 일제시대를 거치면서 마련되었다.

일제시대에 성장한 한국의 식민지형 도시들이 해방 이후 일부 발전의 단절을 경험한 도시들이 있기는 하지만, 일제의 제국주의적 침략의 필요에 의하여 개발되고 성장한 대부분의 식민지형 도시들이 해방 이후에 미친 사회경제적 영향이나 또는 원료의 수집과 상품의 판매를 위해 건설된 도로와 철도망은 새로운 도시들을 만들어냈으며, 이 도시들의 분포는 오늘날까지도 한국 도시의 판도를 규정하고 있기 때문에 이에 대한 연구는 커다란 의미를 지닌다.4)

그러나 지금까지 도시 관련의 여러 분과학문에서 이루어진 연구들은 대부분 1960년대부터 이루어진 본격적인 산업화·도시화 이후의 도시성장이나 도시변화 관련된 것일 뿐만 아니라 산업형 도시 모델에 근거하고 있다.5) 따라서 한국의 도시발전의 전형(典型)이나 도시의 역사적 변

---

4) 박현수, 1990 ibid., 10쪽
5) 인류학 분야에서 도시 문화, 도시 사회에 대한 연구는 전통적 문화 요소의 도시적 전개 양상에 관한 연구, 이농민의 도시 적응을 비롯한 도시화 현상 또는 도시성(urbanism)에 관한 연구, 빈민 문제 등 도시 문제에 관한 연구, 그리고 노동자의 생활과 기업체의 작업현장에서 나타나는 전통문화의 요소에 관한 연구 등을 통하여 성과를 집적하고 있다. 한편 전통적 촌락 사회를 배경으로 하는 연구들도 점차 촌락 단위에서 벗어나 보다 상위 단위를 지향하고 있으며 이러한 연구들은 당연히 지역 중심지로서의 도시를 끌어들이고 있다. 그러나 한국 인류학의 경우 개별적 도

화과정을 찾고, 우리 나름의 도시화 과정을 구체적으로 이해하기 위해서는 일제 식민지 시대 도시의 형성과 발전에 대한 연구가 필요하다.

일제시대의 지방행정 제도상 도시지역으로는 1914년부터 실시된 부(府)[6]와 1917년 이후 시행된 지정면(指定面) 그리고 1930년 12월 이후부터 실시된 읍(邑)을 들 수 있다. 따라서 본 논문에서 사례연구(事例研究)로 다루는 김제는 읍제(邑制)의 실시 이후에 성립된 소도시(小都市)이다. 김제의 식민지형 소도시로서의 형성과 발전과정은 식민지 모국의 필요에 의해 계획된 도시의 성장이 어떠한 형태로 진행되어 왔는가를 보여주는 대표적인 사례의 하나로 주목된다. 따라서 김제의 사례는 일제하 식민지형 소도시의 형성과 도시공간의 변화과정을 구체적으로 잘 나타내 줄 것이다.

2. 일제 식민지형 도시화의 특성

일제는 1858년 미·영 등 5개국으로부터 강요당한 개국 및 개항을 그대로 이용하여 1871년 「청일수호조규(淸日修好條規)」를 체결한 데 이어, 1876년 한국을 위협하고 「한일수호조규(韓日修好條規)」를 체결하였다. 일본은 부산외 2개의 항구를 개항(1880년 원산, 1883년 인천)시키고 일본인들의 거류와 통상을 보장하도록 하였다. 이후 일본은 1910년 한일

시 연구들은 각기 제나름의 시각과 관점에 입각한 채 아직 공통의 연구 준거를 마련하지 못하고 있다. 물론 특수성에 대한 추구도 중요하지만 한국의 도시 사회, 도시 문화에 대한 일반성이 규정되어야 효율적인 연구결과의 축적이 가능할 것이다.
6) 일제가 1914년 행정구역의 개편으로 지정한 부(府)는 모두 12부였지만 일제 말기에는 21부로 늘어났다. 초기에 부로 지정된 12개 지역 가운데 전형적인 도시기능을 가지고 있었던 곳은 서울, 부산, 평양 등지에 한하며, 나머지는 대부분 1876년 이후 일제의 강압에 의해 개항된 항구나 어촌이었다. 그러나 1930년 이후 지정된 부에는 이때까지 부 지정에서 제외되었던 개성, 전주 등의 전통도시들이 상당수 포함되었다. 구체적인 지역은 이 논문의 <표 5-1>을 참조할 것.

합방이 이루어질 때까지 계속해서 목포(1897년), 진남포(1897년), 군산 (1899년), 성진(1899년) 그리고 노일전쟁 뒤에는 용암포(1904년), 청진(1908 년)을 개항시켰다. 그밖에도 일본은 개항장과 같은 기능을 수행하는 개 시장(開市場)을 내륙지역에 지정하여 장래 식민지 지배의 거점지역으로 활용하였다. 그 때 개시장으로 지정된 지역은 한성(1882년), 용산(1884년), 경흥(1888년), 평양(1899년), 의주(1904년) 등이었다. 1876년 개항후부터 한 일합방 직전인 1908년 사이에 지정된 개항장(開港場)과 개시장(開市場)은 한일합방 이후 1913년에 시행된 일제의 행정구역 개편작업을 통해 부 (府)로 승격하면서 식민지형 도시로 성장하게 된다.[7]

개항지에 대한 개항압력의 의도는 지역에 따라 조금씩 차이를 보이 지만 대체로 세 가지의 형태로 구분해 볼 수 있다. 첫째, 군사적 목적으 로 개항을 시킨 경우이다. 이에 속하는 지역이 원산, 성진, 마산 등이다. 둘째, 통상·교통 및 식민지 경영을 목적으로 거류지를 설정하고 개항 및 개시를 시킨 경우이다. 이에 속하는 지역이 한성, 용산, 부산, 인천 등 지 이다. 셋째, 배후지의 수탈과 수탈한 자원의 일본 수송을 목적으로 개항한 경우이다. 이에 속하는 대표적인 지역이 군산, 목포 등지이다. 물 론 이들 지역의 개항은 구한말부터 상권이 크게 형성되었던 강경, 전주 등지를 대신하여 일본의 자본제적 상품의 판로를 개척하기 위한 것이기 도 하지만, 본래의 목적은 나주평야와 김제만경평야에서 생산된 쌀을 수 탈해 가기 위한 것이었다.

이와 같이 일본이 개방을 요구하고 거류지를 조성했던 지역에는 조 선시대 전통적인 도시로 널리 알려진 개성, 전주, 진주 등의 지역이 제 외되었다는 점이 주목된다.[8] 이는 개항의 목적이 제국주의적 식민지배에

---

7) 근대 한국 사회의 도시화 과정에서 개항에 따라 대외 경제의 중심지가 된 것은 개 항장이고 기존의 중심지는 후배지(힌털란트)의 중심지에 그치게 되었다. 조선시대 의 도시는 행정 중심지로서의 기능이 강하고 배후지에서 생산, 소비되는 물산의 집 산지 역할을 수행하는 이른바 전산업형 도시로서의 성격이 뚜렷하였다. 그렇지만 개항 이후 도시들은 새롭게 배치되고 구성되어, 새로운 기능을 갖추고 산업형 도시 로서의 면모를 보이기 시작하게 된다. (박현수, 1990 ibid. 10쪽에서 참조).

있었기 때문에 조선시대의 전통적 도시지역의 성장을 원하지 않았다는 것을 말해준다. 일제는 1914년 12개의 부(府)를 지정하였고,[9] 1917년에는 23개의 지정면(指定面)을 설정하였는데, 이때 기준으로는 일반적 지표인 해당 단위지역의 총인구수 보다는 일본인 거주자의 수가 더 중요하게 작용하였다.[10] 1914년에 지정된 12개의 부에는 당시의 인구 순위로 4위인 개성(3.6만명)이나 9위인 함흥(1.7만명)외에도 인구 1만명이 넘는 지역이 6군데나 더 있었지만[11] 이들 지역을 제외시킨 대신에 인구 1만명 미만의 군산, 청진 등을 포함시킨 것은 이러한 사실을 말해준다. 이들 제외 지역이 전통적 도시지역임을 말할 필요가 없다. 이와 같은 이유로 지정면에서 제외된 대표적인 지역으로는 인구 6,7천명의 안성, 제주, 안동, 경주, 밀양, 동래 등이 있었다.

　군(郡)과 면(面)과 같은 행정구역의 확대는 군과 면소재지의 중심지 기능을 크게 강화시켰다. 새로운 군·면의 소재지들은 행정구역의 면적과 인구를 확대함에 따라 중심지로서의 기능이 크게 확대되었다. 이 과정에서 행정 중심지의 지위를 상실한 종래의 군현면(郡縣面)의 소재지중에서 특히 군과 현의 소재지는 대부분 취락이 정체되거나 쇠퇴하였다. 예컨대, 조선시대 행정 중심지로서 호남감영이 위치했을 뿐 아니라 전산

---

8) 권태환, 1990, 「일제시대의 도시화」,『한국의 사회와 문화』11집, 한국정신문화연구원, 254쪽.

9) 1914년 3월 1일부로 개편된 전북의 부군명칭과 관할구역을 보면 다음과 같다. 群山府, 全州郡, 錦山郡, 珍山郡, 茂朱郡, 龍潭郡, 長水郡, 鎭安郡, 高山郡, 益山郡, 龍安郡, 咸悅郡, 礪山郡, 臨陂郡, 金提郡, 萬頃郡, 泰仁郡, 金溝郡, 任實郡, 扶安郡, 井邑郡, 古阜郡, 茂長郡, 高敞郡, 興德郡, 淳昌郡, 南原郡, 雲峯郡으로 이루어졌다 (朝鮮總督府, 1917,『朝鮮全道府郡面里洞名稱一覽』, 341쪽에서 참조).

10) 지정면(指定面)의 기준은 일본인 거주자 250명 이상이나 또는 일본인의 비율이 30% 이상의 지역이었고, 부의 지정 지표는 일본인의 거주자가 대략 5천명 이상인 것으로 추정된다. (손정목, 1982, 144쪽에서 참조).

11) 1914년에 지정된 전국 12부(府)의 인구순을 나열하면 서울(25만), 부산(5.5만), 평양(4.4만), 대구(3.2만), 인천(3.1만), 원산(2.1만), 마산(1.4만), 목포(1.2만), 군산(8천), 신의주(6천), 청진(6천) 등이었다. 인구 1만명을 넘는 6개 지역은 통영(1.6만), 해주(1.5만), 수원(1.4만), 전주(1.3만), 진주(1.1만)이었다.

업형 도시로 일찍 형성되었던 전주의 경우 인구규모에서 1910년 당시이미 17,732명의 인구를 가진 큰 도시로 군산의 5,000명 보다 훨씬 컸음에도 불구하고 부(府)에서 제외되었고,12) 대신 일본인 거류지가 있었던 군산이 부로 승격되었다. 이처럼 일제시대 행정체계의 개편에서 중요하게 고려되었던 것은 인구수나 규모가 아니라 일본인 거류지의 존재나 거류자수였다는 사실을 알 수 있다. 이는 행정체계의 개편이 식민지 지배체제를 정당화하는 데 있었다는 것을 말해준다.

　이러한 사실은 1915～1944년 사이의 도시(부)별 인구규모와 일본인 비율을 제시한 <표 5-1>에 잘 나타나고 있다. 이 표를 통하여 일제시대 한국 도시의 특성을 다음과 같이 요약할 수 있다. 첫째, 1914년 행정 구역의 개편으로 부(府) 제도가 실시된 직후인 1915년의 경우 모든 도시에서 일본인의 비율이 매우 높다는 것이다. 둘째, 1930년대 이후 새로운 부들이 신설되면서 일제시대의 도시화 현상은 다른 모습을 보인다는 점이다. 이들 도시들은 이전까지 일제에 의해 부 승격에 배제되었던 기존의 전통적 도시들이다. 셋째, 1930년대에 들어서면서 모든 도시에서 일본인의 비율이 급격하게 감소한다는 것이다. 이러한 사실은 다음의 <표 5-2>에서도 잘 나타나고 있다. 일제 시대 도시화의 특징은 인구 10만 이상의 대도시는 짧은 기간내에 급격히 형성되었지만 인구 2～10만의 중소도시의 형성은 매우 저조했다는 점이다. 이 시기에 급성장한 대도시는 경성을 비롯하여 평양·부산·대구·인천 등으로 주로 공업지대의 대도시로 인구의 집중현상이 급격하게 진행되었다.

---

12) 全州財務監査局, 1910, 『全北調査資料』에서 참조.

<표 5-1> 일제시대 부별(府別) 인구규모와 일본인 비율

	1915년	1925년	1935년	1944년
전 체 인 구 (A)	17,976	49,523	22,899	25,918
서 울	241(26.10)	342(25.94)	444(27.96)	989(16.06)
인 천	31(38.06)	56(21.21)	83(16.10)	214(10.17)
군 산	11(43.25)	22(32.77)	42(22.54)	58(14.34)
목 포	13(41.93)	27(25.51)	61(15.11)	69(11.14)
대 구	33(24.28)	77(22.75)	107(19.97)	207(9.99)
부 산	61(49.16)	107(38.82)	183(28.49)	329(18.55)
마 산	16(30.69)	23(22.48)	32(18.77)	54(11.66)
평 양	48(18.93)	89(19.61)	183(13.79)	342(9.31)
진 남 포	22(24.79)	57(16.94)	51(11.810	82(9.25)
신 의 주	6(45.99)	23(23.78)	58(15.25)	118(8.81)
원 산	22(31.60)	36(23.48)	60(18.48)	113(12.92)
청 진	6(46.47)	21(29.46)	56(22.35)	184(16.05)
전 주	−	−	42(12.96)	67(10.30)
광 주	−	−	55(14.81)	82(10.82)
함 흥	−	−	57(18.73)	112(10.74)
개 성	−	−	56(2.90)	76(2.54)
대 전	−	−	39(24.52)	76(13.92)
진 주	−	−	−	53(6.15)
진 주	−	−	−	53(6.15)
해 주	−	−	−	82(8.11)
나 진	−	−	−	34(26.44)
성 진	−	−	−	68(14.03)
합 계 (B)	508(30.51)	850(25.99)	1606(20.82)	3411(13.12)
도 시 수	12	12	17	21
도시인구비율 (B/A)	2.8	4.4	7.0	13.2

참고 : ( )안의 수치는 일본인의 비율(%)을 나타낸다.
자료 : 朝鮮總督府, 『朝鮮總督府年報』(1915), 朝鮮總督府, 『國勢調査報告書』(1925~1944)
　　　권태환, 1990, 「일제시대의 도시화」, 290~292쪽에서 재구성.

그러나 이 시기의 도시화는 인구유입 이외에 새로운 도시의 형성과 지역조정에 따른 지역편입에 의해 이루어진 부분도 상당하다는 것을 감안해야 한다. 이와 같은 지역조정을 고려하여 도시화율(都市化率)을 추정한 연구에 따르면, 1920~25년의 도시화율이 가장 높고, 그 이후 1935년까지는 오히려 도시화의 속도가 감소하며, 1935~40년 사이에는 다시 높은 도시화율을 보이지만 이 기간은 도시지역의 확대요인이 특히 컸던 시기였다고 한다.13) 즉 각 5년 마다의 부·군·읍 지역의 인구증가율은 1935~40년 사이가 가장 높았다. 그러나 농촌 인구의 유입에 따른 도시인구의 증가가 상대적으로 컸던 시기는 1920년대 전반이며, 1935~40년 사이는 지역조정에 따른 편입이 도시인구 증가에 미친 영향이 매우 큰 시기였던 것이다.

<표 5-2> 일제시대 전국인구와 도시 인구 현황

		1915년	1920년	1925년	1930년	1935년	1940년	1944년
한국 총인구 (천명)	인구규모	17,976	18,455	19,523	21,058	22,899	24,326	25,918
	한국인비율	98.2	97.9	97.4	97.0	96.9	96.7	96.9
	외국인비율	1.8	2.1	2.6	3.0	3.1	3.3	3.1
도시인구 (천명)	인구규모	508	598	850	1,190	1,606	2,818	3,411
	한국인비율	68.3	69.3	71.5	74.7	77.5	84.4	85.9
	일본인비율	30.5	28.8	26.0	22.6	20.8	14.7	13.1
도시인구비율		2.8	3.2	4.4	5.6	7.0	11.6	13.2
연평균 증가율	한국총인구	–	0.52	1.14	1.51	1.68	1.21	1.77
	도시인구	–	3.52	7.03	6.72	6.01	11.25	5.33

자료 : 권태환, 1990, ibid., 259, 290~298쪽에서 재정리

---

13) 권태환, 1990 ibid., 260~262쪽

결국 이러한 일제시대 식민지형 도시들의 양적 성장은 전통적 기능과 단절된 채 일제의 요구와 필요에 의해 형성되고, 그에 따라 성장한 식민지형 도시화였다는 것을 확인할 수 있다. 특히 전북 지역에서의 식민지형 도시화는 일제에 의한 농업수탈의 기반을 조성함과 동시에 이 지역에서 이를 적절하게 수행해 나갈 식민지 지주제(地主制)의 형성을 가능하게 했다. 이들 일본인 지주들은 주로 호남을 중심으로 한 곡창지대에 대규모 농장을 경영하면서 일제의 농업수탈에 가장 앞장섰다. 특히 군산은 바로 이러한 배경하에서 농업수탈의 집결지로서 기능을 담당하면서 일제 말기까지 지속적으로 성장하였다. 결국 일제시대 강요된 도시의 형성이나 발전은 식민지 착취를 위한 보다 적합한 식민지형 도시공간을 창출하고자 하는데 있었던 것이다.

3. 군산의 개항과 도시화

일제가 한국을 식민지로 침략했던 가장 큰 이유 가운데 하나는 앞에서 지적했듯이 한국을 일본 경제의 원료 공급지이자 자본제적 상품시장으로 만들어 일본 자본주의의 하부구조로 편입시키고자 하는 데 있었다. 특히 농업체제의 재편은 토지조사사업에 따라서 일제에 의한 토지의 침탈로 추진되었으며, 이렇게 약탈한 토지를 동척(東拓), 후지[不二], 도야마[東山], 구마모토[熊本] 등의 일본 농장회사나 일본인 농업 이민들에게 불하하였다. 이와 같이 일제에 의한 식민지 농업정책은 한국내에 일본인 지주와 한국인 소작농으로 구성되는 식민지 지주제를 대대적으로 형성하고, 그 지주경영을 활발히 전개하는 가운데 한국 농민을 지배해 나가려 했다.14)

---

14) 김용섭, 1992, 「일제의 초기농업식민정책과 지주제」, 『한국근현대농업사연구』, 일조각, 48~49쪽.

　　따라서 농업경제의 재편과 토지침탈은 일제가 한국을 침략하는 데 가장 역점을 두었던 분야였으며, 일제에 의한 한국 농업의 재편은 군산과 그 배후지의 사회에 가장 큰 변화를 가져다 준 계기가 되었다. 김제는 전북 지역 최대의 미곡생산 지역으로 군산의 개항후부터 일본의 집중적인 개발대상 지역이 되었다. 특히 군산은 일제가 주변의 김제만경평야 지역에서 생산된 쌀을 일본으로 수출하고, 전북 및 충남지역에 일본의 자본제적 상품을 판매하기 위한 목적으로 성장시킨 식민지 거점 도시이다.

　　일제는 군산의 개항과 함께 경제적 수탈을 위하여 각종 기구와 제도를 개편하였다. 그래서 군산을 중심으로 한 전북 지방은 커다란 변화를 맞게 되었다. 조선 후기까지 군산에는 수군 만호진(水軍 萬戶鎭)이 설치되어 있었고, 이곳에는 군산 주위의 군현(郡縣)으로부터 한양으로 운반할 세미(稅米)가 집결되었다.15) 군산의 수군 만호진을 관리하는 만호청(萬戶廳)은 현재 군산시의 북쪽 끝에 있었다. 이 수군 만호진에는 1800년대에 800명 가량의 관리와 병사들이 있었다. 수군 만호청의 주위에는 병사들이 근무 이외에 시간에 경작하는 둔전(屯田)이 설치되어 있었다. 장시(場市)는 수군 만호청으로 부터 1km정도 떨어진 서래(京場)라는 곳에서 열렸다.16) 1899년 군산이 개항되고 여기에 조계지(租界地)의 토지는 격자상(格子狀)으로 구획되었으며 이 조계지에는 수군 만호진이 위치한 곳이 포함되었다.17) 전주에서 군산에 이르는 간선도로는 수군 만호진을 지나가도록 구획되었다. 이때 수군 만호청의 건물이 철거되었을 뿐만 아니라 이것이 입지해 있던 구릉 자체도 제거되었다.

　　그리고 1899년 5월 일본의 목포 영사관 분관과 한국 정부의 감리서, 세관, 우체사, 경무서가 설치되고 그리고 11월에는 일본의 목포 우편국 출장소와 각국 거류지회가 설립되었다. 또한 1905년 2월에는 러일강화조약으로 통감부가 설립되면서 영사 분관의 폐지와 동시에 전북과 충남

---

15) 군산시, 1975, 『군산시사』, 196～200쪽.
16) 군산시, 1975, ibid. 244쪽.
17) 群山南韓鐵道期成同盟會, 1910, 『群山開港史』, 125～129쪽.

지역을 관할하는 이사청이 개설되고 전군도로(全郡道路) 부설공영소가 설치되었으며, 5월에는 우편 사무가 일본의 우편국에 병합되었다. 1906년 10월에는 일본인 거류민 역소(役所)가 거류민단으로 확대되고 감리서가 폐지되면서 옥구군이 부로 되어 부청이 군산으로 이전되었으며, 그 다음해에는 경무서가 경찰서로 개편되었다.[18] 1910년 한일합방이 되면서 이사청(理事廳)이 폐지되었으며, 1914년 4월 지방 행정체계의 개편에 따라 부(府)로 승격되었다.

군산은 1914년에 부(府)로 승격된 이후 1945년 해방 당시까지 인구·경제·문화 등 모든 분야에서 지속적인 성장을 보인 도시였다. 1930~35년의 5년 동안 군산부의 전체 인구는 2만 6천명에서 4만 2천명으로 증가하여 5년 동안 62%의 증가를 보였고, 또한 1940~44년 사이에도 약 25%의 증가율을 보여 해방 직전에는 5만 7천명을 기록할 정도로 인구의 집중현상이 컸었다. 1899년 5월 1일 개항이후 일본인들의 이주는 점차 증가하여 1910년 말에는 986호, 3,737명, 1912년 1,290호, 4,986인, 1916년 1,404호, 5,387명, 1922년 1,659호, 6,528명이 되었다.[19] 1922년 당시 군산부 주민들의 직업별 인구 및 가구는 다음과 같다.

1910년 한일합방 직후에 군산의 조계지(租界地)가 폐지되었으며, 1912년에 이리와 군산을 연결하는 철도가 부설되었다. 군산역이 구(舊) 조계지의 남쪽에 들어선 후에는 군산의 시가지가 조계지 이남으로 확대되어 나갔다. 군산의 시가지는 군산역이 생기고 난 후 10여년간 급격히 성장하였다. 미곡상, 정미업, 양조업, 기타 도매업 등을 경영하는 일본인들은 물론 소매업과 품팔이 노동을 하는 조선인들이 군산에 많이 유입되었다. 그러나 이 기간에 군산에서는 도시계획이 제대로 시행되지 않았기 때문에 신시가지인 군산역 일대는 도시형태가 불규칙하게 발달할 수 밖에 없었다. 이것은 일본인들의 입장에서 볼 때 군산역 일대는 조선인들이

---

18) 群山府, 1935, 『群山府史』, 13~45쪽.
19) 朝鮮總督府, 1923, 『朝鮮に於ける內地人』, 84쪽.

집중적으로 거주하는 지역이었으므로 이 일대에 대한 도시계획을 소홀히 생각하였기 때문이다. 그래서 일본인 중심의 시가지인 구 조계지 일대는 격자상의 도로형태를 하고 있었지만 조선인의 시가지인 군산역 일대는 불규칙한 도로형태를 띠게 되었다.[20]

<표 5-3> 군산부 주민들의 직업별 인구 및 가구

구 분	한국인		일본인		기타 외국인		전 체	
	인구	호수	인구	호수	인구	호수	인구	호수
농림 및 목축업	230	50	76	22	8	2	314	74
어업 및 제염업	15	5	119	32	–	–	134	37
공업	965	353	1,529	378	18	8	2,512	739
상업 및 교통업	5,359	1,101	2,561	583	166	61	8,086	1,745
공무 및자유업	454	147	1,468	400	4	2	1,926	549
기타	3,775	745	642	196	–	–	4,417	941
무직	134	28	133	48	–	–	267	76
전체	10,932	2,429	6,528	1,659	196	73	17,656	4,161

자료 : 朝鮮總督府, 1923, 『朝鮮に於ける內地人』, 85쪽에서 재정리

이 두개의 시가지는 상업활동의 내용과 규모면에서 확연하게 구별되었다. 군산역전의 시가지는 조선인의 상업활동을 위한 주요 무대가 되었고, 구 조계지는 일본인들이 주도하는 상업활동의 중심구역이 되었다. 구 조계지는 일본인들이 경영하는 미곡상, 정미소, 양조장 등이 집중되어 있었다. 군산역전 일대는 조선인들이 운영하는 소매상들이 집중되어 있었다. 특히 일본인들이 작은 자본으로 비농업 부문에서 가장 쉬운 투

---

20) 류제헌, 1994, 『한국의 근대화와 역사지리학 - 호남평야』, 한국정신문화연구원, 129쪽.

자영역은 정미업과 양조업이었다.21) 이들 업종은 미곡을 원료로 할뿐만 아니라 그 기술도 비교적 단순하고 그리고 시장의 범위도 좁은 지역을 대상으로 하기 때문에 소자본으로 경영하기에 가장 적합한 지방 산업이었다. 또한 이 두개의 시가지는 서로 거리가 떨어져 있는 상태에서 별개의 취락으로 발달하였다. 이처럼 연속되어 있지 않은 시가지 사이에 남아있는 구역은 1927년경까지 건물과 가옥이 거의 들어서지 않은 공터로 남아 있었다.

이 공터는 1930년대 군산의 도시성장이 확대되면서 점차 시가지로 발전하기 시작하였다. 이 구역에 들어와 살게 된 사람들은 한국인 상류층과 일본인 중, 하류층이었으며 여기에서 한국인과 일본인들은 서로 섞여 살기도 하였다. 이러한 거주지역은 일본인 상류층이 주로 사는 구 조계지일대와 조선인 중, 하류층이 사는 군산역 일대와 대조를 보였다. 이와 같이 1930년대의 군산은 시가지가 민족별·계층별로 점유구역이 뚜렷하게 분화되어 있었다. 이와 같이 군산은 일본 제국주의의 식민지화와 근대화라는 두 가지의 외부 요인에 의해서 개항이 이루어졌고, 그에 따라 도시가 형성되었다. 사회적으로는 외국인 거류지를 중심축으로 도시가 발달되었고, 경제적으로는 대외 무역항으로 성장했던 것이다.

지금까지 살펴본 것처럼 일제시대 농업수탈에 있어서 중요한 역할을 수행하였던 개항장인 군산의 배후지에는 김제만경평야가 있었던 김제, 옥구, 익산, 부안 등이 있었다. 일제는 군산 배후지의 넓은 평야를 관리하기 위하여 이곳에 대규모 일본인 농장을 설립하였다. 이 과정에서 이들 지역에는 많은 일본인 지주나 농장주 그리고 농업이민을 통하여 많이 유입되었으며, 이 과정에서 이 지역들은 소도시를 형성하게 되었다. 그러면 이러한 배후지 가운데 김제를 중심으로 하여 일제하 소도시의 형성과 변화과정을 구체적으로 살펴보고자 한다.

---

21) 류제헌, 1994, ibid., 129쪽.

4. 식민지형 소도시화와 도시공간의 변화

지금까지 살펴본 것처럼 이 지역의 사회문화적 변화에 가장 크게 영향을 미친 것은 군산의 개항과 일제의 식민지라는 역사적 조건이었다. 군산항의 개항은 이 지역의 공간체계에 많은 변화를 초래했다. 특히 김제는 일제하에서 군산이란 개항장의 배후지로서 많은 변화를 겪었기 때문에 여기에서는 일제 식민지하에 이루어진 김제의 공간적 변화과정을 중심으로 하여 살펴보고자 한다.

한일합방 이전 조선 후기의 전국의 행정체계는 8개의 도(道)로 나누어져 중앙집권적으로 통치되었다. 하나의 도는 부, 대도호부, 목, 도호부, 군, 현(府, 大都護府, 牧, 都護府, 郡, 縣)의 행정구역으로 다시 분할되었다. 부, 대도호부, 목, 도호부, 군, 현에는 각각 그것들의 행정구역을 통치하는 치소(治所)가 있었으며, 도감영(道監營)은 이중에서도 목 이상의 치소에 설치되었다. 도감영으로부터 직접적인 관할을 받는 지방행정구역 중에서 군과 현은 가장 기초적인 것이고, 군과 현은 행정상 등급이 부여되었으며, 군은 현에 비해 관할구역의 인구가 많고 토지가 넓었다. 전라도는 도의 행정구역안에 전라부라는 부가 관할하는 행정구역이 별도로 설정되었으며, 전주부에는 전주 부아(府衙)와 전라 감영이 설치되어 있었다. 조선 후기에 전주는 행정기능이 집중되어 있고 상업기능이 매우 활발한 전국적인 규모의 도시였다.[22]

한일합방 이전까지 김제군의 치소는 성산(城山)의 남쪽 기슭에 위치하고 있었으며, 읍성에 둘러싸여 있었다. 조선 후기까지 군현의 치소가 있었던 군내면(郡內面) 또는 읍내면(邑內面)은 부, 대도호부, 목, 도호부의 치소와는 달리 도시계획이 거의 실시되지 않았던 것 같다. 읍성(邑城) 안팎으로 발달한 도로는 일정한 유형의 규칙성을 띠지 않았으며, 또한 향교, 동헌과 같은 공공건물의 공간적 배열도 규칙성을 가지고 있지 않았

---

22) 손정목, 1977, 『조선시대 도시사회연구』, 일지사, 209쪽.

다. 따라서 일제 식민지 이전인 조선 후기의 김제는 어떤 유형의 계획에 따라 취락이 발달하였기 보다는 작은 촌락이라고 보는 것이 타당하다.[23]

한일합방 이후 일제하의 도시는 크게 조선시대 이래의 전통적 도시와 일제 식민지화와 관련하여 새롭게 형성된 식민지형 신흥도시로 나누어 볼 수 있다. 특히 김제가 본격적으로 도시의 형태를 띄기 시작한 것은 1899년 군산의 개항과 1912년 호남선 철도의 개통과 그에 따른 일본인들의 이주가 중요한 계기가 되었다. 특히 1920,30년대부터 일본인들의 본격적인 이주는 김제 지역에 많은 변화를 불러 일으켰다.

1899년 5월 1일 군산항이 개항되면서 일본인들의 이주가 본격적으로 이루어졌다. 이 지역에 진출한 일본인들은 지주, 상인, 관리, 기업인, 수공업자들이 대부분이었으며 농민들은 드물었다. 이들은 도시에 거주하면서 자신들의 거주지안에는 조선인의 거주를 막았으며, 일본인 농민들의 일부는 해안의 평지나 하안(河岸)의 저지를 개척하여 촌락을 이루며 살았다.[24] 이 지역의 일본인들은 도시와 농촌을 막론하고 현지인들과 격리되어 거주지를 형성하였다. 호남선이 1912년 개통[25]되기 전에는 일본인들의 유입은 주로 하천의 수운을 통하여 이루어졌다. 일본인들은 개항장인 군산을 일차적 교두보로 삼고 하천 연변을 따라서 점차 내륙으로 침투하였다. 1899년 군산이 개항된 후, 그들은 군산에 조계지를 확보하여 거기에 자신들의 집단 거류지를 조성하였다. 화호(禾湖), 대장촌(大場村), 남포(南浦) 등은 이 시기에 일본인들의 정착에 힘입어 성장한 포구 취락이나 또는 도진(渡津) 취락들이었다.[26] 이들 포구와 도진에 거점을 둔 일

---

23) 류제헌, 1994, ibid., 79쪽.

24) 宇津木初三郎, 1928, 『朝鮮寶庫 全羅北道發展史』, 27쪽; 實業之朝鮮社(編), 1928, 『東津江流域』, 127쪽.

25) 호남선은 총 연장 약 260km이다. 전북내의 길이는 82km로 이리에서 군산항에 이르는 24.7km의 지선(支線)이 나뉘며, 이리 이북과 군산 지선은 1912년 4월에 개통되고 그 이남은 1913년 겨울에 개통되었다. 경전북부선은 1927년 10월 1일에 조선총독부 철도국이 이리-전주간의 사유철도를 매수, 개량하여 1929년 9월에 25km가 완성되고 10월에 전주-남원간의 61km가 개통되었다. (군산부, 1935 ibid., 15쪽에서 참조)

본인들은 대부분 지주와 상인들이었다. 그들은 김제만경평야에서 생산된 쌀을 매점매석하여 일본으로 수출하였다.[27]

한편 1912년 호남선 철도의 개통 이후 일본인들은 호남선 철로변에 신도시를 건설하고, 이 신도시들을 내륙 진출의 새로운 거점으로 삼았다. 이렇게 형성된 식민지형 도시가 김제, 신태인, 이리 등이다. 한일합방 이후에 한국에 건너온 일본인 관리, 사업가, 상인, 수공업자들은 대부분 이처럼 새롭게 형성된 도시에 정착하였다. 그래서 이러한 식민지형 도시의 주민구성에 있어서 일본인이 차지하는 비율은 상당히 높았다. 특히 김제의 경우 1910년 4월 12일 구마모토현(熊本縣)의 미야모토(宮本益藏)가 일본인 거주자의 원조(元祖)이고, 그 후 계속해서 산또(三藤君平), 무라마츠(村松演夫), 도쿠다(德田) 등이 이주해 왔다.[28]

1912년 호남선 철도의 개설되면서 김제에도 역이 설치되는데, 철도개통 이후의 번영을 기대한 이주자가 점차 증가하여 1912년 말에는 15가구, 48명이 되고 1913년에는 이주자가 현저히 증가하여 29호, 87명에 이른다. 특히 김제역 앞에 일본인 마을이 형성되고 난 이후부터 매년 일본인의 이주가 증가하여 1923년에는 일본인이 227가구, 968명에 이르고, 조선인은 1,864가구에 8,790명에 이른다.[29] 그리고 1927년의 경우에는 일본인 329가구, 1,290명으로 증가하는데, 이들 일본인들의 출생지역을 보면 구마모토현(熊本縣)이 148명, 야마구치현(山口縣)이 40명, 가고시마현(鹿兒島縣)이 39명, 이시가와현(石川縣)이 34명으로 나타나고 있다.[30] 따라서 이들 일본인들의 출신지는 대부분 한국과 가까운 서남부 지역이고, 특히 구마모토의 출신들이 많은 비중을 차지했다.

1934년의 조사자료에 의하면, 그 당시 김제의 인구 및 가구의 변화는

---

26) 仙波正太郎, 1913, 『群山交通機關の變遷』, 141～144쪽.
27) 졸저, 2000, 『한국농촌사회변동과 농업생산구조』, 서경문화사, 66쪽.
28) 宇津木初三郎, 1934, 『湖南の寶庫 金提發展史』, 6쪽.
29) 宇津木初三郎, 1934, ibid., 6～7쪽.
30) 實業之朝鮮社, 1928, ibid, 160쪽.

<표 5-4>와 같다. 이 <표>에 나타나듯이 이 시기에 김제를 중심으로 해서 김제읍내에 거주하는 가구 및 인구는 일본인이 345호에 1,344명, 한국인이 2,739호에 13,629명, 그외 외국인이 25호, 76명으로 증가하여 김제는 호남지역의 주요 산업도시로 되었다. 이처럼 일제하에 있어서 군산, 이리, 김제, 신태인 등과 같은 식민지형 도시들은 전주, 고부, 태인 등과 같은 전산업형(前産業型) 도시보다 성장이 훨씬 컸었다.[31]

<표 5-4> 일제하 김제의 인구 및 가구의 변화

구 분	1923	1925	1927	1929	1930	1931	1932
일본인	227 968	296 1,173	329 1,290	302 1,251	344 1,452	358 1,493	345 1,344
한국인	1,864 8,790	1,938 9,001	2,135 10,224	2,347 10,575	2,683 13,629	2,710 14,276	2,739 13,629
외국인	20 71	26 83	37 118	37 106	47 163	47 163	25 76
전 체	2,141 9,829	2,260 10,207	2,511 11,632	2,586 11,932	3,074 15,244	3,113 14,932	5,109 15,048

참고 : 단위는 호수(戶數)와 인(人)을 나타낸다.
자료 : 宇津木初三郞, 1934, 6쪽에서 재작성

이 도시들은 일본인들의 수요에 부응하여 제 2,3차 산업이 활발하게 성장하였다. 특히, 서비스업을 중심으로 한 3차 산업은 일본인들이 집중적으로 거주하는 군산, 이리, 김제, 신태인 등에 편중되어 발달하였다. 특히 군산은 전산업형 도시인 전주가 그 동안 담당해온 상업유통의 중심지 역할을 점차로 떠맡게 되었다.[32] 군산이 개항되기 전에는 전주로부터 태인을 거쳐 고부에 이르는 교통로가 유통경로의 주축을 이루었다.

---

31) 졸저, 2000, ibid, 67쪽.
32) 群山南韓鐵道期成同盟會, 1910, ibid, 113~114쪽.

군산을 비롯한 해안의 포구들이나 하안의 도진(渡津)들은 내륙의 결절점
(nodal point)에 대하여 보조적인 역할을 하고 있었다.33)

군산이 개항된 후에는 전주를 정점으로 하는 내륙지향적인 유통구조
가 군산을 중심으로 하는 해안지향적 유통구조로 바뀌어 갔다. 개항 이
전에 태인과 고부의 보조적인 결절점이었던 줄포, 남포, 화호, 대장촌 등
은 개항 이후에 태인과 고부를 능가하는 결절점으로 성장하였다.34) 개항
이전에 이 포구와 도진(渡津)들은 바다 쪽에서 들어오는 재화를 내륙 쪽
으로 중계하는 중간 결절점의 역할을 하였지만 개항 이후에 이 포구와
도진들은 내륙 쪽으로부터 바다 쪽으로 재화를 유출시키는 중간 결절점
의 기능을 담당하게 되었다.

이와 같은 결절기능의 전환은 인구와 재화의 흐름이 역전됨에 따라
일어난 것이다. 개항 이후에는 내륙 쪽에서 해안 쪽으로 유출되는 재화
의 양이 해안 쪽에서 내륙 쪽으로 유입되는 양을 훨씬 능가하게 되었던
것이다. 군산을 제1차 결절점으로 하고 포구와 도진들은 제2차 결절점으
로 하는 유통의 공간구조는 일제 초기에 호남선이 개통될 때까지 유지
되었다. 그후 1912년 호남선과 군산선이 개통됨에 따라 제2차 결절점의
기능이 포구와 도진으로부터 철도 주변의 주요 역소재지로 넘어갔다.35)

일제 식민통치의 전시기를 통하여 이리, 김제, 신태인, 삼례, 황등, 대
야, 함열 등은 취락의 성장이 군산과 전주 다음으로 활발하였다. 이중에
서 삼례를 제외한 나머지는 모두 철도 주변에 위치하여 역을 중심으로
발달하였다. 그래서 일제시대에 철도를 기준으로 발달한 새로운 유통경
로는 그 이전에 도로를 중심으로 발달한 전통적 유통경로와 기능적으로
중복되거나 대립하는 양상을 띄었다.36)

---

33) 류제헌, 1994, ibid, 122쪽.
34) 仙波正太郎, 1913, ibid, 32~35쪽.
35) 졸저, 2000, ibid., 69쪽.
36) 졸저, 2000, ibid., 69쪽.

<표 5-5> 일제하 도시인구에 대한 일본인의 비율 변화(1910-1935)

지 역	1910년	1919년	1935년
군 산	2,355(48.2)	6,899(50.7)	9,400(22.5)
이 리	78(26.0)	1,961(50.7)	4,268(23.9)
김 제	118(0.04)	1,840(70.7)	1,527(16.0)
신 태 인	0(0.00)	450(32.6)	589(21.3)
정 읍	82(0.01)	788(20.7)	1,344(13.5)
전 주	1,418(0.01)	3,232(23.3)	4,274(11.1)

참고; ( )안의 숫자는 일본인의 비율이다.
자료; 全州財務監査局, 『全北調査資料』(1910년)
　　　朝鮮總督府, 『統計年報』(1919년)
　　　朝鮮總督府, 『朝鮮國勢調査報告 道編(全北)』第4卷(1935년)

이처럼 이 지역에서 일본인들의 유입은 식민지형 도시의 발달에 결정적인 기여를 하였다. <표 5-5>의 일제하 도시인구에 대한 일본인의 비율은 각 도시의 연도별 일본인의 수를 나타내고 있는데, 이 <표 5-5>에 의하면 일본인의 비율이 군산, 이리, 김제, 신태인 등이 전주, 고부, 태인 등지에 비해 훨씬 높다는 것을 알 수 있다. 각 도시에서 주민수에 대한 일본인의 비율은 1919년을 기점으로 점차 감소하고 하고 있다. 이러한 사실은 일본인의 정착에서 비롯된 도시성장이 나중에는 한국인의 도시로의 인구유입에 의하여 지속되었음을 나타낸다. 이와 같은 일본인의 유입에 따라 1927년 당시 김제에 거주했던 일본인은 329호, 1,290명에 이르렀으며, 이들의 출신지역을 살펴보면 구마모토(熊本) 출신이 148명, 야마구찌(山口) 출신 40명, 가고시마(鹿兒島) 출신 39명, 이시가와(石川) 출신 34명이었다.[37]

이러한 과정에서 김제지역의 변화과정을 살펴보면, 일제 식민지하에 들어와 김제는 김제군의 행정중심지로서 존속되었으며, 호남선의 주요 역(驛)이 설치되었다. 김제는 조선시대 군의 치소로서 시가지의 성장이 한일합방 이후까지 가장 활발하게 이어진 곳이다. 일제하 김제 지역은

---

37) 實業之朝鮮社(編), 1928, 『東津江流域』. 160쪽.

그 주변의 평야지대에서 생산되는 쌀을 모아 호남선을 통하여 군산으로 보내는 배후지의 역할을 수행하였다. 1939년 당시 김제 지역의 토지소유별 상황은 1천 정보 이상이 5명, 3백 정보 이상 4명, 1백정보 이상 9명, 50정보 이상 17명, 10정보 이상 172명으로 나타나고 있다.38)

일본인들은 김제역을 조선시대의 읍치소가 있었던 성산(城山) 기슭으로 부터 약 2.2㎞ 정도 떨어져 있는 곳에 건립하였다. 이곳은 그때까지 배수가 좋지 않은 곳으로 미간지로 남아 있었다. 일본인들은 김제 역전(驛前)에서 서, 남, 북의 세 방향으로 도로망을 계획적으로 조성하였다. 김제 역전의 도로변에는 주로 일본인의 상점과 주택이 들어서게 되었다. 이 일대에서 일본인의 주된 경제활동은 미곡 도매상, 정미소, 고급 음식점, 여관, 잡화점을 운영하는 일이었으며, 김제 역전의 신시가지는 성산 기슭의 구시가지와 공간적으로 분리된 채 농지가 그 대부분을 차지하였다.

김제읍으로의 승격39)이후 인 1934년 당시 김제의 관공서 및 단체는 김제군청, 김제군 농회(農會), 경찰서, 읍사무소, 우편소, 역, 곡물검사지

---

38) 그 가운데 김제지역에서 백정보 이상의 지주와 농장을 구체적으로 살펴보면, 東洋拓植株式會社(1,848정보), 東津農業株式會社(1,425정보), 熊本二平(1,316정보), 多木粂次郎(1,286정보), 石川縣農業株式會社(1,198정보), 中紫産業株式會社(539정보), 右近商事株式會社(433정보), 桀富安左衛門(393정보), 株式會社 阿部市商店(354정보), 財團法人 富民協會(221정보), 赤木峰太郎(213정보), 橋本央(201정보), 多木燐太郎(196정보), 島谷産業株式會社(155정보), 金子圭介(111정보), 田植太郎(105정보), 溝手保太郎(101정보), 桐岡末子(101정보) 등과 같다. (宇津木初三郎, 1934, 『金提發展史』, 60쪽에서 참조).

39) 김제가 현재와 같은 관할 구역에서 김제군이라는 명칭을 갖게 된 것은 일제 식민지 초기인 1914년 이다. 일제는 구한말인 1896(高宗 33年)년에 이루어진 조선 8도의 개편(이때 전라도가 남북도로 분리됨)를 따르면서 1914년에 2－3개의 군이나 현을 하나의 군으로 통합시켰다. 1914년에 김제군의 19개 면, 만경군의 11개 면, 금구군의 9개 면이 김제군으로 통합되면서 모두 17개 면으로 개편되었고, 1931년에는 당시의 김제면이 읍으로 승격되면서 김제군은 1읍 16면으로 되었다. 그리고 1935년에는 쌍감면을 봉산면으로, 수류면을 금산면으로 명칭을 바꾸고, 하리면과 초처면을 봉남면으로 개칭·병합하여 1읍 15면이 되었다.

소, 동진수리조합, 번영회, 전주지법 출장소, 재향군인회 분회, 미곡상조합, 학교조합, 소방조(消防組), 국방의회, 실업청년회, 세무서, 금융조합, 식산은행 지점 등이 있었다.40) 그 당시 읍소재지로서의 김제의 면모는 김제에 개설된 회사와 상점에서 잘 나타난다.41) 이들 상점은 김제역과 성산 부근, 오늘날 김제역에서 동진농조(東津農組)에 이르는 지역에 위치하여 한국인과의 상업을 위한 업종 뿐만 아니라 식품, 자동차와 같이 일본인을 위한 업종도 나타나고 있다.

그리고 김제 역전에서 성산 밑의 구시가지에 이르는 도로가 주축도로의 기능을 하였다. 김제역전의 도로에는 상점들이 열을 지어 있었으며, 신시가지와 구시가지 사이의 도로변에는 군청, 경찰서, 읍사무소, 동진농조 등의 공공건물들이 각각 드문드문 떨어져 있었다. 이 도로변은 이 건물들을 제외하면 그 대부분이 농지로 남아 있었다. 성산 기슭의 구시가지는 일정한 계획을 따르기 보다는 자연발생적으로 성장하였다. 도로 형태가 거의 그대로 유지된 상태에서 상점과 들어서서 구시가지의 도시형태는 매우 불규칙하게 발달하였다. 동헌, 향교 등의 건물은 제 위치에 그대로 남겨 두었지만 새 가옥과 건물들이 많이 들어섰다. 객사(客舍)와 무기고는 헐리고 그 자리에 공설 시장과 정기시(定期市)가 설치되었다. 구시가지는 일본인의 농장 사무소와 농업회사의 건물이 각각 드물게 떨어져 있었지만 전체적으로 보아 한국인들이 그 대부분을 점유하였다.42)

---

40) 宇津木初三郎, 1934, Ibid., 61쪽
41) 1934년 당시 김제읍에 소재했던 회사와 상점은 石川縣農業株式會社, 池眞澄商店, 今井商店, 井上商店, 라이언寫眞館, 門脇印刷所, 黑田材木店, 伊藤自轉車店, 小澤時計店, 渡邊百貨店, 內山運送店, 金提自動車商會, 金提金融組合, 金萬自動車組合, 阿部藥店, 三菱鑛業所, 殖産銀行 金提支店, 久保商店(驛前), 二見食堂, 松本商店, 西村商店 등이 있었다. (宇津木初三郎, 1934, ibid., 107쪽에서 참조).
42) 류제헌, 1994, ibid., 132쪽.

<표 5-6> 김제의 업종별 종사자 및 판매고(1934년)

업 종	종사자	판매고(연간)	업종	종사자	판매고(연간)
미곡 및 비료	11	305,400	염료	1	7,190
의복 및 포목	16	211,620	기계 및 기계유	2	12,230
식료품	15	349,810	우육(牛肉)	4	50,000
과자 및 담배	7	22,810	음식물	6	26,090
양복	7	57,450	지물류	2	5,000
자전거	2	6,800	석탄	1	3,000
금방	2	18,430	도자기	1	3,960
약장사	5	32,430	시계방	1	3,000
목재 및 시멘트	3	67,200	신발	1	3,000
문구점	2	18,500	술소매(소주)	2	16,130
전 체			20	89	

자료 : 宇津木初三郎, 1934, 『金提發展史』, 78~19쪽에서 작성

그리고 그 당시 김제의 업종별 종사자는 위의 <표 5-6>과 같이 나타나고 있다. 이를 구체적으로 살펴보면, 곡물 및 비료(정미업 포함) 11명, 의복잡화 및 포목 15명, 과자연초류 5명, 양복잡화류 7명, 자전거 2명, 금물류(金物類) 2명, 약상(藥商) 5명, 목재 및 시멘트 3명, 문구잡화 2명, 염료 1명, 기계 및 기계유(機械油) 2명, 우육(牛肉) 4명, 음식물 6명, 지물류(紙物類) 2명, 시계방 1명, 석탄 1명, 도자기 1명, 신발(靴類) 1명, 주류(燒酒) 2명 등으로 모두 89명이었다.[43] 업종별 판매고 가운데 미곡, 식료, 의류가 높은 비중을 나타내고 있다. 이상과 같이 김제는 군산을 통한 대규모의 대일(對日) 쌀 유출을 계기로 김제는 일찍부터 정미업과

---

43) 宇津木初三郎, 1934, 『金提發展史』, 78~79쪽.

일본인 거류자를 위한 조미료업, 양조업, 식료품업, 기타 생필품업 등의 경공업이나 상업이 발전하였다. 이처럼 김제가 식민지형 소도시로 성장하는 데 중요한 계기는 호남철도의 부설로 인한 교통의 효율성, 인구의 양적 팽창과 궤를 같이 한 것이었다.

5. 결 론

지금까지 살펴본 것처럼 일제는 1876년 개항이후 식민지 한국의 여러 지역을 개항장으로 만들고, 이곳에 일본인 거류지역(居留地域)을 형성함으로써 식민지 경영을 위한 식민지형 도시형성의 토대를 마련하였다. 그리고 일제시대 행정체계의 개편에서 가장 중요하게 고려되었던 것은 인구수나 규모가 아니라 일본인 거류지의 존재와 일본인의 수였다는 사실을 알 수 있다. 이는 행정체계의 개편이 식민지 지배체제를 정당화하는 데 있었다는 것을 말해준다.

1876년 개항과 1910년 한일합방 이후부터 본격적으로 이루어진 일본의 제국주의적 침략은 식민지 한국에서의 도시화와 도시공간의 변화에도 커다란 영향을 미쳤다. 특히 이 연구의 연구대상 지역인 전북에서 군산항의 개항은 한국을 식민지화하려는 일본이 식민지 경영을 위한 교두보로 강요된 것이고 그 결과 개항 이후 군산은 한국 최대의 미곡 수출항으로 변화되었으며, 그것은 일본 자본이 전북 지역에서 토지와 농산물을 주 대상으로 한 농업 부문에 대한 집중적인 수탈의 결과였다. 김제와 같은 군산의 배후지역들의 식민지형 소도시화(小都市化)는 일본의 한국에 대한 식민지 정책의 시행에 따라 갈수록 구조적으로 심화되었다. 특히 일본이 이 지역에서 수탈해 간 주요 대상물이 쌀이었던 만큼 농업부문에 대한 수탈의 정도는 더욱 가혹했는데, 그로 인해 군산 배후지들의 소도시화 현상 또한 쌀과 같은 농업부문과 정미, 양조 등의 식품가공업을 중심으로 한 산업화, 도시화로 나타나게 되었다.

이와 같이 이 지역에서 식민지형 도시의 성장을 가져온 경제활동은 무엇보다도 쌀을 대상으로 한 상업 활동이었으며, 일제하 군산부의 성장은 배후지역의 농민 및 농업생산품 침탈에 대한 반대급부로 이루어진 것이다. 예컨대 쌀의 수탈을 위해 대규모로 조성된 환경 – 항만시설, 철도, 농장, 관개수리 등 – 은 군산부와 그 배후지역의 인구구성과 공간구조를 크게 변모시켰다. 더구나 이러한 분위기는 조선시대부터 크게 성장했던 주변의 전통 상권(商圈)을 몰락시키고 일제의 자본주의 상품소비를 위한 전북, 충남지역의 중추 관리기능과 새로운 상권의 중심지로 군산부(群山府) 뿐만 아니라 그 배후지역인 김제를 식민지형 소도시로 성장시켰다.

일제시대 김제의 도시성장과 관련된 지금까지 논의 중 우리가 확인할 수 있는 가장 중요한 사실은 일제시대 한국의 도시는 본질적으로 식민지 지배정책에 따라 개발되고 성장하였으며, 순전히 식민지 착취의 원활한 수행을 위해 기능하였다는 사실이다. 이상과 같이 김제의 도시형성과 변화과정44)은 한국의 대부분의 지방 도시들이 경험한 성장과정과 일반적으로 일치한다. 따라서 김제시의 형성과 변화과정에 대한 사례연구는 식민지적 상황이라는 역사적 경험을 배제하고는 이해할 수 없는 한국의 초기 도시화 과정의 특성을 파악할 수 있는 중요한 토대를 제공한다. 물론 이러한 도시의 발전과정은 부산, 인천 등의 식민지형 대도시가

---

44) 김제의 도시형태는 1970년대까지 별 다른 변화없이 일제 식민통치기간의 형태를 그대로 유지하였다. 성산 기슭의 구시가지와 김제역전의 신시가지 사이의 구역은 농지로 남아 있는 곳이 많았다. 최초의 도시계획에 의하여 1980년 초에 김제역 앞에서 부터 경찰서 앞까지의 도로가 두 배로 확장되었다. 이때 도로변에 새로운 건물들이 들어섰으며, 김제 역전의 도로변에 있던 일본식 건물들이 많이 철거되었다. 김제 역전과 북서쪽 외곽의 시내 및 시외 버스 터미널을 연결하는 도로가 새롭게 놓여짐으로서 신시가지와 구시가지의 교통연계성은 높아졌지만, 신시가지와 구시가지 사이의 구역은 대체로 옛 모습을 유지하고 있다. (졸저, 2000, ibid., 71~72쪽에서 참조).

해방 이후 정부의 개발정책에 따라 아무런 단절없이 자본주의적 산업형 도시로 이행(移行)하여 현대적인 거대 도시로 성장한 것과는 차이를 보인다.

『민속학연구』제7집, 2000, 국립민속박물관

제 Ⅱ 부
해방이후 농민사회에 대한 이해

제6장

농민의 이농에 따른 농업생산구조의 변화

1. 머 리 말

한국사회는 해방이후 급속한 공업화와 경제성장 및 정치적 혼란을 거치면서 사회구조의 근본적 변화를 경험해 왔다. 특히 산업화와 도시화 과정속에서 공업부문과 농업부문, 도시와 농촌의 불균등 발전은 더욱 심화되어져 왔다. 농촌은 저소득으로 인한 부채누중에 시달리고 농민은 소작지 확대에 의한 소작농화, 동거 가족원의 겸업 또는 부분 이농에 의한 비동거 가족원의 겸업화, 완전 탈농(脫農), 농업기계화, 비농가화(非農家化) 현상이 심화되고 있다. 또한 농민은 자신이 소유하는 생산수단과 자신 및 가족노동의 결합에 의한 농업생산이 필요하며 그리고 제 생산수단의 결합에 대한 각 사회집단의 사회경제적 관계는 매우 다양한 양상을 나타내고 있다.

이러한 상황 속에서 농촌의 많은 농업노동력은 자연히 도시산업부문으로 유출[1]되면서 농촌 내부에는 심각한 노동력 부족 및 노동력의 질

적 열악화 현상 등 농촌노동력 구성의 변화가 나타나고 있다. 한편 농민
경제 내부에는 상품경제의 침투가 확대됨에 따라 농업생산의 목적이 생
계유지(사용가치)에서 상품생산(교환가치)으로 점차 바뀌고 있다. 이러한
가운데 유지되는 자급자족 부문은 과거에 비해 그 중요성이 극히 낮아
졌을 뿐만 아니라 상품경제의 논리에 지배를 받게 되었다. 농민이 시장
경제의 논리인 교환가치법칙에 추종하는 생산방식을 택하게 되면 각자
보유하고 있는 생산조건을 토대로 상품시장을 위한 경쟁이 불가피하게
된다. 이때 영세 소농(小農)은 생산조건이 좋은 대농(大農) 보다 생산력에
있어서 열세한 입장에 서게 될 뿐만 아니라 새로운 농업기술의 도입이
나 판매망 확보에 있어서도 불리하다. 따라서 소농은 앞서 말한 농업 외
부의 전체 경제에 대한 상대적 취약성 뿐만 아니라 농민 경제 내부에서
도 대농(大農)에 대한 불리함 때문에 이중의 취약성을 감수해야만 한다.

그리고 공업부문의 성장은 농업부문의 노동력 공급을 통하여 이루어
져 왔으며, 동시에 독점자본과 밀착된 채 농업부문을 이용, 유지하여 왔
던 것이다. 공업부문의 농업부문에 대한 지배는 저곡가 정책, 농산물과
공산물의 부등가 교환, 소비 시장의 장악 등으로 나타나며, 농업의 자본
주의적 발전이 지체된 상태에서 공업부문은 농업부문을 지배하여 빈곤
에 빠져들게 하고 도시와 농촌의 격차를 더욱 심화시켜 나간다. 즉 농업
부문은 공업부문의 노동력 공급원이 되면서 자신을 축소 재생산해나가

---

1) 엄밀한 의미에서 농가인구의 감소와 농촌인구의 감소와는 구별되어야 한다. 예컨
대, 농가인구의 감소는 농친인구의 비농가화(非農家化), 도시농가인구의 비농가화까
지도 포함하는 개념이고, 농촌인구의 감소는 농촌농가인구와 농촌비농가인구로 구
성되는 개념이다. 1980년의 경우 농가인구의 88.8%가 농촌농가인구이고, 농촌인구
의 76.5%가 농가인구이다. 따라서 농촌지역에서의 비농가화가 반드시 농촌으로부
터의 인구이동, 즉 노동력 유출을 의미하는 것은 아닐 수도 있다. 사실 1960년대
전반까지는 이농한 농가인구의 다수가 농촌지역을 떠나지 않은 그 지역에서 3차산
업 등에 종사한 것으로 지적되고, 당시 도시로의 인구인동의 중심은 농촌비농가인
구의 이동이었다. 그러나 60년대 후반 이후에 들어서면서부터 농촌유출인구의 대
부분을 농가인구가 차지하게 되어 이농은 곧 도시로의 유출을 의미하게 된다. (한
국농촌경제연구원, 1983b, 「농촌인구이동에 관한 사회학적 연구」, 10~12쪽).

고 공업부문은 농업부문에서 유출된 저렴한 노동력을 이용하여 자신을 확대재생산해 나가는 것이다. 이러한 노동력의 이동현상은 전체의 산업구조와 밀접한 관계를 가지고 있고, 산업구조의 변화는 부문간에 노동력을 포함한 자원의 이동을 수반한다. 따라서 농업부문의 노동력 유출현상은 농촌 내부의 문제로만 발생된 것이 아니기 때문에 농민의 농업생산구조와 도시공업부문에 대한 노동력 제공이라는 양면적 사실에 근거하여 농민경제를 전체 사회구성체속에서 도시공업부문과의 구조적 관계 아래 다루어져야 할 것이다.

이 논문에서는 농지개혁 이후부터 60년대 중반 시기, 본격적인 공업화에 따른 이농의 심화시기 그리고 70년대 중반이후 품종개량과 농업기계화 시기를 기준으로 하여 노동력의 유출형태를 살펴보고, 이 각각의 시기에서 농민경제의 변화에 크게 영향을 미친 노동력의 유출이 농업생산구조, 즉 농업노동형태를 어떻게 변화시키는 가에 초점을 맞추어 분석하고자 한다.

이러한 성과를 얻기 위해서는 첫째, 농촌 농업부문에서 도시 산업부문으로의 노동력 유출은 어떠한 형태로 나타나는가, 둘째, 노동력의 유출에 따라 촌락내에 존재하는 농업노동의 조직, 충원, 대체방식은 계층에 따라 어떠한 변화양상을 띄는가를 분석하는 작업이 되어야한다. 이러게 함으로써 노동력의 이동을 통한 도시공업부문과의 관계에서 농촌농업부문은 어떻게 자신을 변형시키고, 도시공업부문은 그 변형과정에서 어떤 작용을 하는 가를 일정 부분 파악할 수 있을 것이며 그리고 한국의 사회구성체를 규명할 때 농민의 성격·위상을 파악하는 데 그 기반이 될 것이다. 따라서 이 논문에서는 그러한 과정을 경험했던 농촌 지역의 사례를 통해 한국 농촌사회의 변동 양상과 앞으로의 전개과정을 밝혀 보고자 한다.

2. 이론적 논의의 배경과 분석틀

기존의 농민사회에 대한 시각은 '농촌-도시연속체(rural-urban continum)' 개념에 근거하여 왔다.[2] 이 개념은 구조기능론에 기초한 근대화론에 접맥되어 있는 것이다. 한 사회가 좀더 다원화되고 자율성을 지닌 사회단위로 형성되어 구조적 분화를 일으키고, 이 분화된 구조가 새로운 기반 위에 통합을 이루면서 사회발전이 이루어진다고 보는 근대화론은 제3세계의 도시 산업부분과 농촌 농업부문을 유기적으로 결합된 관계에 있는 것이 아니라 서로 독립적으로 존재하는 것으로 보았다. 따라서 근대화론은 제3세계의 사회구성체를 근대적 부문과 전통적 부문이 병존하는 이중경제(dual economy)로 파악하고, 전통적 농업부문의 발전은 도시 산업부문에서의 자본주의적 발전이 농촌지역으로 확산될 때 가능하다고 본다. 그러나 근대화론은 산업화 과정을 거쳐 커다란 양적 성장을 이룩한 제3세계의 빈곤과 농업 부문의 잠재적 과잉 실업에 대한 충분한 설명을 해주지 못하고 있고, 또한 농민사회변동에 있어서 외재적 요인의 효과분석에 치중하여 농민 사회의 성격을 내적 일관성, 동질성, 안정성 등으로 지나치게 강조하여 이념형적으로 설명함으로써 변동의 역학을 피상적으로만 파악하고 있다.

제3세계의 저발전 구조를 규명하려는 종속이론에서는 농촌 농업부문

---

2) 이러한 이분법은 래드필드(Refield 1941, 1947)의 초기연구에서 사회문화변동을 '농촌-도시' 또는 '민속-도시'라는 이분적 개념화를 통해 구분한 것에서 그 뿌리를 찾을 수 있다. 래드필드가 제시하고 있는 '민속'사회의 이념적인 특징은 다음과 같다. 즉, 민속사회는 "작고, 격리되어 있으며, 문맹률이 높고, 동질적이며, 연대감이 강한 사회이다. 생활양식은 우리가 문화라고 부르는 일관된 체계속에 관습화되어 있다. 행동양식은 전통적이고, 무의식적이고 무비판적이며, 대면적이기 때문에 법규도 없고 지적인 목적을 위한 실험이나 성찰방식도 없다. 친족관계와 친족제도들은 사회구성원들의 경험유형을 결정하게 되며, 가족집단은 행위의 단위가 된다. 신성한 것이 세속적인 것 보다 우위에 서게 되고, 경제는 거래의 의미보다 지위의 의미를 더 많이 가지고 있다"고 정의하고 있다. (Redfield, 1947, "The Folk Society", p.293).

의 후진성과 저발전은 도시 산업부문과 농업부문이 긴밀하게 연결되었기 때문에 초래되었다라고 주장하면서 이중경제론을 거부한다. 농촌의 빈곤은 농촌이 자본주의적 시장경제에 통합됨으로써 농촌의 잉여가 도시로 유출되었기 때문이다. 즉 종속이론에서는 농촌에서 도시로의 잉여 이전이라는 공간적 개념으로 농민의 빈곤과 저발전을 설명하려고 한다. 그런데 종속이론의 이러한 시각은 농촌 부문까지 자본주의적이 되었다고 보는 오류와 그리고 외적 요인으로 복합적 상황을 모두 설명하려고 한 결과 외적, 내적 요인의 상호작용에 의해 구조지워진 독특한 저개발 사회구조를 분석할 수 있는 시각이 결여되어 있다. 특히 자본주의는 어디서나 전자본주의를 해체시키는 동일한 효과를 가진다고 가정됨으로써 전자본주의와 자본주의적 생산양식의 상호관계에 대한 분석이 배제되었기 때문에 제3세계 사회구성체를 구체적으로 특징짓는 잉여유출 관계의 특정성이 간과되기가 쉽다. 중심부 자본주의의 이론은 자본제와 전자본제의 접촉이 대부분 독점자본의 지배 상황하에서 이루어진 제3세계의 사회를 적절히 분석하는 분석틀이 되기에는 한계를 지닌다.

이러한 한계성을 극복하기 위해서는 '생산양식 접합론'적 시각이 여러 생산양식의 접합으로 이루어진 사회구성체를 분석할 수 있는 이론틀이 될 수 있을 것이다. '생산양식접합'이란 하나의 사회구성체에 두 개의 이상의 상이한 생산양식이 존재하면서 하나이 지배적 생산양식의 재생산에 또 다른 생산양식이 기여하는 상태를 말한다. 접합(articulation)이라는 용어는 알튀세(L. Althusser)가 처음 사용하였으며,3) 그 후 레이(Ray), 메이야쑤(Meillassoux) 등을 중심으로 한 불란서 경제인류학자들이 한 사회구성체에는 여러 생산양식이 공존, 접합되어 있다고 생각하면서 제3세계

---

3) 알튀세가 하나의 생산양식만 있는 사회구성체에서 다른 단계들이나 수준들, 즉 정치적, 경제적, 이데올로기적 수준들의 연결의 의미로 사용하였는데, 그 후 불란서 경제인류학자들이 두 개 이상의 생산양식이 결합되어 있는 전체를 사회구성체로 생각하면서 생겨난 개념이다. (Althusser & Balibar 1979; Meillassoux 1980; Dupre & Ray 1980; Godelier 1978).

에서 농촌의 전자본제적 혹은 소상품생산적인 특성을 규명하고 전자본
제적 요소가 잔존되면서도 자본제와의 접합에서 다양한 변용을 보이면
서 노동력을 제공하고 잉여를 이전한다는 사실을 주장한다.

이와 같이 생산양식 접합론적 시각은 프랑크류의 종속이론에서 주장
하는 중심-주변으로의 잉여이전이 구체적인 메카니즘에 의해서 실현된
다는 것를 보여준다. 그러한 메카니즘은 농촌노동력의 계절적 이동을 포
함한 자본주의 부문으로의 노동력 이동이다. 전자본주의적 부문으로부터
자본주의적 부문으로의 노동력 이동에 초점을 맞추어 생산양식간의 접
합구조를 경험적으로 분석한 레이, 메이야쑤, 옴베트(Omvedt)는 도시 산
업부문과 농촌 농업부문이 맺고 있는 구조적 관계를 다음과 같이 설명
하고 있다.

레이는 생산양식 접합의 양상을 전자본주의적 생산양식에서 자본주
의적 생산양식으로의 이행에 대한 분석을 통해 밝히고 있다. 레이에 따
르면, 이행에 있어서 대규모 산업의 발전이 수공업을 파괴하고 농민을
공업에 공급할 농산물 생산자로 전화시키지만 생계형적 농업을 완전히
없애지는 못하며, 농민은 토지와의 관계를 확연히 끊을 수가 없고, 자본
주의적 생산관계에서 얻는 소득만으로는 노동력을 재생산하기에 충분치
못한 상태에 있게 된다는 것이다.

이러한 레이의 입장을 발전시킨 메이야쑤는 자본주의적 생산양식과
전자본주의적 생산양식의 접합기제를 노동력 공급에서 찾고 있다. 즉,
부분 이농으로 도시 산업부문과 농촌 부문이 하나의 통합된 구조적 관
계에 놓이게 된다는 점을 지적하면서 농민사회를 자기지속적 구성체(self
-substaining formations)로서 사회내의 모든 성원의 생계적 욕구를 보장해
주는 포괄적이며 통합적인 사회체계로 본다. 농촌사회는 이러한 특성 때
문에 농민 가족의 노동력이 자본주의 부문에 이동될 경우 자본주의 부
문이 제공하지 않으려는 사회보장의 기능을 수행한다. 예컨대, 자본주의
부문으로부터 노동자들은 자신이 취업하고 있는 동안의 생계비에 불과

한 저렴한 임금을 받기 때문에 실업상태가 되거나 질병에 걸렸을 때는 농촌에 남아있는 가족의 노동에 도움을 받아야 한다. 이처럼 농촌은 농촌에서 유출하여 도시 산업부문에 고용되어 있는 노동자의 재생산 비용을 절약시켜 주는 방식으로 도시 부문에 구조적으로 종속되는 접합 상태에 놓여지게 된다고 메이야쑤는 주장한다. 따라서 농촌사회는 자본주의 부문에 일시적으로 비생산적인 노동자의 생존을 위해 필요한 자원을 공급하면서 자본주의 생산에 유기적 구성으로 통합되어 착취되는 것이다(Meillassoux 1980 : 198 - 199). 다시 말해서 농촌사회와 가족 및 친족 유대를 가는 도시 부문의 노동자들이 간접임금4)을 제공받지 못할 경우 농촌 농업부문은 이를 보장하고 또한 도시 부문에 조사할 노동자들을 지속적으로 재생산하는 책임을 떠맡게 됨으로써 도시 부문의 지배에 대응하면서 동시에 구조적으로 종속되는 접합 상태에 놓이게 된다.

옴베트는 인도사회 이농 현상의 분석을 통하여 전자본주의적 농업부문과 자본주의적 부문이 어떻게 접합되는 지를 부여주고 있다. 인도의 노동자 계급은 자신들의 아내와 자녀들은 농촌에 남아서 농업에 종사하고 하고, 자신은 자본주의 부문에 고용되는 이농 형태를 취한다. 왜냐하면 그들은 자본주의 부문으로부터 가족과 함께 생활할 수 있는 가족 수당을 받지 못하기 때문이다. 따라서 그들은 농촌에 가족을 남겨두지 않을 수 없으며, 그로 인해 농촌은 가족을 유지하는 비용을 부담해야 한다(Omvedt 1980 : 192 - 195). 옴베트는 이러한 농업부문과 자본주의적 산업부문의 '접합'을 "이농민들의 가족은 주로 전형적인 농촌 지역에서 부양되며, 그러한 정도로 자본에 고용된 노동력의 재생산 비용의 일부는 전자본주의적 농업 부문에서 담당"한다고 개념화 한다.

레이, 메이야쑤, 옴베트는 농촌 부문이 부분 이농을 매개로 도시 부문의 자본 축적에 기여하면서 재생산되는 측면을 중심으로 논의를 전개

---

4) 간접 임금은 직접 임금외의 연금, 실업수당, 사고 대책비, 질병휴가비, 자녀교육비 등을 말한다.

하며, 농촌 부문에 초래되는 접합의 결과는 농민사회의 빈곤화라고 주장한다. 메이야쑤와 옴베트는 부분 이농의 결과 도시 산업부문의 저임금 노동으로 도시 부문에 유리하게 작용하는 측면에 대해서만 논의했지만 실제 농촌의 전자본주의적 부문도 부분 이농한 가족의 도시 노동임금으로 인하여 보조적이고 부가적인 수입을 얻을 수 있으며(Long 1977 : 101), 그것에 의존하여 농민경제를 유지하고 재생산한다. 이러한 시각에 입각하여 이 논문에서는 노동력의 유출을 매개로 하여 농촌의 토지소유관계의 변화와 농민층 분화양상 그리고 농업노동형태의 다원화 현상을 파악하고 더 나아가서 농업생산구조의 변화를 분석하려 한다.

3. 조사지역 개관과 조사과정

1) 조사지역 개관

(1) 인구 및 사회관계

조사대상 마을 "두대"는 행정구역상 경상북도 선산군 해평면 오상동에 속해 있다. 오상동은 두대, 본오상, 흰티, 다사 등 4개의 자연촌락으로 구성되어 있다. 이 마을은 대구에서 약 55Km, 구미에서 북동으로 약 18Km 떨어진 곳에 위치하고 있다. 조사마을인 "두대"는 해평면(海平面) 소재지에서 걸어서 약 10 정도 걸리는 곳에 위치하고 있다. 마을 뒤쪽에는 조그만 야산이 있고, 마을 앞쪽으로 너른 들판을 두고 낙동강이 흐르고 있다. 1988년 6월말 현재 이 마을의 가구 수는 총 45가구이고, 인구는 232명으로 이루어져 있다. 그 중에서 남자가 121명, 여자가 111명으로 구성되어 있다. 가구당 평균 가족원수는 5.1명이지만 도시로 나가있는 미혼의 단신취업자, 학생, 군인 등을 제외하면 가구당 실재 거주인구는 4.2명이 된다. 조사마을의 성별, 연령별 인구구성은 <그림 2>와 같다.

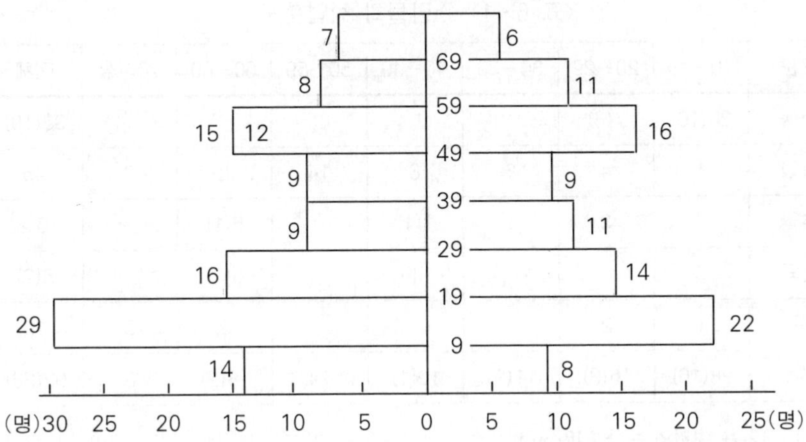

〈그림 2〉 조사마을의 인구구성

　　〈그림 2〉를 살펴보면, 조사마을의 인구구성은 20대부터 30대까지의 연령층의 인구비율이 낮고, 20대 이하의 연령층과 40대 이상 연령층의 인구비율이 상대적으로 높다는 것을 알 수 있다. 이것은 정상적인 인구구성의 형태가 완만한 피리미드 형태를 이루고 있다는 사실을 비추어 볼 때 조사지역의 인구구성은 청소년층과 노년층의 비율이 높고, 중장년층의 비율이 낮은 종형(鍾形)의 전형적인 농촌 인구구성의 특징을 나타내고 있는 것을 볼 수 있다. 이 마을에는 약 16명 정도의 국민학생이 있고 중학생이 13명, 고등학생 14명으로 적령기의 아동들은 대부분 취학하고 있다.

　　농업 이외의 직업을 갖는 주민은 대개 30-40대들이다. 이 마을에서 농업노동력의 주축을 이루고 있는 것은 30-50대의 중·장년층이며, 60대 이상의 노년층도 농사일에 적극적으로 참여하고 있다. 10세 이상 남자의 연령별 직업분포를 보면 다음의 <표 6-1>과 같다. <표 6-1>에서 잘 나타나듯이 조사지역은 농업인구가 절대적으로 높은 전형적인 농업지역임을 알 수 있다.

<표 6-1> 주민들의 직업분포

구분	10-19	20-29	30-39	40-49	50-59	60-69	70이상	전체
학생	26(16)	7(3)						33(19)
농업	1	4	8	8	14	8	3	46
겸업		3	1	1(1)		5(1)		10(2)
농외			2(1)	1		3(1)		6(2)
무	1	2				2	5	10
전체	28(16)	16(3)	11(1)	10(1)	14	18(2)	8	92(23)

참고 : ( )안은 여자의 수를 나타낸다.

각 가구의 가족형태를 보면, 확대가족 19호, 핵가족 22호, 노인 1인이나 또는 노인1인과 손자 등으로 구성된 결손가족이 4호로 나타나고 있다. 핵가족의 형태 가운데 대부분은 장남이 결혼하지 않은 경우이다. 그리고 확대가족의 경우는 대개 결혼한 장남이 부모와 같이 살고 있는 직계가족의 형태를 이루고 있다.

<표 6-2> 가구당 가족원수

가족원수(명)	1	2	3	4	5	6	7	8	전체
가구수	3	2	3	6	9	11	7	4	45

이 마을은 전형적인 각성받이 촌락으로서 뚜렷한 동족조직을 갖는 친족집단은 발견되지 않는다. 이렇게 뚜렷한 친족집단이 발달되지 않은 지역은 다른 사회조직이 중요한 사회관계로서 작용한다. 사회관계란 한

사회에서의 인간과 인간의 관계 뿐만 아니라 인간과 집단 및 환경조건과의 직간접적인 관계를 모두 포함시킨 것이다(홍동식 1984 : 158 - 159). 사회조직은 특정집단이나 또는 특정 사회 내에서 성원들이 행위를 용이하게 수행하기 위하여 서로 관계를 맺고 있는 조직체(Beals & Hoijer 1977 : 423)를 말하는 것으로 공식적 조직과 비공식적 조직이 있다.

조사지역에는 공식적 조직으로 정화위원회, 수박작목반, 노인회, 부녀회, 육성회, 청소년회, 체육회 등이 있다. 그 중에 부녀회와 정화위원회는 특별한 활동을 하고 있지 않으며, 다만 면사무소의 회의 등에 참여하기 위해 회장만 있는 듯 하다. 작목반은 영농기술 교육과 수박공동 출하를 위해 농협단위조합에 의해 설립되었으며 그리고 체육회는 추곡수매와 수박출하 때 수송차량 마련을 위해서 설립되었다. 그 구성원은 농업노동력의 주축을 이루고 있는 20대 후반에서 50대 초반이 중심을 이룬다. 육성회는 마을발전의 도모, 육성기금 마련을 위해 설립하였으며, 설립 당시 명칭은 체육위원회였는데 1984년에 개칭하였다.

그리고 상부상조 정신에 의하여 마을 자치와 경조사의 상호부조, 공제와 친목 등 사회생활의 필요에 의해서 조직된 계가 있다. 계는 어떤 특정 목적 사업을 수행하기 위하여 여러 사람들이 모여 공동으로 사업기금을 염출하고 그 기금으로 식리(殖利)하여 목적사업을 성취하려는 자유로운 사회집단이다(최재진 1986 : 321). 친목적 모임에서는 친척들간의 화수계, 동서계, 남매계 등과 비슷한 연배들끼리의 갑계, 화단계 등이 있다. 이러한 계는 설이 지난 며칠 후에 여러 곗날이 시작된다. 상포계, 돈계, 그릇계, 돼지계, 동갑계, 반지계, 등이 이때 1년의 결산을 본다. 이러한 계는 모두 곗날 하루 모여 노는 것 같으며, 상포계, 돼지계만은 그때그때 길흉사가 있을 때 마다 서로 도우는 것 같다. 마을 전체의 행사나 중요한 의사결정 등은 이 촌락의 토박이들이며, 농사의 규모도 비교적 큰 농가들을 중심으로 이루어지고 있다.

(2) 경제상황

　조사대상 지역의 총경지 면적은 52.2정보이다. 이중에서 논이 34.5정
보, 밭이 17.8정보이며 논밭의 비율은 6.6대 3.4이다. 총 경지면적 가운데
조사마을내 소작지 면적은 12.9정보(38,919평)에 달하여 전국 평균 소작
지 면적율 30.9%5)보다는 적은 24.8%를 차지하여 자작(自作) 경지율이 높
은 편이다. 조사마을의 소작료는 정조법(定租法)6)으로 한 마지기(200평)
당 쌀2가마니로 평균 수확량의 1/3정도이며, 영농비와 수세(水稅)는 소작
농이 부담한다. 조사지의 평균 토지소유면적은 3,916평이며, 평균 경작면
적은 4,283평으로 전국 평균경작면적인 3,270평(1.09ha)에 비하여 상당히
높은 편이다. 가족노동력을 직접 사용하여 농사일을 하기에 적당한 농경
지 규모는 1.0-2.0정보(주종환, 1967 : 33)인데, 현재는 가족 중 거의 부
부의 노동력에만 의존하며, 주 노동력원의 평균 연령도 높기 때문에 1.5
정보면 한 농가에서 경작하기가 힘든 규모이다. 그래서 노동력이 집중
투입되는 농번기에는 노동력의 부족현상이 초래된다.

　조사마을의 토지 소유규모를 살펴보면, 3,000평 이상의 토지를 소유
하고 있는 농가가 26호로 전체의 58%, 1,500평 이하의 토지를 소유하고
있는 농가가 19호로 전체의 42%로 나타나고 있다. 소작은 경작규모
3,000-7,500평의 규모에 집중되어 있다. 이것은 소작관계가 대규모 농업
경영을 위한 경작지 확대라는 측면보다 가족노동의 완전 연소와 농기계

---

5) 년도별 소작지 면적비율의 변화는 1960년 11.2%, 1970년 17.6%, 1980년 19.8%, 1986
　년 30.9%를 나타내고 있다. (해당연도, 『농가경제조사보고).
6) 소작료의 지불방식은 다음과 같은 세 가지의 형태가 있다. 즉, 정조법(미리 계약되
　는 정액 소작료제로서 도지라고도 불려지며, 이는 본래 역둔토 등의 봉건적 부재지
　주의 토지에 주로 시행된 소작형태였으나 토지조사사업이후 수리시설의 보급과 부
　재지주의 증가 추세에 따라서 생산이 어느 정도 안정된 평야 지역에서 시행된 방
　식)과 타조법(타작 또는 병작이라고도 하며, 이른바 분익제에 해당한 정율 소작료
　방식), 그리고 집조법(집수법 또는 검견법이라고도 하며, 일제 때 일본인 농장이나
　토착 대지주들이 취한 방식) 등이 있다. (김준보, 1987, 『토지문제와 지대이론』, 102
　~104쪽)에서 참조.

의 완전 이용이라는 측면에서 이루어지고 있음을 나타낸다. 조사마을 주민들의 농업경영형태는 자작과 자소작이 38%씩으로 가장 많고, 다음은 지주겸 자작, 지주, 완전 소작 순으로 나타나고 있다.

<표 6-3> 조사마을의 영농형태

구분	완전 소작	자소작	자작	지주겸 자작	지주	전체
가구수 (%)	1 (3%)	14 (38%)	14 (38%)	5 (13%)	3 (8%)	37 (100%)

수도작(水稻作)의 품종은 주로 일반벼(밀양15호, 아끼바리, 선진벼 등)와 개량종 '통일벼'를 심는데, 통일벼[7]는 수확이 많은 대신에 정부에 수매를 대지 못하면 가격을 제대로 받지 못하기 때문에 추수 당시에 당장 현금화할 필요가 있는 만큼의 양(농협융자금, 농자대, 각종 세금 등)과 정부의 수매 가능량과의 적정선에서 식부량(植付量)을 결정한다. 그리고 보리는 특용작물인 수박의 재배로 인한 일손 부족과 낮은 경제성 때문에 거의 경작하지 않는다. 밭에는 주로 수박, 고추, 참깨, 양파, 땅콩, 우엉, 배추, 무 등을 심는데 수박과 땅콩, 무, 배추, 외의 밭작물은 자급자족적 수요의 양에만 그치는 것이 보통이다. 특히 조사마을에서 가장 비중이 큰 환금작물인 수박은 25여 농가가 매년 주요 작물로 경작을 하고 있다.[8]

이러한 농산물 외에 농가이 주요 소득원이 되는 것은 소의 사육이다.

---

7) 정부의 식량증산정책에 따라 1972년 통일벼를 개발하여 적극적으로 보급함으로써 벼의 다수확이 가능해 졋다. 통일벼의 보급과 함께 비닐 온상에 의한 묘(苗)의 속성 재배법도 도입되어 지금은 통일벼, 일반벼 할 것 없이 이 방법으로 모를 기른다.

8) 조사마을의 대표적인 환금작물인 수박을 출하 할 때에는 수박 경작을 하는 농가들이 가구당 남자 한 사람씩 돌아가면서 마을회관에서 대구, 구미 등지의 차량을 공동으로 대여해 각 농가로 배치한다. 수박의 출하는 서울의 농수산물센터에 경매를 붙이거나 대구, 구미 등지의 상인들에게 위탁판매를 한다.

이 마을의 경우 소의 사육은 경운기가 들어오기 이전에는 대부분의 집에서 1,2마리 정도를 기르고 있었지만 70년대 후반 이후 중농 이상의 농가에서 경운기를 대부분 구입하고, 소에 의한 논갈이가 경운기에 의해 대체됨에 따라 소를 기르는 농가는 점차 줄어들어 현재는 전체 가구의 반 정도만 소를 사육한다.

1970년대 후반부터 본격적으로 농기계의 도입이 진행됨에 따라 노동생산성이 향상되기 시작했는데 현재 조사마을의 농가에서 보유하고 있는 주요 농기계는 경운기 30대, 트랙터 5대, 이앙기 23대, 바인더 2대 등이다.

<표 6-4> 농기계의 보유현황

구분	70년 이전	71년 -72년	73년 -74년	75년 -76년	77년 -78년	79년 -80년	81년 -82년	83년 -84년	85년 -86년	전체
경운기	-	3	2	8	10	2	5	-	-	30
트랙터	-	-	-	-	-	-	2	1	1	5
이앙기	-	-	-	-	-	4	2	11	6	23
콤바인	-	-	-	-	-	-	1	4	3	9
바인더	-	-	-	-	-	-	-	1	1	2
전체	-	3	2	8	10	6	10	17	11	69

참고 : 콤바인과 트렉터는 87년과 88년에 각각 1대씩 구입되었다.

2) 조사과정

이 연구에서의 조사지역은 연구목적과 부합될 수 있는 전형적인 농업지역의 마을을 선정했다. 이 논문에서 이용된 자료의 구체적인 조사과정을 살펴보면, 1988년 5월과 6월 하순에 각각 두 차례의 예비조사를 하였고, 7월과 8월 초순에 학부생 6~7명과 함께 마을에 체류하면서 참여

관찰과 면접조사 및 문서조사를 하였다. 그리고 9월초에 5일간의 보충조사를 하였다. 문서자료로는 면사무소에 있는 주민등록부, 재산세 대장, 농지세 과세대장, 토지대장 등을 참조하였다. 면접조사는 조사표와 설문지를 가지고 집집마다 방문하면서 실시하였는데, 모든 가구에 공통적인 질문과 계층별 가구마다 적합한 질문을 병행시켜 나가는 방식을 택했다.

　면접대상은 가능한 남자 세대주를 택하였다. 그 이유는 농가경제 상황에 관한 것은 여자보다 남자가 정확한 지식을 갖고 있기 때문이다. 시기별 농업기술과 같은 구체적인 주제에 대한 조사는 그 주제에 관하여 많은 정보를 제공할 수 있는 주요 제보자(key informant) 면접을 통해서 보완했다. 그리고 면접조사 때 자료의 신뢰도를 높이기 위해 동일한 질문을 여러 사람에게 하거나 여러 번 질문하는 방법을 선택하였다.

4. 노동력의 유출형태와 경제적 유대관계

1) 단신 유출노동력과 경제적 유대관계

　농촌농업부문과 도시산업부문 사이의 노동력의 이동은 다양한 형태로 나타난다. 농촌의 노동력 유출은 60년대에는 빈곤으로 무작정 이동한 전 가구 유출의 비중이 높았지만 70년대 이후부터는 농가 구성원 가운데 일부, 즉 기혼의 가구주나 미혼 가구원의 단신 유출이 점증하고 있으며, 이것은 한국의 농촌에서 흔히 나타나고 있는 보편적인 추세이다(創持和雄 1983 : 7). 그리고 시기별 농촌 유출인구의 연령구성에서도 60년대와 70년대 후반사이에는 뚜렷한 차이가 나타난다. 12세미만이나 30세 이상의 비율은 감소하고 15세이상 20세 미만층의 비율이 크게 증가하며, 20세 이상 30세 미만층의 비율도 상당히 증가한다. 이러한 사실은 70년대 후반에 들어 단신유출의 비율이 크게 증가하였음을 반영하는 것이기도 하지만 80년대에 들어 농가경제가 악화되면서 세대유출의 증가하는 경향이 있음을 고려할 때 가구유출의 경우에도 젊은 연령의 가구주에 의한 이농의 비율이 크다는 것을 의미한다(정건화 1987 : 273).9)

  그리고 도시산업부문으로 통근이 가능한 곳에서 가능한 출퇴근 노동이 점차 증가하고 있다. 조사마을에서 농가 40가구 중 장남이나 차남이 농사를 이어받거나 자식들의 나이가 어려서 미정인 가구를 제외하면 14가구의 자녀들이 농사를 이어받지 않고 도시로 유출하여 다른 직업에 종사하고 있는 것으로 나타났다. 그 비율은 전 농가의 35%를 차지한다. 현재 이 촌락에서 취업을 위해 도시로 나간 단신 유출 노동력의 수는 남자 14명, 여자 14명으로 총 28명이다. 그 연령별 분포는 <표 6-5>와 같다.

<표 6-5> 연령별 유출노동력

구분	15세 -19세	20세 -24세	25세 -29세	30세 -34세	35세 -39세	40세 -44세	45세 -49세	50세 -54세	전체
남자	2	7	2	1	-	1	-	1	14
여자	3	6	2	-	1	-	1	1	14
전체	5	13	4	1	1	1	1	2	28

  <표 6-5>에서 나타나고 있듯이 20-24세 연령층의 남녀 노동력 유출이 가장 많고, 이들은 주로 구미, 대구, 부산, 서울 등지로 유출되었으며, 그곳에서 건축 및 제조업 등의 2차산업에 그리고 행상, 가게운영, 방

---

9) 이와 같이 시기별 농촌유출인구에서 연령별 차이를 보인다는 사실은 이농가구주가 도시지역에서 자본제 부문의 임노동자로 존재할 가능성이 커진다는 점, 또는 적어도 이들이 60년대에 이농한 빈농출신의 중·고령 가구주와 같이 무직이나 막노동, 날품팔이, 행상 등에 종사하는 전형적인 도시빈민가구로서의 경제행위와는 다른 어떤 양상을 보이게 될 것이라는 점을 암시한다고 볼 수 있을 것이다. (정건화, 1987, 「한국도시빈민의 형성과 존재형태」, 273쪽).

앗간 등 3차 산업에 종사하고 있는 것으로 나타나고 있다. 그러면 조사 마을에서는 도시산업부문과의 관계 속에서 노동력의 이동이 농촌에 남아있는 가족과 어떠한 유대를 갖고, 농촌의 가구에 어떠한 의미를 가지는 지를 미혼 가구원 유출노동력의 형태와 기혼 가구주의 유출노동력의 형태로 나누어 살펴보기로 한다.

(1) 가구원의 유출형태

도시로 유출한 미혼의 가구원들이 농촌의 가족과 어떠한 경제적 유대를 갖는지 사례를 통하여 살펴본다.

사례 1

김씨(56세) : 김씨는 밭 1,300평을 소유하고 있으며, 논 7마지기(1,400평)를 소작부치고 있다. 김씨는 2남 4녀를 두었는데, 서울에서 사업을 하는 장남이 사업자금을 요구해와 소유하고 있던 논 4마지기를 팔아서 사업자금으로 주었다. 차남은 월급 24만원을 받으면서 서울에 살고 있다. 3녀와 4녀는 서울에서 방제공장에 다니는데, 결혼한 큰 딸집에서 숙식한다. 3녀와 4녀는 시집갈 밑천을 마련한다고 이곳의 부모 집으로는 돈을 보내지 않으며, 오히려 명절에 내려와서 살 등의 식량을 가지고 간다. 지난 가을 수확 때에도 김씨는 쌀 한가마니를 장녀와 2녀 집에 보냈다. 현재 김씨는 부인과 함께 다른 집에 품을 팔기도 하면서 근근히 생활해 가고 있다.

나씨(52세) : 나씨는 논 10마지기와 밭 500평을 가지고 농사를 짓고 있으며, 자식은 2남 3녀를 두었다. 장남은 현재 미혼이며 고등학교 졸업 후 부산에 있는 제약회사 생산직으로 일하고 있다. 2녀는 구미의 전자회사에 근무하고, 2남은 부산에서 대학에 다니며 장남과 함께 자취를 하고 있다. 장남과 2녀는 정기적으로 20만원씩 보내주는데 나씨는 이 돈을 2남의 학비로 충당하고 있다.

도씨(60세) : 도씨는 논15마지기를 소유하고 있으며, 3남 4녀의 자식을 두었다. 3명의 딸은 모두 출가했으며, 장남은 국민학교 졸업 후 대구에 나가 공장에 줄곧 다녔으며, 현재 결혼하여 대구에서 살고 있다. 2남은 대구에 소재하는 대학에 재학중인데, 중학교 졸업 후 대구에서 8년째 섬유회사에서 공원생활을 하는 4녀와 함께 출가한 큰 누나 집에서 숙식하고 있다. 2남의 학비와 용돈은 장남과 4녀의 월급에서 보조받고 있다. 도씨는 매년 수확 시 장남에게 쌀3가마, 출가한 딸들에게 쌀 1가마니씩을 부쳐주고 고추, 마늘 등 양념류를 보내고 있다.

농촌의 미혼 노동력은 농가에서 받을 수 있는 적당한 교육을 마친 후 거의 대부분 농촌에서 유출하여 도시산업부문에 취업한다. 이러한 미혼의 유출노동력은 위의 사례에서 볼 수 있듯이 농촌에 남아있는 가족과 지속적인 경제적 유대를 갖는다. 이들은 농촌 집으로부터 경제적 보조를 받기도 하지만 그 대신 농촌의 집에 보조적인 수입을 주기도 한다. 농촌 집에서 주는 보조는 주로 양식(糧食)과 부식이며, 때로는 사업자금이나 주택구입 자금으로 논밭을 팔아주는 보조도 행한다. 특히 사업자금의 보조는 농촌에 남아있는 가족들의 생계를 위협하는 것으로 까지 나아가 농촌의 부모는 도시 자녀들의 번창하여 다시 농지를 살수 있기를 바라면서 소작이나 품팔이를 하면서 생계를 영위한다(김씨의 경우). 또한 미혼의 유출노동력은 결혼한 형제의 집에서 숙식을 제공받음으로써 도시의 산업부문에서 받는 저임금으로 생활하는 것이 가능해 진다(김씨와 나씨의 경우). 한편 이들은 농촌 집에서 부가적 혹은 보조적 수입을 주기도 하는데 그것은 정기적 도는 가끔 부쳐주는 보조와 학교에 다니고 있는 형제의 학비와 용돈을 보조하는 것이다(나씨와 도씨의 경우). 이러한 보조 덕택에 농촌 집은 대학에 다니는 자녀들을 둔 경우 과중한 교육비 부담을 덜 수 있게 된다.

이와 같이 유출노동력의 농촌 집과의 경제적 유대는 생산양식 접합론에서 논의되고 있는 농촌 부문에 희생을 초래하는 것만은 아니라 미혼의 유출노동력이 제공하는 보조에 의하여 농촌 집은 소규모 토지를 가지고도 가족들의 생계를 유지하면서 재생산 되어질 수 있는 것이다.

(2) 가구주의 유출형태

조사마을의 기혼 가구주들은 도시로 유출하여 가족과의 유대를 어떻게 갖고 있는지를 사례를 통하여 살펴보자.

사례 2

류씨(40세) : 류씨는 논11마지기, 밭 600평을 소유하고 있으며, 대구,구미 등지에서 자동차로 채소장사를 하고 있다. 류씨는 고등학교를 마치고 군대 제대 후부터 35세까지 대구에서 장사를 하다가 부모가 있는 이 마을로 다시 돌아왔다. 장남은 이곳에서 중학교를 마친 후 부산에서 고등학교에 다니며, 고모 집에서 숙식을 해결하고 있다. 류씨는 장사를 하기 때문에 일주일에 1,2일만 집에 오기 때문에 그대밖에 농사일을 하지 못한다. 그래서 농사는 부인이 거의 전담하여 지으며 부족한 노동력은 품을 사서 해결한다.

　　마씨(38세) : 마씨는 논6마지기를 소유하고 있으며, 대구의 건설공사장에서 일용노동자로 일하고 있다. 농사는 마씨의 부인이 남의 품을 사서 짓는데, 다른 논 3마지기를 소작으로 부치고 있다. 마씨 부인이 소작하는 논 3마지기에 대해서는 추수한 후에 논 주인과 수확량의 절반씩 나누어 갖는다. 마씨는 가족을 모두 대구로 데려가고싶으나 돈도 없고, 집도 없어서 부인과 자녀들은 마을에 남겨두고 자신만 대구에서생활한다. 마씨는 건설공사장에 일이 없을 때인 겨울철에는 집에 내려와 있다.

　　농가의 가구주들은 농사를 짓는 것 만으로는 생계유지와 자녀교육 등을 감당할 수 없다는 판단하에 도시부문과 고용관계를 맺는다(류씨 경우). 위의 사례에서 알 수 있듯이 이들은 가족을 마을에 남겨두고 단신으로 유출하여 도시산업부문에 불완전하게 취업하고 있으며, 농촌에 남겨진 가족들은 농사를 지으면서 생계를 유지한다. 또한 이들은 도시산업부문에서 일시적으로 취업을 보장받지 못할 때 농촌의 가족에게 돌아와 그 동안에 이들의 가족이 노동한 대가로 생계를 유지한다(마씨의 경우). 즉, 이들의 가족이 농촌에서 농사를 지음으로써 가족의 식량문제가 해결되며, 이것은 이들이 도시의 산업부문에서 계속 취업을 보장받지 못하더라도 즉각적으로 이들과 가족의 생계에 위협이 되지 않는다는 것을 의미한다.

　　이와 같이 기혼의 가구주가 이들의 가족을 농촌에 남겨둠으로써 농촌농업부문은 이들 가족을 부양해야 하며, 그러한 정도로 도시의 산업부문은 기혼 가구주 노동력의 재생산 비용의 일부, 즉 가족의 유지비용을 절감할 수 있다. 이러한 양상은 농업 부문이 도시산업부문의 노동자의 가족과 노년기의 노동자의 생계유지 비용을 부담함으로써 농촌 부문에 초래되는 결과를 빈곤화와 계층 분화로 인한 영세농의 탈농화(脫農化)라고 보고 있다(Omvedt 1980 : 207). 그러나 위의 사례들에서 알 수 있듯이

농가의 가구주가 도시산업부문에 유출됨으로써 농가는 부가적인 현금소
득을 얻을 수 있으며, 농민경제의 늘어나는 현금지출에 대응할 수 있다.
따라서 이들 농가는 소규모지만 경작지를 계속 보유할 수 있게 된다.

　　이제까지 미혼, 기혼의 유출노동력들이 농촌 부문과 맺고 있는 경제
적 유대관계를 살펴 보았다. 유출노동력을 가진 농가의 대부분은 1정보
(3,000평)미만의 소농이거나 영세농이며, 이것의 유출형태를 <그림 3>
농가인구의 유출형태와 같이 도식화할 수 있다. 이들 농가는 농업경영만
으로 농가경제를 유지할 수 없기 때문에 농업경영에는 최소한의 가족노
동력만10)을 투입하고 나머지 가족구성원의 노동력을 도시산업부문에 취
업시킴으로써 농가의 경영과 가계를 유지한다. 그리고 유출노동력들도
농촌의 가족과 지속적인 경제적 유대관계를 맺음으로써 도시의 산업부
문에서 저임금을 받고 생활하는 것이 가능해 진다.

<그림 3> 농가인구의 유출형태

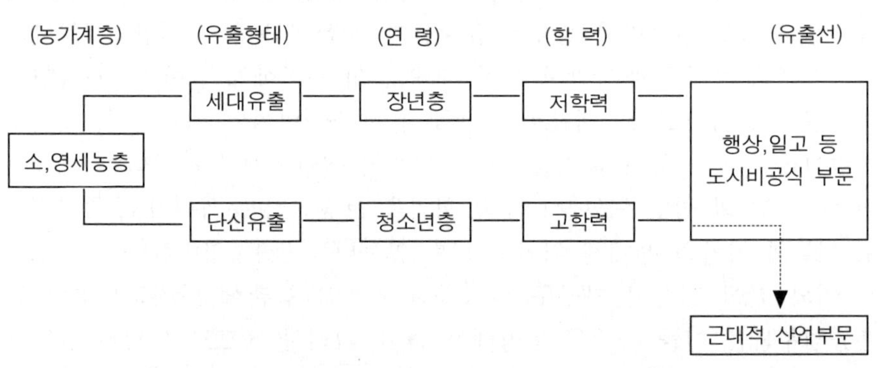

자료 : 創持和雄, 1983, 「韓國における農村農家人口の流出－60,70年代における特徴と結果」,
8쪽.

---

10) 미혼의 유출노동력일 경우에는 노령의 부모 노동력, 기혼의 유출노동력일 경우에
　　는 여성의 부인 노동력을 최대한 이용한다.

2) 출퇴근하는 유출노동력과 경제적 유대관계

이 마을에서 통근노동의 형태로 도시산업부문에 출퇴근하는 노동력
은 고용과 보수의 안정성 유무에 따라 크게 두 범주로 나누어 질 수 있
다. 하나는 고용과 보수가 비교적 안정된 공식부문에 조사하는 노동력이
고, 다른 하나는 고용이 임시적이고 보수도 낮으며 자영활동에 속하는
비공식부문에 종사하는 노동력이다. 전자를 구체적으로 살펴보면 공공부
문에 고용되어 있는 농협직원과 대기업의 단순직 노동자로 공식부문에
종사하고 있는 노동력으로 볼 수 있다.

사례 3

박씨(40세) : 박씨는 단위농협에 다니면서 논8마지기와 밭 400평을 농사짓고
있다. 박씨는 몇 년전에 어머니가 돌아가신 후 12마지기를 동생들에게 소유권을 이
전했다. 지난 해까지는 품을 사서 직접 농사를 지었으나 농협 일도 바쁠 뿐 아니라
박씨의 부인도 너무 피곤해 하여 올해는 전부 다른 사람에게 소작을 주었다. 부인은
농사를 지어받자 별 이익도 없으니 돈을 모아서 구미에 나가 가게운영을 희망하고
있다. 박씨도 부인의 뜻을 따르려고 하며 자신이 농협 직원이 된 것도 어릴 때부터
보아온 농사일이 힘들고 지겨웠기 때문이라고 한다.
이씨(50세) : 이씨는 논14마지기를 소유하고 있으며, 작년까지 구미의 대기업
단순직 노동자로 다녔다. 회사에 취직하기 전까지 이씨는 머슴살이를 해서 논을 조
금씩 장만하였으며, 또 남의 논을 소작하는 등 농지를 마련하기 위해 열심히 일했
다. 30대 후반에 취직한 이후에도 항상 남의 논 10마지기 정도를 소작부쳤는데, 격
일제 근무로 이씨가 쉬는 날에는 집의 농사일을 하였다. 이씨는 직장에 나가는 동안
약 30만원 정도를 받고 있다. 이씨는 직장에 다니면서 모은 돈으로 논 10마지기를
샀으며, 밭도 300평 정도를 구입했다.

공식부문에 고용되어 있는 농촌 노동력은 매달 일정한 월급을 받으
며 의료보험 등의 사회보장을 받고 있다. 따라서 농사짓는 것으로는 가
족들의 식량문제를 해결할 수 있었으므로 이들은 농외 수입을 축적 할
수 있었다. 이렇게 축적된 재산으로 농토를 구입(이씨의 경우)하거나 도

시로 나가 다른 직업에 종사할 것(박씨의 경우)을 계획한다.

그리고 조사마을 주민들은 건설부문의 일용노동이나 장사 등 영세자영업과 같은 비공식부문에 종사하고 있다. 이들은 영세한 규모의 농지를 자작하거나 소작을 부쳐서 그것만으로는 생계를 유지할 수 없으며, 또 즉각적인 현금요구, 즉 자녀들의 교육비, 의료비 등의 현금수요를 충족시킬 수 없다. 그래서 이들 농민은 자신과 부인의 노동력으로 틈틈이 농사일을 하는 정도로, 농업경영에는 최소한의 노동력만 투입하고 소득이 일정하지 않은 비공식부문의 단순노동이나 영세 자영업 등에 종사한다.

이제까지 농촌에 남아서 1정보 미만의 소규모 농지에 농사를 지으면서 도시부문과 통근노동의 형태로 고용관계를 맺고 있는 농촌 노동력의 존재형태를 살펴보았다. 이들은 대부분 농가의 가구주들로서 탈농(脫農)하기 보다는 농촌에 남아서 농사를 짓는 것으로 어느 정도 가족들의 식량문제를 해결하려고 한다. 그러나 이것만으로는 생활을 보장받을 수 없기 때문에 교육을 통하여 안정된 공식부문에 취업하거나 토지를 팔아서 영세 자영업으로 전환하기도 한다. 또한 자본이나 기술이 전혀 없는 경우에는 건설현장의 단순노동이나 개인 서비스 노동에 종사하여 약간의 현금소득을 벌어 농민경제를 유지한다. 그리고 이들 농가는 농업소득 보다 농외 소득, 즉 도시산업부문에서 획득하는 소득에 더 의존하고 있다. 그런데 농촌노동력 중에서도 공공부문에 종사하고 있는 노동력이나 제조업 부문에 고용되어 있는 노동력을 제외하고는 대개 취업을 통해서 일정한 소득을 보장받을 수 없는 도시부문에 종사하기 때문에 생활은 더욱 불안하다. 결국 농촌에서 농사를 지으면서 도시부문에 출퇴근하는 노동력은 더 많은 노동을 하면서 그에 상응하는 수입을 올리지 못하는 모순관계 속에서 존재한다.

5. 농업생산구조의 변화

1) 농업노동형태의 변화

농지개혁 이전의 반봉건적 지주소작하에서의 농업노동관행은 기본적으로 가족노동력을 중심으로 하여 충원되고 부족할 때에는 고용노동을 통해서 해결하였으며 공동노동이 보편적 노동조직이었다. 품앗이[11]와 같은 자발적, 임의적 노동력 교환이외에도 전체적, 강제적인 공동작업 조직으로 두레[12]가 있었다. 일반적으로 두레의 모태는 원시씨족 공동체로서 토지를 공유하고 공동경작 및 공동분배하는 공동체적 유풍이 공동작업의 형태로 유지된 것으로 보고 있다(김택규 1969 : 756). 두레는 일제 식민지를 거치면서 점차 사라졌으며, 최근까지 가장 널리 남아있는 것은 품앗이로 농지개혁 이전에는 광범위하게 행해지고 있었다. 이러한 여러 가지 공동노동조직으로도 해결되지 않는 것은 머슴, 일고, 계절고, 고지 등의 고용노동력으로 보충하였다.

마을의 농지는 해방이 되고 나서 활발히 매매되었고 여러 사람이 분할 소유하는 형태를 띠게 되었다. 그러나 농지개혁이 철저하지 못하여 농지를 소유하지 못한 사람도 많았으며 임노동으로 생계를 유지하거나 머슴살이를 살기도 하였다. 농촌 내부의 풍부했던 노동력도 60년대 후반

---

11) 품앗이란 1대 1의 노동교환 형태인데, 그 원초적인 의미는 '품($勞力$)' '앗이($受$)'에 대한 '품갚음($報$)'으로 증답의 관계이다. 김택규, 1985, 『한국농경세시의 연구』, 영남대출판부, 390쪽에서 참조.

12) 두레는 촌락안의 농경민이 총동원되어 촌락의 모든 경작지에 일제히 공동작업을 하는 조직이다. 두레에 참여하는 것은 촌락사회가 강제적으로 그 성원에 대하여 공동노동을 명령하는 데 그 특성이 있다. 김택규, 앞의 책, 380쪽. 그리고 최재석에 따르면, 두레작업의 종류는 모내기, 관개, 김매기, 수확을 포함하는 것과 모내기와 김매기만 포함하는 것 그리고 김매기만 하는 세 종류로 구분되는 데, 조선후기에는 김매기만의 공동작업이 가장 일반적이었다고 한다. 최재석, 1975, 『한국농촌사회연구』, 일지사, 315~316쪽에서 참조.

부터 본격화된 도시산업부문으로의 이동에 따라 70년대 중반에 접어들면서 농번기 때 노동력 부족 현상을 초래하기도 하였다. 이와 같은 농업 노동력의 격감에 따라 농촌 내부에서는 노동력의 조달, 조직방식 등의 형태를 새롭게 변화해 나가면서 대응하고 있다. 그러한 대응방식의 변화를 시기별로 나누어 살펴보자.

(1) 농지개혁부터 60년대 중반까지의 양상

60년대 까지의 농사일은 많은 노동력을 필요로 하는 방식으로 이루어졌다. 소를 사용하여 논갈이, 밭갈이를 하였으며, 농한기인 겨울철을 제외하고는 농사일이 항상 바빴다. 4월 말경에 못자리를 만들기 시작하여 5월말 6월 중순에 걸친 모심기 때 가장 바빴으며, 여름철에는 세 번에 걸친 논매기 그리고 가을에는 추수와 타작으로 '눈코 뜰세가 없었다'고 한다. 당시에는 타작도 상당한 노동력을 필요로 하였다. 벼를 베어 말린 뒤 묶어서 논에 쌓아 말린다. 그리고 난 후 지게로 져다 집으로 가져와서 날을 잡아 타작을 한다. 밭농사는 김매기를 3번 정도 하므로 상당한 노동력을 필요로 하였다. 그러나 노동력이 풍부했으며, 전후 1950년대 출생자들이 60년대에 경제활동인구가 됨으로써 노동력 조직의 필요성이 크지 않았다. 토지를 많이 소유한 몇 농가는 머슴을 두고 일손이 모자랄 때는 일고(日雇)노동으로 대처하였으며, 집안에 일할 사람이 없는 농가는 품앗이와 가족노동에 의존하였다. 품앗이는 두레와 같이 일정기간 지속하는 고정적인 조직이 아니며, 성원수가 두레에 비해 소규모이며 노동력 동원에 있어서 혈연이나 이웃의 친소관계가 크게 작용하는 노동력 교환조직이다(김택규 1985 : 380). 조직범위는 대개 촌락내로 한정되며, 마을 내에서는 몇 일이나 또는 바로 전날 밤에 가까운 사람끼리 이루어진다. 그래서 '누구가 어느 날 모를 낸다'는 것을 대부분의 마을 사람들이 알고 겹치는 경우가 있어서 그날 일하기가 어렵게 될 정도이며 일하는 날을 변경하기로 한다. 식사와 술 등은 일하는 집에서 내며, 노동 기간은 구체적으로 정해진 것은 아니다, 노동시간은 신축성이 있는데, 그것은 '누구네 일'을 '끝 마친다'는 것이 중요하지 '얼마 동안'이나 했는가는 중요하지 않기 때문이다. 모품은 모품으로, 김매기 품은 김매기 품으로 앗는 것이 보통이지만 모품을 김매기 품이나 타작 품으로 앗을 수도 있고 논일 품을 밭일 품으로 앗을 수 있는 융통성이 있었다. 기본적으로 품앗이는 등가교환의 원칙과 임의적인 노동력 교환의 속성 때문에 공동노동(교환노동) 일반에 특유한 이해관계의 대립이나 속박성에서 벗어나 상당히 지속적으로 행해지고 있는 것이다.

또한 이 시기의 농업노동으로 조직적인 성격을 띠는 것으로는 청부작업이 있었다. 보통 '도급'이라고 불려지는 데, 젊은 사람 몇 명이 모여서 한 단위를 형성하여 일고 노동을 사용하는 농가나 병약하여 일할 수 없는 농가의 농사일을 일정의 보수를 받고 해주는 것이다. 도급으로 받은 일정 금액은 참여한 사람들이 각각 분배하게 된다. 농가 측에서는 도급을 주면 일고노동자의 임금보다 많은 액수를 지불하지만 식사나 술 등을 제공하지 않아 다른 번거로운 일이 없게 되고 도급을 맡은 사람들은 젊고 일 잘하는 사람들로 이루어져 일을 빨리 해치우기 때문에 일고노동 보다 같은 시간에 더 많은 노동을 하게 되는 것이다.

그리고 비조직적인 노동력 충원 방식으로는 일고와 머슴이 있었다. 일고는 계층성을 나타내는 고용형태로서 대부분의 농가는 가족 노동력을 근간으로 품앗이를 하여 꾸려가지만 그것으로 부족할 때에는 일고노동을 사며, 중·상층농은 일고에 의존하여 농사를 짓기도 한다. 일고로 일을 할 때에는 임금 이외의 식사와 술, 담배 등을 제공받으며, 아침 일찍 시작하여 어두워질 때까지 일하는 것이 보통이었다. 그러나 일고노동 기회가 항상 있는 것은 아니어서 일고노동만으로 생계를 유지할 수는 없으며, 영세 빈농층은 대개 일고노동과 함께 소작을 하거나 약간의 농지를 경작하여 생계를 유지했다.

부농은 머슴을 고용하기도 했는데 머슴은 1년 단위로 약속한 새경을

쌀로 받았으며, 농사철에는 농사일을 하고 겨울철에는 땔나무도 하고 소를 돌보기도 하였다. 실제로 머슴은 주을을 대신하여 품앗이를 하기도 하면서 거의 모든 농사를 도맡아 하였다. 머슴은 고용하는 농가가 일정하여 한집에서 머슴살이를 몇 년씩 계속하였으며, 새경은 매년 받은 것이 아니고 집을 마련한다든가, 토지를 마련하면서 독립하게 될 때 계산해서 받기도 했다. 머슴은 새경 이외에 담배, 의복 등도 제공받으면서 함께 거주하였다. 이 시기의 노동력은 농촌 내부에서 완전 소모되기 때문에 대부분의 농가들은 촌락내의 농업노동력, 즉 가족노동과 교환노동만으로 농사가 가능했었다.

(2) 70년대 중반까지의 양상

70년대에 접어들면서 전후 50년대 출생한 젊은층의 대량 유출로 인해 농업노동력의 조직화에 변화가 나타났다. 농번기인 모내기와 김매기, 추수기에는 일시적으로 조직되는 것으로 작업반이 조직되었다. 작업반은 대개 10-15명으로 구성되었는데, 조사마을에서는 장년층 작업반과 젊은층 작업반으로 조직되었다. 이 작업반에는 남녀 구별없이 참가했으며 대체로 남자들은 모심기 준비작업, 줄잡기 등의 일을 맡고 여자들은 줄잡이의 통솔에 따라 모심기를 주로 한다. 작업반의 가입은 자유로운 것이 원칙이고 이러한 원칙은 대체로 지켜지지만 부농들의 가입은 꺼리는 편이다. 그것은 작업반의 목적 자체가 자기 논은 자기가 심되 작업을 효과적으로 하자는데 있는 것인데, 부농의 경우 참석하는 노동력에 비하여 농지가 훨씬 많아 그 만큼 작업량이 많아지기 때문이라고 한다. 작업반은 비슷한 계층끼리 거의 같은 정도의 품을 내서 작업반에 참여한 농가의 일을 하고 작업반에 참여하지 않은 농가의 일도 하여 품값을 받는다. 작업반에 참여한 농가의 일을 할 때에는 품값을 받지 않으며 작업반에 참여하여 일하는 일수도 참가 성원간에 차이가 있을 수 있다. 품앗이와 달이 단위조직을 형성하여 마을내의 모내기, 타작 등을 서로 합의된 순

번에 따라 한다. 이대 작업반 구성원은 자기 일을 할 때 투입된 품갯수
와 작업을 하면서 일한 품갯수를 계산한다. 품을 더 쓴 사람은 품값을
내고 일한 품이 더 많으면 품값을 받는다. 여기에서 모아진 돈은 품갯수
에 따라 분배하거나 또는 일부는 나누고 일부는 마을의 공동기금으로
사용하기도 한다. 작업반 일을 할 때에는 일하는 농가가 식사, 담배, 술
등을 제공한다. 작업반 조직은 원래 마을내 농가의 지불임금이 마을 외
부로 유출되는 것을 막고 노동의 효율적 이용을 위한 것이었지만 점차
농번기에 마을의 고용노동력의 수급조정역할을 담당하는 것으로 되었
다.13)

　　이 시기에 와서는 머슴노동은 거의 사라지고 작업반 활동으로 품앗
이나 일고가 줄어들기는 하였으나 계속되었으며, 농업노동력은 역시 전
시기와 마찬가지로 가족노동력이 근간을 이루고 있다. 70년대 초반부터
도입되기 시작한 경운기로 심경작업(深耕作業)을 하게 되고 강력한 제초
제의 사용14)으로 김매기 작업이 줄어들었으며, 동력을 이용한 타작기계
의 도입과 논에서 직접 타작을 하게 됨으로써 급감하는 농업노동력에
대처하고 있다. 그래서 가족노동력에의 의존도가 더욱 증가하여 작업반,
품앗이는 농번기에 집중적으로 조직되어 운영되었었다.

---

13) 조사마을의 작업반은 1978년 경에 현재의 체육회로 명칭이 바뀌었고, 추곡 수매와
　　수박 출하 시기 때 수송 차량을 마련하는 것으로 역할도 바뀌었다. 박한수(59세)
　　면접자료.
14) 현재 사용되는 제초제는 살포하는 시기에 따라서 초기제초제, 중기제초제, 후기제
　　초제로 나누어진다. 모내기를 위해 써레질한 날을 기점으로 1주일 이내에 뿌려야
　　하는 약이면 초기제초제, 잡초가 보이기 시작하는 15일쯤 되어 뿌려야 하는 것이
　　며 중기제초제, 15일 이후 잡초가 솟아나 있는 상태에서 뿌리는 것이면 후기 제초
　　제이다. 초기제초제로는 마세트, 론스타가 스이고, 중기제초제로는 푸마시, 솔넷트,
　　아비로산이 있고, 후기제초제로는 밧사그람, 밧사그람티, 2-4-D아민염이 사용된
　　다.

(3) 70년대 중반이후부터 현재까지의 양상

　조사마을 농업생산에서의 기반을 이루는 논의 대부분은 1975년 경지
정리가 되었다. 그리고 78년 경이 되면 농가의 절반 이상이 경운기를 보
유하게 된다. 경지정리가 끝난 몇 년 후인 79년 봄에 '영농단' 조직이 결
성되며, 이 조직을 중심으로 파종에서 모내기까지의 농작업이 이루어지
고 있다. 영농단(營農團) 조직은 경지정리된 논을 3개의 단지로 나누어
각 단지마다 단지회장이 중심이 되어 단지내에 있는 논을 소유하고 있
는 농가가 농기계로 이앙(移秧)을 할 것인가를 파악한다. 이렇게 파악된
것이 영농단에 모아져 전체 모내기 면적 규모와 참여농가가 확정된다.
기계 이앙을 위한 모자리를 만드는 일은 각 참여 농가에서 품을 내서
공동작업을 한다. 보온 못자리 보다 5일 정도 더 늦은 4월 중순경에 모
자리를 만드는데 모자리를 만들기 전에 비옥한 흙을 산성도를 약하게
약품처리한 뒤에 비닐 하우스 안에 펴고 육묘상자를 설치한 뒤 파종기
로 파종한다. 공동작업이 끝난 후에는 품당 이앙평수를 게산하고 각 농
가의 이앙 예상평수와 공동작업에 낸 품갯수를 비교하여 이앙평수에 비
해 품을 많이 낸 사람에게는 이앙 예상평수에 비해 품을 덜 낸 사람에
게서 품값을 받아준다.

　한달 정도 길러 5월 10－20일 경에 모내기를 한다. 모내기 직전에 논
을 갈고 삶는 것은 대부분 자가소유의 경운기로 작업한다. 일부의 농가
들은 삯을 주고 트렉터로 갈기도 한다. 모내기 때 각 단지의 회장들은
모임을 갖고 제비를 뽑아 어느 단지를 먼저 할 것인가를 정한다. 결정된
순서대로 조생종의 모를 먼저 차례대로 모내기하고 다음에 중생종, 만생
종 모를 이앙한다.15) 영농단 소유의 이앙기로 모내기를 할 경우 81년도
에는 식비를 포함하여 평당 20원이었으며, 식사는 모를 내는 농가에서

---

15) 모내기의 시기는 벼의 성장기간에 따라 다르며, 올벼(早生種), 보통벼(中生種), 늦벼
　　(晩生種)로 구분되며, 이것은 논의 이용에서 1모작이냐 2모작이냐 하는 문제와 직
　　결된다.

장만하여 제공했다. 영농단을 통해 5마지기(1,000평)를 이앙기로 모내기 하면 2만원이 소용되는데, 반해 보온 모자리를 하여 손모를 내면 일고 노동자 6명 정도가 필요하며 품값을 6천원으로 산정하며 3만 6천원이 된다. 도한 식사, 담배, 술 등을 1만원 정도로 계산해도 그 비용이 훨씬 많이 든다. 그러지만 가족내에 노동능력을 갖은 사람이 전혀 없는 경우 는 적으며, 다라서 영농단에 의한 기계모로 전부 모내기하기 보다는 기 계 모내기도 하고 품앗이나 일고노동을 사용하여 손모를 내기도 하는 병행방식을 채택하는 농가가 많다.

　수확기에는 주로 가족노동력과 품앗이로 대처해 나간다. 타작은 경운 기나 콤바인, 바인더 등의 농기계를 이용해서 논에서 직접하는 데, 농기 계가 없는 농가에서는 일정한 삯을 주로 타작을 한다. 타작하는 농가는 식사, 술, 담배 등을 제공하고 타작하는 데 부수적인 일을 함께 수행한 다. 이처럼 노동력이 집중적으로 필요한 시기에는 농기계를 중심으로 노 동력을 충원, 이용함으로써 대처해 나간다. 그리고 농기계가 조사마을내 개별 가구마다 어느 정도 이상 구입된 80년대 초반 이후에는 이러한 영 농단 조직에 의한 작업이 개별 구입한 자가 농기계의 사용으로 형태가 바뀌어 가고 있다. 즉, 개별적으로 삯을 주고 농기계를 대여해 작업을 하는 경우가 많아지고 있다. 왜냐하면 이것은 절대적으로 마을의 농기계 보유량의 증대와 기존의 영농단에서 공동구입한 농기계의 사용과 관리 에 문제가 있기 때문이다.

　80년대 이후에는 마을내의 주도적인 농업노동의 토대였던 영농단은 해체되고 부농을 중심으로 한 대형 농기계의 도입으로 농업노동의 동원 과 조직방식에서도 다양한 변화가 나타난다. 물론 농기계의 도입 앞에서 기술했듯이 노동력 유출에 따라 부농들을 중심으로 한 부족 노동력의 대체 효과라는 농업경영방식 대응의 일환으로 이루어진 것이다. 이러한 변화양상을 계층별 사례를 통하여 구체적으로 살펴보자.

① 부농

조사마을에서 자신이 직접 농업경영을 하면서 항상 품을 사서 농사를 짓는 농가는 7호가 있다. 그 가운데 1가구는 소유토지의 모두, 1가구는 일부 소작을 주고 있다. 1가구는 40년전부터 이 마을에 들어와 살고 있고 나머지는 모두 이마을 출신의 토박이들이다. 가족원들은 대개 5-7명이지만 가족 중 농작업에 직접 참여하는 2-3명 정도이며, 이것은 중농이나 빈농과 큰 차이가 없다. 그것은 가족 구성원 중 어린이와 초소한의 농업노동력을 제외한 가구원은 중농이나 빈농과 마찬가지로 도시로 유출되었기 때문이다.

부농층에서 경작규모가 가장 많은 농가는 9,500평이고 최소가 6,500평이다. 소작을 주고 있는 2가구는 정미소와 구미에서 방앗간을 경영하고 있다. 중농이나 빈농과 달리 이들은 농업노동자를 고용하여 경작을 하지만 항시적으로 보기가 어렵고 일시적으로 이루어진다. 왜냐하면 자신들도 농작업에 직접 참여하여 자기 소유의 농기계를 직접 운영하는 등 가족 노동 부분이 여전히 존재하기 때문이다. 부농의 농업노동형태를 사례별로 살펴보자.

사례 4

가씨(59세) : 6,000평의 농지를 직접 경작하고 7,000평은 다른 마을 사람에게 소작을 내어 주었다. 마을 내에서 정미소를 소유하고 있으며, 정미소에는 2명의 일꾼을 두고 있으나 이들은 농사에는 전혀 관여하지 않는다. 가기는 마을 육성회장직을 맡고 있을 뿐 아니라 면내(面內)에서도 잘 알려진 유지이다. 3남 2녀를 두고 있는데, 장남은 결혼해서 대구에 살고 있다. 장남에게는 결혼 후 주택을 마련해 주었다. 현재는 2남, 3남과 차녀가 같이 있으며, 차남은 정미소를 일하고 있다. 경지가 많지만 농기계는 경운기만 소유하고 있고 모내기와 탈곡 등의 농작업은 농기계를 빌어 맡기고 있다. 농사는 주로 가씨 부부가 하면서 많이 바쁜 농번기에는 차남이 많이 도우고 있다. 소유농지의 대부분이 논이기 때문에 사람 품은 많이 사지 않고 농기계 품을 통해서 해결한다.

남씨(41세) : 자기 농지 6,300평과 소작 1,200평 모두 7,500평을 경작하고 있다. 1남 1녀의 자식을 두고 있는데 모두 어려서 부부 두 사람의 노동력을 중심으로 농사를 짓고 있다. 자가소유의 이앙기로 모내기를 하고, 가을 수확기에는 농기계품을 사서 해결하며, 이웃을 중심으로 2-3인씩 품앗이를 하기도 한다.

　다씨(59세) : 다씨는 차남과 함께 8,000평의 농지를 경작하고 있다. 장남은 대학을 마친 후 대구에서 중소기업에 다니고 있다. 장남에게는 4년 전에 결혼할 때 논 1,200평을 팔아서 집을 사는 데 도움을 주었다. 농사는 2년 전부터 농고를 마친 후 군에 갔다 온 차남이 실제로 경영하고 있다. 논농사는 대부분 농기계로 작업을 하고, 밭농사의 경우에만 파종과 수확기에 가족노동과 품을 사서 한다.

　이상의 사례에서 보면 가족의 형태와 구성이 어떠하든지 간에 농사는 주로 부부 중심의 노동력에 의존하는 가족노동의 형태를 띠고 있다. 그리고 논농사는 대부분 농기계를 사용하지만 밭농사는 가족노동과 일부 품을 사서 경작한다. 농번기에 농업노동자를 고용할 때 일꾼들은 주로 자기 농지를 부치는 소작인이나 이웃을 고용한다.

　② 중농

　조사마을에서 주로 가족노동을 중심으로 하여 농업노동력을 해결하면서 남에게 항시 고용되지 않고 농사를 짓는 농가는 19가구이다. 이중에서 자작농이 7가구, 자소작농이 9가구, 소작농이 2가구, 기타 1가구이다. 중농에서는 부농과 달리 소작관계를 많이 맺고 있으며, 기타 1가구는 노인 1사람으로 이루어진 가구로 소유 농지 4,000평을 모두 소작내주고 있다. 중농층의 경작규모는 생계능력과 노동력에 맞추어 소작이나 토지매매를 통해 조정이 된다. 농업노동력은 도시에 거주하는 유출노동력이 많아서 역시 부부 중심의 2인이 보통이다. 중농 가구주의 연령은 30-40대가 6명, 50-60대가 13명으로 장·노년층이 대부분인데, 가구당 1-2명씩 노동력의 유출이 이루어져 있다. 이들의 전반적인 노동력 동원형태는 가족노동외에 마을내의 농기계의 다량 도입으로 자가 농기계의 사용이나 임대하여 농기계 중심의 개별 노동이 우선적이다. <표 6-6>에서 볼 수 있듯이 중농층의 대부분이 기본적인 농기계인 경운기를 가지고 있으며, 일부 농가는 트랙터, 콤바인, 이앙기 등을 소유하고 있다.

<표 6-6> 중농층의 농기계 소유형태

소유 농기계	가구수	비고
경운기	6	
경운기+이앙기	7	
경운기+이앙기+콤바인	1	
경운기+이앙기+콤바인+트랙터	4	
전　체	18	

이상에서 중농은 가족노동을 중심으로 하여 농기계에 의한 개별 농작업을 하며, 농기계의 완전 사용을 위하여 소작을 많이 부치기도 한다. 그리고 최근까지 논농사에서 일부 이루어졌던 모내기와 가을 추수 때의 품앗이는 거의 소멸되었고, 밭농사에만 이웃간을 중심으로 하여 일부 이루어지고 있으며, 이외에는 일일고용형태인 품을 사서 해결한다.

③ 빈농

조사마을에서 수시로 임노동을 하는 농가는 11가구이다. 그 중에서 자소작이 4가구, 자작이 4가구이고, 2가구는 가구주의 고령화로 인해 소작을 내주었으며, 1가구는 부부 모두 농외 취업을 하고 채밭 이외의 농지는 친척에서 소작을 주었다. 빈농들이 소작을 부리는 것은 노동력의 완전소모를 위해서 이다. 가구주의 연령은 40대가 3가구, 50대가 5가구, 6,70대가 3가구이다. 빈농은 농업노동자로 고용될 뿐만 아니라 가구주의 농외 취업(겸업 포함)도 3가구나 된다. 빈농의 고용형태를 구체적으로 살펴보면 다음과 같다.

사례 5

라씨(42세) : 라씨는 2만의 자식을 두고 있으며, 2,600평을 경작하는 자작농이다. 부인은 농한기에 구미에 있는 공장에 다닌다. 라씨는 이웃해 있는 부농 다씨에게 주로 품을 팔며, 그의 집안 일을 우선적으로 해주고 있다.

명씨(63세) : 논 1,600평을 경작하는 자작농이다. 자식은 2남 4녀를 두고 있지만 딸 둘은 결혼했고, 장남과 3,4녀는 구미와 안성에서 공장에 다니고 있다. 현재 집에는 막내 아들과 부부만 살고 있으며 명씨는 부부가 근근히 농사를 지으며, 부인이 농번기에 밭일을 나가서 하루 6,7천원의 수입을 올리고 있다.

위의 사례에서 보면 빈농은 품을 파는 데 있어서 단골관계가 형성되어 항시 고용되는 그 집안의 사소한 일뿐만 아니라 농사일에도 단골로 해주고 있다. 조사마을에서 현재 이루어지고 있는 농업노동형태는 부농과 빈농간의 임노동, 중농중심의 농업기계화에 따른 개별 작업, 가족노동으로 나타나고 있다. 이상에서 살펴본 것처럼 농업 노동력의 조직과 충원방식은 노동력 유물을 매개로 도시부문과의 구조적 연관속에서 그에 대응하여 가족노동을 근간으로 하여 품앗이-작업반-영농단-농업기계화로 인한 개별노동의 형태로 변화를 보이고 있다. 이러한 조직적인 노동력의 사용은 농번기에 주로 이루어지고 있으며, 농번기의 노동력의 조직화 방식이 변화됨으로써 평균 노동력으로 농사를 지을 수 있게 된다. 논농사에서 노동력의 조직방식은 이처럼 변화를 보이며, 그 조직 양상도 변화하는 것이다.

현재 조사마을에서는 50대 전후의 남자 노동력이 농업 노동력의 중심이며, 이들은 주로 수도작을 중심으로 농사를 짓는다. 농기계를 구입하여 보유한 농가는 임대작업(기계만 빌려주든가, 기계로 직접 남의 일을 해주든가)을 해야만 수지타산이 맞는다. 실제로 경운기, 트랙터, 이앙기 등의 농기계를 보유한 농가는 농업 소득보다 농기계 임대작업 수입액이 더 많은 경우도 있고 또한 농기계 보유농이 대규모 농가라기 보다 중농층의 농가이면서 장년의 농동력이 있는 경우가 많기 때문에 이들은 농기계를 보유함으로써 농업경영을 확대하기 보다는 자신들의 노동력을 최대한 활용하여 노임수입의 증대를 추구하는 측면이 강하다. 다른 한편, 논농사, 특히 수도작에서 고용 노동력에 의존하는 농가는 일고 노동력 보다 농기계 위탁작업에 의존하는 것이 유리한 실정이다. 자가 노동력 위주의 경영이 타인 노동에 의존해야 하는 경우는 경운(정지), 농약살포, 모내기, 수확 등의 작업에 해당하는 데, 이 경우 농촌의 일고 노임과 농기계 임대작업 사이의 비용을 비교하면 <표 6-7>과 같다.

<표 6-7> 농기계 임대작업과 임노동 작업의 비용

농작업	임노동 사용	농기계 임대
경운작업	10,000원 내외(소+노동력)	6천원-7천원
농약살포	7,000-8,000원(김매기1회)	4,500-5,000원(농약값+인건비)
모내기	10,000-12,000원 (4명 반나절(2,500-3,000)×4)	7,000천원 내외
수확작업	10,000-11,000	9,000-10,000원

참고 : 1) 임노동에 따른 부식비(담배, 술, 식사 비용 등)를 포함.
　　　 2) 제초제의 살포에 따라 김매기 작업이 거의 없어졌기 때문에 농약살포 작업과 비교
　　　 3) 1마지기=200평 기준이다.

　밭농사에 있어서 조직화된 노동력의 사용은 많지 않으며, 주로 가족 노동력을 근간으로 해서 일고노동자로 농작업을 수행한다. 농업기계화가 크게 진전되었지만, 밭농사에서는 여전히 사람들의 손작업이 많이 들어가야 하는데, 특히 여성 노동력에 의하여 이루어지는 작업이 많이 필요하다. 최근에 와서 점차 환금작물을 중심으로 생산하기 때문에 밭농사에서의 노동 수요량이 증대하였지만 조직화된 노동력의 사용은 거의 없으며, 가족 노동력을 근간으로 하고 '품'으로 보충하여 농사가 이루어지진다.

2) 토지소유형태의 변화와 소작형태

　도시부문으로의 노동력 유출은 농촌의 인구유출 뿐만 아니라 농업생

산구조에도 많은 변화를 가져 왔다. 그러면 도시산업부문으로의 노동력 유출에 따른 토지소유관계의 변화와 그것이 가져온 소작의 발생을 사례를 통해 살펴보자.

사례 6

차씨(70세) : 차씨는 논 800평과 밭 1,200평을 경작하였으며, 자식은 2남 1녀를 두었다. 8년 전부터 몸이 불편해서 구미의 자식에게 이사하고 소유한 논밭은 친척에게 소작을 주었다. 차씨는 5년 전에 현재 같이 생활하고 있는 장남이 집을 마련하는데 논800평을 팔아서 도와주었다.

하씨(59세) : 하씨는 자기 소유의 논 600평과 소작을 오래 동안 해 왔으며, 8년 전에 논 1,000평을 늘여서 경작하였다. 1남 4녀의 자식을 둔 하씨는 딸 셋은 모두 결혼했으며, 아들(20세)은 학교에 다니고, 막내 딸은 부산에서 직장에 다니고 있다. 현재 집에는 부부만 거주하고 있으며, 2년 전부터는 모두 소작을 내주고 농사를 짓지 않는다.

최씨(73세) : 결혼 후 분가하면서 부모로부터 논800평을 상속받았다. 18년전과 15년전에 각각 600평, 500평을 더 늘여 6년전 까지는 직접 경작을 했었다. 최씨는 2녀의 자식을 두었으며, 장녀는 결혼했고, 차녀는 아직 결혼을 하지 않고 함께 살고 있다. 부인은 7년 전에 사망했으며, 그 후부터 논 1,900평을 모두 남에게 소작을 내주고 있다.

이상의 사례에서 볼 때 토지소유관계의 변화와 소작을 발생을 알 수 있다. 전 가구 이동시 토지소유관계의 변화가 두드러지는 데 도시부문으로 이동하는 가구는 토지를 팔거나 마을에 그대로 남겨두고 떠난다. 대부분의 주민들은 유출 시 농지를 팔아서 도시에 집을 마련하거나 조그만 가게를 내며, 그렇지 않을 경우에는 토지를 팔지 않고 소작을 주어 양식으로 갖다 먹으면서 도시에서의 현금수입으로 생활해 나간다.

60년대 까지만 하더라도 농지를 팔고 도시로 유출되는 농가가 있을 때는 다른 지역에서 살던 농민이 그 토지를 매입하여 정착하거나 또는 마을 사람들이 매입하는 경우가 많았으나 70년대 중반이후에는 농지의 매매가 도시 사람들이 마을에 사는 친척의 정보나 매개를 통해 토지를 사는 것이 일반화되어 있다. 마을사람들은 '이제 땅이 있어도 살 엄두를 못내고 있다'고 한다.

　이러한 토지소유관계의 변화는 지주소작관계가 급격히 증대되고 있는데 전 가구 유출시 남겨놓고 감으로써 발생하기도 하며(차씨의 경우), 또 단신유출이나 출퇴근 통근노동으로 인해 발생하기도 한다(하씨, 최씨의 경우). 즉, 젊은층이 도시산업부문으로 유출되거나 출퇴근하기 때문에 농촌의 가족이 농사를 지을 수 없게 될 때, 친척이나 마을사람에서 소작을 준다. 결국 어떤 형태이든 도시산업부문으로의 유출은 농업부문에 있어서 토지소유관계를 변화시키며, 그로 인해 소작관계를 지속, 확대시킨다. 친척이나 친지의 농지를 소작한다 하더라도 소작의 광범위한 발생은 농업생산력의 발전에 장애를 가져오며, 빈농들의 경제적 핍박을 더욱 심화시킨다. 이렇게 볼 때 현행 소작제는 부분적으로 반봉건적 잔재를 남기고 있으나 기본적으로는 농민적 토지소유 상호간에 발생하는 것으로서 도시산업부문으로의 농업노동력 유출과 농업경영 수지의 악화로 인해 더욱 확대되고 있는 것으로 파악된다.

6. 결　론

　한 사회 내부에 자본주의적 생산체계가 발전하며 농촌농업부문과 도시산업부문은 유기적으로 결합된 관계를 맺게 된다. 즉 도시 부문은 1)농촌 부문으로부터 값싼 노동력을 공급받고, 2)저렴한 원료와 농산물을 제공받아 도시부문의 임금수준을 낮게 유지하며, 3)소비시장으로 장악하여 농촌, 농업부문을 지배해 간다. 이와 같이 농촌부문은 도시부문과의 구조적 관계를 맺고 있다는 점을 염두에 두고 필자는 농민경제의 성격을 유출노동력의 형태, 경제적 유대관계 그리고 시기별·계층별 농업노동의 존재형태의 변화를 통하여 노동력 유출에 따른 농민경제의 변화를 한 촌락의 수준에서 살펴보았다.

지금까지의 내용은 간략하게 요약하며 다음과 같다. 첫째 농촌 노동력은 여러 가지 요인으로 농촌에서 유출되어 도시산업부문과 구조적 관계를 맺고 있다. 그 유출형태는 단신유출노동력과 출퇴근하는 재촌(在村)의 유출노동력으로 나누어진다. 단신유출노동력 형태는 농촌의 기혼, 미혼의 노동력이 도시에 생계원(生計源)을 찾아 취업을 하는데 도시부문에서 받는 저임금으로는 생활하기가 힘들어 농촌의 가족들과 지속적으로 경제적 유대를 갖는다. 그리고 출퇴근하는 재촌의 유출노동력은 농촌에 남아서 농사를 짓는 것만으로 생계를 영위할 수 없기 때문에 도시부문과 고용관계를 맺어 소득을 얻는다.

둘째, 미혼가구원의 대거 이동 등의 도시부문으로의 유출은 농업노동력의 역량과－고령화, 여성화가 촉진된다. 즉, 농업부문은 여성노동력을 증대시키고 농촌가족의 노동력을 최대로 활용하면서 대처해 나간다. 이러한 대응방식으로 농업 부문은 농번기 조직화된 노동력을 사용하게 되며, 시기별 노동력의 조직과 충원의 대처방식은 품앗이－작업반－영농단－농업기계화로 인한 개별 노동형태로의 변화양상을 보인다.

셋째, 조사마을의 노동력의 조직, 충원방식의 변화를 살펴보면, 60년대 중반까지는 품앗이가 지배적이며, 머슴, 일고(품)가 보조적으로 행해졌다. 70년대 들어오면서는 경운기가 마을에 도입됨으로써 경운기를 사용하여 작업반을 중심으로 농사를 지으면서 품앗이와 일고노동이 지속적으로 행해졌다. 75년 마을 주변 농지의 경지정리가 된 후에는 영농단이 결성되고 농기계를 중심으로 노동력이 조직, 충원되어 농번기의 농사일을 하게 되었다. 그러나 농기계가 마을내 개별 가구마다 어느 정도 구입된 80년대 초반 이후에는 영농단에 의한 농작업이 개별 구입한 농기계의 개별 사용으로 형태가 바뀌었다.

넷째, 농기계의 사용이 증대됨으로써 적은 가족노동력으로도 마을의 농사일이 가능해지나 이것은 주로 논농사에 한정되는 것이며, 밭농사에 있어서는 농기계의 사용에도 한계가 있고 그리고 시장에 내다 팔 환금작물(주로 수박)을 생산하는 등의 이유로 노동력의 수요량이 크게 감소하지 않고 아직도 노동력의 충원방식에는 품앗이가 어느 정도 유용하게 행해지고 있다.

다섯째, 노동력의 도시산업부문으로의 유출은 60년대까지만 하더라도 유출농가가 있을 때는 다른 지역에 살던 토지를 매입해서 조사마을로 이주해 와 농사를 짓는 경우가 많았으나 70년대 중반 이후에는 유출시 농지의 매매가 도시 사람들이 마을에 사는 친척의 정보나 매개를 통해 이루어지는 것이 일반화되고 있다. 그리고 조사마을로 이주해 온 사람들은 농외 부문에 종사하는 경우가 많아진다. 이러한 토지소유관계의 변화로 말미암아 소작농지는 지속, 확대되어 가고 있다.

이상의 사실을 정리하면 농업부문은 노동력 유출을 통하여 도시 산업부문과의 구조적 관계를 맺으며, 그로 인해 토지소유관계와 농업노동의 형태·충원방식을 변형시켜 나가면서 도시부문에 고용된 임금노동자의 재생산 비용을 부담하고 동시에 자신을 지속적으로 재생산해 나간다. 결국 농업부문의 잉여는 농업내에 투자되지 못하고 소비성 지출로 가족의 유대를 통해 도시산업부문으로 전가된다. 이러한 잉여의 이전은 중농들의 부농으로의 상향 이동과 부농의 농업 자본가로의 분화를 저지한다. 빈농이나 중농의 유출농가들은 가족내에서 노동자로 성장할 때 까지 양육비와 도시생활의 생계비 보조 등의 재생산비를 농촌에 전가하는 것이다. 이 논문의 의의는 농업생산의 형태와 존재양상을 노동력 유출을 매개로 하여 도시부문과의 구조적 관계속에서 어떻게 변화하는 지를 보여주는 데 있다.

『인류학연구』제5집, 1990, 영남대 문화인류학연구회

제 7 장

농민의 가족구성의 변화와 가족농 생산형태

1. 머 리 말

이 논문은 한국 사회가 고도 자본주의화되면서 가족농(family farm) 중심의 농업생산형태가 어떻게 변화해 왔는지를 규명하려는 시도이다. 이것은 고도 자본주의화 과정 속에서 농민들이 농업 내외의 구조적 압력에 어떠한 사회경제적 대응 전략을 선택하고 있고, 이 과정에서 농민들의 농업 생산형태는 어떻게 전개되어 왔는가 하는 것을 밝히는 것이다.

오늘날 농업 생산구조의 특징은 극히 일부분의 자본제적 농업을 제외하고는 저발전의 제3세계뿐만 아니라 선진 자본주의 국가에서 조차도 가족원들의 비임금 노동력에 기초한 소규모 가족농 생산형태가 지배적이라는 데 있다. 이처럼 가족농 생산형태가 어느 곳에서나 지속적으로 유지·존속되어 간다는 사실은 농민을 농외 부문의 영향력에 의하여 일방적으로 변형되어 가는 대상물로만 파악하는 거시적 관점의 농민 연구의 한계를 나타내 주는 것이다.

농민은 자본 – 임노동이라는 자본주의적 생산관계 속에서도 독점자본의 압력에 일방적으로 끌려가기만 하는 존재가 아니라 자본의 지배 논리 속에서도 전통적인 사회경제적 적응기제를 재생시키거나 원용하기도 하고 때로는 자본주의적 경영원리를 채택하기도 하면서 상황에 적합한 대응 전략을 사용하는 존재라는 사실을 주목해야 한다(홍성흡 1995 : 1). 이러한 관점에서 볼 때 오늘날의 고도 자본주의 사회에서 형태상으로는 가족농 생산형태가 존속해 나가지만 농업 생산에서 가족농 생산형태가 사회적 상황이나 역사적 조건 속에서 구체적으로 어떻게 규정되고 어떤 변화를 겪어 왔는가를 보다 올바르게 파악할 수 있다.

지금까지의 한국의 농업 생산은 그 내용이 많이 변화되고 있기는 하지만 여전히 가족농 생산형태가 지배적이라고 할 수 있다. 이러한 가족농의 지속 경향은 농업 생산에 투하되는 농업노동이 자본주의적 노동형태인 임금노동이 아니라 가족노동이라는 사실에서도 확인할 수 있다. 1994년 현재 농업 생산에 투하되는 농업노동의 구성에서 가족노동의 형태는 전체 농업노동의 82.9%를 차지하며, 이러한 수치는 1962년 71.5%의 구성비와 비교할 때 지속적인 증가를 나타낸다. 반면에 고용노동은 같은 기간에 20.2%에서 11.7%로 감소하고 있다(농림수산부 1995). 이러한 현상은 우리의 농업노동 과정이 자본주의적 임노동관계보다는 가족관계에 기반하고 있다는 사실을 말해 주며,1) 하나의 단위로서 가족이 생산의 주체가 되는 가족농 생산형태가 지속되고 있다는 것을 보여 준다(Long 1984 : 5).

전체 사회 체계의 고도 자본주의화 과정 속에서 개별 농가가 산업화를 경험하면서도 여전히 생산의 단위로서 작동하고 있다는 사실은 농가

---

1) 가족농 생산형태의 노동과정에서 볼 수 있는 특징은 첫째 생산의 주체가 농가(peasant household)이고, 둘째 농가 스스로 소유자원인 토지와 노동력이 가족단위로 결합되며, 셋째 가부장적 질서에 의해 노동일과 노동강도가 결정되며, 넷째 가족노동력의 초과착취(over – expliotation)에 기반하여 잉여가 창출되고 그 한계는 단순재생산에 필요한 비용에 있다. (J.Banaji, "Medes of Production in Materialist Conception of History", pp.32~33).

구성원들의 일상생활이 농업 생산형태와 밀접한 관계에 있다는 사실을 말해 준다. 이러한 가족농에 의한 소농 경영체제는 지금까지 한국 농업 생산의 주축을 이루어 왔을 뿐만 아니라 60년대 초반부터 본격화된 자본주의적 산업화와 경제성장의 밑거름이 되었다. 가족농 중심의 농업 생산은 양질의 노동력을 공급하여 초기 산업자본의 형성에 기여하였을 뿐만 아니라 안정된 식량공급을 통해 도시 산업 부문의 자본 축적을 용이하게 했으며, 불안정한 노동 인구에 대해 사회보장적 기능을 수행함으로써 독점자본의 축적에 크게 기여하였다.

따라서 가족노동 중심의 생산체계가 농촌의 사회경제적 유지뿐만 아니라 자본주의적 산업화와 경제성장의 지원이라는 커다란 역사적 기능을 수행해 왔음을 부인할 수 없다. 그러나 이처럼 중요한 역사적 기능을 수행한 가족농 생산형태는 전체 사회의 경제성장과 산업화가 이루어진 현 시점에서 오히려 그 자체의 안정적 유지나 발전적 변화의 전망이 사라지고 있다(장경섭 1995 : 196). 그리고 농민 사회와 경제는 경제협력개발기구(OECD)의 가입이나 세계무역기구(WTO)체제하에서의 농산물 개방이라는 상황에서 가장 기초적인 농업 생산조직인 개별 농가의 재생산마저 불가능해져 농촌의 총체적 해체마저 우려되는 상태에 이르렀다. 그렇다면 이와 같은 도시 산업 부문의 독점자본을 중심으로 한 경제 발전 과정을 통하여 농촌 사회는 어떠한 변화를 경험하였는가? 본 논문에서 규명하고자 하는 것은 논농사 중심의 한 지역의 사례연구를 통하여 농민들이 경험한 경제적, 사회문화적 변화와 그에 따른 가족농 중심의 농업 생산구조의 변화양상을 분석하는 것이다. 농민들의 가족유형, 가족구성, 가구원의 유출 등의 가족의 구조는 어떻게 변하였으며, 토지 소유관계 및 경작 규모 그리고 농업노동 및 농업 경영형태를 비롯한 농업생산은 어떻게 변화되어 왔는가를 살펴보고자 한다.

물론 그렇다고 해서 모든 농민을 하나의 동질적인 범주로 다루거나 또는 농업 내부의 분화나 생산력 발전을 부정하는 것이 아니라 독점자본의 농업 지배에 의해 농업 내부의 모순이 농민들에게 어떻게 규정되고 왜곡되어 나타나는가 하는 점을 보다 생생하게 규정하려고 한다. 본 논문에서는 사회문화적, 경제적 구조 속에서 가족농 생산형태의 변화를 관철시키거나 지연시키는 원인들은 무엇인가 또는 농가 스스로가 농업의 내외적 압력 속에서 스스로를 어떻게 재생산하고 있는 가 등의 농업 생산구조 변화의 과정에 초점을 맞추고 있다. 이를 위하여 본 논문에서는 토지 소유관계, 계층별 농업 경영형태, 농업 노동형태 등의 경제적 변수를 토대로 하여 농민들의 가족농 중심의 농업 생산형태를 규정하는 요인들과 직접적으로 관련되어 있는 인구 및 가구, 가족형태, 가족구성 등의 사회문화적 변수를 중심으로 가족농 생산형태의 변화와 전개 과정을 조사마을의 민족지적 사례(ethnographic case)를 중심으로 하여 분석하고자 한다.

2. 조사마을의 개황

이 논문에서 조사대상으로 선정한 지역은 전북 김제군 부량면의 벽골리라는 마을이다. 필자가 조사 지역으로 선정한 이 마을은 촌락사, 지역사를 재구성하는 데 필요한 최소한의 마을과 지역 자료를 확보할 수 있는 곳이고 또한 전형적인 수도작(水稻作) 단작(單作) 중심의 농촌 지역으로 비교적 전통적인 사회경제적, 문화적 요소가 많이 남아 있는 지역이다.

조사마을은 1994년 말 현재 67가구로 이루어져 있으며, 전체 인구수는 235명이다. 조사마을 전체의 인구에서 남녀의 구성을 보면 남자 126명, 여자 109명으로 이루어져 있다. 이 중에서 77명은 비동거 가족원이다. 그래서 전체 가구의 평균 가족원 수는 약 3.5명이지만 비동거 가족원 77명을 제외한 실재 거주자는 158명(평균 가족원 수 2.4)으로 모든 가구들이 약 1명 정도의 비동거 가구원을 가지고 있다.

　조사마을 주민들의 성별·연령별 인구구성의 특징을 살펴보면, 20~30대의 연령층은 동거인구의 비율이 매우 낮고, 반면에 비동거 가구원이 이 연령층에 몰려 있다. 가구주의 연령·성별 특징은 가구주의 나이가 20대인 가구는 한 가구도 없고, 30대가 67가구 중 3가구(4.5%)뿐이며, 40대가 7가구(10.4%), 50대가 20가구, 60대가 19가구, 70대 이상이 18가구로 나타나고 있다. 따라서 농업에 종사하기가 힘든 70대 이상의 가구도 18가구(26.9%)를 차지하며 그리고 여성 가구주는 전체 가구주 중에서 14가구(19.4%)로 주로 50대 이상의 연령층을 차지하며, 전체 가구에서 여성 가구주가 차지하는 비율은 20.9%를 나타낸다. 1994년 말 현재 이 마을의 전체 67가구 중에서 50가구는 경작지를 소유하고 있으며, 17가구는 전혀 농지를 소유하고 있지 않다. 농지를 전혀 소유하고 있지 않은 17가구 중 4가구는 완전 소작으로 농업에 종사한다. 조사마을 전체 가구 67호 중에서 가구소득의 전부나 또는 일부를 농업 부문에서 획득하는 농가는 54호이다. 이 중에서 가구소득의 전부를 자신의 농업소득이나 소작료 수입에 의존하는 전업농가가 24호이고 가구소득의 일부나 또는 대부분을 농가소득에 의존하는 겸업농가는 30호이다. 이들 겸업농가의 겸업 내용을 보면 대부분 가구주나 또는 가구주의 부인이 계절적으로 잠시 행하거나 또는 일시적인 취업으로 김제, 이리 등지에서 단순노동에 종사하고 있다.

　농업에 종사하지 않는 나머지 가구들 13가구 중에서 1호는 현재 벽골제 복원공사장에서 일일노동자 일하고 있고 나머지 4가구는 군산, 김제, 이리 등지에서 일일노동자로 종사하고 있다. 직업이 없는 8가구는 대부분 노동능력이 없어서 생활보호대상자로 생활하거나 또는 타지에 살고 있는 자녀들의 도움에 의존하고 있다. 결국 이러한 사실은 마을 전체 67가구 중에서 절반 정도가 농외 부문에 종사하고 있다는 것을 보여준다. 그리고 농가 54가구 중에서 4가구는 경작지를 전혀 갖지 않은 채

완전소작을 하는데, 이들 가구주의 연령층을 보면 30대가 1명, 50대가 2명, 60대 여성 가구주가 1명이다. 이 여성 가구주의 경우 단독가구로서 김제에 거주하는 남동생이 몇 년 전에 구입한 농지를 경작하고 있다. 특히 조사마을의 가구별 직업구성에서 특징적으로 나타나는 현상은 전형적인 수도작(水稻作) 중심의 농업 지역임에도 불구하고 계속 비농가의 가구 수가 늘어나고 있다는 사실이다.

<그림 4> 조사마을의 성별·연령별 인구구성

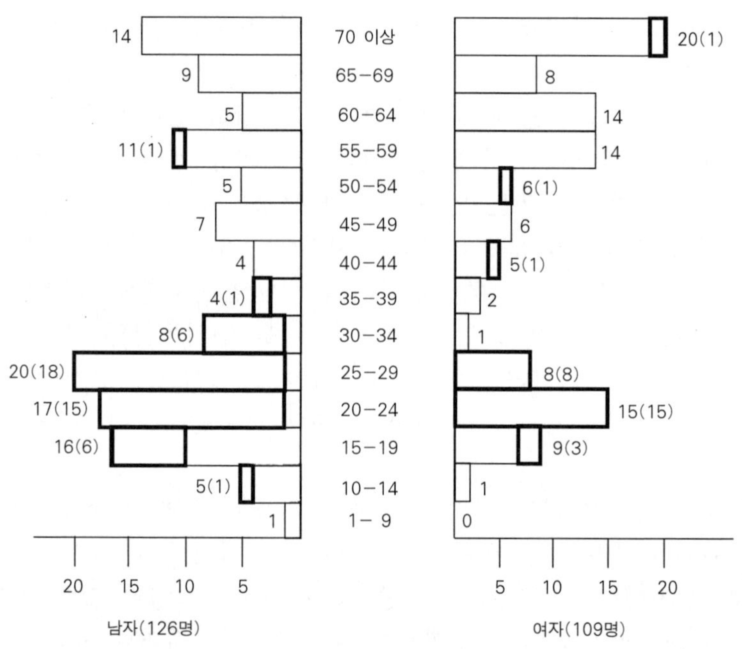

*( )와 굵은 선은 현지에 거주하지 않는 비동거자수이다.

3. 가족구성의 변화

모든 사회에서 가족은 사회 성원의 충원을 이루는 가장 기본적인 사회집단이며, 사람들의 문화화(enculturation) 과정과 일상적 생활에서 가장 중요한 영향을 주고 있다. 그리고 가족이라는 용어는 한 쌍의 부부와 그들에게서 출생한 자녀를 의미할 뿐만 아니라 그보다 넓은 친족집단을 가리키는 데 사용되기도 한다. 이처럼 가족은 일차집단으로서 인간들의 자연스러운 집합체이지만 그것은 사회집단의 성격을 지니며, 한 사회의 총체적인 구조적 틀 안에 존재한다. 특히 농촌의 가족은 그 자체가 농업 생산체계의 기초 단위를 이루며, 가족성원은 농업 생산의 주요 노동력이 되기 때문에 농촌 가족의 규명은 농업 생산구조의 성격과 연관시켜 볼 때 가능하다.

또한 가족은 전체 자본주의 사회구성체 속에서 계급관계를 매개로 하여 자본의 구조와 이데올로기적 사회관계인 가부장적 구조가 일차적으로 작동하는 사회적 소재지(social locus)이므로 개별 농가가 갖는 가족관계나 연령·세대·성에 따른 농업 노동의 조직화 방식 등의 실질적인 가족생활은 이 두 가지의 구조에 의해 달리 이루어진다. 따라서 가족의 형태는 경제적 조건이나 생산형태와 밀접한 관련을 가지고 있다.

1) 가구와 인구구성의 변화

가족구조는 크게 어떠한 가족성원으로 가족이 구성되는가 하는 관점에서 본 가족구성상의 형태와 그리고 가족구성의 의미의 차이에 따라 가족의 성격을 보다 뚜렷하게 나타내는 구조적 특질을 강조하는 관점에서 본 가족유형으로 구분할 수 있다(안호용 1991 : 190~91). 여기에서는 주로 가족구성상의 형태에 따른 가족구조에 초점을 맞추어서 조사마을의 인구 및 가구, 그리고 가족구조의 형태와 그 변화를 살펴보고, 그 결과로 나타나는 가족분화의 과정과 양상을 구체적으로 살펴보기로 한다.

조사마을의 인구구성의 변화를 살펴보면, 1965년 105호에 547명이 거주하였으나, 1994년에는 67호에 235명으로 줄어들어 30여 년 동안 각각 36%와 57%가 감소하였다. 이러한 수치는 1965년에서 1992년에 이르는 기간 동안의 전국 농가 수와 농가 인구의 감소율인 30%와 64%와 비교하면, 가구 수는 좀더 높은 수치를 나타내고 인구 수는 조금 낮은 수치를 나타낸다. 이에 따라 평균 가구원 수도 조사마을에는 1965년 5.21명으로 전국의 평균치와 비슷하였지만 1994년에는 3.5명(실제 거주자의 평균 2.4명)에 불과해 가족 구성원의 크기가 그만큼 줄어들었다는 사실을 나타내 준다.

<표 7-1> 조사마을의 인구 및 가구의 변화

구분	1965년	1975년	1985년	1994년
가구수	105	86	77	67
인구수	547	423	298	235
남자	278	215	158	126
여자	269	208	140	109

1994년말 현재 조사마을에 거주하고 있는 67호의 가구 변화는 조사마을 출신의 가구가 48호, 입촌 가구가 19호이다. 가구의 변화를 구체적으로 살펴보면, 이 마을 출신의 가구에서 분가 가구는 11호, 상속 가구는 37호이다. 그리고 1941년부터 1994년까지의 입촌 가구는 모두 24가구인데, 이 중에서 5가구는 다시 조사마을을 떠났다. 이들 가구 중에서 현재까지 조사마을에 거주하는 19가구의 입촌 시기는 1950년대가 7가구, 60년대 2가구, 70년대 3가구, 80년대 6가구, 90년대 1가구이다. 특히 50년대~70년대 사이에 입촌(入村)한 가구들은 대부분 조사마을과 연고관계

가 있는 사람들이 들어왔지만, 8,90년대에 들어온 7가구는 대부분 특별한 연고 없이 들어온 경우이다.

조사마을에서 가구 수의 감소 내용을 구체적으로 살펴보면 두 가지의 특징을 살펴볼 수 있다. 첫째, 80년대 중반까지는 도시로 이촌(移村)함에 따라서 가구가 감소한 것이 주된 요인이지만, 80년대 중반 이후는 가구가 소멸되어 전체 가구 수가 줄어들고 있다는 점이다. 1985~1994년 사이에 10가구가 줄어드는데, 그중에서 5가구는 도시로 전 가구 유출되고, 7가구는 가구 소멸되었으며 전입해 온 가구가 2가구로 나타나고 있다. 둘째, 결혼을 통하여 새롭게 이루어지는 가족은 1982년을 기점으로 조사마을에서 사라졌다는 점이다.

조사마을에서 가구가 소멸되는 과정은 다음의 두 가지 형태로 나타나고 있었다. 하나는 단독 가구를 이루고 살던 독신 가구의 노인이 사망하면서 가구가 소멸되는 경우이고, 다른 하나는 노인으로 이루어진 부부 가구에서 한쪽이 사망하면서 나머지 한쪽은 도시로 나간 자식과 합가(合家)하는 경우이다. 전자의 경우 1985년 이후부터 조사마을에서 모두 3사례를 찾아 볼 수 있었다.

사례

1) K씨는 남편과 2남 4녀를 두었는데, 남편은 20년 전에 사망하였다. 그녀는 소유농지 3필지(3,600평)를 홀로 경작하면서 자식들을 고등학교까지 졸업시켰으며, 장남은 현재 서울에 거주하며, 차남은 전주에서 식당을 경영한다. 두 아들을 공부시키기 위해서 논 1필지는 팔고 소유농지 2필지(2,400평)를 10년 전까지 직접 경작하면서 생활하였다. K씨는 92년에 사망하였는데, 사망 후 2필지 논의 상속을 두고 장·차남의 갈등이 있었다(여, 사망 당시 80세).

2) J씨는 남편 H씨와 1남 2녀를 두었다. 남편은 60세 되던 해에 사망하였으며, 아들은 82년에 울산으로 가서 취업하여 그 후부터 마을에서 품팔이를 하면서 생계를 유지하였다. 아들은 현재에도 울산에서 막일을 하고 있으나 생활이 어렵기 때문에 어머니를 모실 처지가 아니었다. J씨는 89년에 사망하였다(여, 사망 당시 76세).

3) 20살 때 마을을 떠나 객지 생활하다가 52세 때 마을에 형이 거주하기 때문

에 조사마을로 들어와서 "생활보호대상자"로 살다가 90년에 사망하였다. 장례도 마을에 거주하는 형이 모두 치러주었다(남, 사망 당시 59세).

이러한 사례들은 오늘날 농촌에서 노인 단독으로 이루어진 가구의 열악한 삶의 현실을 그대로 나타내 주고 있다. 이들은 가족부양 자체가 불가능한 매우 궁핍한 농가임에도 불구하고 국가 복지 정책의 혜택을 받은 농가는 사례 1의 3)의 경우밖에 없었다. 그리고 노인으로 이루어진 부부 가구에서 한쪽이 사망하여 남은 한쪽이 도시로 나간 자식과 합치는 경우는 두 가지의 방식이 있는데, 남편이 사망하면서 도시에 거주하는 아들과 합친 경우(1사례)와 부인이 사망하여 합친 경우(1사례)였다. 그러나 이들 경우에도 부부 중 한쪽의 사망 후에 곧바로 도시로 나간 자식들과 합친 것이 아니라 남은 사람의 생활에 불편할 정도로 몸이 좋지 않아 자식과 합친 경우들이다. 현재 조사마을에는 단독 가구가 13가구가 있는데, 이 중에서 60세 이상의 노인 단독 가구는 10가구이며 모두 여성 가구주의 노인 단독 가구들이다. 따라서 이들 가구들은 가족부양 자체가 불가능한 집단이어서 이들도 머지않아 위의 사례와 같이 비슷한 해체 경로를 나타낼 것이다.

또한 이들 사례들은 부부 중 어느 한쪽이 사망하여 가구구성이 힘들 때까지 자식들에게 부양받지 않고 독립된 생활을 하고 있었는데, 이는 개별 농가의 가족 차원에서 볼 때 하나의 생존 전략이었다는 사실을 보여 준다. 예컨대, 한 가족이 다가구(多家口)로 분화하는 것이 가족부양의 어려운 현실을 극복하는 하나의 해결책이었다는 것이다. 다가구로 분화하는 현상은 가족원들이 가능한 자신들의 생계를 스스로 책임진다는 입장에서 결혼을 통한 분가나 미혼자녀의 취업 유출 등으로 가족성원을 다가구화(多家口化)하여 마을에 남아 있는 가족의 생계유지의 부담을 최소화하는 대응전략의 하나이다.

<표 7-2> 성별·연령별 인구구성의 변화

구분	1985년			1994년			
	남	여	전체(%)	남	여	전체(%)	거주자수(%)
0~9세	8	6	14(4.7)	1	0	1(0.4)	1(0.6)
10~19	25	16	41(13.8)	21	10	31(13.2)	21(13.3)
20~29	39	26	65(21.8)	37	23	60(25.5)	4(2.5)
30~39	13	4	17(5.7)	12	3	15(6.4)	8(5.1)
40~49	12	14	26(8.7)	11	11	22(9.4)	21(13.3)
50~59	19	22	41(13.8)	16	20	36(15.3)	34(21.5)
60~69	21	24	45(15.2)	14	22	36(15.3)	36(22.8)
70이상	21	28	49(16.4)	14	20	34(14.5)	33(20.9)
전체	158	140	298(100.0)	126	109	235(100.0)	158(100.0)

조사마을의 성별·연령별 인구구성의 변화는 다음의 <표 7-2>와 같다. 먼저 조사마을 인구구성의 추이를 보면, 1985년의 경우도 일반적으로 다른 농촌과 마찬가지로 10대와 50~60대의 구성비율이 높게 나타나는 특징을 보여 주고 있다. 그런데 1994년의 경우는 이러한 경향이 더욱 두드러지며, 특히 실제로 마을에 거주하는 60대 이상의 비율은 남녀 모두 약 43.7%로 다른 연령층보다 높은 비율을 차지하고 있다. 이는 그만큼 전체 인구구성의 노령화가 심각하게 진행되고 있다는 것을 보여 주고 있다. 또한 1985년에서 1994년에 이르는 기간 동안 10세 이하의 연령층이 급격하게 감소하고 있다는 사실은 조사마을의 인구재생산(출산·양육) 자체가 지속되지 못하고 있다는 것을 나타내 주며,[2] 이는 가족성원의 유지 기능이 급격하게 저하되고 있는 오늘날 농촌 가족의 특징을 잘 보여 주고 있다.

---

2) 넓은 의미로 볼 때, 이러한 사실은 농가의 재생산주기(family reproduction cycle)가 무너지고 있다는 사실을 말해 준다. 이때 농가의 재생산주기는 출산, 계승, 노후부양을 의미하는 것으로 이는 가구형태를 전체적으로 유형화하는 가족생성주기(family life cycle)와는 구별되는 것이다. 장경섭, 「가족농 체제의 위기와 농지개혁의 전망」, p.204에서 참조.

2) 가족형태의 변화

가족은 시대나 사회에 따라서 다양한 형태를 나타낸다. 농촌에서의 가족원의 이농은 가족의 규모를 축소시키면서 그 형태를 변화시킨다. 특히 이농이 젊은 세대에 집중됨으로써 전반적인 노령화와 함께 가족형태의 변화가 수반되고 있다. 가족형태의 변화는 그 구성원의 성격에 따라 몇 가지의 유형으로 구분해 볼 수 있다. 먼저 가족형태의 변화와 그리고 가구를 이루는 성원의 수에 따른 "성원상의 형태"별 가구구성비의 변화를 살펴보자. 앞의 <표 7-1>을 보면 조사마을의 평균 가구원 수가 1965년의 5.2명에서 1994년 3.5명으로 지속적인 감소를 보이고 있음을 알 수 있다. 이러한 가족원의 부분 이농으로 인한 가족형태의 변화는 <표 7-3>과 같다.

1994년 말 현재 조사마을의 가족구성은 핵가족이 55가구(82.1%)로 절대 다수를 차지하고 있지만 구체적인 가족구성의 내용은 전형적인 핵가족이나 직계가족의 형태가 아니라 변형된 형태로 나타난다. 핵가족의 경우 1인 가구의 비중이 매우 높게 나타나며, 직계가족도 부부+(편)부모나 부부+손자녀로 이루어진 경우를 볼 수 있다. 가족형태의 변화에서 나타나는 경향은 핵가족의 비율이 증가하는 반면에 직계가족의 비율은 크게 감소하고 있다. 이러한 사실은 가족원의 이농에 따라 부부+자녀+(편)부모로 구성된 가구가 부부로 이루어진 가구로의 변화를 나타낼 뿐만 아니라 조사마을에서 80년대 중반 이후부터 결혼을 통한 새로운 가구형성이 없다는 것을 의미한다.

가족형태상 직계가족이면서 가족구성은 한 세대가 없는 "부부+(편)부모"나 "조부모+손자"인 농가들은 대부분 마을에 남아 있는 노령의 부부가 사회·경제·직업 등의 이유로 자식들과 함께 동거하지 못하는 경우이다. 이들 농가들은 도시로 떠난 젊은 세대들이 다시 돌아오지 않거나 마을에 남아 있는 부모를 모셔 가지 않는다면 이들 농가는 머지않아 단독가구로 되거나 형태상 핵가족으로 남게 될 가구들이다.

〈표 7-3〉 가족형태의 변화

가족형태	가족구성	1985년	1994년
핵가족	독신가구 부 부 부부+미혼자녀 (편)부모+자녀	10(13.0) 19(24.7) 18(23.4) 2(2.6)	13(19.4) 28(41.8) 14(20.9) 0(0.0)
	소계	49(63.6)	55(82.1)
직계가족	부부+(편)부모 부부+미혼자녀+(편)부모 기 타	9(11.7) 14(18.2) 5(6.5)	5(7.5) 5(7.5) 2(3.0)
	소계	28(36.4)	12(17.9)
	전체	77(100.0)	67(100.0)

그리고 가족 구성원의 수에 따른 가구구성비의 변화를 보면, 1985년에는 1~2인으로 구성된 가구가 전체 77가구 중에서 31가구로 40.3%를 차지하지만 1994년 말 현재 1인 단독으로 가구를 이루는 경우는 늘어났으며, 특히 2인으로 구성되는 가구도 전체 가구의 절반을 넘어 50.7%나 차지하고 있고, 이에 따라 전체의 평균 가구원도 3.5명(실재 거주자는 2.4명)에 불과해 가족의 크기가 두드러지게 줄어들고 있다는 사실을 나타내고 있다. 조사마을의 경우 가족 크기(가족원 수)의 축소 정도가 매우 심하다는 점이 특징이다. 이와 같은 현상은 가족의 발전 단계별 구분에서 형성기나 확대기에 해당하는 가족은 80년대 이후 거의 찾아볼 수 없는데, 이는 기존의 가구원들이 마을에서 중등교육을 마치고 계속 도시로 유출됨에 따라 해체형의 가족이 크게 늘어나기 때문이다.

다음으로 조사마을의 가구별 가족구성의 형태는 어떠한 변화를 나타내는지 살펴보자. <표 7-4>에 나타난 가구의 세대깊이(generation depth of family)를 보면 3세대 이상의 가구비율은 줄어드는 반면에 1세대 가구와 단독 가구의 비율은 크게 증가하여 전체적인 세대깊이는 줄어들고

있다는 사실을 알 수 있다. 현재 조사마을에서 직계형 가족구성을 보이
는 3세대 이상으로 구성된 가구는 전체 67가구 중 7가구(10.4%)에 불과
한 것으로 나타나고 있다.

<표 7-4> 가구별 가족구성의 변화

구 분	1984년	1994년
1세대 가족	**21(27.3)**	**28(41.8)**
부부	20(26.0)	28(41.8)
기타	1(1.3)	0
2세대 가족	**25(32.5)**	**19(28.4)**
부부+자녀	17(22.1)	10(15.0)
(편)부모+자녀	6(7.8)	4(6.0)
부부+(편)부모	2(2.6)	3(4.5)
기타		2(3.0)
3세대 가족	**21(27.2)**	**7(10.4)**
부부+자녀+부모	3(3.9)	1(1.5)
부부+자녀+(편)부모	17(22.1)	5(7.5)
기타	1(1.3)	1(1.5)
단독 가구	**10(13.0)**	**13(19.4)**
전 체	77(100.0)	67

이처럼 가구의 세대깊이가 줄어든다는 사실은 전체적으로 직계가족
의 비율이 줄어든다는 점에서 가족의 부양체제가 무너지고 있는 현실을
보여 주며, 그리고 인구구성에서 보이는 노령화 현상과 가족 크기의 감
소와 연관되어 가족분화가 빠른 속도로 진행되고 있음을 말해준다. 특히
조사마을의 경우 1994년 현재 1세대 가구와 1인 단독가구의 비율이
61.2%에 이르고 있다는 사실을 주목할 필요가 있다. 그리고 1세대 가족
유형의 대부분은 60대 이상의 부부만으로 가구를 이루고 있다. 1세대 가
족구성에 속하는 농가들이 젊은 미혼층의 단독 가구이거나 혼인 직후의
형성기의 가족이라면 전체의 사회재생산에 큰 영향을 미치지 않겠지만

인구구성에서 나타나듯이 대부분 60대 이상의 노년층이라는 점에서 가족분화의 심각성을 볼 수 있다. 다시 말해서 1세대 가족은 가주주가 대부분 60대 이상의 농가이기 때문에 이들 농가는 머지않아 소멸될 수밖에 없는 가구들이다. 이들 농가의 가족형태의 변화 과정을 살펴보면 다음의 <그림 5>와 같이 직계가족에서 1세대 핵가족으로 변화하고 있는 경향을 잘 보여 주고 있다.

<그림 5> 가족형태와 구성의 변화

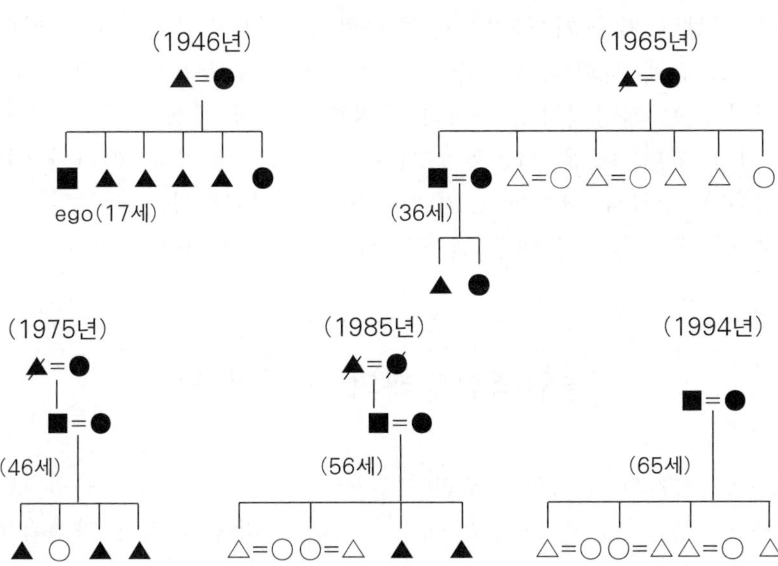

가구별 가족구성의 변화에서 나타나는 특징은 1)"부부와 자녀"로 구성되는 핵가족(nuclear family)이나 "부모와 부부 그리고 자녀"로 구성되는 직계가족(stem family)의 비율이 크게 줄어드는 반면에, '부부'만으로 구성된 가구나 (편)부모의 가족형태 또는 단독 가구 등의 변형된 가족형태가 증가하고 있다는 사실이다. 이러한 현상은 농촌 가족의 변화 자체가 정

상적인 핵가족이나 직계가족 형태로 변화하는 것이 아니라 변형된 가족의 형태로 다양하게 변화하고 있다는 것을 보여 준다. 다시 말해서 현재의 직계가족이 가족유형상으로는 정상적인 직계가족의 형태와 유사한 구성을 지니고 있지만 실제적인 가족구성원의 내부 구성과 그 성격은 많이 다르다는 것이다. 그래서 양적인 측면에서는 직계가족의 비중이 유지되고 있음에도 불구하고 가족구성상의 구체적인 내용은 많이 변화하고 있다고 볼 수 있다.

이와 같이 조사마을 농민들의 가족구성이나 형태의 변화에서 가장 두드러진 특징은 외형적인 측면에서의 "노령의 여성 단독 가구"나 "노인 부부로 구성된 가구"가 급격하게 증가하고 있다는 사실이다. 이러한 변화는 바로 전체 사회의 자본축적이 그동안 농업 부문의 희생을 토대로 이루어져 오는 과정에서 노동력의 충원과 노동력 재생산 비용을 농민들에게 전가(轉嫁)[3]해 온 현실을 그대로 나타내는 것이다. 따라서 이러한 가족형태나 구성의 변화는 농업 및 가족을 지배하려는 외부의 압력과 이에 대한 개별 농가의 대응 전략의 과정에서 파생되는 것이다.

4. 농업생산형태의 구체적 양상

오늘날 농가의 토지소유 조건이나 농지의 임대차관계는 농업 생산에서 주요한 생산수단이 되는 토지가 차지하는 비중은 점차 약화됨에 따

---

3) 그 동안 농민들이 부담해 왔던 "산업화의 사회적 전환비용"(social transition costs of industrialization)은 다양한 형태로 이루어져 왔다. 이러한 사회적 전환비용 가운데 특히 농업 부문에서 발생한 잉여가 비농업 부문으로 유출되는 방식은 크게 네 가지로 구분할 수 있다. 첫째 농산품과 공산품 간의 부등가 교환에 의한 잉여 유출, 둘째 농촌 지역으로부터 도시지역으로 유출된 노동력에 대해 농가에서 투입한 교육비를 통한 잉여의 유출, 셋째 조세공과금을 통한 잉여의 유출, 넷째 농업 부문에서 형성된 저축 자금을 비농업 부문에 대출해 줌으로써 발생되는 유출 등이 있다. 박광서, 1990, 「한국의 경제발전과 소농농업의 관한 연구」, pp.62~63에서 참조.

라서 과거와 같은 중요성을 갖지 못하고 있다. 그러나 농지의 임대차관계는 개별 농가의 사회경제적 특성을 이해할 수 있을 뿐만 아니라 산업사회에서 농민의 성격을 파악하는 데 중요한 부분이 된다. 여기에서는 개별 농가의 경영형태를 구체적으로 살펴보기 전에 토지소유관계에서 나타나는 양상을 먼저 살펴보고자 한다.

1) 토지소유관계

1994년 말 현재 조사마을의 주민들이 소유하는 농지는 75.9ha이고, 전체 경작면적은 103.6ha로, 호당 평균 경작면적은 1.9ha이다. 토지 소유형태에 따른 경작형태별로 농민들의 범주를 나누면 임대농 3가구, 순수 임차농 4가구, 임대 겸 자작농 1가구, 자작농 24가구, 임차 겸 자작농 22가구 등으로 구분해 볼 수 있는데, 이를 토지 소유상의 특징으로 나타내면 다음의 <표 7-5>와 같다. 임대농의 전체 가구 수는 4가구이고, 이들 가구들의 전체 임대면적은 5.1ha로 농가별 평균 임대면적은 1.3ha정도이다.

조사마을에서 현재 농지를 임대해 주는 4가구의 성격을 보면, 1가구는 약 10년 전부터 몸이 아파서 노동능력을 상실한 경우이고, 다른 1가구는 농지를 모두 임대주고 시외버스 운전기사로 일하고 있다. 나머지 2가구는 노동력의 노쇠화로 농지를 임대주고 있다. 그리고 2가구는 가구주의 연령층이 60대 후반, 1가구는 70대 초반, 나머지 1가구는 40대 후반이다. 이러한 사실은 현재 조사마을에서 농지를 임대해 주는 가구 모두 소유면적이 많아서 소작을 주는 것이 아니라 농가 내의 노동력 유무가 중요한 요인으로 작용하고 있다는 것을 의미한다. 그리고 현재 마을 내에서 농지를 임대해 주고 있는 가구들의 이러한 성격을 통해서 볼 때 이들은 계층적 범주로서 지주로 분류될 수 없는 농가들이다.

조사마을 임차농(賃借農)의 전체 가구 수는 22가구이고 전체 임차면적은 30.2ha이다. 따라서 마을 내 임대농(賃貸農)의 임대면적 5.1ha와 임차농들의 전체 임차면적과 비교하면 임차면적이 훨씬 넓다는 사실을 알 수 있다. 이처럼 임대면적보다 임차면적이 훨씬 많은 것은 임차지의 소유자 대부분이 마을 외부, 즉 부재지주(不在地主)라는 사실을 말해 준다. 그리고 현재 조사마을에서 이루어지고 있는 농지의 임대차관계는 단순히 경제적인 계약관계로 성립되어 있을 뿐이지 종래와 같은 전통적인 지주-소작관계처럼 지주가 소작인에게 경제 외적 강제를 행사할 수 있을 정도의 관계로 이루어지지 않는다.

<표 7-5> 토지소유별 경작형태

토지소유형태	임대농	대,자작농	자작농	차,자작농	임차농	전체
가구수	3	1	24	22(8)	4	54
소유면적(ha) 평균	2.4 0.8	4.0 4.0	33.6 1.4	34.9(6.8) 1.6(0.8)	0 0	74.9 1.4
임차면적(ha) 평균	0 0	0 0	0 0	30.2(18.2) 1.4(2.3)	5.1 1.3	35.3 1.4
임대면적(ha) 평균	2.4 0.8	2.7 2.7	0 0	0 0	0 0	5.1 1.3
경작면적(ha) 평균	0 0	1.3 1.3	33.6 1.4	65.1(24.9) 3.0(3.1)	5.1 1.3	105.1 1.9

조사마을 농민들의 경작면적(耕作面積)과 소유면적(所有面積)을 구체적으로 살펴보면, 0.5정보 미만 경작 가구가 7가구(10.4%), 0.5~1.0정보가 4가구(6.0%), 1.0~1.5정보가 9가구(13.4%), 1.5~2.0정보가 8가구(11.9%), 2.0~2.5가구가 7가구(10.4%), 2.5~3.0가구가 3가구(4.5%), 3.0정보 이상의 경작 규모를 가지는 가구는 12가구(17.9%)이다. 경작지를 전혀 소유하지 않은 가구가 17가구가 되는 것은 마을에 거주하면서 농외 부문에 종사

하거나 농업노동 능력을 소유하지 않은 가구가 많다는 것을 나타내거나 또는 경작 가구의 소작 가능성을 보여 준다. 조사마을의 논의 비율은 전체 경작지에서 밭이 차지하는 면적이 겨우 1,000평 정도인 것을 볼 때 거의 100%에 가까운 완전 답작(畓作)의 평야 지역임을 알 수 있다. 토지 소유형태별로 다섯 가지의 범주에 속하는 농민 등의 토지 소유 및 임대차관계와 사회경제적 존재형태를 구체적으로 나타내면 다음의 <표 7-5>토지소유별 경작형태와 같다.

(1) 자작농

조사마을에서 자작농은 전체 24가구로서 이들 가구의 전체 소유면적은 33. 6ha이고, 평균 경작면적은 1.4ha이다. 자작농에 속하는 농가들은 소유경지의 규모가 600평에서 11,600평까지 다양하게 분포되어 있고 농업 수입만으로 생계를 유지하는 농가가 있는가 하면 실제 비농가로 분류해도 무리가 없을 정도의 겸업으로 농외 부문에 종사하고 있는 농가도 포함되어 있다.

가장 일반적인 형태는 부부가 농번기(4~5월, 9~10월)에는 농업에 종사하고, 농한기에는 김제, 이리 등지의 아파트 공사장에서 단순노동에 종사하는 것이다. 또한 평균적으로 농외소득이 농업소득보다 높으며, 젊은 가구원은 농협이나 공무원 등에 완전 고용된 상태로 주말이나 휴일에 농사일을 돕는 방식을 취하고 있다. 이들 자작농 중에서 소유농지가 가족노동력을 연소시키기에 충분한 경우나 노동력이 폐질화된 노인 가구를 제외하고는 앞으로 점차 임대농이 되거나 또는 농업경영을 그만두고 탈농화(脫農化)될 가능성이 상당히 높다.

(2) 임차 겸 자작농

다음 임차 겸 자작농은 임차면적과 자작면적의 비율에 따라서 자작면적이 임차면적보다 넓은 농가(자소작농)와 임차면적이 자작면적보다 넓은 농가(소자작농)로 구분해서 볼 수 있다. 조사마을에서 자작 겸 임차농은 모두 22가구이고 전체 소유면적은 34.9ha로서, 평균 소유면적은 1.6ha이다. 이 중에서 자소작농에 속하는 농가는 14가구이고, 평균 소유면적은 2.0ha로 모든 농민층 중에서 가장 넓다. 반면에 소자작농에 속하는 농가는 8가구이고 평균 소유면적은 0.8ha이다. 이처럼 다양한 농지 소유 규모를 통해서 볼 때, 자작겸 임차농에 속하는 농가들의 내부 구성이 매우 다양하다는 것을 알 수 있다. 이들 농가들의 평균 임차농지의 규모를 보면 자소작농이 1.4ha로 소자작농의 2.3ha보다 훨씬 적게 나타나고 있다.

임차 겸 자작농에 속하는 농가들의 경작 규모는 자소작농이 65.1ha, 소자작농이 24.9ha이며, 각각의 평균 경작면적은 3.0ha와 3.1ha로 거의 비슷한 규모를 가지고 있다. 그리고 이들 임차농들이 갖는 노동력은 비교적 풍부하며, 또한 농가 가구주의 연령층도 대부분 40~60대 초반으로 이루어져 있을 뿐만 아니라 트랙터, 콤바인, 건조기 등의 대형 농기계를 보유하고 있는 농가들이다. 이들은 대부분 1~2사람의 농지를 임차하여 경작하는 것이 일반적이다.

(3) 임차농

먼저 완전 임차농은 모두 4가구로서 평균 임차면적은 1.3ha이다. 자기 소유의 농지는 전혀 없고 모든 경지를 임대해서 경작하는 완전 소작농의 경우에 그 임차 규모는 최대 6,000평부터 최소 1,100평에 걸쳐 있다. 이들 4가구의 가구주 연령층은 30대 후반 1가구, 50대가 2가구 그리고 60대 초반이 1가구이다. 50대 가구주의 2농가가 조사마을에서 살기 시작한 것은 20~30년에 불과하며, 두 가구 모두 이 마을로 들어오게 된 동기는 경작지와 품을 팔기 위해서였다. 60대 초반의 가구는 여성 1인으로 이루어진 단독 가구이며, 임차한 1,100평의 경작지는 김제에 거주하는 친정 동생 소유의 농지를 소일거리 삼아 경작하고 있다. 그리고 30대 후반의 가구는 약 6,000평을 임차하여 경작하며, 이 농가는 경운기, 트랙

터, 건조기 등의 대형 농기계를 소유하고 있기 때문에 자기의 경작지뿐
만 아니라 다른 사람의 논갈이, 추수, 나락 건조 등의 부분 농작업에 농
기계 임대작업도 많이 하고 있다.

그런데 현재 조사마을에서 나타나는 임차농들의 특징은 경작 농지를
모두 임차하는 완전 임차농의 형태가 아니라 임차겸 자작농의 형태로
나타나고 있다는 점이다. 이처럼 임차 겸 자작농에 비해서 완전 임차농
의 비중이 매우 낮은 이유는 농지를 전혀 갖지 못한 경우에 이농하여
농업 경영을 완전히 그만두는 것이 일반적이기 때문이다. 이농을 하지
않는 임차농의 경우에는 자신의 생계를 작은 경영규모나 소유농지로는
도저히 유지할 수 없게 됨에 따라 대개 두 가지의 방식으로 대응할 수
밖에 없다. 하나는 다른 사람에게 고용되어 자신의 노동력을 판매하여
임노동자로서의 성격을 높여가는 것이고, 다른 하나는 자신의 농업 경영
규모를 확대하는 것이다. 그러나 소작농이 재촌(在村)해 있으면서 농업
부문에 고용되어 자신의 생계를 보충하기에는 많은 어려움이 따른다. 왜
나하면 상층농(上層農)에서도 가족 중심의 농업 경영이 축소되는 상황에
서 농업 내에서의 안정적인 고용 기회는 거의 없는 상태일 뿐만 아니라
농외 부문에도 도시 산업부문의 생산시설이 지역적으로 편중됨에 따라
서 이들이 안정된 고용 기회를 갖지 못하기 때문이다.

따라서 조사마을에서 하층농(下層農)들이 농외 부문의 임노동을 통하
여 생계유지의 수단으로 선택할 수 있는 전략은 김제 시내의 아파트 건
설현장에 일일 단순노동에 종사할 수밖에 없다. 그리고 또 다른 대응은
농업 내부에서 농지의 임차를 통하여 경작 규모를 확대하는 것이다.

(4) 임대 겸 자작농

임대 겸 자작농은 1가구로서, 이 가구는 70초반의 노령의 부부로 이
루어져 있다. 그래서 이 경우에는 농지를 경작할 만한 가족노동력을 보
유하지 않았기 때문에 소유 농지 12,000평 가운데 4,000평 정도만 자신

이 경작하고 나머지 8,000평은 모두 임대해 주고 있다. 자신이 직접 경
작하는 농지마저도 노동력이 부족하여 1994년에는 조사마을 내에서 처
음으로 직파법(直播法)을 도입하였다.

(5) 임대농

현재 벽골마을에서 농지를 임대해 주고 있는 가구는 3가구이며, 이들 3
가구가 임대해 주고 있는 농지는 모두 2.4정보로 평균 임대농지는 0.8정도
이다. 이들 가구의 성격을 구체적으로 살펴보면, 한 가구는 약 10년 전에
가주주가 중풍으로 노동능력을 상실한 경우이고, 다른 경우는 가구주가 30
년 전에 전주로 이농하였다가 3년 전에 다시 조사마을로 돌아왔으나 68세
의 고령으로 노동 능력을 상실한 가구이다. 그리고 또 다른 한 가구는 농
지를 모두 할이(소작)를 주고 현재 시외버스 운전 기사로 일하고 있다.

<표 7-6> 계층별 토지소유형태

구분		부농	중농	빈농	전체
토지 소유 형태	1	5	9	10	24
	2	6	13(6)	3(2)	22(8)
	3	–	–	4	4
	4	1	–	–	1
소유면적(ha) 평균		38.0 3.2	28.9 1.3	5.6 0.3	72.5 1.4
임대면적(ha)		2.7	–	–	2.7
임차면적(ha) 평균		7.6 0.6	20.1 0.9	7.6 0.4	35.3 0.7
경작면적(ha) 평균		42.9 3.6	49.0 2.2	13.2 0.8	105.1 2

참고 : 토지 소유형태에서 1은 자작농, 2는 임차 겸 자작농, 3은 임차농, 4는 임대 겸 자작농
　　　을 나타내고, 임차 겸 자작농 란의 ( )안은 임차지가 50%를 넘는 농가를 표시한다.

이상과 같이 토지 소유형태에 따라 조사마을의 농민을 다섯 가지의 범주로 구분하고, 각 범주에 속하는 농가들의 특징을 구체적으로 살펴본 결과 토지 소유형태만으로 농민들의 구체적인 사회경제적 양상을 파악하기에는 내부 구성이 매우 다양하게 이루어져 있다는 것을 알 수 있다.

2) 계층별 농업 경영의 형태

앞에서 살펴본 것처럼 농지 소유의 규모와 농지 임대차라는 변수만으로 조사마을의 농민계층을 범주화(範疇化)한다는 것은 매우 어려울 뿐만 아니라 객관적이지 못하다는 사실을 알 수 있다. 실제로 가장 기본적인 농업 생산수단인 토지의 중요성이 이전보다 매우 약화되었고, 마을을 둘러싼 주변 지역에 농외 부문의 노동시장(勞動市場)이 어느 정도 형성되어 있는 상황에서 농민층의 내부 구성을 토지 소유면적만으로 파악하는 것은 많은 한계가 뒤따른다. 현재 농민층의 내부 구성을 구체적으로 파악하기 위해서는 토지 소유뿐만 아니라 자본이나 노동, 농업 기계화의 수준 등의 여러 가지 생산요소와 농업 경영상의 측면을 고려해야 한다.

일반적으로 농촌 사회 계층구분의 제지표(諸指標)로서 토지의 소유규모와 임노동 고용관계의 유무, 경작 규모 그리고 농업소득의 가계비 충족도 등이 사용되어 왔다.4) 따라서 벽골마을의 계층구성에서는 마을의 사회경제적 조건을 고려하여 위의 기준들 외에 농업 기계화의 정도나 농기계의 이용상황 등을 고려하여 다음과 같이 구분하고자 한다.5) 먼저

---

4) 농촌 사회의 계층구분의 기준에 관해서는 다양한 논의가 있으나 여기서는 김완 (1984), 이영기(1992), 박진도(1994) 등의 논의를 검토하여 조사마을의 계층구조를 규정하였다.
5) 계층 구분의 기준에서 농기계의 이용체계와 소유규모 및 경작규모를 높게 설정한 것은 조사마을의 경우 수도작만을 경작하기 때문에 농기계로 일관화(一貫化)된 작업이 가능하고 그리고 80년대 중반 이후부터 농업소득만으로 가계비를 충족시킬 수 있는 경지면적이 2.0ha 이상이기 때문이다. 가계비를 충족시킬 수 있는 경지면적은 1978년 1.0ha, 1980년 1.5ha, 1985년 2.0ha로 나타나고 있다. 농림수산부, 『농가

중농은 가족 노동력만으로 자가 소유의 농기계를(주로 경운기와 이앙기 등) 가지고 소유 규모 1ha 이상과 경작 규모 1.5~2.0ha를 경작하는 농가이다. 부농은 농업노동의 대부분을 자가 소유의 농기계(주로 트랙터, 콤바인, 건조기 등)로 경영할 뿐만 아니라 다른 사람의 농작업(農作業)을 대행해 줄 정도의 농기계 이용체계를 갖춘 농가이며, 농지의 소유 규모는 2ha 이상이고 경지 규모는 2.5ha 이상이다. 빈농은 대부분 1.5ha 이하의 경지 규모를 가지며 농외 부문에 상당 정도 고용되는 농가들이다.

따라서 여기에서는 조사마을 농민들의 내부 구성을 구체적으로 파악하기 위하여 위에서 범주화시켜 놓은 마을의 계층구성에 따라 각 계층의 농업 경영형태상의 존재양상과 특성을 살펴본다.

(1) 부농

조사마을에서 부농층(富農層)에 해당하는 농가는 모두 12가구이며, 이들의 평균 경작면적은 3.6ha이다. 이 계층의 토지 소유형태는 농지를 임대해 주고 있는 농가가 1가구, 자작농이 5가구, 자소작농이 6가구로 이루어져 있다. 특히 두 가구는 가구주의 연령이 40대 후반으로서 트랙터, 이앙기, 경운기 등의 농기계를 가지고 각각 3.4ha와 5ha의 소유면적과 6.2 ha, 6.4ha의 경작면적을 가지고 대규모 농업 경영을 하고 있다.

다음 부농의 농업 경영상의 특성을 농가의 가족노동력과 그 이용상황을 통하여 살펴보면 다음과 같다. 조사마을에서 부농에 속하는 농가의 전체 가족노동력 수는 35명으로 호당 2.9명 정도이며, 이 중에서 영농종사자는 28명으로 호당 2.3명 정도이다. 대부분의 농가에서 가족 농업노동력은 부부 중심의 노동력으로 구성되어 있다. 그리고 부농층 농가의 가족노동력 가운데 농외 부문 종사자는 모두 7명이다. 일반적으로 부농들은 농업노동력 면에서 중·하층농에 비해 양적으로 우위에 있지만, 부농들의 경우도 그들의 농업노동력의 대부분은 경영주 부부의 노동력이

경제조사결과보고』, 각 연도.

중심이 되고 있으며, 때로는 동거하는 (편)부모나 자녀의 노동력이 보조 노동력으로 이용되고 있을 뿐이다.

한편 부농층의 농외 부문 종사자를 보면, 농외 부문 취업자는 모두 7명으로 이들은 학생 5명, 공무원 1명, 농협직원 1명 등으로 구성되어 있다. 전체 부농층 12가구 모두 논농사만을 경작하는 전업농이지만, 이들 농가 중에서 특히 가구주의 연령층이 40~50대인 가구들은 농한기에 부인들이 일시적으로 농외 부문에 취업하고 있다. 이와 같이 부농층의 경우 경영주의 농외 취업보다 부인이나 가구원의 겸업농 비중이 훨씬 높다는 점이 주목된다. 부농층에서 경영주의 겸업의 비중이 매우 낮은 것은 겸업에 종사하기 곤란한 농업노동력 조건을 반영하고 있는 것으로 생각된다.

다음으로 부농층의 가족상황을 구체적으로 살펴보면, 이들 농가 가구주의 연령구성은 40대가 2가구, 50대가 7가구, 60대가 1가구, 70대가 2가구이며, 특히 50대 가구에서 2가구는 여성 가구주로 이루어져 있다. 농가에서 동거하는 가구원 수는 모두 35명으로 호당 평균 2.9명이다. 그리고 동거 가구원 수의 분포는 부부 2인으로 구성된 가구가 6호, 3인 가구가 3호, 4인 가구가 2호, 5인 가구가 1호 등으로 부농층의 경우에도 동거 가족원 수는 2~3인으로 이루어진 농가의 비중이 매우 높게 나타나고 있다. 또 이것을 가족형태별로 보면, 부부와 미혼자녀로 구성되는 핵가족은 7호를 차지하며 나머지 5호는 직계가족이다. 그렇지만 이들 가족유형에서도 부부만으로 구성되거나 (편)부모와 (편)부부로 구성된 농가도 모두 6호이다. 이들 부농층의 가족구성은 농가 인구의 노령화와 가구원의 농외 유출로 인하여 재생산 단위로서는 매우 불완전한 형태를 보여 주고 있다.

부농층의 농가에서 모두 23명의 미혼 비동거 가구원이 나타나는데, 이것은 호당 1.9명에 해당하는 것으로 이들 비동거 가구원들을 포함할 경우 가구원 수는 호당 4.8명이 된다. 이것은 부농층에서도 가구원의 단신 유출에 의한 가족분산이 광범위하게 일어나고 있음을 말해 준다. 이들 비동거 가구원 23명의 유출 이유를 보면 취학이 15명, 취업이 8명을 차지하고 있다. 이러한 사실은 특히 비동거 가구원의 유출 이유에서 부농층의 경우에는 취업보다 취학을 목적으로 한 유출이 훨씬 높은 것을 보여 준다. 그리고 현재 취업준비를 위해서 비동거하고 있는 경우에도 그 이전에 전주, 서울 등지에서 학교를 다닌 후에 취업하게 된 사례가 많았다. 이처럼 조사마을에서 부농층의 비동거 가족원의 상황은 이들의 가계 유지에 교육비의 부담이 매우 큰 비중을 차지한다는 것을 말해 준다.

그러면 이들 부농층의 사회경제적 성격을 구체적으로 살펴보면, 이들 농가의 경영 규모는 상대적으로 큰 농가이지만 그 규모가 기본적으로 가족노동력으로 경작할 수 있는 범위를 넘지 않는다. 즉, 부농층의 경우에도 농업노동력은 가족노동력이 중심이 되고 있으며 고용노동력을 이용하는 경우는 극히 제한적이다. 이들 계층이 사용하는 고용노동은 주로 이앙 과정이나 수확 과정의 기계화의 미비로 인한 것이나 또는 기계작업에 소요되는 보조노동력의 고용이 중심이 되고 있으며, 이때 연고는 전혀 나타나지 않고 고용노동력은 대부분 농기계 임대작업의 일고 형태로 존재한다.

그리고 부농층은 종래 부농층이 가졌던 지주적 성격이나 기생적 성격은 뚜렷하게 약화되고 직접 생산자이자 경영자적인 성격이 강화되었다. 현재 부농층의 대부분은 여전히 상대적으로 농지를 많이 소유한 농가들이다. 그러나 이들 농가 가운데 많은 농가는 소유농지의 규모는 작으나 임차지의 확대를 통하여 경영 규모를 확대하였다. 그리고 농업 경영상 특징을 보면 임차지 규모에 비하여 임대지 규모는 극히 미비하게 나타나는데, 이들 농가에서 소유지를 임대하고 있는 농가는 1호이다. 이 농가는 소유농지가 11,100평으로 매우 많지만 경영주 자신의 나이가 70세가 넘어서 가족노동력으로 경작하기 힘들어서 농지를 임대하고 있다.

이와 같이 조사마을에서 농지의 임차를 통하여 경영 규모를 확대하는 임차농은 모두 22호(완전 임차농 4호 제외)인데, 이 중에서 부농층의 임차농은 6호이다. 이들 농가의 임차지면적은 1,200평 이하인 농가가 2호이고, 1정보 이상인 농가가 4호이다. 여기서는 임차지의 비율이 1정보 이상인 농가 4호에 대해 그 존재형태를 구체적으로 살펴보면, 이들이 임차에 의한 경영 규모를 확대한 시기는 모두 1980년대 중반이다. 가족상황이나 가족노동력의 조건은 다른 부농층들과 비슷하고 경영주의 연령도 40대가 2호, 50대가 2호, 60대 1호로 큰 차이가 없지만, 특히 조사마을에서 가장 많은 경작 규모를 갖는 40대의 2호는 대형 농기계인 트랙터와 나락을 건조하는 건조장 설비를 갖추고 있다.

그리고 이들 부농층 중에 절반인 2호는 경운, 방제, 이앙, 수확 과정 등의 농작업(農作業)을 할 수 있는 농기계를 모두 갖추고 있어서 부농층 일반에 비해서 농기계의 보유 수준이 다소 높은 것으로 나타났다. 물론 이 가운데 농기계의 소유가 매우 불완전한 농가도 2호 있다. 이들이 농지를 임차하는 이유는 우선 40~50대의 양질의 가족노동력을 소유하고 있고 수도작 중심의 단작체계에서 일관화(一貫化)된 농기계작업이 가능하기 때문이다. 이들이 임차한 논의 임차료는 대부분 벼 생산량의 약 35~40%를 지불하는데, 주민들은 대부분 임차료가 높다고 인식하고 있다. 그렇지만 농지를 임차하는 이유로는 "남는 노동력을 활용하기 위해서", "이왕 짓는 농사이기 농기계도 있고 품삯 정도는 나올 것 같아서", "규모를 줄이면 생활하기 어렵기 때문에" 등으로 대답하고 있다. 이러한 사실은 이들의 임차 목적이 기본적으로 소유 농기계의 완전 작동이나 가족노동력의 완전 연소를 통한 농가의 생계유지에 있다는 것을 말해 준다.

(2) 중농

조사마을에서 중농층(中農層)에 속하는 22농가이며, 전체 가구원은 54명이다. 이들 농가의 가족 노동력수는 43명으로 가구당 약 2명 정도이다. 그리고 이들 농가의 평균 소유면적과 경작면적은 각각 1.3ha와 2.2ha이다. 이 계층의 토지 소유형태는 자작농 9가구, 자소작농 13가구로 이루어져 있으며, 이들 13가구의 평균 임차면적은 0.9ha이다. 특히 한 가구는 50대 후반의 가구주가 자가 소유의 경운기, 이앙기, 콤바인을 가지고 4.6ha의 농지를 임차하여 경작하고 있는 대규모 임차농이다. 이처럼 농지의 임차를 통하여 소유지를 훨씬 초과한 경작면적을 갖는 농가는 6가구인데, 임차지의 비율이 50% 이상인 농가 6호에 대해 존재형태를 살펴보면, 이들 6호는 모두 가족노동력에 비하여 소유 규모는 최소 600평에서 최대 4,300평으로 매우 작은 편이다. 소유지가 작은 반면에 이들 농가는 4,500 ~14,000평 정도의 비교적 대규모의 농지를 임차하고 있다. 이들이 임차에 의한 경영 규모를 확대한 시기는 모두 1980년대 후반이다. 가족 상황이나 가족노동력의 조건은 다른 부농층들과 비슷하고 경영주의 연령도 50대가 3호, 60대가 3호로 큰 차이가 없다.

그리고 중농의 농업경영상의 특성을 이들 농가의 가족노동력 보유와 그 이용상황 및 소유 농기계를 통하여 구체적으로 살펴보자(<표7-7> 계층별 농업경영형태를 참고). 농업노동력의 대부분은 경영주 부부의 노동력이 중심이 되고 있으며, 때로는 동거하는 (편)부모나 자녀의 노동력이 보조노동력으로 이용되고 있을 뿐이다. 따라서 대부분의 농가에서 가족 농업노동력은 부부 중심의 노동력으로 구성되어 있다. 그리고 중농층 농가의 가족노동력 가운데 농외 부문의 상시 취업자는 모두 2명이다.

다음으로 중농층의 가족상황을 구체적으로 살펴보면, 이들 농가에서 동거하는 가구원 수는 모두 54명으로 호당 평균 2.5명이다. 그리고 동거 가구원 수의 분포는 1인 단독 가구가 1호, 부부 2인으로 구성된 가구가 13호, 3인 가구가 5호, 4인 가구가 3호 등으로 중농층의 경우에도 동거 가구원 수는 2~3인으로 이루어진 농가의 비중이 매우 높게 나타나고 있다. 이것을 가족형태별로 보면, 부부와 미혼자녀로 구성되는 핵가족은 15호를 차지하며 나머지 7호는 직계가족이다. 그렇지만 이들 가족유형에서도 부부만으로 구성되거나 (편)부모와 (편)부부로 구성된 농가가 16호이다. 이것은 이들 중농층의 가족구성이 부농층과 마찬가지로 농가 인구의 노령화와 가구원의 대규모 농외 유출로 인하여 재생산단위로서는 매우 불완전한 형태를 나타내고 있다.

한편 중농층의 농가에서 모두 14명의 비동거 가구원이 나타나는데, 이것은 이들 계층에서도 가구원의 단신 유출에 의한 가족분산이 광범위하게 일어나고 있음을 말해 준다. 이들 비동거 가구원 14명의 유출 이유를 보면 취학이 4명을, 취업이 10명을 차지하고 있다. 이러한 사실은 특히 비동거 가구원의 유출 이유에서 중농층의 경우에는 취학보다 취업을 목적으로 한 유출이 훨씬 높은 것을 보여 준다.

(3) 빈농

조사마을에서 빈농(貧農)에 속하는 농가 17가구의 전체 가족노동력 수는 36명으로 호당 2.1 정도이며, 이 중에서 영농 종사자는 26명으로 호당 1.5명 정도이다. 이들 농가의 평균 소유면적은 0.3ha이고, 경작면적은 0.8ha이다. 그리고 토지 소유별 경작형태는 자작이 10가구, 자소작이 3가구, 완전 소작이 4가구이다. 이들 임차농 7가구가 임차하는 농지는 7.6ha로 평균 임차면적이 1.1ha에 이르고 있다.

이들 계층의 동거 가족원 수의 분포는 1인 단독 가구가 6호, 부부 2인으로 구성된 가구가 7호, 3인 가구가 1호, 4인 가구가 2호, 5인 가구가 1호 등으로 이루어져 있으며, 빈농층의 경우에는 동거 가구원 수가 1~2인으로 이루어진 농가의 비중이 매우 높게 나타나고 있다. 이것을 가족형태별로 보면, 부부와 미혼자녀로 구성되는 핵가족은 10호를 차지하며 나머지 1호는 직계가족이다. 그렇지만 이들 가족유형에서도 부부만으로 구성되거나 1인 단독으로 이루어진 가구가 13호이다. 특히 이들 계층의 가족상황에서 특징적인 것은 여성 단독 가구가 많다는 사실이다.

한편 빈농층의 농가에서 모두 11명의 비동거 가구원이 나타나는데, 이것은 이들 계층에서도 가구원의 단신유출에 의한 가족의 분산이 광범위하게 일어나고 있음을 말해 준다. 이들 비동거 가구원 11명의 유출 사유를 보면 취학이 1명을, 취업이 10명을 차지하고 있다. 이러한 사실은 특히 비동거 가구원의 유출이 중농층과 마찬가지로 취학보다 취업을 목적으로 한 유출이 훨씬 높은 것을 보여 준다. 이러한 사실은 이들 농가가 자신과 가족의 생계를 유지하기 위해 다양한 방법으로 소득의 극대화와 지출(소비)의 극소화를 꾀한다는 것을 말해 준다. 이들 계층에서 나타나는 가족원들의 노동 강도의 심화, 겸업화, 가족원의 분산 및 임차를 통한 경작 규모의 확대 등은 소득 극대화를 위한 대응이며, 특히 이들 계층에서 학력이 낮거나 나이가 많아서 도시로의 유출이 불가능한 농가를 제외하면 언제라도 기회만 주어지면 탈농을 꿈꾸는 잠재적 과잉 인구로서의 성격을 갖는다.

이와 같이 빈농은 자신 소유의 농지경작만으로 생계를 충당할 수 없어 농업 내외의 임노동에 의해 생계를 보충하지 않으면 안된다. 특히 이들 계층의 농외 부문에서의 노임, 임금에 대한 의존도는 점차 증대하지만 농업 부문의 임노동을 통한 수입의 비중은 낮아지고 있는데, 이는 조사마을 내에서 농업 부문의 피고용 기회가 감소하고 있음을 나타내고 있다. 따라서 빈농층에서 농외 자본에 대한 의존도가 점증하고 있으며, 이는 농외자본이 농가 노동력을 직접 지배하는 일이 점점 체계화됨을 의미하며, 그에 따라 독점자본의 농업·농민에 대한 지배·관철은 점점 고도화되어간다는 것을 나타낸다.

지금까지 조사마을의 농민들의 계층별 존재양상과 농업 생산형태가 어떻게 이루어지고 있는지를 살펴보았다. 그 결과 같은 계층에 속하는 농민들이라도 농가 경영주의 연령에 따라 토지나 자본(농업기계화 정도), 농업노동 등의 생산 요소를 이용하는 방식은 전혀 다르다는 사실을 알 수 있었다. 즉, 같은 경영형태에 속하더라도 농업 재생산을 위한 이들 농가의 대응 전략은 다양한 선택으로 나타날 수밖에 없다. 따라서 중농 이상 계층의 농업 경영형태는 농지의 임차를 통한 경영 확대가 이루어졌지만, 이들 계층도 기본적으로 가족노동력을 중심으로 한 가족농 생산형태의 범주를 넘지 못하고 있으며, 대부분은 아직 기업적 소농경영으로도 발전하지 못하고 있다. 또한 부농층의 경우 일부 농가는 산업적 가족농 (industrial family farm)으로 전환될 가능성은 있으나 농업 경영 여건의 악화는 부농층의 적극적인 경영 규모의 확대를 제약하는 요인이 되고 있다.

<표 7-7> 계층별 농업경영형태

구분		가족노동력 수		비동거 가족원		농기계 보유현황			
		농업부문	농외부문	취학	취업	경운기	트렉터	이앙기	건조기
부농	30대	–	–	–	–	–	–	–	–
	40대	5(2)	2	3	2	2	2	2	2
	50대	16(7)	5	9	4	7	–	5	1
	60대	2(1)	–	1	1	1	–	–	–
	70대	5(2)	–	2	1	1	–	–	–
소계		28(12)	7	15	8	11	2	7	3
중농	30대	2(1)	–	–	–	–	–	–	–
	40대	4(2)	4	2	1	2	1	1	–
	50대	8(4)	2	1	5	3	2	3	–
	60대	19(10)	5	–	4	6	–	3	1
	70대	10(5)	–	1	–	1	–	–	–
소계		43(22)	11	4	10	12	3	7	1
빈농	30대	2(1)	2	–	1	1	1	1	–
	40대	–	–	–	–	–	–	–	–
	50대	7(4)	3	1	9	1	–	1	–
	60대	6(4)	3	–	–	1	–	1	–
	70대	13(8)	–	–	–	–	–	–	–
소계		27(17)	8	1	10	3	1	3	1

참고 : 1) 위의 표에서 ( )의 수치는 부농 12농가, 중농 22농가, 빈농 17농가의 수치를 나타낸다.
2) 농기계 보유상황에서 트랙터 란은 트랙터＋콤바인을 나타낸다.

5. 맺 음 말

지금까지 한국 자본이 파행적으로 축적되는 과정에서 농민들의 가족농 중심의 농업 생산형태가 어떻게 나타나는가를 살펴보았다. 특히 농업 생산력의 주요 부분인 농업노동력의 유출이 가족구성의 변화에 어떠한 영향을 미치며, 이로 인한 농업 생산형태(가족구성, 가족형태, 토지소유관계, 농업의 경영형태, 농업노동의 결합양상)가 어떠한가를 살펴보았다. 농업의 위기상황 속에서 농업 생산을 규정하는 우선적 요인을 농업노동력의 유출로 보고 이로 인해 제기되는 양상, 예컨대 가족구성, 가족형태의 변화 그리고 토지 소유관계, 농업 경영형태, 노동과정 등의 가족농 생산형태의 변화를 살펴본 것이다.

1960년대 이후 국가 주도하에 본격적으로 추진된 산업화, 도시화는 농업 생산구조에 많은 변화를 초래하게 된다. 특히 이러한 변화에서 농촌·농업 부문에 나타난 가장 큰 변화 중의 하나는 도시로의 농촌 인구 유출과 이로 인한 농업노동력의 양적 부족과 질적 저하로 요약될 수 있다. 이러한 농업노동력의 유출은 청장년층을 대상으로 하여 뚜렷하게 나타나며 또한 지속적인 농업노동력의 유출은 가족구성이나 가족형태뿐만 아니라 농업 생산형태의 변화에도 커다란 요인이 되었다. 지금까지의 분석결과를 요약하고 가족농 생산형태의 변화 및 전망에 대해 검토하는 것으로 결론을 맺고자 한다.

첫째, 농업노동력의 유출양상이 20~30대의 양질의 노동력 소유자를 중심으로 이루어졌으며 그에 따라 대부분의 농가에서 50대 이상의 연령층이 농업 경영의 주체가 되고 있다. 그리고 잔존의 농업노동 담당자도 연령으로 볼 때, 더 이상 노동력으로 유출될 수 없는 상황이고 60대 이상의 가구주일 경우 영농 계승자도 없기 때문에 농가는 앞으로 더욱 감소될 것이다. 또한 농업노동력 유출로 인하여 양질의 노동력을 제공할 수 있는 사람이 부족함에 따라 노동능력이 어느 정도 떨어지는 노년층과 여성들이 적극적으로 농업 생산에 투입되어 마을 전체 농업노동력이 노령화·여성화되었다. 특히 여성의 경우에는 농가의 수입을 극대화시키기 위하여 농업 생산뿐만 아니라 농한기에는 농외 임노동에까지 투입되고 있다.

둘째, 가족원의 부분 이농은 조사마을의 인구 및 가구와 가족구성에 커다란 변화를 초래했다. 먼저 인구 및 가구의 변화에서는 급격한 감소 현상을 들 수 있고, 가족형태의 변화에서는 "부부와 자녀"로 구성되는 핵가족이나 "부모와 부부 그리고 자녀"로 구성되는 직계가족의 비율이 크게 줄어드는 반면에, "부부"만으로 구성된 가구나 (편)부모의 가족형태 또는 단독 가구 등의 변형된 가족형태가 증가하고 있다는 사실이다. 그리고 가족 분할의 구체적 내용은 조사마을에 남아 있는 부모가 자녀를 뒷바라지하는 "1가족 2·3가구"의 형태로 분화하고 있다.

셋째, 농업 생산에서의 특징은 농업노동력의 급격한 농외 유출에 의한 농업노동력의 감소와 노령화로 농업 생산의 주체가 크게 감소되었다는 점이다. 그래서 조사마을의 경우 중농 이상 계층의 농업 경영형태는 농지의 임차를 통한 경영 확대가 이루어졌지만, 이들 계층도 기본적으로 가족 노동력을 중심으로 한 가족농 생산형태의 틀을 넘지 못하고 있으며, 대부분은 아직 기업적 소농경영으로도 발전하지 못하고 있다. 또한 부농층의 경우 일부 농가는 산업적 가족농으로 전환될 가능성은 있으나 농업 경영 여건의 악화와 불안정한 농업의 장래에 대한 비판적 전망 등은 부농층의 적극적인 경영 규모의 확대를 제약하는 요인이 되고 있다.

따라서 농민 가족은 직접적인 자본의 농업 지배로 인한 농가 경제의 악화에 대처하기 위해 마을에 남아 있는 가족 노동력의 마지막 부분까지 연소하는 과정에서 농업노동력의 강도가 심화되어 고통을 받는 이외에 유출된 가족원의 불안정한 도시생활도 보장해야 하는 이중의 고통에 빠져있다. 그러나 도시 산업 부문의 자본은 개별 농가에 대한 직접적인 잉여수탈뿐만 아니라 유출된 가족원의 노동력 재생산 비용을 부가하는 착취의 메커니즘6)으로 이용하면서 이중의 자본 축적의 효과를 가지고 있다. 따라서 농업노동력의 유출로 인한 농민가족의 해체 문제는 농촌 내부나 가족성원 개인의 문제로 인해 제기된 것이라기보다 전체 사회 수준에서의 자본의 파행적인 축적 과정에서 파생되는 것이다.

이러한 가족농 생산형태가 앞으로 어떻게 유지 또는 변형되어 나갈 것인가 하는 문제를 한마디로 전망하기에는 어려움이 있다. 그렇지만 본 논문의 전개 과정과 관련시켜 볼 때 대규모 전업농(專業農)의 육성이 중하층농의 탈농을 전제로 하지 않고 농업 생산구조의 개선을 통해 농업 생산의 제자원(諸資源)을 총체적으로 이용할 수 있도록 하거나 또는 농업 생산을 담당할 생산 주체의 문제와 적정 수준의 농업 기계화 정책 그리고 농산물의 가격 유통 문제 등을 종합적으로 해결할 수 있는 총체적 농업 정책이 구체화될 때 현재 농업의 위기적 상황은 어느 정도 극복될 수 있을 것이다.

『한국문화인류학』제31집 1호, 1998. 한국문화인류학회

---

6) 농촌 가족이 갖는 도시 노동자에 대한 사회보장적 기능은 1980년대 중반 경부터 각종 국가적 사회보장책이 도입되기 시작함으로써 그 중요성이 약화되어 왔다고 볼 수 있다. 그러나 각종 사회보장책은 실시여건을 이유로 도시 지역에 우선되어 도입되어 왔을 뿐만 아니라 농촌 지역까지 확대된 제도들도 제원부담은 농민과 도시인이 같은 수준으로 떠맡았지만 실제 서비스의 혜택은 농민에게 불리한 모순을 보이고 있다. 조홍식, 1992, 「한국 농촌사회의 복지문제-사회보장제도를 중심으로」에서 참조.

제 8 장

도서지역 농어민의 가족구성과 경제활동

1. 들어가는 말

이 논문은 울릉군 서면의 면소재지가 위치하고 있는 남양1리라는 한 마을을 대상으로 하여 인구 및 가구, 가족구성과 형태 그리고 농어업을 중심으로 한 생계활동(生計活動)의 양상을 조사연구한 것이다. 일반적으로 도서지역의 어촌 마을은 다른 어떤 지역사회보다 공동체적 특성이 강하게 잔존해 있는 곳이다. 그렇지만 어촌 사회도 예외없이 전체 사회의 산업화·도시화라는 전반적인 문화변동에 영향을 받게 되며, 그에 따라 공동체적 기반도 많이 잠식되고 있다. 물론 이러한 변화의 주된 요인은 사회 전반에 걸쳐 진행되는 산업간의 불균등발전에 있지만 어촌 사회의 구조적 변화는 어촌 내부의 요인, 즉 새로운 자원의 획득과 분배방식의 변화로부터 발생하기도 한다. 어로 기술의 발달로 인한 어자원의 고갈, 양식어업으로의 자원획득방식의 변화 그리고 곡물생산농업의 침체와 양식어업의 발전 등은 가족 노동력의 배분구조를 변화시키고 나아가

마을의 운영방식을 변화시킨다(정근식,김준 1993 : 301).

농업에 비해 어업은 해양생태적(海洋生態的) 환경의 특수성으로 인하여 원래부터 교환을 위한 상품을 생산하는 경향을 강하게 지니고 있다. 그렇지만 자본주의의 발달에 따라 자급경제에서의 물물교환을 위한 소량적 상품화 단계나 또는 자급적 생산하에서 상품경제의 침투에 의한 보완적 상품화 단계에서 순조로운 소상품 생산경영으로서의 상품화 단계와 기업적 소경영으로서의 근대적·소부르조아적 상품화 단계를 거쳐 궁극적으로 자본가적 생산의 단계로 발전하는 경향은 어업에서도 마찬가지로 나타난다(남성문 1991). 이러한 사실은 과거의 농어촌에서는 자급자족적인 생계농업(生計農業)이나 소규모의 생계어업(生計漁業)에 전념해 왔으나 오늘날의 농어민은 시장수요에 맞춘 상업적 농어업으로 전환을 시도하고 있으며, 그에 따라 전통적인 사회문화적 기초가 급격한 변화를 맞고 있다는 것을 말해준다.

지금까지 도서지역의 농어촌 사회를 대상으로 한 연구들은 대부분 어업 공동체의 특징을 규명하는 데 주력해 왔기 때문에 경제적 측면에서의 어장의 공동이용관행이나 민속문화적 측면에서의 의례나 제의에 집중적인 관심을 가져왔다.[1] 뿐만 아니라 연구대상의 지역적 단위로서의 울릉도에 대한 연구나 울릉도에 대한 종합적이고 체계적인 연구는 단편적인 몇 편의 보고서를 제외하고는 거의 이루어지지 않았다. 이러한 사실은 울릉도의 전통적인 농업이나 어업 또는 농어민들의 일상적 삶에 대한 연구가 매우 저조한 상태에 있다는 것을 말해준다(조강희,조승연 1998 : 285 - 286). 또한 도서지역의 농어촌 공동체 연구에서 빠질 수 있는 한 가지 함정[2]은 그것이 국가의 개입이나 다른 외부적 조건에 "오염

---

1) 산업화·도시화에 따른 어촌 사회의 변화에 대한 연구는 다음과 같은 논문들이 있다. 어촌 공동체에 대한 연구는 박광순(1981, 1989), 전경수(1987)를, 어로자원에 대한 이용방식의 변화와 적응과정에 대한 연구는 이기욱(1984), 박금화(1987), 조경만(1991), 김세건(1993)을 그리고 의례민속에 관한 연구는 조경만(1988),이기욱(1989), 김창민(1994) 등을 참조할 것.
2) 공동체 연구에서 이러한 한계를 극복하기 위해서는 외부적 조건과 관련시켜 공동

되지 않은" 자연상태를 가정하기 쉽다는 점이다. 그러나 실재하는 어촌 마을은 역사적인 것이며, 사회문화적인 산물이다. 어촌 공동체는 국가와 무관한 "자연적 공동체"가 아니라 이미 일제하에서 일제의 정책에 의해 어촌 마을의 운영은 많은 변화를 겪었고, 1970년대에 진행된 새마을운동 과정에서도 국가의 개입은 항상적인 것이었다(정근식,김준 1995 : 118). 따라서 농어촌 마을에 대한 이해는 국가적 맥락에서 이루어져야 하고, 국가정책이나 역사가 마을이나 지역사회에 어떻게 영향을 주는지를 파악하는 것이 중요하다.

지리적 공간을 토대로 형성되는 지역성(locality)은 일정한 지역에 형성된 정치, 경제, 사회문화 등 총체적인 사회구조의 독특한 속성이 표상화된 것이다. 따라서 특정 지역의 문화적 지역성은 주민들의 경제생활, 인구 및 가구와 가족구성, 전통적으로 내려오는 생활양식 등의 문화적 속성들이 어우러져 나타나는 것이다. 특히 도서지역의 어촌 마을은 고립성이 강한 지리적 특성 뿐만 아니라 대부분의 일상생활이 마을을 중심으로 이루어지기 때문에 마을 나름의 독자적인 하위문화(下位文化)를 형성하고 있는 문화적 단위이기도 하다. 따라서 한국문화의 하위문화로서 도서문화는 한국문화의 전체적인 범주에서 이해되어져야 하는 일종의 지역문화이며 또한 이것은 도서 환경적 특성에 도서민(島嶼民)들이 적응하는 과정에서 형성된 문화이다(이기욱 1993 : 3 - 4). 이러한 하위문화는 특히 울릉도와 같이 지리적 고립성이 강한 지역에서는 더욱 구체적으로

체를 분석해야 하며, 공동체성(共同體性)을 유지하는 객관적 기준이나 지표를 구체적으로 제시해야 한다. 특히 도서지역 어촌 마을의 공동체성을 분석함에 있어서 고려되어야 할 지표로 정근식은 다음과 같이 규정하고 있다. 즉, 그는 공동체성을 규정하는 지표는 매우 다양하지만 물적 기반을 가진 실체로 볼 경우 어촌 사회의 공동체성을 분석함에 있어 고려하여야 할 지표로 ①성원자격, ②공동재산, ③공동노동, ④공동분배, ⑤공동의례 등을 제시하고 있다. 정근식 · 김준, 「도서지역의 경제적 변화와 마을체계 : 소안로의 사례연구」, p.77에서 참조. 따라서 이러한 사실은 도서지역 어촌 공동체의 기본적인 성격이 해양자원의 공동이용이라는 물적 기초에 의해서 규정된다는 것을 말해준다.

나타나게 된다. 따라서 이 글의 목적은 전체 한국문화 속에서 하나의 하위문화·지역문화·도서문화를 이루고 있는 울릉도 주민들의 일상적 삶을 이해하는데 두고 있다.

본 조사·연구에서는 짧은 조사일정에 자료를 수집해야 했기 때문에 군청이나 면사무소를 비롯한 관공서의 문서자료를 수집하는 일과 주요 제보자들과 개략적인 내용의 면접을 하는 일이 조사의 전부였다. 그리고 조사기간이 울릉도 주민들의 인구변화와 경제생활을 총체적으로 파악하기에는 무리가 있기 때문에 조사된 대부분의 자료가 제보자들의 진술에서 간접적으로 얻어진 자료들로 이루어져 있다. 또한 이 일정에 서면(西面)의 전체 마을들을 조사지역을 선정해서 연구주제와 관련된 충분한 자료를 모은다는 것은 무리였다. 그래서 필자는 울릉도와 서면 전체를 파악할 수 있는 개략적 자료들만 파악한 후에 남양1리라는 한 마을을 주요 대상마을로 하였다. 그래서 이 논문에서는 울릉군 서면 남양1리를 사례마을로 선정하여 현재 이 마을에 대한 인구 및 가구, 가족구성 그리고 생계활동을 중심으로 기술하고자 한다. 이 연구에 필요한 자료는 1998년 1월 12일부터 1월 17일 사이에 수집되었다. 자료수집은 마을 주민들을 대상으로 질문지 조사와 마을의 임원과 유지 그리고 면사무소 직원들을 대상으로 면접조사를 병행하였다.3)

2. 조사지역의 개관

울릉군은 본도(本島)인 울릉도와 독도, 죽도를 비롯한 유인도 3개와

---

3) 본 논문에 사용된 자료는 이 기간 동안에 실시된 영남대 민족문화연구소의 『울릉도·독도의 종합적 연구』의 조사·연구과정에서 수집된 것이다. 현지조사시 많은 도움을 주신 서면 사무소의 부면장, 총무계장, 남양어촌계장 그리고 마을 주민들에게 감사드린다.

무인도인 관음도로 이루어져 있다. 울릉도의 전체 면적은 72.9㎢이며, 이 중에서 임야 75%, 경지 16%, 기타 9%이고, 섬의 직경은 동서가 10㎞, 남 북이 9.5㎞이고 해안선의 총연장은 56.5㎞이다. 본토와의 거리는 도동항 에서 포항항까지의 거리가 217㎞이며, 부도(附島)인 독도까지의 거리는 약 92㎞이다(울릉군 1989 : 37).

　울릉도 행정체계의 변화는 일제하 1914년 3월 10일 조선총독부령 11 호에 의한 행정구역의 통폐합에 따라 경상남도 울릉도를 경상북도 울릉 도로 이속시키고, 울릉군의 행정단위로 3면(남면, 서면, 북면), 9동(저동, 도동, 사동, 남양동, 남서동, 태하동, 현포동, 나리동, 천부동)[4]을 두었다. 그 후 1915년 5월에는 울릉군을 울릉도로 개편하고 처음으로 도사(島司) 를 임명하였고 1917년 10월 1일 일제총독부령으로 면제(面制)와 면제시 행규칙을 공포하면서 부터 각면에 면사무소를 설치하였다.[5]

　해방후 1949년 8월 지방자치법의 발효에 따라 울릉도는 울릉군으로 개편되었다. 1971년 8월 태하 1,2동의 지리적 여건과 행정수요의 증가로 인하여 울릉군 서면 출장소가 태하동에 설치되었고 그후 1979년 5월 1 일에 울릉군 남면이 울릉읍으로 승격되었다. 현재 울릉군의 행정구역은 1읍, 2면, 1출장소에 24동으로 이루어져 있다. 이들 각각의 행정동(行政 洞)을 살펴보면 다음과 같다. 울릉읍의 행정단위동은 9동(도동 1,2,3, 저 동 1,2,3, 사동 1,2,3)으로 되어있고, 서면은 7동(남양 1,2,3, 남서 1,2, 태하 1,2), 북면은 8동(천부 1,2,3,4, 추산, 나리, 현포 1,2)으로 되어 있다.

---

4) 1912년의 자료에 의하면, 울릉도의 행정구역에 소속된 里洞은 다음과 같다. 南面은 道洞, 苧洞, 新興洞, 沙洞, 玉泉洞, 長興洞 등의 6개동으로 이루어지고, 西面은 通九 味洞, 石門洞, 南陽洞, 南西洞, 龜岩洞, 鶴圃洞, 台霞洞 등의 7개동으로, 그리고 北面 은 玄圃洞, 平里洞, 羅里洞, 天府洞, 石浦洞 등의 5개 동으로 이루어졌다. 朝鮮總督 府(1912 : 722－723)에서 참조.

5) 남양리는 1914년 조선총독부의 행정구역통폐합에 따라 남양리에 면사무소가 설치 되면서부터 서면의 행정중심지가 되었다. 이때부터 남양리에는 공공기관 및 상점 들이 집중하게 되고 마을의 규모도 커지게 되었다. 1936년도의 자료에 의하면, 그 당시 서면의 인구와 가구는 일본인이 12가구 36명, 한국인이 566가구 3,493명으로 모두 578가구 3,529명이었다. 逵捨藏(1936 : 1318)에서 참조.

　　울릉도의 교통은 크게 육지와 연결하는 해상교통과 울릉도의 내부를 연결하는 육상교통으로 나누어 볼 수 있다. 먼저 해상교통을 살펴보면, 울릉도는 서·남해안 도서지역과 같이 다른 도서들과 근접하여 위치한 군도(群島)가 아니라 고립도서(孤立島嶼)이기 때문에 해상교통이 원활하지 않은 편이다. 울릉도에 본격적으로 취항한 정기선은 1963년 5월부터 운항에 들어간 350t급 청룡호였다. 그 후 1977년 808t의 한일1호의 취항과 함께 도동의 선착장이 완공되었다. 현재 울릉도와 육지를 연결하는 정기선은 1995년 8월부터 취항한 2,394t의 썬 플라워호와 씨 플라워호가 포항↔도동을 연결하고 있으며, 오션 플라워호가 저동에서 후포 사이를 운항하고 있다.

　　울릉도 내부지역을 연결하는 육상교통은 대부분의 다른 도서지역과 마찬가지로 매우 좁은 노폭(路幅)으로 이루어져 있다. 1976년도에 총연장 39.5㎞의 일주도로 공사를 시작하여 1979년 도동에서 저동 사이에 처음으로 32인승 버스가 운행하게 되었다. 그후 1995년 11월에 일주도로계획을 변경하여 지방도 926호선의 총연장 44.2㎞를 인가받아 95년까지 37.5㎞를 준공하고 현재 나머지 구간을 공사중이다. 현재 육상교통은 버스 5대와 택시 40대가 담당하고 있는데, 버스 5대중 3대는 도동↔저동간, 도동↔남양간을 운행하고, 농어촌 버스 2대는 섬목↔천부간, 섬목↔태하간을 운행하고 있다. 그리고 공사에서 가장 어려운 섬목↔내수전 구간의 4.4㎞는 40t급 도선인 충무호가 도로를 대신해서 운항되고 있다.

　　이 논문의 조사대상 마을인 남양1리는 서면(西面)의 면소재로서 도동에서 서쪽 방향의 일주도로를 따라서 약 14㎞정도 떨어진 곳에 위치하고 있다. 태하출장소에 속하는 태하리를 제외하면 서면은 남양리, 남서리 2개의 법정리(法定里)와 5개의 행정리(行政里)의 5개반, 11개의 자연촌락으로 구성되어 있다. 서면 남양1리에 소재하는 공공기관은 면사무소, 서면지서, 단위농협, 예비군군 서면중대, 보건지소 등이 있으며, 교육기관은 울릉서중학교, 남양초등, 초등학교 병설유치원 등이 있고6), 종교기관으로는 교회가 두개, 사찰이 하나 있다(조강희,조승연 1998 : 289).

남양1리가 생활권(生活圈)의 단위로서 갖는 기능을 살펴보면, 일반적으로 마을이 갖는 기초 생활권으로서의 기능은 마을의 규모, 인근 마을이나 지역과의 교통의 편의도, 편익시설(便益施設)의 집적도에 따라 다양하게 나타난다. 서면 지역에서 마을을 넘어선 상위의 생활권은 행정체계에서 태하리에 속하는 마을들과 남양, 남서리에 속하는 마을들이 다르게 나타난다. 남양, 남서리에 속하는 마을은 생활권의 중심지로 면사무소를 비롯한 거의 모든 공공기관의 소재지이며 교통, 상업, 서비스업(식당, 다방, 슈퍼 등) 등의 편익시설이 집중된 남양1리에 대한 의존도가 높게 나타나고 있다. 남양1리는 공공기관 뿐만 아니라 초등하교, 유치원, 경노당, 식육점, 교회, 사찰 등이 위치하고 있기 때문에 주민들의 일상생활에서 기초적인 단위를 이루고 있다. 따라서 행정체계상 남양리에 속하는 각 마을들은 하나의 통합된 사회문화적 단위가 되며, 이들 마을이 속한 남양리는 마을 상위의 생활권 중심지로서 서비스 마을의 기능을 담당하고 서비스 마을 상위의 생활권 중심지인 서비스 타운은 도동에서 담당하고 있다.7)

3. 인구와 가구

농어촌의 인구구성은 본격적인 산업화 · 도시화가 이루어지기 시작한 1960년대를 기점으로 매우 다른 유형을 보여주기 시작한다. 60년대까지만 하더라도 전형적인 농어촌의 인구모형인 "피라미드형"을 유지하고

---

6) 현재 울릉도의 교육기관은 초등학교 6개(분교 5개), 중학교 5개, 고등학교 1개가 있다. 그 가운데 서면에 소재하는 초등학교는 남양, 태하와 통구미, 구암, 학포분교가 있고, 중학교는 울릉서중과 태하중이 있다.
7) 챤드라샤크라(C.S.Chandrasekhara)와 마더(G.D.Mather)는 농촌 지역의 중심권 기능을 마을(village)→서비스 마을(service village)→서비스 타운(service town)→시장 타운(market town)으로 구분하고 있다. 챤드라샤크라와 마더(1972 : 36－70)에서 참조.

있었지만 그 이후 계속적인 농어촌 인구의 감소로 인해 현재에는 10대
와 60-70대가 튀어나온 매우 진기한 모형을 나타낸다(홍동식 1987 :
128). 이러한 사실은 농어촌 인구가 1960년대 후반부터 청장년층을 중심
으로 급격하게 감소되어 왔음을 말해주는 것이다.8) 그러나 울릉도의 경
우에 본격적인 인구의 감소는 1972년도의 29,810명을 정점으로 감소하기
시작했다.

그러면 이와 같은 인구구성상의 특징이 조사지역인 남양리에서는 어
떠한 양상으로 나타나는 지를 구체적으로 살펴보자. 1997년 12월 31일
현재 서면의 인구는 남자 573명, 여자 512명으로 전체 1,085명이며9), 전
체 가구수는 403가구로 이루어져 있다. 따라서 평균 가구원수는 약 2.7
명이다. 이를 행정리별로 구체적으로 살펴보면 본 논문의 조사대상 마을
인 남양1리가 170가구에 472명(44%)으로 구성되어 있고, 남양2리는 43가
구에 114명(11%), 남양3리는 87가구에 242명(22%) 그리고 남서1리가 79
가구에 211명(19%), 남양2리가 24가구에 46명(4%)으로 나타나고 있다.10)
이들 서면(西面)지역의 성별·연령별 인구구성의 특징을 살펴보면, 성별
구성에서는 50대 이상을 제외한 모든 연령층에서 남자가 많은 수치를
나타내고 있고, 특히 20대에서는 남자가 2배 이상의 남초(男超)현상을 보
이고 있다. 이러한 현상은 이들 연령층에서 남자들 보다 여성들의 취업

---

8) 우리의 농촌인구는 1967년 1,607만명과 258만 7천호를 정점으로 이후 계속 감소하
　여 1994년에는 약 516.7만명과 155만 8천호 정도에 이르고 있다. 각 농가의 평균
　가족원수도 1967년의 6.21명에서 1994년 3.32명으로 줄어 들었다. 이와 같은 감소결
　과 전체 인구에서 농가 인구가 차지하는 비율도 1960년의 58.3%에서 1980년에는
　28.9%로 줄었으며, 1994년에는 11.6%로 감소하게 되었다. 조승연(1997 : 137)에서 참
　조.
9) 서면의 태하출장소가 설치되어 있는 태하리를 제외한 서면 전체의 연령별 인구구
　성을 살펴보면 다음과 같다. 0-9세가 120명(11.1%), 10-19세가 141명(13.0%), 20-
　29세가 158명(14.6%), 30-39세가 133명(12.3%), 40-49세가 125명(11.5%), 50-59세
　가 166명(15.3%), 그리고 60대 이상의 연령층이 252명으로 약 23%를 차지한다.
10) 1996년 12월 31일 현재 울릉군의 인구 및 가구는 다음과 같다. 총 10,803명으로 남
　자 5,560명, 여자 5,243명이고 전체 가구수는 3,785호이다. 울릉군(1997)에서 참조.

을 위한 본토(육지)로의 유출이 훨씬 높다는 것을 나타내 준다.

　1997년 12월말 현재 남양1리의 인구수는 남자 243명, 여자 229명으로 전체 472명이다. 그리고 가구수는 170가구이며 평균가구원수는 약 2.8명이다. 남양1리 주민들의 연령별 구성을 보면, <그림 6>에서 나타나는 바와 같이 0-9세가 44명(9.3%), 10-19세가 62명(13.1%), 20-29세가 65명(13.7%), 30-39세가 78명(16.5%), 40-49세가 61명(12.9%), 50-59세가 58명(12.2%), 그리고 60대 이상의 연령층이 104명으로 약 22%를 차지하고 있다. 그리고 20대의 연령층이 상대적으로 많이 나타나고 있는데, 이들 연령층의 대부분은 상대적으로 사회경제적 조건이 좋은 가구들이나 또는 농어업 이외의 부문에 취업해 있는 경우와 울릉도의 도로일주공사를 건설하고 있는 화성산업의 직원들로 최근에 본토(육지)에서 남양1리로 전입해 온 가구들이다.

<그림 6> 조사마을의 성별·연령별 인구구성

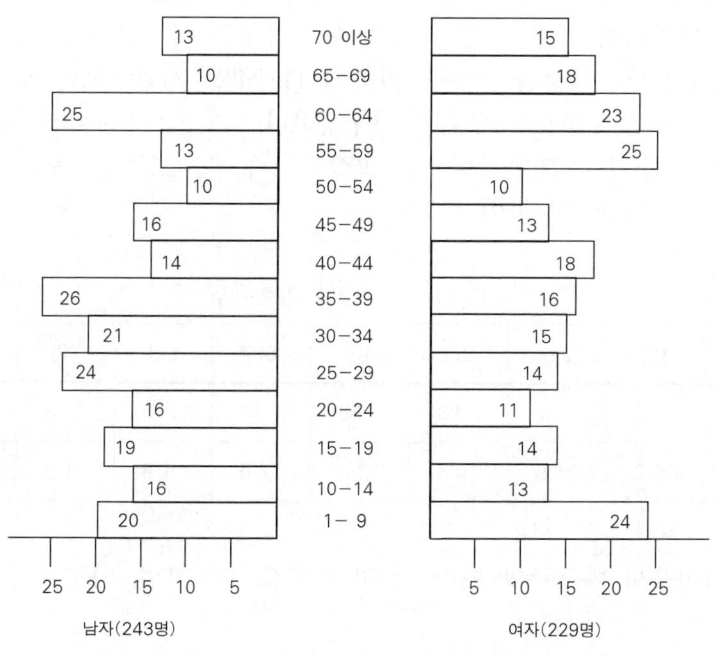

<그림 6>에서 나타나는 바와 같이 남양1리의 인구구성상의 특징은 다른 농어촌과는 상당히 다른 양상을 보이고 있다. 20세 미만의 유아·청소년의 연령층이 전체 인구의 22.4%로서 상당히 높고 개별 가구의 기간노동력을 이루는 20-50대 연령층의 인구도 55.3%로서 일반 농촌에 비해 상당히 높은 편이다. 이러한 현상은 어업이 다른 농어촌에 비해 높은 수준의 소득을 가져다 줄 뿐만 아니라 공무원, 교사, 회사원, 기타 서비스업과 같이 농어업 이외의 부문에 조사하는 가구들이 많기 때문에 촌락에서의 유출(push out)과 육지부 도시에서의 유입(pull in)을 완화시켜 주는 데서 기인한다.

개별가구의 가족원수를 살펴보면, 다음의 <표 8-1>에 나타난 바와 같이 1인 가구가 43호(25.3%), 2인 가구가 37호(21.8%), 3인 가구가 33호(19.4%), 4인 가구가 38호(22.4%), 5인 가구가 13호(7.6%), 6인 이상의 가구가 3호(1.8%), 7인 가구가 3호(1.8%)를 차지하고 있다. 특히 한 사람으로 구성된 1인 단독가구가 43호로 25.3%를 차지하고 있는데, 그중에서 7가구는 남양리에 직장을 둔 미혼의 단독가구를 이루고 있는 경우이다. 그리고 2인으로 구성된 37가구 가운데 11가구를 제외하고는 모두 60대 이상의 노령의 부부로 이루어진 가구들이며, 7가구는 모+자의 가족구성을 갖는 가구이다. 또한 7인으로 구성된 3가구는 모두 (편)부모+부부+자녀로 이루어진 가구들이다.

<표 8-1> 가구별 가족원수

구분	1인	2인	3인	4인	5인	6인	7인	합계
가구수	43	37	33	38	13	3	3	170
%	25.3	21.8	19.4	22.4	7.6	1.8	1.8	100

조사마을의 가구주의 연령·성별 특징을 살펴보면, 가구주의 나이가

20대인 가구가 9가구로 나타나고 있다. 이 가운데 2가구의 가구주는 혼
인하였고 나머지 7가구는 미혼의 단독 가구주들이다. 9가구 가구주들의
직업은 3가구가 화성산업의 직원이고 3가구는 경찰공무원으로서 남양리
지서에 근무하고 있고 나머지는 저동의 삼보컴퓨터 직원, 마을 내 사찰
관리자 그리고 주유소 직원이다. 이들 가구는 모두 안정된 직장에 다니
기 위하여 최근에 남양리로 전입한 가구들이다. 그리고 30대가 전체 170
가구 가운데 32가구(18.0%)이고, 40대가 29가구(17.1%), 50대가 32가구
(18.8), 60대가 49가구(28.8%), 70대 이상이 19가구(11.2%)로 나타나고 있
다. 따라서 강도 높은 노동이 요구되는 어업이나 농업에 종사하기가 힘
든 60대 이상의 가구주가 68가구(40.0%)를 차지하며 그리고 여성 가구주
는 전체 가구주중에서 33가구로 주로 50대 후반 이상의 연령층을 차지
하며, 전체 가구에서 여성 가구주가 차지하는 비율은 19.4%를 나타낸다.

<표 8-2> 가구주의 연령·성별 구성

연령	20대	30대	40대	50대	60대	70대 이상	전 체
가구수	9(0)	32(2)	29(2)	32(8)	49(15)	19(6)	170(33)
%	5.3	18.8	17.1	18.8	28.8	11.2	100

참고 : ( )속의 수치는 여성 가구주를 나타낸다.

그리고 이들 가구주들의 출생지별 특성은 전체 170가구 가운데 149
가구의 가구주가 울릉도 출신이고, 나머지 21가구는 육지출신자들이 이
곳으로 전입해 온 경우이다. 이들 전입자들은 위에서 밝히고 있듯이 대
부분 울릉도 일주도로공사를 하고 있는 대구 소재의 화성산업의 직원들
이나 경찰공무원들로 비교적 안정된 직장에 다니고 있는 주민들과 그리
고 비교적 오래 전에 들어온 가구주들은 대부분은 오징어잡이 배에서
선원생활(船員生活)을 하기 위해서 들어온 경우들이다.

4. 가족구성

가족은 사회 성원의 충원을 이루는 가장 기본적인 사회집단이며, 사람들의 문화화(文化化) 과정과 일상생활에서 가장 중요한 영향을 미치고 있다. 그리고 가족이라는 용어는 한 쌍의 부부와 그들에게서 출생한 자녀를 포함하는 집단을 의미한다. 이러한 가족은 일차집단으로서 인간들의 자연스러운 집합체이지만 그것은 사회적 집단의 성격을 지니며 또한 한 사회의 구조적 틀 안에서 존재한다(조승연 1998 : 156). 가족구조는 크게 어떠한 가족성원으로 가족이 구성되는가 하는 관점에서 본 가족 구성상의 형태와 그리고 가족구성의 의미의 차이에 따라 가족의 성격을 보다 뚜렷하게 나타내는 구조적 특질을 강조하는 관점에서 본 가족유형으로 구분해 볼 수 있지만 여기에서는 주로 가족구성상의 형태에 촛점을 맞추어서 살펴보도록 한다.

현재 남양1리에 거주하는 170가구 주민들의 가족의 형태와 구성을 살펴보면, 가족형태는 1인으로 이루어진 단독가구가 43호(25.3%), 핵가족이 111호(65.3%), 직계가족이 16호(9.4%)를 나타내고 있다. 이와 같이 현재 조사마을의 가족형태에서 핵가족이 압도적으로 많이 나타난다는 사실은 특히 가구주가 60대 이상의 가구에서 자식 세대들이 모두 육지로 유출(流出)되어 있다는 것을 의미한다. 또한 가족형태상에 있어서 핵가족이 111가구(65.3%)로 절대 다수를 차지하고 있지만 구체적인 가족구성의 내용에서는 전형적인 핵가족이나 직계가족의 형태가 아니라 변형된 형태도 나타나고 있다. 특히 핵가족의 경우 부부로 이루어진 가구가 30호로 나타나고 있는데, 이들 가구의 가구주들의 연령은 30대가 2호, 40대가 3호, 50대가 2호, 60대가 17호, 70대 이상이 6호로 대부분 60대 이상의 고령의 가구로 이루어져 있다.

직계가족도 (편)부모+부부나 (편)부모+손자녀로 이루어진 경우도 볼 수 있다. 이와 같이 가족형태상 직계가족이면서 가족구성은 한 세대가 없는 "부부+(편)부모"나 "조부모+손자녀"인 가구들은 마을에 남아있는 노령의 부부가 사회경제적 조건이나 직업 등의 이유로 자식들과 동거하지 못하는 경우이다. 따라서 이들 가구들도 육지로 나간 젊은 자식세대들이 다시 돌아오지 않거나 마을에 남아있는 부모를 모셔가지 않는다면 멀지 않아 단독가구가 되거나 형태상 핵가족으로 남게 될 것이다.

<표 8-3> 가족의 형태와 구성

가족형태	가족구성	가구수	%
핵가족	부부	30	17.6
	부부 + 미혼자녀	67	39.4
	(편)부모 + 미혼자녀	14	8.2
	소　계	111	65.3
직계가족	(편)부모 + 부부	1	0.6
	(편)부모 + 부부+ 미혼자녀	12	7.1
	(편)부모 + 손자녀	3	1.8
	소　계	16	9.4
단　독　가　구		43	25.3
전　체		170	100.0

가구별 가족의 구성은 부부+미혼자녀로 이루어진 가구가 67가구 (39.4%)로 가장 많은 수치를 차지하고 그리고 1인 단독가구가 43가구 (25.3%), 부부로 구성된 가구가 30가구(17.6%), (편)부모+미혼자녀의 가구가 14가구(8.2%)를 차지하고 있다. 직계가족의 형태에서 나타나는 가족의 구성은 (편)부모+부부가 1가구, (편)부모+부부+미혼자녀가 12가구, (편)부모+손자녀가 3가구이다. 따라서 직계가족의 형태에서는 3세대로 구성

되는 전형적인 직계가족의 형태가 대부분을 차지하고 있다. 또한 가족구성에 따른 가구의 인구수에서 나타나는 특징적인 현상은 가구주의 연령이 50대 이상인 가구는 거의 대부분 가족구성과 비슷한 수치를 나타내고 있는데, 이는 그 만큼 각 가구마다 육지로 유출된 비동거 가족원이 많다는 것을 말해준다.

5. 경제생활

대부분의 도서지역과 마찬가지로 남양1리 주민들의 생업(生業)도 농업과 어업을 겸한 반농반어(半農半漁)의 형태가 일반적이다. 도서지역은 그것이 위치하고 있는 생태적 조건에 따라서 어업과 농업 가운데 어느 하나가 주된 생산활동을 이루게 된다. 또한 같은 도서지역에 속해 있더라도 각 촌락의 생태적 조건에 따라서 생산활동의 내용이 달라질 수 밖에 없다. 이것은 도서지역에서 나타나는 생산활동은 도서 환경내의 자원 이용과 관련된 주민들의 적응전략(適應戰略)의 산물로서 파악되어야 한다는 것을 의미한다.

농업과 어업을 겸할 수 있는 도서지역의 경우에는 어업활동에의 참여 여부나 그 정도는 개별 가구의 노동력과 생산비 충당능력에 따라 결정된다. 그렇지만 농지를 소유한 가구들도 노동력이 부족하여 경작면적을 축소하는 한이 있더라도 농업을 완전하게 그만두는 경우는 아주 드물다. 그것은 어업의 부진을 의미하기도 하지만 생계유지에서 농업이 갖는 상대적 중요성을 의미한다. 해양자원은 이용의 가능성이 크지만 한편으로는 기술과 자본의 조건에 따라 한계상황을 드러내기가 쉬우며 기후나 생태적인 변화에 영향을 받기 쉽기 때문에 토지를 이용하는 경우보다 위험부담이 크다. 따라서 물적 기반이 약한 대부분의 도서민들은 생계유지를 위하여 토지생태계와 해양생태계를 상호보완적으로 활용하고

있지만 토지에 대한 의존성이 높은 이유는 노동의 결과에 대한 안정이
높기 때문이다(한상복 1977).

다른 도서지역의 농어촌과 마찬가지로 현재 남양1리 주민들과 관련
된 생계활동은 크게 농업과 어업으로 이루어져 있다. 그래서 이들 농어
업 부문을 통하여 주민들의 경제활동을 살펴보도록 한다. 조사마을 주민
들의 주된 생산활동은 어업과 소규모의 농업으로 구성되어 있다. 먼저
농업에서 보면, 채소류와 산채류 그리고 약초류 등의 경작을 통하여 생
계경제(subsistence economy)적 생산과 소상품(petty commodity)적 생산의 형
태를 취하고 있지만 농업생산에서의 비중은 소상품 생산이 더 높게 나
타나고 있다(조강희,조승연 1998 : 305). 따라서 작부체계도 논의 경우는
전혀 없고 모두 전작(田作)으로 이루어지고 있다.

도서지역의 작부면적(作付面積)의 비율은 도서생태계[11]의 특성에 따
라서 달라지는데, 도서내에 큰 산이 있을 때에는 경지의 대부분이 전작
을 위한 농지일 수 있으나 평탄한 섬일 경우는 답작농지가 대부분을 차
지한다. 특히 화산섬인 제주도나 울릉도 등은 전작농지가 경지면적의 대
분을 차지하고 있다(이기욱 1993 : 18). 이러한 작부체계는 조사지역인 남
양1리에서도 그대로 나타나고 있다. 면사무소의 자료(농지원부)에 따르
면, 남양1리의 경작지 가운데 논은 전혀 없으며 모두 밭이다. 전체 170
가구 가운데 경작지를 소유하고 있는 농가는 전제 170가구 가운데 단지
27가구로 약 16%에 불과하고[12] 그것 마저도 아주 영세한 규모를 소유하
고 있기 때문에 대부분 자작(自作)을 하고 있다.

---

11) 도서생태계는 도서성(島嶼性)의 두 가지 속성인 상대적인 고립과 한정된 규모의 영
　　토와 관련되어 그 밖의 생태계와 구분이 가능하다. Fosberg(1963 : 1). 이에 대한 자
　　세한 논의는 이기욱(1993)을 참조할 것.
12) 1997년말 현재 조사마을의 170가구중에서 27가구만 경작지를 소유하고 있으며, 나
　　머지 143가구는 농지를 전혀 소유하지 않고 있다. 이들 143가구의 가구주들은 대부
　　분 어업이나 다른 산업부분에 종사하고 있다. 그리고 전체 170가구 가운데 가구 소
　　득의 전부나 일부를 농어업 부분에서 획득하는 農漁家는 82호이고, 나머지는 모두
　　非農漁家들이다. 조강희,조승연(1998 : 307)에서 참조.

밭을 소유하고 있는 농가의 분포를 구체적으로 살펴보면, 0.5ha미만이 14가구, 0.5 - 1.0 ha가 6가구, 1.0 - 1.5ha가 4가구, 1.5 - 2.0ha가 2가구, 2ha이상이 1가구로 나타나고 있다. 따라서 경작지를 소유하고 있는 농가 27가구 가운데 절반 이상이 0.5ha미만의 소규모 경작지를 소유하고 있고, 가구당 평균 경작면적은 0.7ha에 불과하다(조강희,조승연 1998 : 305 - 306). 서면(西面) 전체의 가구당 평균 경지면적 1.33ha와 비교해 보면(울릉군 1997), 이것은 매우 작은 수치를 나타낸다.[13] 따라서 이와 같은 작은 경작면적을 볼 때 남양1리 주민들의 생계활동에서 농업이 차지하는 비중이 매우 낮다는 것을 알 수 있다. 또한 마을내 농가가 소유하고 있는 농기계는 관리기 3대만 보유하고 있는 것으로 나타나는 데, 이것 역시 남양1리에서는 농업의 비중이 매우 낮다는 것을 말해준다.

조사마을의 농업생산의 변화에서 가장 두드러진 특징은 재배작물의 변화이다. 전통적으로 울릉도의 주민들이 밭에서 경작한 주작물(主作物)은 감자와 옥수수였으나 약 15년전부터 약초인 천궁을 경작하기 시작해 많은 소득을 올렸다. 그러나 지력(地力)의 소모로 인해 수확량이 적어지고 또한 육지에서도 많이 재배되면서 부터 가격의 포락으로 인해 4 - 5년 전부터는 대체작물로 산채인 취나물(미역취)을 경작하기 시작했다. 천궁의 경우 경작 초기에는 종자의 25 - 30배 정도 수확을 했으나 점차 지력(地力)의 소모로 인해서 최근에는 종자의 15배 정도만 수확한다. 이와 같은 현상은 남양1리에 면소재지가 위치하고 있기 때문에 주민들이 다른 상업활동을 통하여 생계를 유지할 수 있을 뿐만 아니라 농업 이외의 어업이나 다른 경제활동에도 종사할 수 있기 때문이다. 그리고 환금용 재배작물도 대부분 산채류나 약초류이기 때문에 산간의 임야에서도 경

---

13) 1997년 현재 울릉도 전체의 경지면적은 1,109.9ha(논 48ha, 밭 1,061.9ha)로 평균 경작면적은 1.33ha이다. 이를 행정단위별로 살펴보면, 울릉읍이 357.7ha(논 4.5ha, 밭 353. 2ha), 서면이 361.4ha(논 25.4ha, 밭 336.0ha), 북면이 390.8ha(논 18.1ha, 밭 372.7ha)이다. 그러나 지목상(地目上) 논이 나타나고 있지만 미곡과 맥류는 현재 울릉도에서 전혀 경작하지 않는다. 울릉도(1997)에서 참조.

작할 수 있기 때문이다(조강희,조승연 1998 : 306). 이와 같이 생산된 취나물, 호박, 전호, 더덕 등 환금작물의 판매경로는 농협 수매를 통한 계통출하를 하거나 또는 육지에서 들어온 중개상인을 통하여 이루어지고 있다.

다음으로 남양1리 주민들이 해양생태계에서 행하고 있는 어업과 그리고 어업과 관련된 생산활동을 살펴보도록 한다. 지금까지 조사마을의 농업현황에서 살펴보았듯이 남양1리의 생산활동 가운데 보다 큰 비중을 차지하는 것은 어업이다. 도서지역의 경제활동은 생태적 환경과 이용가능한 자원의 차이에 따라 커다란 변화를 나타낼 뿐만 아니라 어업은 자연에 대한 의존도가 농업에 비해 크기 때문에 환경·자원·기술이 어떻게 결합되는가에 따라 어촌의 경제활동과 사회조직은 다양한 양상을 나타내게 된다(조경만 1987). 이러한 어촌에서 생산활동의 중요한 경제적 기반은 공동어장인데, 특히 개별적인 사적 소유가 인정되지 않는 공동어장은 마을의 어촌계가 점유권을 가지고 공동관리를 한다. 공동어장의 이용권은 일정한 자격을 갖춘 어촌계 성원에게 이용권을 매년 추첨을 통해 분배하는 것이 일반적이었다. 그러나 최근에 들어서는 어장의 이용권을 개인에게 경매하여 그 수익금을 어촌계 성원들에게 현금으로 분배하는 경향이 점차 높아지고 있다.

남양1리에서 어업활동과 관련된 대표적인 생산조직으로는 남양어촌계가 있는데, 이 어촌계는[14] 행정구역상 남양 1,2리와 남서 1,2리에 거주하면서 연간 60일 이상을 어업활동에 종사하는 사람들로 구성되어 있다.[15] 남양어촌계는 공동어장면적이 107.1ha, 조합원수가 75명, 출자금 122,353,659원으로 1997년의 경우 49,584,942원의 어획고를 올렸다(조강

---

14) 전국적으로 어촌계는 1,685개, 어촌계원수는 149,545명이고, 경북은 어촌계137개, 계원 10,015명이다. 그중 울릉군은 어촌계 11개, 계원 1,104명을 두고 있다. 수협(1995) 어촌계현황에서 참조.
15) 남양3리인 통구미의 주민들은 통구미어촌계를 별도로 조직하고 있다. 따라서 법정리상의 남양리에는 남양어촌계와 통구미어촌계 두 개가 조직되어 있다.

희,조승연 1998 : 298). 남양어촌계의 구성원은 조사마을인 남양1리에 거
주하는 주민들이 55명으로 어촌계원의 대부분을 차지하고 있다.16) 남양
어촌계에서 관리하는 어장은 주로 전복, 소라, 멍게 등을 주로 채취하는
육지에서 수심 7m이내 지역인 마을어업과 문어, 해삼, 전복 등을 채취하
는 수심 7m에서 15m까지의 협동어업이 있다. 마을어업과 협동어업을 합
쳐서 제1종 공동어장이라고 하며, 어장의 면적은 107.1ha이다. 제1종 공
동어장에서 채취한 수산물의 판매는 저동에 위치한 위판장에서 일주일
에 두번(월·목) 입찰을 통한 위탁판매방식으로 한다.

어패류와 해초류에 대한 공동어업권의 행사방법은 자연산 돌미역의
경우에는 어촌계에서 일정 지역별로 입어권을 임대하여 채취하고 있으
며, 그외 전복, 소리, 해삼 등과 같은 어패류는 어촌계의 주관으로 직접
채취하고 있다. 따라서 어패류의 채취에 비해 남양1리 주민들이 직접하
는 해초류 채취는 매우 미미한 편이다.17) 부녀자들이 틈틈히 바닷가에
나가 자연산 돌미역 등의 해초류를 주워오는 정도이다. 그 대신에 어패
류는 어촌계의 주관으로 이러한 방식의 작업을 인근 저동이나 포항, 구
룡포 등지에서 머구리(나잠업자)를 고용하여 채취해 왔다. 지난 해(1997
년)의 경우 1-4월 동안에 어촌계의 어장관리선(5t)과 머구리를 통해
6,500만원 정도의 수입을 올렸으며, 어촌계에 들어온 순수익은 2,000만원

---

16) 어촌계원의 자격은 마을총회에 의해서 결정되며, 수협의 조합원은 수산업협동조합
법의 자격기준에 의해서 결정된다. 수협법의 경우 "1년에 60일 이상 정관이 정하는
어업을 경영하거나 이에 종사하는 자이어야 하며, 정관에 의하면 한 가구에 2명까
지 조합원이 될 수 있다(제 26조)"고 규정하고 있다. 그리고 어촌계원의 경우는 특
별한 이유가 없는 한 자격을 박탈당하지 않지만 조합원의 경우에는 출자 및 납입
경비, 기타 의무를 이행하지 않거나 장기간(1년) 조합을 이용하지 않을 경우 제명
하도록 되어 있다. 따라서 조합원은 대부분 어촌계원이지만 어촌계원은 모두 조합
원이 되지는 않는다.
17) 현재 울릉도에서 해조류의 양식이 면허된 곳은 없다. 이는 울릉도의 연안 해저암반
에 서식하는 양질의 자연산 미역이 년간 150-200톤이나 생산되고 또한 깊은 수심
과 풍랑으로 인하여 양식 시설물을 유지하기 어려운 점과 미역의 탈락율이 높기
때문이다. 남양어촌계장과의 면접자료.

이었다(조강희,조승연 1998 : 299).[18]

그외 어업과 관련된 주민들의 주된 생계활동은 울릉도의 주요 어종(魚種)인 오징어의 건조작업이다. 남양1리 주민들 가운데 대부분의 여성들은 이 오징어 건조작업에 거의 전업(專業)적으로 종사하고 있으며, 이를 통한 소득은 모든 주민들에게 매우 높은 비중을 차지하고 있다. 이러한 작업공정을 통하여 20마리 오징어 1축을 만드는데 소요되는 경비는 약 1,500－2,000원 정도 들고 있으며, 성수기(6월－11월)때는 개인에 따라 차이는 있지만 하루 약 50축에서 100축 정도를 만들 수 있다고 한다. 오징어 손질작업을 통하여 획득하는 수입은 1년 평균 3－4개월 정도 작업해서 약 500－600만원 정도가 된다(조강희,조승연 : 307). 이러한 건조된 오징어의 유통경로는 생산 어가(漁家)의 개별적인 연망(network)이나 어촌계에서 중간 수집상 그리고 도매시장을 거쳐 소비자에게 전달되는 방식과 어촌계에서 단위수협을 거쳐 수협직판장에서 소비자로 전달되는 계통출하 방식으로 이루어지고 있다.

각 가구의 여성들은 가족노동의 기간노동력일 뿐만 아니라 어업 부문의 임노동을 통해서 가구의 생계를 보충하는 노동력이기도 하다. 특히 오징어잡이의 성수기인 6월부터 다음해 1,2월 사이에 오징어의 가공·건조작업을 통해 많은 현금수입을 벌어 들이고 있다. 이러한 현상은 남양1리 뿐만 아니라 울릉도 전체에서 보편적으로 나타나고 있다. 그리고 남양리에 소재하는 오징어건조장은 모두 11개가 있으며, 각 건조장에서 일하는 살람들의 수는 평균 1건조장에 5,6명 정도가 있다. 따라서 오징어 성수기때 마을내 건조장에서 일하는 사람들 수만 하더라도 약 60명 정도가 된다. 특히 울릉도의 오징어는 전국적으로 알려진 지역 특산물일

---

18) 지난 해(1997년)의 경우 남양어촌계에서 채취한 수산물의 분배방식을 구체적으로 살펴보면, 저동에 살고 있는 수부장 1사람을 4개월 고용하여 어촌계 소유의 관리선을 통해 전복, 문어, 해삼를 채취했다. 이때 분배방식은 전체 수입에서 공동경비를 제외하고 수부장이 25%, 선원 2명이 28% 그리고 남양어촌계의 배당은 47%였다. 남양어촌계장과의 면접자료.

뿐만 아니라 울릉도 전체 어획고의 93.5%, 지역경제의 80%가량을 차지하고 있다.

최근에 육지에서 울릉도를 찾아오는 관광객의 유입[19]이 점차 늘어남에 따라 매년 여름이 되면 이 지역을 찾는 관광객도 증가하고 있지만 남양1리의 경우 관광업과 관련된 전문시설과 종사원이 따로 없고 단지 5가구 정도가 민박(면에서 지정한 민박가구)을 통해 넌간 100－150만원 정도의 수입을 올리고 있다(조강희,조승연 1998 : 309). 남양1리 주민들의 경제활동에서 특징적으로 나타나는 현상은 도서(島嶼)의 농어업지역임에도 불구하고 서면의 면소재지이기 때문에 농어업 이외 부문에 종사하는 비농가의 가구수가 점차 늘어나고 있다는 사실이다. 또한 남양1리 주민들의 생산활동과 관련된 경제생활은 농업부문에서는 농협(農協)을 통하여 그리고 어업부문에서는 수협(水協)을 매개로 하여 외부의 시장 및 국가와 밀접하게 연결되어 이루어지고 있다.

6. 맺 음 말

지금까지 울릉도 주민의 인구 및 가구, 가족형태와 그리고 경제활동을 서면(西面) 남양1리의 사례를 중심으로 하여 살펴보았다. 적응(適應)이란 측면에서 볼 때 울릉도란 도서 환경은 가용자원(家用資源)의 차이를 의미하며, 이들 자원의 이용과정에서 용이한 특정 행위양식이 선택되어 세대를 거쳐 지속됨으로써 울릉도의 독특한 문화요소를 이루게 된다. 이러한 문화요소는 도서내(島嶼內)의 가용자원의 한계에 적응하는 주민들

---

19) 관광객수의 변화를 보면 1992년 152,116명, 1994년 136,560명, 1996년 211,048명으로 증가하고 있다. 그러나 관광객들이 찾아오는 계절적 편차는 매우 심해서 주로 5월 －8월 사이에 집중되어 있다. 1996년도의 경우 21만명 가운데 이 4개월 사이의 관광객이 약 13만 6천명(64%)이 되고 있다. 울릉군(1997)에서 참조.

의 적응전략(適應戰略)의 한 양상으로 볼 수 있다. 지금까지 살펴보았듯이 남양1리의 주민들이 도서 환경(島嶼環境)에 적응한 결과 형성된 사회문화적 특성을 이 글의 논의의 대상을 중심으로 요약하면 다음과 같다.

첫째, 조사마을의 성별·연령별 인구구성에서 유아·청소년층이나 장년층이 일반 다른 농촌에 비해서 상당히 높은 양상을 나타내고 있는데, 이러한 현상은 어업이 다른 농어촌에 비해 비교적 높은 수준의 소득을 가져다 줄 뿐만 아니라 공무원, 회사원, 교사, 기타 서비스업과 같이 농어업 이외의 부문에 종사하는 가구들이 많기 때문에 촌락에서의 유출을 완화시켜주는 데서 기인한다.

둘째, 생산활동에서 먼저 농업의 경우 과거에는 한정된 토지생태계 자원들에 대한 적응형태로서 감자와 옥수수와 같은 생계경제적인 전작(田作)이 행해졌었다. 그러다가 이러한 작물들은 80년대 초반에 천궁과 같은 약초류의 도입에 따른 소득의 증대로 인해 상품작물로 대체되었다. 그리고 어업의 경우에는 공동어장의 공동 채취권(採取權)을 기반으로 한 공동생산, 공동노동, 공동분배들이 약화되고 있으며, 특히 마을 인구 가운데 어업 종사자의 노령화로 인해 공동어장에 대한 이용권의 양도 현상이 증가하고 있다. 어장 이용권을 개인에게 판매하여 그 수익금을 마을 기금으로 이용하거나 성원들에게 현금으로 분배하는 경향이 있다. 즉 과거처럼 호당 일정 수의 성인이 참여하여 공동채취한 후에 공동분배하는 형식은 찾아보기 어렵다.

세째, 일반적으로 도서지역의 어촌마을 주민들의 경제생활은 대부분 농·어업 겸업의 형태를 보이지만 남양리1는 면소재지로서 면사무소, 단위농협, 경찰지서, 초등학교 및 중등학교 등의 여러 공공기관과 식당, 이발소, 미용소, 가게,다방 등의 서비스 업종이 위치하고 있기 때문에 농어업 이외의 다른 부문에 종사하는 주민들이 많이 거주하고 있으며, 또한 남양1리는 면소재지로서 주민들의 일상생활에서 기초적 생활단위를 이루고 있다.

　이 논문은 울릉도 주민들의 인구 및 가구와 가족구성 그리고 생계활
동에 대해서 남양1리라는 한 마을의 사례를 통하여 살펴 본 것이다. 따
라서 남양1리의 사례를 중심으로 기술하였기 때문에 울릉도 주민들의
삶에 대한 총체적인 모습은 좀 더 많은 사례연구들이 이루어져야 그려
질 수 있을 것이다. 그리고 짧은 조사일정으로 인하여 본 논문에서는 울
릉도의 사회경제적 변화에 따른 주민들의 구체적인 대응전략에 대해서
는 구체적으로 언급하지 못했기 때문에 과거의 특정 시점으로부터 현재
까지의 변화양상을 분석하는 데에는 어느 정도 한계를 가질 수 밖에 없
다.

『인류학연구』제8집, 1998, 영남대 문화인류학연구회

제 9 장

농업기계화와 농업생산조직의 변화

1. 머 리 말

한국 농업에서는 일찍부터 농번기에 부족한 일손을 해결하고, 관·배수 등의 물관리 문제를 해결하기 위해 다양한 형태의 농업생산조직(農業生産組織)[1]을 발달시켜 왔다. 조선시대부터 일제시대를 거쳐 해방직후에 이르기까지 존속해 왔던 '두레'와 그 발생 시기는 분명하지 않지만 일제시대에 널리 행해졌고 현재에도 일부 남아있는 '품앗이', 일제시대에 발생하여 6,70년대까지 상당기간 존속했던 '고지대' 그리고 1970년대 이앙·수확작업을 중심으로 광범위하게 발생하여 1980년대까지 존속했던 '공동작업반' 등이 대표적인 농업생산조직의 사례들이라 할 수 있다. 이

---

1) 이 글에서 사용하는 농업생산조직은 좁은 의미의 생산조직을 의미한다. 예컨대, 생산, 유통, 가공 등의 전 부문을 포괄하는 의미가 아니라 농업생산과정에서 나타나는 조직만을 고려한다. 또한 생산조직을 토지(농지), 자본(농기구, 농기계), 노동의 결합으로 나타나는 물질적 생산과정상의 조직으로 파악한다.

글에서는 농업생산조직을 "두 가구 이상의 농가가 농업의 생산과정에서 농작업의 일부나 또는 전부에 관해서 공동화(共同化)하기로 하여 결합한 생산집단이나 조직"이라고 개념화한다. 이렇게 개념화할 때 농업생산조직은 임의적인 노동력 교환형태인 품앗이부터 공동작업조직, 공동이용조직, 수탁조직 등에 이르기까지의 다양한 형태를 포괄한다. 이러한 생산조직들은 기본적으로 공동화를 지향하는 특징을 지니며 또한 시계열적인 변화과정 속에서 중첩되어 나타나는 것이 일반적이다.

그런데 손노동(人力)과 축력(畜力)을 중심으로 조직되어 온 농업생산조직은 1970년대부터 주요 농작업에 동력 농기계가 도입되면서 그 성격과 특성이 크게 변화하게 되었다. 손노동 중심의 조직이 개별 농가의 자발성에 기초하여 조직되었던 것과는 달리 농기계 중심의 조직은 대부분이 정부의 자금지원과 관련을 맺으면서 설립되었기 때문에 정부 지원방식의 변화에 따라 상당한 변동을 겪어왔다. 또한 농기계 이용은 기본적으로 수도작 농업생산기술, 특히 농업기계화 수준의 변화에 따라 그 형태를 달리하게 된다. 따라서 기계화 단계에서의 농업생산조직에 대한 연구는 생산조직 그 자체뿐만 아니라 그에 대한 정부의 지원체계 그리고 생산조직이 기반으로 하는 농업기계화 수준 및 수도작 재배기술의 수준에 대한 논의도 함께 이루어져야 할 것이다.

이 논문에서는 농기계의 도입이 본격적으로 이루어지기 시작한 1970년 이후 한국 수도작(벼농사) 부문에서의 생산조직의 변천과정을 파악하기 위해 다음과 같은 순서로 논의를 전개해 보고자 한다. 먼저 쌀을 중심으로 한 수도작 부문의 농업 기계화의 특징과 그리고 1970년대부터 1990년대까지 시대별 농업기계화의 특징과 농업생산조직의 전개과정을 살펴봄으로써 수도작 부문의 농업에 농기계의 도입이 시작된 1970년대 초반부터 현재에 이르기까지 농업생산조직이 어떠한 발전 단계를 밟아왔는가를 밝히고자 한다. 일반적으로 농기계와의 결합을 중심으로 한 생산조직은 이전의 손작업을 중심으로 조직된 생산조직과는 달리 농업기술, 특히 기계적(mechanic) 기술의 변화에 의해 그 발전의 가능성과 한계를 동시에 규정받게 된다. 따라서 농업기계화의 성격이 발전 단계별로 어떠한 특성을 지니며, 이러한 특성들이 농업노동과정의 변화를 통해 생산조직의 성격 변화에 어떠한 영향을 미치고 있는가를 밝혀 볼 수 있을 것이다.

2. 수도작 농업과 농업기계화

수도작 부문에서의 농업기계화는 주로 농번기의 농업노동력의 부족 현상을 극복하기 위하여 이루어져 왔다.[2] 그렇지만 소규모 가족농(家族農) 생산형태에서는 농가(農家) 가족노동력의 사회경제적 성격이 농업기계화와 본질적으로 모순되는 측면을 갖고 있다는 점, 농기계 구입에 많은 자금이 필요하지만 농민은 항상 항시적인 자금 부족의 상태에 있다는 점, 농기계를 구입하는 경우에도 경영규모의 영세성에 의해 과잉 투자되기 쉽다는 점 등으로 인하여 소농 생산체제 하에서는 농업기계화가 제약된다고 할 수 있다. 그렇지만 이러한 제약요인 속에서도 농업 노동력의 농외 유출로 인한 노동력의 양적·질적 변화는 가족농 중심의 소농 경영 하에서도 농업기계화를 일정하게 진전시켜 왔다.[3]

농업생산의 행정(行程)을 두 가지로 부류하면, 농작물이나 가축에 인간 노동이 직접 작용해서 단위 면적당 생산량을 증가시키는 관리작업 위주의 '생물생산적 행정(生物生産的 行程)'과 작물이나 가축이 생육하는 환경 및 인간노동을 보다 효율화시키기 위한 기계나 시설이 동반되는

---

2) 박흥진, 1988, 「농업생산력 구조에 관한 연구」, 87~88쪽. 농업기계화에 의한 노동의 절감은 다음 세 가지의 측면에서 고려가 필요하다. 즉 ①노동의 양적 절약, ② 기계화에 의한 작업의 능률화, ③노동강도의 경감 등이다. 이러한 세 가지측면의 총합으로서 기계에 의한 생력효과(省力效果)가 평가되어야 한다.

3) 조승연, 『한국농촌사회변동과 농업생산구조』, 서경문화사, 268쪽.

'기계공학적 행정(機械工學的 行程)'으로 나눌 수 있다.[4] 전자는 노동집약적 관리에 의해 토지생산성이 지향되고, 후자는 생력화(省力化)에 의한 노동생산성의 향상이 목표로 된다. 이것이 동시에 농업생산력 특히 노동생산성을 향상시키는 기초가 된다[5]. 농업의 생산과정은 바로 작물·가축의 생육·성장과정이기 때문에 농업노동은 공장노동과는 다른 몇 가지 특징을 갖는다. 즉 작물, 가축의 생육단계에 대응한 노동투하의 필요성은 한편으로는 농업노동에 대하여 현저한 계절성(季節性)과 적기성(適期性)을 갖게 하고, 다른 한편으로는 각종 농작업의 단속성(斷續性), 불연속성(不連續性)을 불가피한 것으로 하고 있다. 나아가 토지와 밀접한 관련을 가진 노동 대상의 공간적인 고정성(固定性), 분산성(分散性)도 강한 제약으로 작용하고 있다.[6] 이러한 농업노동의 기술적인 특수성은 농업생산과정의 기계화에 커다란 제약으로 작용하고, 나아가 농업에서의 단순협업이나 또는 분업에 기초한 협업의 성립을 어렵게 한다.

이와 같은 농업노동의 특수성 중에서 쌀 생산과정과 관련하여 가장 중요하게 관심을 두어야 할 점은 바로 농업노동의 계절성, 적기성 부문이다. 벼농사는 노동수요와 관련하여 두 번의 노동수요 절정기-이앙기와 수확기-를 가지고 있으며, 농번기에는 노동력이 부족하더라도 농한기에는 노동력이 남는 현상이 나타나는 것이다. 따라서 벼농사의 농업기계화는 단순히 경운(耕耘) 등 특정 작업부문의 농업노동력을 대체하거나 축소시키는 것만으로는 부족하고, 이앙·수확과 같은 농번기의 필요노동력을 대폭 축소시켜 노동력 수요의 계절적 진폭을 줄이고, 상시 필요노동력을 감소시킬 수 있을 때 본래의 목표를 관철할 수 있는 것이다.

수도작에서의 관행작업은 육묘(育苗)와 본답(本畓) 작업으로 구분되고, 이중 육묘 작업으로는 묘상, 종자예치, 시비파종, 제초, 병충해 방제, 추

---

4) 高橋正郎, 1983, 「規模問題と構造政策の視點」, 121쪽.
5) 물론 노동생산성의 개선은 농기계 같은 기계기구적 기술의 도입 뿐만 아니라 제초제같은 생화학적 기술의 도입에 의해서도 이루어질 수 있다.
6) 七戶長生, 1974, 『農業機械化の動態的過程』, 27～29쪽에서 참조.

비, 물관리 등의 공정이 있다. 그러나 육묘 작업은 본답 이앙에 선행하여 이루어지므로 전체 경영면에서 볼 때, 시기적으로나 노력면에서 그렇게 큰 문제가 되지는 않는다. 따라서 수도재배에 있어서 기계화는 주로 본답 작업을 중심으로 이루어지게 된다. 본답 작업은 경운, 쇄토(碎土), 기비(基肥), 이앙, 제초, 추비, 병충해 방제, 물의 관리, 수확, 탈곡, 건조 등의 공정으로 이루어진다. 이 가운데 경운, 쇄토 등은 경운기에 의한 기계화가 가능하고, 비교적 노력이 많이 투입되는 병충해방제나 제초작업도 방제기와 제초제 등의 화학 약제의 보급으로 크게 단순화되었다. 따라서 작업의 시기, 소요 노동력의 측면에서 볼 때 큰 문제가 되는 것은 이앙과 수확작업에서의 농업기계화이다.7)

수도작 부문의 농업기계화의 생력효과(省力效果)를 분석한 결과8)에 의하면, 노동수요 절정기의 감축효과는 그 시기에 사용되는 농기계의 능률에 따라 다른 것으로 나타났다. 예컨대, 전혀 기계력을 도입하지 않은 전통적 방법(A형), 동력경운기를 주축으로 하고 동력방제기, 동력탈곡기를 이용하는 방법(B형), 2조식 소형동력이앙기, 소형예취결속형 수확기를 부가한 기술체계(C형) 그리고 45마력트랙터를 중심으로 한 4조식이앙기, 4조식콤바인, 고성능 방제기 등으로 일관기계화(一貫機械化)를 사용한 기술체계(D형) 등 4가지 작업방식의 ha당 연간작업시간을 비교하고 있는데, A형은 1,681.2시간, B형은 1,246.6시간(A형의 74.1%), C형은 671.8시간(A형의 40.7%), D형은 419.1시간(A형의 24.9%)으로 농기계의 도입이 대형화, 고도화될수록 작업시간이 크게 감축되고 있은 것으로 나타났다. 즉 A형은 이앙기(경운·시비·정지·이앙 작업)에 445.8시간, 수확기(예취·운반·탈곡작업)에 492.4시간이 소요되는 데 비해, B형은 이앙기에 389.5시간, 수확기에 429.7시간(각각 A형의 87.4%, 87.3%), C형은 이앙기에 200.0시간, 수확기에 326.9시간(각각 A형의 44.9%, 66.4%)이 소요되는 데 비해

---

7) 박홍진, 1988, 앞의 책, 88쪽.
8) 서울농대 농업개발연구소, 1976, 『한국농업기계화의 촉진정책에 관한 연구』, 185~200쪽.

일관기계화 기술체계인 D형은 이앙기에 80.2시간과 수확기에 47.1시간
(각각 A형의 18.0%, 9.6%)으로 나타났다. 이렇게 볼 때 수도작 부문에서
의 일관기계화는 전통적 농경방식에 비해 상시 필요인력을 거의 1/4(연
간작업 시간기준)이나 1/5(이앙·수확 작업)수준으로 감소시키고 있음을
알 수 있다.

이와 같이 수도작 부문의 농업기계화는 대형화, 고도화가 진전될수록
그동안 수도작 부문에 종사해 오던 농업노동력을 농작업으로부터 배제
시키게 되며, 그리고 그것이 미치는 영향도 개별 농가의 인구학적, 사회
경제적 성격에 따라 다른 양상을 나타낸다. 예컨대, 전통적 농사기술에
익숙한 중년이나 노년층보다는 새로운 농업기술의 수용성이 높은 젊은
층이 농업기계화에 보다 쉽게 적응하게 되는 것이다. 나아가 젊은 층에
서도 농기계 조작 뿐만 아니라 수리에도 능력 있는 사람이 농기계 이용
에서 훨씬 높은 효율성과 수익성을 올리게 되는 것이다. 또한 수도작 부
문의 농업 기계화는 영세 소농이나 노령 농가를 농업생산으로부터 배제시
키는 경향을 갖고 있다. 중대형 농기계는 그 도입에 막대한 자금이 필요
할 뿐만 아니라 그 작업능력이 개별 영농규모를 훨씬 넘어서는 것이 보통
이다. 따라서 대농층(大農層)이나 양질의 젊은 노동력을 가지고 있는 농가
는 농기계를 구입하여 자가 영농은 물론 다른 농가의 농작업을 대행해주
는 것이 일반적이며, 반면에 농기계를 보유하지 못한 영세 농가나 노령
농가의 경우9)에는 기계화가 가능한 작업은 모두 농기계를 소유한 농가나
조직에게 주고 비배관리(肥培管理) 등의 작업만 담당하게 되는 것이다.

이러한 수도작 부문의 농업기계화는 일본에서 처음으로 완성되었다.
수도작 부문의 농업기계화는 작업 부문별로 시차를 두고 진행되어 왔는

---

9) 영세 농가나 노령 농가의 입장에서는 수도작 부문에서 노동력을 활용함으로써 소
득을 얻을 수 있는 기회를 대폭 축소되기 때문에 미작 이외의 농업이나 농외 부문
에서 새로운 취업기회를 찾지 못할 경우 오히려 소득이 저하되는 결과를 초래하게
되는 것이다. 이에 대한 보다 자세한 논의는 주종환(1980), 김춘동(1983), 성태규
(1995), 조승연(2000) 등을 참조바람.

데, 주요 농작업의 기계화를 달성하게 된 것은 1960년대 중반이었다.[10] 한국의 경우에는 먼저 경운·정지작업 등의 기계화가 이룩되고, 그 다음 이앙·수확작업에 농기계가 도입[11]됨으로써 수도작의 일관기계화가 가능하게 된 것[12]이 1970년대이며, 이것이 시범이용 단계를 거쳐 일반 농민들에게 널리 보급된 것은 1980년대에 들어와서부터 였다. 그런데 대부분의 동력 농기계는 가격이 고가일 뿐만 아니라 작업 능력도 가족경영 규모를 훨씬 넘어서고 있었다. 특히 정부의 농기계 구입자금 지원도 개인보다는 조직을 대상으로 하고 있었기 때문에 농가들 가운데 상당수는 개별 농가단위 보다는 몇 농가나 또는 마을 단위에서 공동으로 농기계를 구입하여 이용하는 방식을 취하게 되었다.

농기계의 도입은 농가의 농작업을 해결하는 데 목적을 두었지만 농업노동력의 농외 유출로 인한 농가 구성원의 감소 경향과 농기계의 대형화 추세 속에서 정부로부터 자금지원을 받아 농기계를 구입한 농업생산조직이든, 그렇지 않은 농업생산조직이든 간에 농기계 이용의 효율성을 높이기 위해 농작업 수탁(임작업)에 참여하게 되었으며, 때로는 이러한 농작업 수탁을 전문으로 하는 조직도 나타났다. 이러한 농작업 수탁은 농업노동력의 유출에 따른 농가노동력의 노령화·여성화 및 수도작 이외 농업부문에서의 상업화의 진전, 농외 취업 기회의 증가 등과 상응하여 더욱 확산되었다. 그리고 이렇게 다양한 형태로 출현한 농업생산조

---

10) Francesca Bray, 1986, *The Rice Economics : Technology and development in Asian Societies*, New York : Basil Blackwell, pp.54~61. 일본의 경우 1967년에 일단 이앙·수확 등 주요 농작업의 기계화를 달성했고, 1970년대에 접어들어 소형기계화 단계를 거쳐 중형 기계화 단계로 나아가게 되었다.
11) 농협중앙회, 1993, 『농업연감』, 108쪽. 한국의 경우 경운기는 1961년, 트랙터는 1966년, 이앙기와 콤바인은 1973년, 바인더는 1977년부터 도입되었다.
12) 倉持和雄, 1980, 「韓國農業機械化の現段階 : 耕耘機の利用と今後の方向」, 『アシア經濟』第21卷10號, 32쪽. 일본에서는 작업부문별 기계화가 탈곡기→방제기→경운기→수확기→이앙기 순으로 진행되어 왔지만 한국의 경우에는 방제기→경운기→이앙기→수확기의 순서로 전개되어 왔다. 이러한 차이는 탈곡기보다는 방제기가, 수확기보다는 이앙기의 값이 싼 때문이 아닌가 생각된다.

직들은 수도작 농업을 둘러싼 제반 여건의 변화 속에서 그 목적과 성격
을 달리하면서 발전, 해체 또는 재편되어 왔다.

3. 농업기계화에 따른 생산조직의 변화

한국 농업의 수도작 부문에서 농업생산조직의 전개과정을 어떠한 단
계로 구분하여 파악할 것인가에 대해서는 다양하게 제시되어 왔다. 앞서
언급한 것처럼 농업생산조직의 전개과정은 구성원 농가 및 농작업 위탁
농가의 성격변화, 노동수단(농기계, 시설)의 발전 정도, 노동대상(품종, 경
지 등)의 개선 정도, 농촌공업화와 같은 농외 취업 기회의 정도, 작목(作
目)에 대한 소비자 기호의 변화, 생산조직과 관련된 정부의 제반 정책의
변화 등에 의해 영향을 받기 때문에 어떤 측면에 초점을 맞추어 단계구
분을 하느냐에 따라 여러 가지 단계구분이 가능하기 때문이다. 이 글에
서는 생산조직의 전개과정에 영향을 끼치는 요인들 가운데 보다 장기적
이고 구조적인 요인, 예컨대 수도작 부문의 농업기계화 수준, 농업기계
화 정책 등에 유의하여 그 전개과정을 구분해 보고자 한다.

한국 정부가 농업기계화 정책을 추진하기 시작한 것은 경제개발 5개
년계획이 시작된 1960년대 초였다. 그러나 1976년까지만 하더라도 농업
기계화 정책의 주요 목표는 재해대책이나 증산대책을 뒷받침하는 데 있
었으며, 주요 보급 기종은 경운기 · 탈곡기 · 방제기 · 분무기 등이었다.
1977년 제3차 경제개발계획부터 농업기계화 정책은 처음으로 노동조건
의 개선이나 노동효율의 향상과 같은 측면에서 접근하기 시작했으며, 농
촌노동력 문제를 결정적으로 해결할 수 있는 이앙 작업과 수확 작업의
해결에 그 목표를 두고 이앙기, 콤바인 등의 보급을 시작하게 되었다.
특히 1978년에는 농업기계화 촉진법이 제정되어 농기계의 생산, 연구,
검사, 보급 및 이용에 대하여 종합적이고 일관성 있게 접근할 수 잇는

토대가 비로소 마련되었다. 1981년에는 당시까지 농업 단체 중심으로 추진해 오던 농기계 보급정책의 근본적인 문제점과 한계를 인정하고, 농민 중심의 기계화 영농단(당시에는 새마을기계화영농단)을 마을 단위로 육성해 나가는 것으로 정책의 방향을 전환하게 되었다.

그런데 1980년대 후반으로 들어서면서 공동소유, 공동이용을 목표로 했던 기계화 영농단이 농업노동력의 계속적인 유출과 그에 따른 농업노동력의 노령화·부녀화, 농가간 수위탁(受委託) 방식에 의한 농작업 처리의 보편화 경향 속에서 그 성격이 변질되고, 다른 한편으로는 농산물 수입 개방의 파고가 높아지는 가운데 농업구조개선의 필요성이 대두되면서 정부에서는 1990년 2월 「농어촌발전특별조치법(農漁村發展特別措置法)」을 제정하여 보다 대형의 전문수탁조직으로 위탁영농회사 등을 육성해 나가게 되었던 것이다. 이렇게 볼 때, 수도작 부문의 농업기계화와 그에 따른 농업생산조직의 전개과정은 1970년대, 1980년대, 1990년대 등으로 나누어 고찰하는 것이 보다 의미가 있다고 생각된다. 따라서 이하의 논의에서는 각 시대별 농업생산조직의 전개양상을 농업기계화와 관련시켜 보다 구체적으로 살펴보고자 한다.

1) 70년대 농업기계화와 농업생산조직

1970년대 농업정책의 최대 목표는 주곡(쌀)의 자급자족이었다. 정부는 이를 위해 IR667로 대표되는 다수확 신품종(통일벼)을 개발하여 보급하였고, 농민에게 그 재배를 권장하기 위해 다수확 신품종의 우선 수매, 「고미가 정책」과 「이중곡가제도」로 대표되는 적극적인 쌀값의 지지정책을 펼쳤으며 그리고 경지의 과반수를 차지하는 금강, 영산강, 낙동강, 한강 등 4대강 유역에 대한 종합개발사업을 추진하였다.[13] 특히 신품종의

---

13) 박홍진, 1989, 「한국 수도작생산력에 관한 연구 : 1971년부터 1985년까지」, 서울대 석사논문, 18쪽.

도입은 조기재배, 보온 못자리의 도입, 치밀한 물관리, 다비(多肥)·적기 시비, 철저한 병충해 방제 등 그 동안의 벼농사 재배기술에 커다란 변화를 가져왔다. 그러나 이러한 재배기술은 토지생산성의 향상을 통해 주곡 증산이라는 농정목표에는 기여할 수 있을지 모르나 노동집약적인 기술로서 이전의 생산기술과 비교해 볼 때, 농가로부터 더 많은 노동력의 투입을 요구하는 것이었다. 이러한 노동 투하량의 확대는 종종 기대한 만큼의 생산량이나 소득의 증가를 가져오지 못했기 때문에 정부의 농가에 대한 적극적인 재배 권장은 정부와 농민에 마찰을 불러일으키기도 했다.

농촌노동력은 도시지역으로의 많은 유출에도 불구하고 전반적으로 볼 때, 아직도 풍부한 상태에 있었다. 1970년대 호당 농가인구를 보면, 5.5명 이상을 유지하고 있었고, 농림어업종사자의 연령별 분포를 보더라도 1970년대 중반까지는 40대 이하가 약 50%를 넘고 있었다. 더구나 농기계의 값도 임금에 비해 상대적으로 높았기 때문에 농민에 의한 농기계의 보급과 이용은 아직 낮은 수준에 머무르고 있었다. 주요 농기계의 보급상황을 살펴보면, <표 9-2>의 1970년대의 주요 농기계 보급상황이 보여주듯이 1970년대 말까지 상당한 수준으로 보급된 농기계는 동력경운기, 동력양수기, 동력분무기, 동력탈곡기 등이고, 트랙터, 이앙기, 콤바인 등의 중형 농기계는 보급이 극히 미비했다.

이렇게 볼 때 1970년대의 수도작 부문의 농업기계화는 수도작의 모든 작업체계를 기계화한 것이라기 보다는 육묘작업(育苗作業)을 제외하고 본답작업(本畓作業)을 중심[14]으로 추진되었다고 할 수 있다. 경운·이앙·방제·예취·탈곡·건조 등의 본답 작업(本畓 作業) 중에서 병충해 방제나 제초 작업은 방제기나 제초제 등 화학 약제의 보급으로 크게 단순화되었다. 경운·정지작업은 축력으로부터 동력 경운기로, 탈곡작업은 족답식(足踏式) 탈곡기로부터 동력탈곡기로 점차 대체되어 가고 있었다.

---

14) 박홍진, 1989, 앞의 논문, 45쪽. 육묘 작업은 본답 이앙에 앞서 이루어지므로 전체 농업생산의 측면에서 볼 때는 시기적으로나 노력면에서 그렇게 큰 문제가 되지 않는다고 볼 수 있다.

〈표 9-1〉 1970년대 농업노동력 구성의 변화

구 분		1970년	1975년	1980년
농 가 호 당 인 구		5.81	5.57	5.57
농 가 인 구(천명)		14,442	13,244	10,827
농 가 호 수(천호)		2,483	2,379	2,155
농업취업자의 연령별구성(%)	14~19세	14.4	13.0	5.1
	20~29세	18.2	17.4	15.4
	30~39세	25.7	21.7	19.3
	40~49세	21.6	21.7	28.1
	50~59세	13.9	17.8	21.0
	60세 이상	4.9	8.5	11.0
농업취업자의 성별구성(%)	남	58.4	58.5	56.2
	여	41.6	41.5	43.8

자료 : 농림수산부, 해당연도, 『농림수산통계연보』.

그러나 수도작 농업의 양대 농번기라 할 수 있는 이앙 작업과 수확작업에 이앙기나 콤바인 등의 보급이 미약했기 때문에 이러한 작업은 대부분 손작업에 의하여 이루어졌다. 따라서 1970년의 농업기계화는 동력경운기 단계라고 불려지는 소형농기계 단계에 있었으며, 농기계 도입의 목표는 적극적인 노동생산성의 개선보다는 축력이나 부족한 인력을 대체하거나 보완함으로써 농작업 속도를 높여 적기 영농(適期營農)을 실현하는 데 있었다.

1970년대에는 수도작 부문의 농업기계화가 경운, 정지, 방제, 탈곡 등 일부 농작업에 한정되었고, 이앙이나 수확작업 부문에서는 농기계의 도입이 극히 저조한 단계에 머무르고 있어 대부분의 농가나 생산조직에서 일관 기계화에 필요한 농기계를 보유하지 못하고 있었다. 따라서 농업생산조직은 인력 혹은 농기계를 중심으로 하여 작업별로 형성되고 있었다. 경운, 정지작업의 경우 농기계의 대명사로 불렸던 동력 경운기가 축력(畜力)을 대체해 가고 있었다. 경운기는 가격이 그다지 높지 않았을 뿐 아니라 정지작업 외에도 운반도구로서의 역할이 컸기 때문에[15] 주로 개인적으로 도입하여 이용되었다. 그렇지만 경운기를 도입한 개별 농가가 다른 농가의 작업을 소규모로 임작업하는 경우는 많아졌으나 이를 공동이용하기 위한 농업생산조직의 결성은 거의 없었다.

<표 9-2> 1970년대의 주요 농기계 보급상황

구 분	탈곡기	양수기	경운기	방제기	트랙터	이앙기	바인더	콤바인
1971년	63,350 (2.6)	57,896 (2.3)	16,842 (0.7)	69,407 (2.8)	183 (0.0)	0 (0.0)	0 (0.0)	0 (0.0)
1973년	85,161 (3.5)	61,193 (2.5)	37,660 (1.5)	97,306 (4.0)	293 (0.0)	6 (0.0)	51 (0.0)	25 (0.0)
1975년	127,105 (5.3)	65,993 (2.8)	85,722 (3.6)	137,698 (5.8)	564 (0.0)	16 (0.0)	89 (0.0)	56 (0.0)
1977년	161,092 (7.0)	119,956 (5.2)	153,535 (6.7)	194,326 (8.4)	1,121 (0.0)	121 (0.0)	236 (0.0)	77 (0.0)
1979년	203,801 (9.4)	187.608 (8.7)	235,909 (10.9)	291,061 (13.5)	2,035 (0.1)	2,416 (0.1)	11,117 (0.5)	502 (0.0)

자료 : 농림수산부, 해당연도, 『농림수산통계연보』.
참고 : ( )안의 숫자는 농가100호당 각년도 보급률이다.

---

15) 서울대 농대 농업개발연구소, 1978, 『한국농업기계화의 촉진대책에 관한 연구』, 89쪽. 1978년의 한 사례조사에 의하면, 경운기의 연간 이용시간은 총 546.3시간이었으며, 그중 운반작업에 42.6%, 경운·정지작업에 31.0%, 탈곡작업에 17.3%정도 이용되었다.

농업기계화가 미진한 이앙·예취 작업 부문에서는 부족한 노동력을 효과적으로 해결하기 위해 손작업을 중심으로 한 '공동작업반'과 같은 생산조직이 많이 조직되었다. 소유하고 있는 답면적(畓面積)이 넓은 마을에서는 2개 이상의 공동작업반이 존재하기도 했고, 작업반 조직이 없는 마을로 작업 원정을 나가기도 했다. 공동작업반은 기본적으로는 작업의 뢰자의 작업을 해주고 일정한 작업료를 받았으며, 각 작업반원에게 작업량에 따라 임금을 배분해 주는 생산조직이었다.16) 탈곡작업의 경우에도 동력탈곡기를 이용한 조직이 '탈곡 작업반'이라는 이름으로 광범위하게 존재했으나 이앙·예취 부문의 공동작업반과는 달리 구성원도 마을 전체가 참여하고 있었고, 조직의 성격에 있어서도 임작업 수입의 증대를 목적으로 하는 전문적인 도급제 조직의 성격이 강했다.17)

1970년대 수도작 부문의 농업기계화는 농민들에 의해 주도되었고, 많은 지역에서 존재하고 있었던 손노동(또는 소형농기계) 중심의 농업생산조직이 이앙·수확작업 등을 해결하고 있었고, 다만 일부 지역에서 정부에 의해 주로 생산자 단체나 산하 기관을 통해 추진되고 있었던 대형 농업기계화 조직은 농기계의 보급과 이용을 홍보하는 시범사업조직으로서의 역할을 수행하면서 농번기 농작업을 해결하는데 다소 기여하였다.

2) 80년대 농업기계화와 농업생산조직

1980년대는 쌀의 생산과 소비가 어느 정도 균형을 이루는 시기였다.

---

16) 윤수종, 1990, 「한국농업생산에서의 노동조직의 변화과정에 관한 연구」, 342쪽.
이러한 공동작업반은 당시에 전국적으로 설립되어 있었다.
Edward P. Reed, 1979, *Group Farming in Smallholder Agriculture : Experience and Potential in South Korea*, The Univ. of Wisconsin – madison. 1977년 평택과 상주지역의 사례조사의 결과를 살펴보면, 조사마을 44개 가운데 22개 마을에 공동작업반이 결성되어 있었다.
17) 오명석, 1983, 「농업기계화에 따른 농민경제의 변화 : 평택평야의 한 마을에 대한 사례연구」, 서울대 석사논문, 96~101쪽.

그러나 도시 산업부문의 급속한 성장에 따른 농업노동의 유출이 격심하
여 농번기 노동력의 부족이 발생, 적기영농의 실현마저 큰 장벽에 부닥치
게 되었다. 이에 정부는 농번기 노동력의 부족을 해결하는데 정책의 역점
을 두고 농기계의 원활한 보급과 합리적 이용을 추진하게 되었다. 1980년
대 이후부터 보급된 농기계의 기종을 보면, 1970년대의 주요 보급 기종이
었던 경운기, 방제기 등의 보급도 급격히 늘어났지만 트랙터, 이앙기, 콤
바인 등 중형 농기계의 보급도 지속적으로 증가하고 있었다. 이러한 중형
농기계의 도입이 늘어나면서 수도작 농업의 양대 농번기에 해당하는 이
앙·수확(예취)작업의 기계화율도 1989년의 경우에는 60%이상을 보여주
고 있다. 이 시기부터 경운에서 수확, 건조에 이르기까지 주요 농작업이
농기계에 의해 처리되는 일관 농기계화체계를 이룩하게 된 것이다.

<표 9-3> 주요 농기계의 보급대수와 보급율

연도	경운기	트랙터	이앙기	바인더	콤바인	탈곡기	방제기	양수기	건조기
1981	350,462 (17.3)	3,862 (0,.2)	15,271 (0.8)	15,580 (0.8)	3,130 (0.2)	238,633 (11.8)	364,688 (18.0)	209,183 (10.3)	2,143 (0.1)
1983	489,296 (24.5)	7,469 (0.4)	24,818 (1.2)	19,816 (1.0)	5,689 (0.3)	269,753 (13.5)	438,901 (21.9)	262,608 (13.1)	2,816 (0.1)
1985	588,962 (32.6)	12,389 (0.6)	42,138 (2.2)	25,538 (1.3)	11,667 (0.6)	301,717 (15.7)	517,530 (26.9)	286,298 (14.9)	5,437 (0.3)
1987	711,374 (38.0)	19,863 (1.1)	76,070 (4.1)	38,418 (2.1)	20,305 (1.1)	302,572 (16.2)	628,317 (33.6)	295,108 (15.8)	8,899 (0.5)
1989	739,098 (41.7)	31,328 (1.8)	111,937 (6.3)	49,816 (2.8)	32,882 (1.9)	284,837 (16.1)	676,815 (38.2)	326,476 (18.4)	13,813 (0.8)

자료 : 농림수산부, 해당연도, 『농업기계보유현황』.
참고 : 보급률＝보유대수/농가호수×100(%)

이러한 수도작 부문의 일관기계화는 노동생산성을 획기적으로 향상
시킴으로써 자가 노동력(自家勞動力)으로 경작할 수 있는 경지규모의 상

한을 크게 확대시켰을 뿐 아니라 미작에서 절약된 노동력을 미작 이외의 부문으로 투입할 수 있는 조건을 제공하였다. 또한 이러한 농업기계화는 농민층 내부의 새로운 관계를 형성할 수 있는 기술적 조건을 제공하였다. 즉 기계를 도입한 상층농(上層農)의 자작 가능 한계가 크게 높아졌으며, 기계를 도입한 상층농이 농기계 도입에 따른 고정자본 부담을 완화하고 기계의 효율을 높이기 위해 농지수요를 늘리게 된 반면에 새로운 생산수단을 갖추지 못한 영세 소농층(小農層)은 관행적인 노동방식이 해체됨에 따라 자기완결적으로 농업을 유지해 나가는 것이 불가능해졌다.

<표 9-4> 수도작의 농작업별 기계화율(전국 평균)

연 도	경운·정지	이 앙	방 제	수 확	탈 곡	건 조
1986	70	28	79	27	97	3.3
1987	72	37	80	36	97	3.7
1988	80	54	87	53	97	9.5
1989	82	66	87	62	99	12.5
1990	88	78	93	72	99	14.5

자료 : 농림수산부, 1991년 3월, 『농업기계화업무자료』, 16쪽.
　　　한국농기구공업협동조합, 1990년 7월, 『농업기계편람』, 38쪽.
참고 : 단위는 %임

그러나 중형농기계를 도입한 농가가 기술혁신을 통해 그 작업효율을 제대로 발휘할 수 있기 위해서는 농작물의 개별적인 재배방식 보다는 집단적인 재배 관리방식을 필요로 하게 된다. 이러한 농기계의 도입에 따른 경제, 기술상의 대규모 지향성과 영세 소농제 간의 모순은 농업규모 확대를 통해서만 극복될 수 있으나 농지유동화를 통한 경영경지면적 규모의 확대는 저임금 및 고지대 구조 하에서는 현실적으로 곤란하기

때문에 주로 농작업(農作業) 수탁(受託)을 통하여 그 모순을 극복할 수
밖에 없다.[18] 농업규모의 확대방안으로서 농작업 수탁을 주목하는 것은
그것이 단순히 농지유동화에 의한 경영규모 확대보다 실현가능성이 높
다는 이유에서만은 아니다. 보다 중요한 것은 농작업 수탁이 중형농기계
의 이용률을 높여 농업생산성을 향상시키고, 결과적으로는 계층간에 있
어서 생산력의 격차를 형성시킬 계기를 마련하는 가능성을 갖고 있다는
점이다.[19]

1980년대에 들어 농업노동력의 부족이 심화되면서 공동작업반과 같
이 손작업을 토대로 조직되었던 생산조직은 거의 해체되고, 이앙·수확
작업은 이앙기와 콤바인과 같은 농기계에 의한 작업으로 대체 되었다.
그런데 트랙터, 콤바인과 같은 농기계는 고가일 뿐만 아니라 대당 농작
업 가능면적도 개별 영농규모를 훨씬 넘어서고 있었기 때문에 정부에서
는 1981년부터 농가로 하여금 농기계 공동이용조직으로서 '기계화 영농
단(機械化營農團)'을 조직하게 하고 이를 통해 농기계 구입자금을 지원[20]
하였다.

---

18) 안준섭, 1989, 「미작농가의 농작업수위탁실태에 관한 고찰 : 8개지역 사례조사를 중
   심으로」, 『농협조사월보』6월호, 1~18쪽.
   1988년 농협중앙회가 8개 촌락을 전수조사한 결과에 의하면, 미작부문의 농작업수
   위탁은 모든 지역에서 광범위하게 나타나고 있었으며, 특히 도시근교에서 그 비율
   이 높은 것으로 나타났다. 조사대상 농가 381호중에서 주요 농작업(경운·이앙·방
   제·예취·탈곡·건조)가운데 1개 작업이라도 위탁을 준 농가는 81.9%에 달했다.
   이러한 농작업위탁은 겸업농가 뿐만 아니라 전업농가에도 많이 나타나고 있으며,
   특히 경작규모가 적거나 노령농가인 경우에는 경운+이앙+수확작업의 위탁비율이
   아주 높은 것으로 나타났다. 한편 농기계보유농가 222호 가운데 농작업수탁에 참
   여하고 있는 농가는 36호(16.2%)였으며, 그중에서도 경운기(트랙터)+이앙기+콤바인
   을 갖추고 임작업에 침여하는 농가는 4호로 나타났다.
19) 차홍균, 1989, 「농작업 수탁조직의 동향과 그 구조」, 『농업정책연구』제61권 1호, 농
   업정책학회, 132쪽.
20) 강정일외, 1990, 『기계화영농단의 효율적인 관리 및 육성방향』, 한국농촌경제연구
   원, 23쪽. 사업시행 초기에는 기계화영농단에 대해 개소당 사업비 한도 내에서 정
   부보조 40%, 융자 50%, 자부담 10%의 지원이 이루어졌으나 1988년부터 정부보조
   50%, 융자 40%, 자부담 10%의 비율로 상향조정되었다.

<표 9-5> 기계화 영농단의 주요 농기계 보유와 작업면적

구 분	1982년		1990년	
	개소당 보유대수	대당 작업면적	개소당 보유대수	대당 작업면적
트랙터	1.0	37.2ha	0.9	32.9ha
이앙기	1.8	11.1ha	2.0	13.1ha
콤바인	1.2	22.9ha	1.2	21.2ha
건조기	0.5	–	0.7	–
계	4.5	–	4.8	–

자료 : 농협중앙회 조사부, 1982, 『농기계공동이용조직에 관한 조사연구』, 40·54쪽; 최규홍외, 1991, 『농기계임작업 및 공동이용 유형분석』, 40~43쪽.

기계화 영농단은 처음에는 주로 마을 단위로 조직되었으나 1987년부터는 대규모 영농단과 소규모 영농단으로 구분하게 되었다.[21] 그리고 기계화 영농단의 조직상의 특징을 살펴보면, 1982년 조사에서는 조직당 평균 구성원수 16.9명, 구성원 소유의 답면적(畓面積) 20.9ha(호당 평균 1.24ha)로 나타난 반면에 1990년 조사에서는 구성원수 14.7명, 답면적 15.5ha(호당 평균 1.05ha)로 나타나 기계화 영농단의 평균 규모는 감소되는 경향을 보이고 있다.[22] 다음 기계화 영농단에서 보유한 농기계의 현

---

21) 최규홍외, 1991, 『농기계임작업 및 공동이용 유형분석』, 33~34쪽 .
대규모 영농단은 조성면적 10ha 이상, 농가 10호이상, 대형농기계 중심이고, 소규모 영농단은 조성면적 5ha이상, 농가5호이상, 중소형농기계 중심으로 이루어졌다. 1990년 현재 조성이 완료된 기계화 영농단은 총 25,970개소이고, 그 중에서 대규모 영농단이 16,173개소, 소규모 영농단이 9,797개소이다. 1981년부터 1990년에 걸쳐 농가에 보급된 농기계중 기계화 영농단을 통해 보급된 기계의 비율을 기종별로 보면, 트랙터 23.4%, 이앙기 18.3%, 콤바인 38.8%, 건조기 52.2%로 나타나고 있다. 따라서 농기계의 보급과 이용에 기계화 영농단이 크게 기여하였음을 알 수 있다.
22) 농협조사부, 1982, 『농기계공동조직이용에 관한 조사연구』32쪽 ; 최규홍외, 1991, 『농기계임작업 및 공동이용 유형분석』35쪽 ; 강정일외, 1990, 『기계화 영농단의 효

황에 대하여 1982년과 1990년도를 비교해보면, 트랙터·이앙기·콤바인·건조기 등은 평균 4.5대에서 4.8대로 약간 증가한 경향을 보였다. 또한 1982년도 조사의 경우 거의 대부분이 회원들의 농작업(農作業)을 위주로 했지만, 1990년도의 경우에는 비회원의 작업(貸作業) 면적의 비율이 트랙터 39.3%, 이앙기 30.4%, 콤바인 39.2%를 차지하고 있은 것으로 나타났고, 3기종 모두 대형기종일수록 비회원의 작업면적 비율이 현저히 높은 경향을 보였다.[23]

기계화 영농단은 1980년대 후반으로 갈수록 영농단원의 수가 줄어들고 농기계의 성능은 대형화되는 경향 속에서 단원(團員)의 농작업 해결을 목적으로 하는 공동이용조직으로서의 성격보다는 단원 이외의 농작업이 중심이 되는 농작업 수위탁 조직으로 변하는 영농단이 많아지게 되었고, 또한 개별 수탁농가가 정책자금을 지원받기 위한 방편으로 기계화 영농단이라는 조직을 활용하는 경우도 많이 나타나게 되었다. 그리고 실제의 농기계의 도입과 이용에 있어서도 설립 후 2,3년이 지나면 영농단의 농기계가 개별 농가에 배분되고 개별 농가를 이를 활용하여 임작업에 종사하는 현상이 상당수 나타나게 되었다.[24] 이렇게 기계화 영농단이 재편 또는 해체되게 된 데는 농기계의 보관이나 관리 면에서 비효율성도 있었지만 무엇보다도 영농단 조직 내부에 이러한 가능성을 내포하고 있었다고 볼 수 있다. 예컨대 기계화 영농단은 정부정책에 의해 보조금 지원을 받아 설립되었기 때문에 마을 공동이용기계라는 인식이 강했고, 작업수수료는 통상 관행 작업료 보다 상당히 낮게 책정되었다. 그래서 조직내 주작업자에 대해서는 적절한 보상을 해주지 못함으로써 이들

율적인 관리 및 육성방향』, 27~28쪽.
23) 최규홍 외, 1991, 앞의 책, 44쪽.
24) 최규홍 외, 1991, 앞의 책, 55쪽.
   1990년 현재 기계화 영농단의 농기계 보유 및 이용형태를 살펴보면, 공동소유·공동이용의 형태는 트랙터 22.3%, 이앙기 21.3%, 건조기 18.8%였고, 개인소유·공동이용의 형태는 각각 57.1%, 56.95, 69.1%였으며, 나머지는 개인소유·개인이용의 형태인 것으로 나타났다.

의 이탈도 많았던 것이다. 또한 영농단 경영에 있어서도 융자금 상환을
위한 자원의 확보에만 관심을 가지고 있었을 뿐 영농단을 영속적인 조
직체로 유지해 나가기 위해 감가상각비 등을 적립해야 한다는 생각은
거의 대부분의 조직에서 가지고 있지 않았다.

3) 90년대 농업기계화와 농업생산조직

정부는 1990년대에 들어서면서 농업기계화와 관련된 지원을 대폭 확
대해 왔다. 이러한 정부의 자금지원의 확대에 힘입어 1993년말 현재 농
가에 대한 주요 농기계의 보급률은 경운기 50.2%, 트랙터 4.8%, 이앙기
13.3%, 방제기 45.1%, 수확기 9.0%, 건조기 2% 등으로 상승되었다.[25] 이
러한 농기계의 보급율 확대와 더불어 미작 부문 주요 농작업의 기계화
율도 경운·정지 96%, 이앙 92%, 방제 95%, 수확 87%, 건조 21% 등으
로 크게 향상 되었다.[26] 이와 같이 농기계로 이루어진 농작업의 상당 부
분이 농기계 공동이용에 의해 처리되기 보다는 기계를 소유한 농가와
그렇지 않은 농가간의 수위탁을 통해 처리되고 있는 것으로 나타났다.
1990년도의 조사자료에 의하면, 수도작(水稻作) 관련 주요 농작업을 위탁
하는 농가의 비율이 경운·정지작업 47%, 이앙 56.2%, 방제 39.4%, 예취
60.4%, 탈곡 73.3%에 이르는 것으로 나타났다.[27]

1990년대 수도작 부문의 주요 농업생산조직으로는 1980년대 이후 정
부의 자금 지원이 계속되고 있는 기계화 영농단과 1990년 「농어촌발전특
별조치법(農漁村發展特別措置法)」 제정이후 활발하게 설립되고 있는 위탁
영농회사(委託營農會社)와 영농조합법인(營農組合法人)이 주축을 이루고
있다. 정부는 농업구조개선정책의 추진 과정 속에서 농업기계화 정책을

---

25) 농림수산부, 1993, 『농림수산주요통계』, 180쪽.
26) 농림수산부, 1993, 『농림수산주요통계』, 179쪽.
27) 농림수산부, 1992, 『1990년도 농업총조사(전국편)』.

대폭 수정하여 기계화 영농단 육성정책을 재검토하여 영농단과는 별도로 한편으로는 전문적인 대규모 영농대행업체로 위탁영농회사를 육성하고, 다른 한편으로는 개별 농가에 대해서도 기계화 전업농(專業農)으로 지정하여 농기계 구입자금을 지원하는 방향으로 정책을 전환하게 되었다.

위탁영농회사는 1993년 12월 현재 493개소가 설립된 것으로 나타나고 있어 비슷한 시기에 설립되기 시작한 영농조합법인에 비해 훨씬 빠르게 확산되고 있음을 알 수 있다.[28] 회사별 직원수는 평균 6,3명이고 2명에서 20명에 이르기까지 다양한 분포를 나타내고 있지만 5명인 회사가 200개(40.6%)로 가장 많았다. 설립 출자금의 규모를 보면 회사당 평균 6,200만원이고, 자본금이 1억원을 넘는 회사도 83개(16,2%)에 이르는 것으로 나타났다. 연도별 설립현황을 보면, 설립등기일 기준으로 91년까지 80개, 92년 166개, 93년 247개로 급속하게 증가하고 있음을 알 수 있다. 위탁영농회사의 구성원은 기계화 영농단이나 후계자 출신 등 비교적 젊은 층을 중심으로 읍·면 단위로 설립되고 있고, 농기계의 보유 측면에서도 기계화 영농단에 비해 훨씬 대규모로 나타나고 있다.[29] 회사의 위탁영농규모가 100ha이상 되는 곳도 있고, 대부분 회사가 위탁영농 외에 임대차도 행하고 있어 단순한 개별 영농의 보완조직으로서의 역할을 넘어서서 사실상 농업 경영체로서의 성격을 강하게 내포하고 있다. 그러나 대부분의 위탁영농회사들은 위탁영농, 그 중에서도 부분 위탁을 위주로 작업을 수행하고 있고, 저렴한 수수료, 작업장(농지)의 분산에 따른 농기계 활용의 비효율성 등으로 위탁영농사업에서 기대한 수익 만큼의 이익을 올리지 못하고 있다. 특히 위탁영농사업은 연중 일거리가 육묘(育苗) 기간까지 포함하더라도 5,6개월에 불과하기 때문에 비수기 노동력의 활용이 커다란 문제점으로 부각되고 있다.[30]

---

28) 농림수산부, 1994, 「위탁영농회사 설립현황」; 농협중앙회 농촌개발부, 1994, 「영농조합법인 설립현황(1993.12.31)」

29) 강정일 외, 1993, 『위탁영농회사의 운영실태와 정책지원의 방향』, 한국농촌경제연구원.

<표 9-6> 위탁영농회사와 영농조합법인 설립현황(1993년도)

구 분	총계	설립연도(개소)			평균조합 원수(명)	평균출자금 (백만원)	설립부문(개소)			
		91년	92년	93년			미맥	원예	축산	복합
영농조합 법인	226	25	47	154	9	99	119	13	43	51
위탁영농 회사	493	35	111	347	6	62	493	–	–	–

자료 : 농림수산부, 1994, 『위탁영농회사 설립현황』.
　　　농협중앙회 농촌개발부, 1994, 『영농조합법인 설립현황』.

한편 영농조합법인은 1993년말 현재 226개가 설립되어 있는데, <표 9-6>에서도 나타나듯이 미맥 부문 외에 원예·축산·복합영농 부문에도 폭넓게 설립되고 있다. 영농조합법인은 원래 공동영농조직으로 설립하도록 정책적으로 권장되고 있지만 농지 출자의 현실적 어려움 등으로 원예·축산 등 미맥 이외 부문의 조합 법인들은 공동생산보다는 농산물 유통을 중심으로 활동하고 있는 경우가 대부분이다. 그리고 미맥(米麥) 중심의 영농조합법인의 경우에도 거의 대부분 위탁영농을 위주로 사업을 실시하고 있다. 따라서 영농조합법인 중에서 기계화 영농단에 준하는 농기계 구입자금을 지원 받아서 위탁영농을 행하고 있는 곳은 그 성격으로 볼 때 기계화 영농단이나 위탁영농회사와 거의 같다.

---

30) 이러한 문제점으로 인한 영농조합법인이나 위탁영농회사의 경영상의 한계는 90년대 후반의 자료에도 잘 나타나고 있다. 농업법인 가운데 사업부진에 따라 휴업이거나 폐업상태에 있는 업체가 23.1%에 달하는 것으로 조사되었다. 통계청이 발표한 '2000년 농어업법인사업체 통계조사 결과'에 따르면, 지난해(2000년) 말 현재 농업법인(영농조합법인 및 농업회사법인)의 수는 7,653개로 이 가운데 정상 운영중인 곳은 5,208개(68.1%)에 불과하며, 법인 설립 후 사업 부진과 적자운영 등으로 휴,폐업하거나 소재 불명인 사업체는 모두 1,771개로 전체의 23.1%에 달하고 사업을 준비하고 있는 업체도 674개(8.8%)로 나타났다.

4. 맺 음 말

지금까지의 논의의 내용을 요약하면 다음과 같다. 수도작 부문에서의 농업기계화와 그에 따른 농업생산조직은 1970년부터 현재에 이르기까지 다양한 단계를 거치면서 변천되어 왔다. 1970년대에는 증산농정의 기조 하에서 다수확 신품종 통일벼 보급을 통한 생산량의 확대에 중점을 둔 시기였다. 당시 벼농사 부문의 농업기계화는 경운·정지·방제·탈곡 등 일부 농작업에 국한되었고, 이앙·수확작업의 농기계화는 극히 한정된 지역에서만 이루어졌을 뿐이다. 대부분의 지역에서는 이앙·수확작업이 아직 손작업에 의해 처리되고 있었기 때문에 이 시기의 농업생산조직은 공동작업반 등 노동력 결합에 기초한 생산조직이 주축을 이루었고, 다만 일부 지역에서 농기계 1,2대를 공동으로 이용하는 농업생산조직이 일부 농민들에 의해 설립되고 있었다.

1980년대에는 농가노동력의 급격한 감소, 소비자의 기호와 유리된 통일벼 위주의 증산과 수매정책에 따른 정부보유미의 과다발생, 이중 곡가제의 실시 등에 따른 양특 적자의 누적, 농산물 수입개방 압력의 격화 등과 같은 농업을 둘러싼 상황의 변화 속에서 '증산농정(增産農政)'에서 '구조농정(構造農政)'으로 넘어가는 과도기였다. 수도작 부문에서는 이앙·수확작업의 농기계화가 농가에 상당히 보급되면서 경운·정지·이앙·방제·예취·탈곡 등 미작 부문의 주요 농작업이 모두 농기계에 의해 처리되는 일관기계화(一貫機械化)가 이루어지게 되었다. 그러나 이러한 일관 기계화 수준은 농가별로 차이가 많았고 농기계의 작업능력도 그다지 높지 않았다. 생산조직분야에서도 정부의 농기계 구입 자금지원에 힘입어 마을 단위나 또는 여러 농가단위의 농기계 공동이용을 목표로 한 '기계화 영농단'이 농민에 의한 생산조직으로서 조직되었다. 기계화 영농단은 처음 구성원 농가의 농작업 해결을 주목적으로 하는 공동이용조직으로 설립되었으나 조직내 작업기사에 대한 적절한 보상의 미흡, 농기계의 공동이용 및 관리에 따른 농기계의 조기 노후화 등의 문제들이 발생하여 기계화 영농단은 자금 지원을 원한 방편으로만 활용되고 실제 운영은 소수 구성원에 의해 운영되는 수탁조직(受託組織)으로서의 성격이 강화되어 전문수탁조직으로 발전해 나가는 양상을 보였다.

1990년대에는 UR 농산물 협상의 타결과 같은 수입개방의 압력 속에서 농업생산성을 높이기 위한 구조농정이 본격적으로 전개되던 시기이다. 농기계의 도입이 트랙터, 컴바인을 중심으로 대형화되면서 농기계를 보유한 농가와 그렇지 못한 농가간의 농작업 수위탁이 폭넓게 발생하게 되고, 기계화 영농단과 더불어 대규모 전문수탁조직인 위탁영농회사 등이 전국적으로 설립되었다. 위탁영농회사는 마을 내 조직이었던 기계화 영농단과는 달리 대부분 읍·면 단위를 기반으로 하여 설립되었고, 보다 대형화된 농기계를 보유하면서 대규모 위탁영농을 하였다. 대부분의 영농회사들은 부분 위탁 위주로 농작업을 하고 있지만, 일부는 사실상의 임대차에 의한 농업경영도 행함으로써 농업 경영체로서의 성격을 강하게 내포한 실질상의 영농회사로 발전해 가는 모습을 보여주고 있다.

이와 같이 수도작 부문에서 이루어지는 농업기계화의 진전은 농기계의 보유와 그것을 조작할 수 있는 노동력의 확보 여부가 농업생산과 경영에서 주도력을 가질 수 있느냐의 여부를 규정하기에 이르렀고, 농기계를 도입하지 못한 농가는 농업경영의 주체성이 현저하게 약화되었다. 또한 농기계를 도입하지 못한 농가는 노동력 사정에 따라 농작업의 일부나 전부를 농기계 보유한 농가에 맡기지 않을 수 없게 되고, 경우에 따라서는 농지를 모두 임대하고 농업경영으로부터 완전히 손을 떼게 될 것이다. 이와 같이 가족단위의 농업노동력이 고령화·여성화되는 추세 속에서 농기계 임대작업은 더욱 활성화될 것으로 예상되며, 따라서 앞으로도 농업노동은 계속 가족노동을 근간으로 하면서 농기계의 임대작업에 의한 농업노동으로 이루어질 것이다.

그리고 농기계이용조직 가운데 정부의 보조금을 받지 않고 자생적으

로 설립된 조직에 대해서는 조사된 자료가 없어 그 면모를 정확하게 알
수는 없지만, 농가나 영농조직에 대한 정부의 농기계구입자금 지원규모
및 지원대상이 크게 확대되면서 상당히 축소되어 갈 것으로 전망된다.
물론 이러한 분석의 결과는 모든 농민들에게 적용되는 것이 아니라 넓
은 평야지역에서 주로 논농사 중심의 단일경작을 하는 농민에게 적용될
수 있을 것이다. 그리고 농업기계화와 더불어 우리의 농업조건에 맞는
농업기술의 방향성에 대한 검토와 특정 지역의 농업생산조직에 대한 구
체적인 사례연구는 앞으로 보완되어야 할 과제이다.

『생활문물연구』제4집, 2002, 국립민속박물관

제10장

농민의 대응전략과 농업생산형태의 변화

1. 머 리 말

한국 농업에서 가족농(家族農) 생산형태는 지금까지 농업생산의 주축을 이루어 왔을 뿐만 아니라 60년대 초반부터 본격화된 자본주의적 산업화와 경제성장의 토대가 되어왔다. 다시 말해 가족농 중심의 농업생산형태는 도시 산업부문의 성장에 양질의 노동력을 공급하여 초기 산업자본의 형성에 기여하였을 뿐만 아니라 불안정한 노동 인구에 대해 사회보장적 기능을 수행함으로써 독점자본의 축적에 크게 기여하였다. 그러나 이처럼 중요한 역사적 기능을 수행한 가족농 생산형태는 전체 사회의 경제성장과 산업화가 이루어진 현시점에서 오히려 그 자체의 안정적 유지나 발전적 변화의 전망이 사라지고 있다(장경섭 1995 : 196). 또한 현재의 농촌 사회와 경제는 경제협력개발기구(OECD)의 가입이나 세계무역기구(WTO)체제하에서의 농산물의 개방이라는 상황에서 가장 기초적인 농업생산단위인 개별 농가의 재생산 마저 불가능해져 농촌·농업의 총체적 해체마저 우려되는 상태에 이르렀다.

그래서 이 연구는 한국 사회의 급격한 산업화 과정 속에서 농민들이 농업내외의 구조적 압력, 예컨대 독점자본의 농업에 대한 지배·관철에 어떠한 사회경제적 대응전략을 선택하고 있고, 이 과정에서 농민의 농업 생산형태는 어떻게 전개되어 왔는가를 구체적으로 밝히고자 하는 것이다. 농업·농민문제[1]의 본질을 한국 자본주의의 모순구조의 산물로 파악하고자 하는 연구 경향은 80년대 중반을 기점으로 나타난다. 이들은 오늘의 농업 위기를 보편적인 자본축적의 과정, 즉 독점자본의 농업지배로 인한 농공간의 부등가 교환과정과 자본의 이해를 우선시하는 국가 농업정책의 성격 때문에 나타나는 것으로 파악했다(농어촌사회연구소편 1990). 이와 같은 입장은 우리의 농업문제가 외부에서 형성·발전된 자본주의가 농업을 포섭하고 지배하는 과정에서 발생한다고 본다는 점에서 자본과 농업간의 일반법칙을 보다 과학적으로 해명하는 관점으로 볼 수 있다. 그렇지만 이러한 관점은 주로 독점자본의 경제적 지배구조 및 지배논리와 그것의 표출양상에 관한 거시적 연구로서 농촌사회의 구체적인 모습을 포괄적으로 보여주지 못하고 있으며(김춘동 1993 : 3), 또한 농업문제를 지나치게 경제적 측면에 맞추어 분석하고 있기 때문에 농업의 주체인 농민의 실질적인 삶의 문제를 보다 포괄적으로 설명하고 있지 못하다는 평가를 받기도 한다.

이와 같이 농업·농민문제의 연구에 있어 경제적 관계에 대한 해명

---

1) 이 논문에서 사용하는 농업·농민·농촌문제라는 용어는 문맥에 따라 어감이나 강조점의 차이를 나타내지만 모두 같은 의미로 사용한다. 왜냐하면 농업은 농촌에서 농민들에 의해 영위되는 산업이며, 그 주체는 농민들이기 때문이다. 이러한 입장은 다음의 글에서도 잘 나타나고 있다. "예를 들어 농업문제라고 하면 자본주의와 농업이라는 문제의식이 강하고, 농촌문제라고 하면 도시에 대한 농촌이라는 문제의식이 강하며, 농민문제라고 하면 지주, 자본가 및 노동자에 대한 농민이라고 하는 계급적 입장이 강조된다. 그렇지만 이러한 강조점의 차이를 인정한다고 하더라도 농촌·농업·농민 문제는 기본적으로 같은 것이고 모든 문제를 포함하는 종합적인 개념이다." 한국농어촌사회연구소편(1989 : 11 - 12)에서 참조.

이 중요하기는 하지만 농업문제를 경제적, 사회문화적 제문제의 총체로 이해한다면 물적 토대에 기반한 사회적 제관계의 분석, 특히 생산 및 재생산의 주체로서 농민들의 사회적 관계의 토대가 되는 가족에 대한 분석 또한 매우 중요한 것이다. 이것은 농민 가족이나 가구의 모든 성원들, 예컨대 개별 농가의 경영주 뿐만 아니라 가족원까지도 농가의 생산과정에서 자본에 포섭되기 때문이다. 한국 농민의 보편적 생산형태인 가족농 생산형태[2]는 자본 운동법칙의 직접적인 산물도 아니고 평균 이윤율에 기초해서 자신의 재생산을 유도하지도 않지만, 농가의 존재조건은 자본에 의해 영향을 받게 되고 자본은 농업생산과정을 통제하게 된다.

이러한 사실은 한국 농업·농민에 대한 분석이 앞으로도 상당기간 지금까지와 마찬가지로 가족농을 중심으로 분석되어야 한다는 것을 말한다. 다시 말해서 가족농 생산형태의 지속원리는 무엇이며, 농업에 대한 독점자본의 지배·관철 형태의 변화와 관련하여 가족농은 이에 어떻게 대응해 나가는가에 촛점을 맞추어 연구되어야 함을 의미한다. 이것은 농민들이 생계유지의 위기적 상황속에서 보이는 개별 농가의 대응전략과 그 결과로서 나타나는 농업생산형태의 변화에 촛점을 맞추어 농민의 일상생활을 보다 깊이 있게 논의할 필요가 있다는 것을 의미한다. 예컨대, 자본주의 사회에 포섭되어 있는 농민의 일상적 모습을 통하여 농업생산형태의 특성을 구체적으로 설명해내야만 하고, 또한 그것은 농민들의 삶의 다양한 측면과 차원을 포함하여야 한다. 이때 개별 농가는 농민들에게 생산과 소비 및 일상생활이 이루어지는 장(場)일 뿐만 아니라 농

---

2) 가족농(family farm)은 극히 일부분의 자본제적 농업을 제외하고는 저발전의 제3세계 뿐만 아니라 선진 자본주의 국가에서 조차도 지배적인 농업생산형태로 나타난다. 한국의 농업생산에서도 이러한 가족농 생산형태의 지속 경향은 농업생산에 투입되는 농업노동이 자본주의적 임금노동이 아니라 가족노동이라는 사실에서도 확인할 수 있다. 1995년 현재 농업노동의 구성에서 가족노동의 형태는 전체 농업노동의 82.9%를 차지하며 이러한 수치는 1962년의 71.5%와 비교해 볼 때 지속적인 증가를 나타낸다는 것을 알 수 있다. 반면에 같은 기간에 고용노동은 20.2%에서 11.7%로 감소하고 있다. 졸저, 2000, 『한국농촌사회변동과 농업생산구조』, 19쪽 참조.

민들의 일상적 삶이 구체적으로 응축된 사회적 소재지(social locus)로서
독점자본의 지배·관철에 공동으로 대처하는 단위가 된다.

　인류학자 울프(E. Wolf 1966)가 지적한 것처럼 농민사회의 구조적 불
평등성은 외부적 필요에 따라 재구성될 수 밖에 없는 한계를 갖기 때문
에 한국 농민에게도 가장 핵심적인 변화는 지역공동체 밖의 거대 구조,
즉 정부를 비롯한 세계시장경제의 힘에 의하여 유발되는 것이다(조옥라
1998 : 382). 이러한 문제의식에 입각하여 이 논문에서는 농업생산형태의
변화를 유도하는 구조적 요인으로 작동하는 국가 농업정책3)에 따른 농
민의 대응전략(adaptive strategies)과 그리고 그에 따른 가족농 생산형태의
변화과정을 구체적으로 논의하고자 한다. 농업생산형태의 전개과정은 여
러 측면에서 살펴볼 수 있으나, 독점자본이 국가의 농업정책을 매개로
도시 산업부문과 농촌 농업부문과의 관계를 구체적으로 어떤 방향으로
유도해 왔는가라는 관점에서 농민의 대응전략과 그에 따른 농업생산형
태의 변화과정을 구체적으로 살펴보고자 한다. 예컨대 외부의 구조적 변
화압력에 의해 야기된 농업 재생산의 위기상황 속에서 개별 농가들이
행위적 차원에서 대응하는 다양한 선택과 전략에 따른 농민의 실천행위
가 어떻게 농업생산형태의 변화로 이어지는가 하는 과정을 사례연구4)를

---

3) 지금까지 한국의 농업정책은 시기별 정책적 내용의 차이는 있으나 농업·농민에
　대한 자본의 지배는 국가의 강력한 통제를 기반으로 농업부문에서 다양한 잉여이
　전을 통한 자본의 지속적인 축적구조를 위하여 농업생산형태를 적절하게 변형시키
　려고 하였다. 예컨대, 독점자본은 농업부문에서 "산업화의 사회경제적 전환비용
　(social-economic costs of industrialization)"을 획득하고 독점적 고이윤을 확보하기 위
　해 국가기구의 힘, 즉 농업정책을 통하여 자본주의적 생산의 확대와 자본축적을
　추진하고 농업부문에 대한 경제적·정치적 지배를 강화해 왔다. 시기별 농업정책
　에 대한 구체적인 내용은 박진도(1988, 1994), 황연수(1991), 조승연(1998) 등을 참조
　할 것.
4) 이 연구를 위해 필자가 선정한 조사마을은 전북 김제시 부량면의 벽골마을이다. 벽
　골제의 제방을 따라서 길게 늘어서 있는 이 마을은 1994년말 현재 67가구로 이루
　어져 있으며, 전체 인구수는 235명이다. 조사마을 전체 인구에서 남녀의 구성을 보
　면 남자 126명, 여자 109명으로 이루어져 있다. 전체 67가구 중에서 50가구는 경작
　지를 소유하고 있으며, 17가구는 농지를 전혀 소유하고 있지 않다. 그리고 이 논문

通하여 논의하고자 한다.

2. 대응전략에 관한 이론적 논의

개별 농가가 하나의 생산단위로 존속하고 있는 원인을 자본제 부문의 구조적 특성이나 생산양식의 특성에서 찾기보다 개별 농가의 상대적 자율성이나 대응능력에 촛점을 맞춤으로써 외적인 사회경제적 요인과 농가와의 관계를 조명해 보려는 이론이 가구생존전략론(household survival strategy theory)이다. 전략론은 농업의 변화를 주도하는 구조적 압력에 대해 개별 농가는 가족 성원들의 생계를 유지하기 위하여 자신이 소유하고 있는 생산수단과 가족노동력을 적절하게 조정하면서 가족농 생산형태를 지속시킨다고 보며, 또한 가족농의 재생산 메카니즘을 자본의 축적 논리와 대응차원에서 개별 농가의 재생산 논리가 보여주는 모순관계5)에서 찾을 수 있다고 본다. 예컨대, 자본의 잉여이전의 압력은 바로 농가의 궁핍화로 나타나지만, 이에 대해 농민은 가족을 매개로 대응하면서 농업생산을 계속할 수 있게 된다는 것이다(Schmink 1984).

이와 같이 개별 농가를 분석단위로 설정하고 있는 전략론은 개별 농가가 갖는 속성을 다음과 같이 강조하고 있다. 첫째, 농가는 농민들의 일상생활의 유지 뿐만 아니라 세대(世代)간의 재생산을 유지하는 개인 소비의 사회적 소재지(social locus)이며 생산의 단위인 동시에 노동공급의 단위로서 각 가족 성원의 경제활동을 결정하는 일차적인 소재지이다(박길성 1988 : 109). 둘째, 가부장적 논리에 근거하여 가족성원들의 노동력

에서 사용되는 지명과 인명은 모두 가명임을 밝혀둔다.
5) 박길성은 자본의 운동법칙에 입각한 구조적 역동의 축과 사회에 나타난 역사변화의 실제적인 주체와의 모순관계는 농업변동에만 한정되는 것이 아니라 전체 사회의 변동을 이해하는 분석틀임을 강조하면서 이것을 "모순적인 사회적 재생산(contradictory social reproduction)"으로 보았다. 박길성(1990 : 168)에서 참조.

을 조정·통제할 수 있는 유일한 집합체(Schmink 1984)일 뿐만 아니라 가치의 실현이 상실된 가족원의 비임금노동(non-wage labor)과 무보수 가사노동(unpaid domestic labor)이 결합되어 생계유지의 단순재생산을 가능하게 하는 독특한 구성원리에 의해 규정된 공간(Crow 1989 : 7) 등으로 요약된다. 농민 가족이 갖는 이러한 속성으로 인해 농가는 외부의 구조적 압력에 대처할 수 있게 되며, 또한 외부의 영향력에 공동으로 대처하는 집합적인 단위(collective unit)가 된다.

따라서 전략론은 개별 농가의 입장에서 변화하는 생산형태와 당면한 경제적 욕구에 대한 충족과의 관계 속에서 농가 나름의 재생산을 유지하는 방안을 의미하는 개념이다. 이러한 개념화는 전자본주의적 노동형태와 자본주의적 형태가 같이 나타나는 사회구성체를 설명하는 데 유용한 분석틀이 된다. 왜냐하면 개별 농가는 독자적으로 움직이는 것이 아니라 외부의 사회경제적 상황과 관련되어 대응해 나가기 때문이다. 즉, 개별 농가의 대응방식은 가구별 생산활동의 목표나 노동력의 구성 및 노동형태에 따라 농가가 맺고 있는 외부와의 관계속에서 구성되는 것이다. 이와 같이 전략론은 농가의 입장에서 재생산의 논리로 농업생산형태의 변화를 분석할 수 있다. 여기서 재생산이란 생산요소를 포함한 생계수단의 재생산 뿐만 아니라 이들 요소간의 관계의 재생산을 의미한다. 따라서 재생산의 실패는 곧 농가의 상대적 자율성의 상실을 의미하는 것으로 다른 부문에 대한 농업·농민의 종속과 깊이 관련되어 있으며, 이는 농외 겸부업화, 농가부채화, 가족원의 이농, 임차농화 등으로 나타난다. 이때 농가 재생산을 판별하는 기준은 생산수단의 불평등에 의한 계급관계 뿐만 아니라 농가의 내적 조건이 생산단위로서 존속하게 되는가에 있다.

개별 농가가 독점자본의 다양한 잉여이전의 구조적 압력속에서 생산의 단위로서 스스로 재생산하는 과정에서 선택하는 첫번째 대응전략은 먼저 경제활동의 다양화로 나타난다. 경제활동의 다양화란 농가의 구성원이 농업생산 뿐만 아니라 농업임노동, 겸부업, 농외 임노동 등의 다양한 경제활동에 참여하는 것이다(박길성 1990 : 168). 즉, 농가의 궁핍화에 대응하는 전략의 기본 내용은 일차적으로 경제활동의 다양화를 통하여 수입을 극대화하고 소비를 최대한 억제하여 사회경제적 재생산을 지속하려는 농가 차원에서의 생계유지를 위한 것이다(Deere 1987). 디어는 경제활동의 다양화 전략을 농가가 선택할 수 있는 최선의 생존전략으로 보았다. 이는 농가의 성원들이 각각 다양한 범주의 경제활동에 참여하여 이를 농가라는 단위를 통해 결합시켜 재생산 조건을 마련하려는 대응전략이다.

쉬믹은 경제활동의 다양화를 통한 대응에서 여성의 역할을 강조하고 있는데(Schmink 1984), 특히 농촌 여성은 무보수 가사노동과 농업노동 뿐만 아니라 친족관계망 유지의 역할 수행을 통해서 농가의 재생산에 중요한 역할을 담당하고 있다고 강조하였다. 또한 그는 가족원의 소득결합을 통한 생존전략이 성공하기 위한 조건으로서 가족구성의 형태와 농외노동시장의 형성을 들고 있다. 즉, 농가내에 노인과 어린이, 학생 등의 비경제활동인구가 많을 경우에는 경제활동의 다양화에 한계가 있으며, 농외 부문의 취업을 쉽게 할 수 있는 노동시장이 형성되지 않을 경우에는 경제활동의 다양화를 제한하기 때문에 이 대응전략 자체가 한정적일 수 밖에 없다는 것이다. 이처럼 경제활동의 다양화에 관한 관심은 여성이나 아동을 포함한 모든 가족 성원의 경제적 역할을 물론이고 농가와 유출된 가족원과의 사회경제적 관계 또한 중요시하고 있다.

대응전략의 두 번째 내용은 개별 농가의 가족원 유출이나 분산을 통한 이농이다. 이는 농가가 가족원의 일부를 도시 부문으로 취업시켜 이들의 임금을 모으는 방식이나 또는 가족내의 비경제활동인구를 최대한으로 줄여서 소득과 소비의 균형을 이루는 방식으로 생계를 유지하는 방안이다. 가족원의 부분 이농전략은 농업생산 자체가 한계에 이를 때 농외의 임노동에 적극 참여하여 생존의 위기에 대응하는 전략인데, 이는 가족원이 함께 동거하지 않으면서 소득을 결합한다는 점에서 경제활동의 다양화 전략과는 차이를 보이는 대응이다. 특히 이러한 대응은 농업 생산에서 기본적 생산수단인 토지가 부족한 농가가 적극적으로 취할 수 있는 전략이다.

이상의 전략론은 농업생산형태 변화의 구체적 과정을 추적할 수 있다는 점에서 이론적 의의를 찾을 수 있으며, 가족농의 지속을 농민경제의 독특한 작동원리로만 설명하려는 소농이론이나 자본의 가족농 지배·포섭을 중요시하는 분해론과 접합론 그리고 생산형태론을 재해석할 수 있는 이론적 토대를 제공하고 있다는 점에서 주목할 필요가 있다.[6] 또한 전략론은 대응전략의 차원에서 농가의 구성원들이 맺고 있는 다양한 사회문화적 관계를 경험적으로 분석하고 있기 때문에 자본과의 잉여전유관계를 보다 구체적이고 실증적으로 파악할 수 있을 뿐만 아니라 농가, 토지, 농산물, 노동시장, 국가 등이 매개되는 잉여이전의 구체적인 과정을 경험적으로 설명할 수 있다.

지금까지의 이론적 논의의 검토결과에 근거하여 농촌사회의 변화과정과 농업생산형태의 변화를 분석하는 데 적합한 분석틀을 구성해 보고자 한다. 이는 농촌 사회의 변화를 가져오는 구조적 요인으로서 국가의 농업정책과 행위적 요인으로서 개별 농가의 대응전략을 변수로 두고 가족농 생산형태의 변화양상과 그리고 변화의 결과로서 나타나는 농업생산형태의 변화를 분석하고자 한다. 이상의 논의를 토대로 해서 필자는

---

6) 농민·농업문제에 대한 지금까지의 논의는 크게 세 가지의 입장이 있다. 첫째, 가족농 생산형태를 생산양식의 이행과정에서 과도적으로 나타난 특이한 생산형태로 규정하면서 결국에는 자본주의적 생산의 원리가 관철된다는 마르크시즘의 농민분해론과 둘째, 농업이나 농가경제의 특수성이 자본의 침투에 저항하는 힘으로 작용하여 독자적인 농민적 생산양식으로 정착된다는 챠야노프의 소농이론 그리고 세째, 이들 이론이 농업에서 자본주의 형태가 관철되는가의 여부를 두고 지나친 이분법적 견해를 지니고 있어 농업의 특수성과 농업생산형태의 변화에 대한 구체적인 메카니즘의 분석에 한게가 있다고 비판하면서 이에 대한 대안으로서 제시한 생산양식접합론, 생산형태론, 생존전략론 등이 있다. 한국의 농업·농민을 분석하는데 이들 이론들이 갖는 한계와 문제에 대한 자세한 내용은 박길성(1988, 1990), 이덕성(1991), 김춘동(1993) 등을 참조할 것.

가족농 중심의 농업생산형태의 변화를 가져오는 요인으로 다음의 두 가지에 주목하고 있다. 하나는 구조적 요인으로서 독점자본이 국가의 농업정책을 매개로 해서 농민들에게 어떻게 전개되는가 하는 문제이고, 다른 하나는 농민들이 독점자본의 지배·관철에 따른 외부의 변화압력에 대응하여 농업재생산을 유지하는 데 어떠한 전략을 선택하는가 하는 문제이다. 농업정책을 통한 외부의 변화압력과 이에 대한 농민들의 대응전략은 하나의 역동적 관계를 이루며 그 결과가 농업생산형태의 변화요인으로 작용한다. 요컨대 구조적 변화압력의 정도에 따라 농가가 선택하는 대응의 구체적 전략내용이 결정되며, 또한 농민이 선택하는 대응전략의 실행내용이 압력의 정도를 조절하는 과정을 통해서 농업생산형태의 변화를 유도한다는 것이다.

국가의 농업정책이 생산과 재생산 체계의 변화를 유도하는 외부의 구조적 압력이라면, 농민은 이러한 압력에 대해 농가라는 생산단위를 기초로 다양한 대응전략을 선택하면서 농업생산을 유지하려고 하며, 또한 국가 농업정책의 지배강도에 따라 개별 농가의 대응양상은 달리 나타난다. 예컨대 개별 농가는 생산수단인 가족 노동력과 토지 및 생산도구를 최대한으로 이용하는 전략으로 농업생산의 위기에 대응한다. 그에 대한 농민들의 구체적인 대응전략은 1)경제활동의 다양화, 2)가족원의 부분 이농을 통하여 생계를 유지한다. 물론 개별 농가가 선택하는 대응전략은 농가의 사회경제적 조건에 따라 전략의 구체적 실행과정은 농가 마다 차이를 나타낸다. 이러한 개별 농가의 대응전략은 가족노동력 구성의 변화 뿐만 아니라 이 과정에서 농업생산형태의 변화를 초래하게 된다.

3. 농민의 대응전략의 구체적 양상

국가의 농업정책이 농업생산형태의 변화를 야기시키는 구조적 압력이라면 농민은 이러한 구조적 압력에 개별 농가를 단위로 다양한 대응 전략을 선택7)하면서 농업생산을 지속시키며, 생계를 유지하는 것이 한국 농업의 일반적 전개과정이다. 이때 개별 농가는 자신이 가지고 있는 가족 노동력과 토지, 자본 및 생산도구 등의 생산수단을 최대한 이용하는 전략으로 농업생산의 위기에 대응하게 된다. 여기에서는 이러한 구조적 변화압력에 의해 야기된 농업의 위기상황속에서 농민들이 행위적 차원에서 대응하는 다양한 선택과 전략을 구체적으로 살펴보고자 한다.

1) 경제활동의 다양화

농민은 외부의 구조적 압력에 대해 농가라는 집합적 단위(collective unit)를 매개로 다양한 대응전략을 강구하면서 농업생산을 지속시키고 생계를 유지해 나간다. 이러한 상황 속에서 개별 농가가 선택할 수 있는 대응전략은 먼저 가족원들의 경제활동의 다양화이다. 경제활동의 다양화는 개별 농가가 소유하고 있는 농지와 생산도구 등의 생산수단과 그리고 특히 가족노동력을 최대한 활용하여 농업생산의 규모를 확대하거나 농업내외의 임노동에 참여하는 등의 개별 농가의 가족원 모두가 다양한 경제활동을 통하여 수입을 극대화시키는 것이다.

경제활동의 다양화는 매우 복합적인 양상으로 나타나며, 실제 농가 성원들이 선택하는 경제활동은 농업 경제활동과 농외 경제활동으로 구분해 볼 수 있다. 그리고 농외 경제활동은 경제활동의 공간, 취업 부문,

---

7) 농민이 모두 동질적이라고 보기가 어려우며, 농민층 내부에도 농업경영의 목적을 달리하는 여러 유형의 농민들이 존재한다. 御園喜博은 소농층(小農層)이 분화된 결과 네 가지의 유형으로 구분할 수 있다고 말한다. 예컨대, 소농의 우형으로는 ①자급자족적 소농경영, ②자급자족적 소상품 생산경영, ③전형적인 소상품생산경영, ④기업적 소농경영이 있다.. 御園은 이러한 유형은 시대를 경과하면서 발전하는 과정이기도 하지만 같은 시대에서도 서로 성격을 달리하는 농민층이 병존하고 있어서 그 생산의 목적이 다르고 동시에 객관적인 생산력의 격차를 매개로 하는 것이라고 본다. (御園喜博, 1975, 21~26쪽).

취업자의 지위 등에서 다양한 양상으로 나타나기 때문에 이러한 점들을 고려하여 다양한 경제활동을 설명해야 한다. 물론 이때 농가가 선택하는 대응전략은 가족구성의 형태와 농외 노동시장의 조건에 따라 내용이 결정된다. 조사마을에서는 농지의 임차를 통한 생산규모의 확대로 농가소득을 올리는 방식이 가장 보편적으로 나타나고 있다. 다음의 사례는 비교적 양질의 가족노동력을 활용하여 대량의 농지를 임차하여 농업생산의 규모를 확대하는 방식으로 농가소득을 증대시키는 대표적인 경우이다.

사례 1

황철성(남,37세)은 24살에 결혼한 후 마을내 분가하여 소유 농지 1,200평을 경작하면서 마을 내에서 중간 정도의 생활수준을 유지하면서 살았다. 그가 생활에 압박을 처음으로 느낀 것은 1990년 정부 지원과 농협의 융자를 받아서 트랙터를 구입하면서부터 였다. 농기계의 구입후 2년 동안은 다른 사람에게 농기계를 임대하여 약 200만원을 수입을 올리기도 했지만 3년 되던 해부터 트랙터가 고장나서 사용도 못하게 되었다. 그 결과 황씨는 1,500만원 정도의 빚만 지게 되었다. 그래서 선택한 것이 농지를 늘려 쌀농사를 통해 소득을 증대시키는 것이었다. 황씨는 1990년에 C씨의 농지 3필지(3,600평)를 한 필지 당 11가마에 임차하였다. 그리고 1993년에는 김제에 거주하는 K씨 소유의 농지 1,200평을 또 다시 임차하였다. 이제 소유농지 2,000평을 합쳐 모두 6,000평을 경작하게 된 것이다. 황씨는 "나는 그래도 힘이 있응께, 그리고 어머니와 마누라도 아직까지 젊어서 죽도록 일하고 해서 가능한거여, 이라도 해서 자식들 공부라도 지들 할라캐서 시키면 다행이지 나 혼자만 살라면 못할 짓이여"라고 농지 확대의 배경을 설명하였다. 앞일에 대한 그의 걱정은 앞으로 쌀수입이 전면적으로 이루어지면 자기처럼 가족노동력을 이용해서 논농사를 주요 생산활동으로 하는 경우는 큰 희망이 없다는 점이다.

<사례 1>의 황씨의 경우는 비교적 풍부한 가족노동력을 활용하여 농지를 적극적으로 임차하는 방식으로 경제적 어려움에 대응하고 있는 대표적인 사례이다. "농사철에는 어머니와 마누라까지도 동원한다"거나 또는 "일철에는 죽도록 일만 한다"라는 황씨의 표현은 가능한 가족노동

력의 총동원과 자기노동의 착취형태, 즉 과도한 노동강도에 기반한 농업경영이 대응전략의 중요한 내용임을 나타내 준다. 이것은 생산활동에 여성노동을 적극적으로 동원하여 투입하는 방식으로 대응해 나가고 있다는 것을 의미한다. 따라서 이들 여성은 가사노동을 통해 전체 가족노동력을 재생산할 뿐만 아니라 농업노동에서도 한 축이 됨으로써 과다한 노동을 수행하게 된다.

조사마을에서는 황씨의 사례와 같이 가족 노동력을 최대한으로 활용하여 "임차농화를 통한 경작규모의 확대"로 위기에 대응하는 방식이 일반화되어 있다. 그러나 이러한 대응은 적정규모의 농지를 확보할 수 있는 조건과 가족 전체의 가계비용을 주곡(쌀) 생산에서 얻어지는 소득으로 어느 정도 충당할 수 있을 때 선택할 수 있는 전략이다. 예컨대, 논농사만으로도 생계를 유지할 수 있을 정도의 경작규모가 확보되든지(적극적 경영), 가계(家計)의 규모가 작기 때문에 소규모의 경작으로도 생활비용을 충당할 수 있어야(소극적 경영)한다는 것이다. 이장인 김이장의 설명에 따르면, 조사마을의 경우에 "적극적 농업경영을 하는 농가"에 해당되려면 적어도 5필지(6,000평)이상은 경작해야 가능하다.

사례 2

김이장(남,46세)는 논농사의 적정규모를 "1마지기 농사지으면 보통 나락으로 10개(가마니) 정도 나오는디, 여기에 들어가는 비용은 종자대와 못자리 설치하는 데 한 40,000원 정도 들고, 본답을 관리하는 디 로타리하고, 이앙기로 모심고, 비료치고, 농약 뿌리고 하는디 한 50,000원 정도 들어가, 그리고 수확 때 나락베고 탈곡하고 경운기로 운반하는 디 한 25,000원, 영농자금 이자에다 세금좀 내는 디 한 25,000원 잡으면 될거여, 그러니까 전부해서 대략 150,000원이 들고 나락 40kg짜리 10개를 전부 수매한다고 쳐서 작년(1994년)에 2등품으로 45,690원을 받았응께 1마지기를 노동비 안들이고 짓는다면 한 300,000원 조금 더 떨어진다고 보고 5필지(6,000평)면 천만원 조금 넘는 소득을 올링게 그냥 살만하제"라고 설명한다.

위의 <사례 2>와 같이 조사마을에서 적극적 경영을 통하여 농업생
산을 유지할 수 있는 적정의 경작규모는 농가가 경작농지를 모두 소유
하고 있다는 것과 가족 노동력의 노동비용을 생산비용에 포함시키지 않
고 그리고 생산물의 전량을 수매한다고 전제한 것이다. 따라서 <사례
1>의 경우처럼 5필지를 경작하지만 소작지가 3/4를 차지하는 경우에는
200평당 쌀 80kg 1.5 – 2짝(가마니) 정도를 농지의 임차료로 지불해야 되
기 때문에 약 4,500천원 정도의 소득으로 모든 가계비용을 충당한다고
볼 수 있다.

더구나 엄청난 강도의 농업노동과 노동시간을 투하하는 가족노동의
가치를 생산비용에 포함시킨다면 순수 잉여의 형성은 거의 불가능하다.[8]
이러한 상황은 전국 농가의 노동투하량에서도 확인할 수 있는데, 예컨대
농촌진흥청의 보고서에 의하면, 1988년 현재 농가의 경영주(남자)가 행하
는 농업노동시간은 년중 평균 7시간 27분이며, 농번기에는 10시간 47분
에 이르고 있다(농촌진흥청 1988). 농업생산에 투입되는 노동 투하량의
변화추이를 살펴보면, 1967년의 경우 영농종사자 1인의 년평균 노동시간
이 568.9시간임에 비해 1994년에는 719.6시간에 달해 150.7시간을 더 노
동하고 있다(농림수산부 1995). 이는 오늘의 농업상황을 농가 차원에서
가족원의 과다한 노동량으로 극복하고 있음을 보여주는 것이다. 결국 <사
례 2>와 같이 적극적 경영전략를 갖는 경우에도 가족노동력의 과다한
자기착취와 단순재생산의 지속에 목적이 있다는 사실을 알 수 있다. 조
사마을의 경우 이러한 유형의 사례는 모두 8사례 정도를 찾아볼 수 있

---

8) 농림수산부 조사결과에 따르면 1994년도 임차한 농지를 기준으로 할 때 정곡 80kg
의 생산비 내역은 종묘비(1,175원), 비료비(2,754원), 농약비(2,415원),기타 제재료비
(283원), 영농광열비(252원), 수리비(559원), 농구비(9,918원), 영농시설비(211원), 위탁
영농비(272원), 축력비(66원), 노력비(18,756원), 비목합계(36, 661원), 토지용역비
(11,514원), 자본용역비(3,765원), 조세공과금(385원), 생산비(67,740원), 기타 제부담금
(88원)으로 모두 156,814원이 들었다. (농림수산부, 「농림수산통계연보」,1995). 그러
나 1994년도 추곡 수매가격은 2등품 80kg기준으로 91,380원으로 자가노력비를 제외
하더라도 크게 적자로 나타난다.

다.

그러나 소극적 경영을 하는 농가는 가족원의 이농으로 인한 가구규
모의 축소와 그리고 가족 노동력의 쇠퇴나 폐질화 등으로 소득의 극대
화보다는 소비를 극소화하는 전략으로 생계를 유지하는 경우이다. 여기
에 해당하는 유형은 대부분 60대 이상 고령의 부부가 농가를 이루는 경
우이다. 이들은 도시로 이농한 가구원이 생활비의 일부분을 부정기적으
로 송금하거나 소규모 소유농지를 경작하여 소득을 올리고 여기에 맞추
어 가계(家計)를 운영하고 있다. 이들 가구들이 보여주는 대응전략의 특
징은 다음의 <사례 3>의 표현에서도 잘 나타나고 있다.

사례 3

류영호(남.74세)는 농사일을 계속하고 있는 것을 "자식 공부라도 시키면 악착같
이 농사지어 돈을 벌겠지만 자식들 공부다 시켰지, 늙은이 두명 사는데 돈들 데가
있어야지. …돈 들일이 있으면 자식들이 가끔 보태주기도 하고 그래…하지만 다 지
들도 살기 바쁜데 우리가 농사지어 쓸 것을 마련하고 자식들 양식이나 보내 줘야지.
그래서 마누라하고 힘을 합쳐 할이(임차)도 부치고 있는거여"라고 설명하고 있다.

<사례 3>의 류씨는 현재 4,500평(소유 3,500평, 임차 1,000평)를 경작
하면서 부인과 단 둘이 살고 있다. 그가 표현한 "늙은이 두 명이 사는
데 무슨 큰돈이 들어야지"에서 이들의 대응전략이 소비 극소화에 근거
하여 생계를 유지하는 것에 맞추어져 있으며, "마누라하고 힘을 합쳐서"
라는 표현에서 연로하지만 가족 노동력을 최대한 이용하여 농업생산에
임한다는 사실을 알 수 있다. 현재 조사마을에서 이러한 유형은 모두 29
사례로 나타나는데, 이들 가구의 가족유형이나 가구주의 연령분포 및 경
작규모를 볼 때 멀지 않아 농업경영을 포기하거나 포기할 수 밖에 없는
농가들이다.

조사마을의 경우처럼 경제활동의 다양화에서 농지의 임차를 통하여
소작규모를 확대하는 대응방식과는 달리 환금작물의 경작을 통하여 소

득 증가를 이루려는 전략은 농가의 소유자원과 경제적 상황에 따라 규모와 내용이 달라지는 특징을 보여주고 있다. 이러한 전략은 높은 노동강도와 장시간의 노동, 작물의 경작에 보다 섬세한 기술을 요하는 것이기에 비교적 풍부한 가족노동력과 생산의욕 그리고 가족경제의 상당한 규모가 요구될 때 선택할 수 있는 전략이다(김홍주 1994 : 81). 그러나 조사마을의 경우에는 시설원예농이나 환금작물의 경작과 같이 생산 작물의 다양화를 통하여 소득의 증대를 꾀하는 농가는 전혀 나타나지 않는다. 조사마을의 농민들은 이에 대한 이유로서 1)질퍽한 뻘땅이기 때문에 다른 작물을 하기에는 토질이 맞지 않고, 2)새로운 작물의 경작을 시도하려는 사람이 없었기 때문이라고 한다.

경제활동의 다양화를 통한 대응전략에는 이외에도 가족원의 한 사람이 농업 임노동이나 또는 농외 임노동에 참여하여 여기에서 얻어지는 수입을 농가단위로 결합하는 방법이 있다. 조사마을의 경우 노동력 성수기의 농작업(모내기, 벼베기, 탈곡 등)에서도 마을주민 소유의 대형 농기계(트랙터, 콤바인, 이앙기 등)로 마을의 모든 농작업이 가능할 정도로 농업기계화가 이루어져 있기 때문에 조사마을에서 나타나는 농업부문내의 임노동은 비교적 젊은층(40－50대)의 농가가 대형 농기계를 구입하여 노동력이 부족한 다른 농가의 농업생산에 농기계 임대형태의 임노동을 파는 방식이다. 다음의 사례가 농기계 임대를 통한 농업 임노동의 사례를 잘 보여준다.

사례 4

이주상(남.55세)는 26살 되던 해인 1966년 C씨와 결혼하여 현재 결혼한 아들과 딸 그리고 대학생인 딸 1명(전북대 4년)으로 모두 1남2녀를 두고 있다. 그는 결혼할 당시 장남이었지만 직업군인이었기 때문에 서울에 거주하다가 아버지가 돌아가신 후에 이 마을로 다시 들어왔다. 이때 농지1,500평을 상속받았다. 이씨는 70년대 초반까지 상속농지의 경작과 고지9)를 얻어 생활을 지속하였다. 그 후 이씨

---

9) 고지(雇只)는 70년대 초까지 조사마을에서 크게 성행했던 노동력 교환방식이었다.

는 농협융자금으로 트랙터와 이앙기를 구입하여, 이를 가지고 마을내 농업 임노동을 통해 소득을 올리는 방식으로 경제적 어려움에 대응했다. 그는 이러한 임노동에 대해 가장 큰 문제는 "기계가 자꾸 고장나고 이를 빨리 고칠 디가 없어 애로가 많지, 그리고 기술도 필요하고 힘도 필요하고.."라고 이야기 하고 있다.

　　<사례 4>의 이씨는 가족노동력에 의한 농업생산이 어려운 농가를 대상으로 논갈이, 이앙작업, 탈곡 등의 농작업(農作業)을 대신해 주고 품삯을 받고 있으며, 현재(1994년)는 대부분 마을내 농사일을 주로 하고 있다. 현재 이씨는 자기의 소유농지 4,300평과 임차농지 9,000평으로 모두 13,000평을 경작하고 있다. 1994년 H씨의 영농일지에 기록된 그의 농기계 임노동의 내역을 보면 3월 15일부터 4월 6일 사이에 15일 동안 모두 41필지 5마지기의 논갈이를 해서 품삯으로 3,780,000원의 현금을 벌어들였다. 현재 농기계 임대를 통하여 벌어들인 이씨의 임노동 수입은 그의 전체 소득의 절반 이상을 차지한다.

　　조사마을의 농기계 소유농가의 임노동은 1980년대 초반에 대형 농기계인 콤바인과 트랙터가 도입된 후부터였다. 그렇지만 그 당시에는 임작업이 운반,탈곡,논갈이 등에 집중되어 농업생산의 보조수단으로 이루어지거나 농기계를 이용한 작업과 여타의 노동형태(인력·축력)와의 교환방식으로 이루어지는 경우가 대부분이었으며, 농업생산의 소득과 결합되지 않고 임노동에 의한 수입으로 생계를 유지하는 형태가 보다 일반적이었다. 그러나 현재에는 위의 사례에서 볼 수 있듯이 임노동 자체가 농가 수입의 상당 부분을 차지하며, 이외에도 가족노동력을 활용한 농업생산 소득에도 주력하여 가족단위 소득의 극대화를 꾀하고 있다. 그 결과

농촌의 잉여노동력이 풍부했던 시기에 행해졌던 이 방식은 노동력과 재화의 교환방식이라는 의미에서 임노동과 유사한 형태이다. "고지를 먹는 농가"는 "고지를 주는 농가"로부터 식량이나 현금을 미리 받아서 사용하고 그 댓가로 일정 규모의 농지를 경작해주는 것인데, 청부노동의 종류 및 작업일의 음식물 제공여부에 따라 다양한 이름으로 불렸다. 이에 대한 자세한 내용은 최재석(1975,1988)과 윤수종(1990)을 참고할 것.

농가의 경제규모가 크게 향상되고 있다는 점에서 차별성을 보인다. 이러한 농기계의 농업임노동의 참여는 이들 외에도 3사례를 더 볼 수 있다.

한편, 이들 농기계 임대농가가 수행하는 노동의 내용은 "기계가 농사짓지 사람이 농사짓나"라는 표현이 일상화될 정도로 조사마을 농업노동의 대부분을 차지하고 있다. 특히 이들 농기계의 임대농가는 이앙과 탈곡 등 농업노동의 가장 힘든 부분을 집중적으로 담당하고 있었다. 그 결과로 나타나는 현상은 생산에 투입되는 가족노동력의 많은 부분을 줄여 농외 임노동 등의 경제활동의 다양화에 투입하도록 유도할 뿐만 아니라 가족농 생산주체의 연령층을 높임으로써 노부부의 농가가 소규모의 농지를 경작하는 가족농 생산형태의 지속에도 많은 영향을 미치고 있다. 이러한 현상은 다음의 사례에서 잘 나타나고 있다. 현재 조사마을에서 가장 고령인 백동귀(86세 : 부부가구)씨는 농지 1,200평 정도를 경작하는데, 그는 농업생산을 계속 하는 이유에 대해서 "내가 허는 일은 삽자루 들고 물꼬(물길)보는 일 밖에 없어, …내 먹을 것은 장만허니 자식들 눈치안보고 좋지"라고 하여 조사마을에서의 농기계를 임대를 통한 임노동이 영세 가족농 형태를 지속하게 하는 한 요인이 됨을 나타내 주고 있다.

그리고 농외 임노동의 참여는 외부의 노동시장과 밀접한 관련성을 띄기 때문에 시장 자체가 형성되어 있지 않은 경우에는 그렇게 활성화되지 않는 전략이다. 그런데 조사마을은 인근 지역에 노동력을 유인할 농공단지와 아파트 공사현장이 형성되어 있다. 따라서 이 마을에서 볼 수 있는 농외 임노동의 참여는 대부분 농공단지(農工團地)나 공사현장의 일용 노동자로 일하는 것이 활발하게 이루어지고 있다.[10]

---

10) 이들 농민이 임금노동자와 같은 존재이면서도 탈농하지 않고 계속 존속할 수 있는 것은 소규모 분산적 재산, 가족노동의 착취에 기초하는 가부장적 성격을 갖는 생계적 생산양식으로 남아 있기 때문이다. 이들은 단순재생산로 남아있는 한 임금노동자 수준에 만족할 수 있고 이윤이나 지대를 필요로 하지 않으며, 생계적 생산양식의 가부장적 논리를 내재화하고 있어 합리적인 비용계산 메카니즘과는 동떨어져 있기 때문이다. Banaji(1977 : 32)에서 참조.

사례 5

　　임보환(남,55세)은 매우 가난한 집에서 태어나서 17살 때부터 인근 마을(신신
마을)에서 머슴으로 생계를 유지하였다. 1972년에 L씨와 결혼하여 3남 1녀를 두
었으며 결혼한 후에도 품일 계속하였는데, 이때 받은 새경과 처가 품을 팔아 모은
돈으로 논 6마지기를 마련하였다. 이후에도 마을에서 억척스럽다는 이야기를 들을
정도로 열심히 살았다. 현재 그는 고등학교에 다니는 아들과 그리고 집에서 노는 자
식과 함께 살고 있으며, 작년부터 벽골제 복원 공사장 인부로 일을 나가는데, 처음
에는 일당 25,000원씩 받았으나 열심히 일한 결과 1994년 7월부터는 좀 더 안정
적인 공사장의 정식인부가 되어서 월급으로 650, 000원을 받는다. 현재 농사는 논
600평를 경작하고 있다.

　　<사례 5>의 임씨의 경우 농가 전체의 수입에서 농업소득이 차지하
는 것보다 농외 임노동에 보다 적극적으로 참여하여 얻은 소득으로 가
계수지의 균형을 이루는 대표적인 사례이다. 이러한 경우는 조사마을에
서 1사례를 더 볼 수 있는데, 이 경우는 위의 사례와 달리 계절 단위로
이동하면서 공사일을 하는 경우이다. 그가 주로 하는 일은 건설 공사장
의 "목수일"인데, 농사철(4월－9월)은 마을에서 쌀농사일(1,200평)을 주로
하고 겨울철이면 공사장을 따라 다니면서 수입을 얻고 있다. 현재는 어
머니와 처 그리고 중학생인 아들, 초등학생인 딸과 함께 생활하고 있다.
　　이상의 농외 임노동 사례는 농업생산의 규모 확대에서 보이듯이 노
동의 강도를 높여서 소득의 극대화를 꾀하는 전략 뿐만 아니라 노동시
간을 효율적으로 이용하여 소득을 높이고, 농가단위로 소득을 결합하여
가계를 유지하는 것 처럼 적극적 전략행위로 대응하고 있는 것이 특징
이다. 이러한 대응전략은 이들 농가가 소유하는 물적・인적 자원에 기반
하고 있으며, 모두 40,50대로 조사마을내에서는 비교적 양질의 가족 노
동력 구조를 가지고 있다는 점과 가족의 구성에서 처 이외 부모세대가
함께 동거하여 효율적인 가족노동력 이용이 가능하기 때문에 선택할 수
있는 것이다. 그리고 논농사의 경우 모내기와 수확, 건조 등의 농작업에
서 일시에 많은 노동력이 투입되어야 하지만, 그 밖의 농작업은 개별 농

가의 가족원 한사람으로도 충분히 감당할 수 있기 때문에 농한기에는 유휴 노동력을 이용하기 위해서 농외 부문에 취업하는 방식으로 경제활동을 다양화하고 있다.

2) 가족원의 이농전략

다음으로 농민들이 선택할 수 있는 대응전략은 가족원들의 도시 산업부문으로의 이농(離農)이다. 이농 전략은 1)가족원의 일부를 도시 산업부문에 취업시켜서 이들의 소득을 농가단위로 결합시켜 소득을 극대화하는 방식과, 2)경제활동이 가능한 가족원을 이농시켜 가족구성원을 축소하여 농가 가계의 소득과 소비의 균형을 이루는 방식, 그리고 3)가족원의 한 사람에게 학업을 계속하게 하여 이들의 지위상승에 따른 가족 전체의 계층이동을 목표로 하는 방식으로 구분해 볼 수 있다. 이러한 이농전략은 개별 농가가 소유하고 있는 물적 토대에 따라서 선택하는 대응방식이 1)과2) 그리고 3)의 경우로 구별된다. 전자의 경우가 기본적 생산수단인 농지가 부족하여 농업생산만으로는 생계유지에 한계가 있는 경우 적극적으로 활용하는 대응이라면, 3)의 경우는 어느 정도 안정된 경제적 기반을 지닌 농가가 활용하는 대응이다. 조사마을에서 1960년부터 1995년까지 이농한 인구는 모두 284명으로 나타났다.[11] 이들의 이농 연도와 이농 사유에 따른 구성비를 구체적으로 나타낸 것이 다음의 <표 10-1>이다.

[11) 이 조사를 위해 1994년 말 현재 마을에 거주하는 가구주의 「세대별 주민등록부」에 기재된 직계자녀를 대상으로 하여 거주와 이농 사유를 물었으며, 여기에 누락된 가족원이 있을 경우를 대비하여 가구주와의 면접을 통하여 직계자녀의 기재 여부를 확인하여 보완하였다. 그래서 1960-1995년 동안 호주의 승계가 이루어진 경우는 이전 호주의 직계자녀가 현가구주의 방계 가족원이 될 수 있기 때문에 누락되거나 중복될 가능성도 있다.

〈표 10-1〉 가족원의 이농연도와 사유

구 분	1960-1974년	1975-1984년	1985-1995년	전 체
취업(1+2)	64.3	52.8	42.1	59.7
학업(3)	35.7	47.2	57.9	40.3
전 체	100.0(86)	100.0(105)	100.0(93)	100.0(284)

<표 10-1>을 보면, 가족원 이농의 시기별 변화에서 나타나는 특징은 취업을 위한 가족원의 부분 이농이 크게 줄어드는 반면에 학업을 위한 이동은 증가하고 있고, 70년대 중반까지만 해도 취업을 위한 이농이 훨씬 더 많은 구성비를 차지하고 있다는 사실을 알 수 있다. 이러한 현상은 개별 농가 수준의 물적 토대의 변화 및 농가가 재생산을 위하여 지향하는 목표의 변화와 밀접한 관련을 갖는다. 예컨대, 70년대 중반 이전만 하더라도 경제적 압박을 받는 농가가 많아 1)·2)의 대응을 통한 단순재생산 지향이 목표였다면 중반 이후는 어느 정도의 경제적 자립과 "자식만이라도 잘되면"이라는 한국 농민 특유의 가족질서를 기반으로 한 "자녀들의 교육을 통한 상승이동의 기대"로 대응전략의 목표가 변화되었다는 것이다. 그러면 먼저 농가 소득의 극대화와 생산과 소비의 균형방식에 의한 가족원의 개별 이농의 사례를 살펴보자.

사례 6

　장재훈(남,54세)은 전남 영광에 거주하다 너무나 살기 어려워 18살때인 1960년에 조사마을에 머슴을 살러 들어왔다. 그후 22살 때인 1964년에 이 마을 출신의 처녀와 결혼하여 모두 1남 5녀의 자식을 두었다. 장씨의 장녀는 1978년에 초등학교를 졸업하였으나 생활이 너무 어려워서 중학교에 진학하지 못하고 서울로 가서 작은 봉제공장에 취업해서 자기의 생계만을 유지할 수 있었다. 이러한 입장은 차녀, 3녀, 4녀 들도 마찬가지로 중학교를 마치고 바로 모두 서울, 전주 등지로 취업하러 갔다. 아들은 3녀와 4녀의 도움으로 1994년에 김제 소재의 고등학교를 마치고 현재 집에서 군입대를 기다리고 있으며, 막내딸은 김제여상에 다니고 있다. 딸들의 송금은 큰 일이 있을 때 부정기적으로 조금씩 이루어지며, 장씨 부부는 딸들에게 쌀을 보내주고 있다.

　장씨의 사례는 "한 식구라도 줄여야 먹고살지"라는 표현에서 나타나듯이 처음에는 자녀들의 이농을 통해 소득과 소비의 균형을 이루는 방식으로 대응하고, 그 후에는 이농한 자녀들 상호간의 지원망을 이용하여 나머지 자녀들의 생활을 책임지는 방식, 그리고 이들의 송금과 농업소득을 가족단위로 결합하는 방식으로 생계를 유지하는 대표적인 경우이다. 여기에는 장남이 중요한 역할을 담당하는데, 말하자면 이농한 가족원의 지원망에서 핵심이 되거나 부모를 대신하여 전체 가족을 위해 개별 가족원의 행위를 조정하고 있는 것이다. 이러한 유형은 70년대 초반까지만 하더라도 조사마을에서 흔히 볼 수 있는 전략이었다. 이러한 이농전략을 선택하는 농민들의 생활수준은 조사마을에서도 대부분 하층인 빈농들이었다. 이러한 유형의 이농전략은 결국 농가의 가족구성이나 형태를 조정하는 방법의 대응방식이기 때문에 가족원의 유출, 즉 농촌인구의 빠른 유출로 연결되며 그 결과는 가족구성의 축소와 소멸이라는 가족변화로 이어지게 된다.

　<사례 6>의 장씨의 경우는 가족생활의 궁핍화 정도를 딸들이 모두 인정하여 자연스럽게 취업을 위해 도시로 이농한 경우이기 때문에 B씨의 가족이 선택한 전략이 가족원들에게 하나로 통일될 수 있었다. 또한 전략의 실행과정에서도 가족원들간의 커다란 갈등이나 부모의 강요없이 이루어졌다. 그러나 가족원의 한 사람이 학업을 통하여 지위상승을 이루려는 3)의 전략으로 대응하고 나머지 자식들은 취업을 위한 이농이 강요될 경우 가족원 전체의 전략형태(family form of strategy)와 개별 가족원의 전략형태(individual form of strategy)와의 차이12)로 인해 가족원들 간의 갈

---

12) 가족 전체 수준이 아닌 가족원 개인의 생애주기에 의한 결과를 고려한다면, 교육의 차이에 의한 가족원들의 갈등이 나타날 수 있다. 예를 들어 대학졸업한 가족원은 그에 따른 사회경제적 지위를 갖지만 이를 위해 희생한 가족의 앞날을 대학 나온 가족원이 보장해 주지 않는다는 것이다.

등을 나타내는 경우도 있다. 다음의 <사례 7>은 가족원의 이농전략에서 가족 성원들간의 대응전략의 차이로 인해 나타나는 가족원의 갈등양상을 보여주고 있는 경우이다.

사례 7

손장익(남, 77세)은 1947년에 결혼하여 모두 4남 2녀를 두었다. 그는 차남으로 결혼 당시 부모에게 아무 것도 상속받지 않고 분가하였다. 그는 자녀교육이 바로 가족이 사는 길이라고 생각하여 장남과 차남을 서울로 유학시켜 공부를 계속하도록 하였다. 없는 살림에 장남과 차남의 서울 유학은 다른 가족원들에게는 커다란 부담이었다. 손씨 부부는 학비를 대기 위하여 소유농지의 경작이외에도 품을 파는 한편 가계의 규모를 줄이기 위하여 국민학교를 졸업한 딸들은 모두 취업시키기로 했다. 이 때 공부를 곧잘하던 큰 딸의 반발은 아주 심했다. 그러나 그는 더 이상 공부시킬 여력이 없어 "여자야 돈벌어 시집가면 그만이지 공부는 무슨 공부, 정 가고 싶으면 너가 벌어서 가라"라는 말로 취업을 강요했다. 별수없이 큰 딸은 서울로 가서 동대문의 보세공장에 취업했다. 손씨 가족은 장남이 서울에 있는 대학에 진학하자 가족원 전체가 장남 공부의 뒷받침에 전력을 다하지 않으면 안되었다. 또한 당시에 중학교를 마치고 집에 있던 3남에게도 농사를 강요 하였다. 그의 노동력을 기반으로 소작지를 확대해서 장남의 학비를 마련하였다. 현재 장남은 대학을 마치고 대기업에 재직중이며 3남을 두고 비교적 안정된 생활을 하고 있다. 손씨는 현재 3남과 함께 동거하는 직계가족의 형태를 취하고 있으며, 3남의 자녀들도 모두(중학생, 초등학생) 부천의 장남 집에 가서 학교에 다니고 있다.

<사례 7>의 경우는 장남으로 가계(家系)가 이어지는 우리의 전통적인 가족구성의 원리에 근거하여 "장남 한 사람의 교육을 통한 사회적 이동에 의해 가족 전체의 지위향상"을 대응전략의 목표로 하고 있다. 그리고 이를 실행하기 위한 구체적인 전략으로 "여자야 돈벌어 시집 잘가면 그만이지 공부는 무슨"라는 표현에서 잘 나타나듯이 성차별 이데올로기13)로 딸들의 진학을 포기시켜 될수록 빨리 농외 부문의 노동시장에

---

13) 물론 이와 같이 성차별에 근거한 대응전략은 비단 농민 가족에게만 한정된 것은 아니다. 예컨대 조은(1990)은 도시빈민의 생존전략에 대한 연구를 통하여 도시빈민 역시 ①가족 성원간의 성차별에 근거한 전략과, ②한국 사회의 구조적 특성을 반

강제로 내몰고 차남 이하에 대해서도 진학을 포기시켜 농사를 강요하며, 부모 세대는 자발적으로 노동을 강화함으로써 얻어지는 수입을 농가단위로 결합하는 방식을 선택하고 있다.

이러한 전략의 선택은 기본적으로 농가 전체 차원의 전략과 개별 가족원의 전략형태의 일치를 당연시하는 우리의 전통적인 가족원리에 바탕을 두고 이루어진다. 그러나 이러한 대응전략을 선택할 때 나타나는 현실은 개인의 생애주기의 경험에 따른 결과의 차별성 때문에 가족원들 간의 갈등을 보이며, 그 결과 가족이라는 틀 속에서 한 개별 가족원을 위한 나머지 가족원의 희생이라는 문제를 야기 시킨다. 예컨대, 장남의 지위상승이 가족 전체의 상승으로 연결되지 않고 오히려 차남이 마을에 남아 부모를 모셔야 하는 "차남 이하의 자식으로 계승된 직계가족(直系家族)"의 유형과 같은 전략적 행위의 결과는 결국 가족승계에서 장남을 통한 가계상속이라는 전통적 상속원리의 변화를 초래한다. 현재 조사마을에서 차남 이하로 계승된 직계가족은 5가구에 이르고 있다.

<사례 7>의 경우가 부모 세대 뿐만 아니라 나머지 다른 가족원의 희생으로 3)의 전략을 실행하는 것으로 특징지워진다면, 조사마을에서 보다 일반적인 유형은 <사례 1>에서 보이는 것 처럼 같이 부모 세대의 과다한 자기착취에 의한 자녀교육의 방식이다. 조사마을의 농민들 뿐만 아니라 대부분 농민의 경우도 농촌의 교육 여건상 자녀가 상급학교 진학을 위해서는 도시로 이동해야 하고, 그 결과 "1가족 2·3가구"의 형태로 가족이 다가구화(多家口化)하는 사례가 많이 나타나고 있다. 이를 위해 부모세대는 <사례 1>의 경우처럼 "자식을 위해서 하는거지 나 혼자만 살라면 못할 짓이여"라고 표현할 정도로 엄청난 강도의 농업노동을 투하하여 소득을 극대화시키는 대응전략을 선택하는 것이다.

한편 생존을 위하여 농가가 선택할 수 있는 대응전략의 마지막 단계는 농업을 완전히 그만두고 탈농하여 가족단위로 이농하는 것이다. 이것

영하고 있다고 지적한다.

은 가족원을 부분 이농시키는 전략과 달리 농업생산의 위기와 이에 따른 가족생활의 궁핍화를 가족 전체가 농업외의 다른 경제활동에 참가하여 극복하려는 대응전략이다. 특히 이러한 대응의 결과는 농촌 사회의 급격한 해체를 가져오며 또한 생산주체의 급격한 감소를 가져와 가족 노동력의 변화를 초래할 뿐만 아니라 가족의 구성과 형태를 변화시키는 요인이 된다. 조사마을에서 1960년 이후부터 현재(1994년 말)까지 모두 47가구가 전가구 단위로 이농하였다.[14] 이들 농가의 일반적인 특성은 연령층이 비교적 40대 이하의 젊은층에 해당하며, 대부분 마을 내에서 농업생산에 의한 생계유지가 어려운 빈농층들이었다. 그리고 시기별로 볼 때, 80년대 초반까지는 빈농층이 도시부문에 취업을 위한 이농이 대부분을 차지하나 그 이후는 먼저 이농한 도시의 가구원에 합류하는 형태나 자녀의 교육을 위해 이농하는 형태로 나타나고 있다. 또한 이농 후에 그들이 갖는 직업은 절반 이상이 도시 비공식부문의 업종이다.

여기에서 특히 자녀교육을 위해 전가구 단위로 이농한 경우는 이농 전 비교적 부유했던 농가들이다. 자녀들의 교육을 위하여 전가구가 이농한 농가들은 모두 7가구로 나타나고 있는데, 그 중에서 3사례는 가구주가 농업 이외의 다른 직업(교육공무원, 상업)에 종사하고 소유농지를 마을 주민들에게 임대한 지주였으며, 나머지 4사례도 5,000평 이상의 경지를 소유한 농가였다. 먼저 이농한 가구원과 합치는 사례는 모두 4가구로 나타나는 데, 이들 농가가 도시의 가구와 합치는 과정은 1)부모 모두 나이가 많아서 농업노동을 더 이상 수행할 수 없는 경우(1사례)와 2)노부부가 소규모 농지를 경작하면서 생계를 유지하다가 할머니가 사망하여 자녀와 합치는 경우(3사례) 등의 두 가지형태였다. 마지막으로 취업하기 위

---

14) 이농전략의 마지막 단계에서 농민이 선택하는 대응전략은 가족 전체가 탈농하는 방식을 선택하는 데, 여기에서 시기별 전가구 단위의 이농을 다루고 있는 이유는 이농의 시기별 성격을 구체적으로 밝혀봄으로써 농촌사회의 급격한 해체과정을 이해할 수 있고 그리고 그것이 농업 생산주체의 감소를 초래해 가족농 생산형태의 변화를 가져오는 중요한 요인이 되기 때문이다.

하여 가구단위로 이농한 사례는 대부분 다양한 대응전략으로 생계를 유지하다가 마지막 선택으로 전가족이 이농한 경우였다.

〈표 10-2〉 전가구 이농의 시기별 특징

구 분	1960 - 1974	1975 - 1984	1985 - 1994	전체(%)
(가구주 연령)				
30 - 39	10	8	1	19(40.2)
40 - 49	13	6	1	20(42.6)
50 - 59	2	2	3	7(14.9)
60세 이상		1		1(2.1)
(경작규모)				
0 - 1500	12	7	1	20(42.6)
1500 - 3000	7	5	1	13(27.7)
3000평 이상	1	4	2	7(14.9)
기 타	5	1	1	7(14.9)
(이농이유)				
취업	22	10	4	36(76.6)
자녀교육	1	5	1	7(14.9)
자녀와 합가	2	2	–	4(8.5)
(이농후 직업)				
공식부문	4	5	–	9(19.1)
비공식부문	19	7	2	28(60.0)
자영업	2	4	2	8(17.0)
기 타	–	1	1	2(4.3)
가 구 수	25	17	5	47(100.0)

사례 8

1)김현준(남,59세)은 어릴 때부터 집안이 어려워 머슴 생활을 하다가 1960년 이웃 마을의 고아와 결혼하면서 머슴을 그만 두고 고지와 날품으로 생활을 유지하였다. 결혼후 그는 모두 2남 3년의 자녀를 두었는데, 모두 년년생이어서 자식들을 키우는 데 무척 힘이 들었다. 김씨는 마을을 떠날 때까지 고지 1필지(1,210평) 농사와 자신과 부인의 날품 수입으로 겨우 생계를 유지하였다. 그러나 1975년 겨울 경에 더 이상 고지 먹을 데도 없고 해서 전주로 이주하였다. 이주 후 그는 공사판에서 막노동을 하고 부인은 식당에서 막일을 하면서 생활하였다. 그는 88년부터 도배 기술을 배워서 현재 전주의 아파트 공사장에서 도배하는 일을 하고 있다.

2)박재호(남,43세)는 조사마을을 떠나기 전까지만 하더라도 영농후계자로 성실성을 인정받은 농민이었다. 그는 81년도 결혼 후에 농지 6마지기를 상속받아 마을내에 분가하였다. 이후 논 5마지기를 구입하여 이농 당시 모두 11마지기와 임차지 12마지기를 가지고 모두 23마지기를 경작하고 있었다. 이처럼 비교적 건실한 경제력을 가지고 있던 박씨가 생계에 압박을 느끼게 된 이유는 1985년 경에 마을에서 처음으로 도입한 비닐하우스 수박농사에서 실패하면서 부터였다. 농협에서 1,000만원을 융자하여 150평 짜리의 비닐하우스 두 동을 만들어 수박농사를 두 해 지었지만, 수박값의 폭락과 경험부족으로 인하여 빚더미에 앉게 되자 더 이상의 의욕을 상실하고 89년에 마을을 떠났다. 마을을 떠날 당시 그는 농협빚 1,500만원과 사채 250만원 등 약 1,800만원의 부채가 있었다. 그래서 그는 소유농지 6마지기를 1,450만원에 팔아 부채를 청산했고 나머지 5마지기는 임대해 주고 있다. 시설농에 실패한 후에 박씨는 전주의 중장비 학원에 다니면서 중장비 운전기술을 배워서 현재 김제에서 중장비 기사로 일하고 있다.

<사례 8>의 김씨의 사례는 60,70년대에 도시로 이농한 농민들의 특징을 잘 보여주고 있다. 이들 가구들은 대부분 상속 재산없이 소작과 날품 등으로 어렵게 생활을 유지하다가 농업을 포기하고 도시로 이농하여 주로 도시 비공식부문에 취업하게 되는 유형이다. 조사마을에서 이러한 유형에 포함되는 사례는 모두 24가구이며, 그중에서 20가구가 60년대에서 70년대 초반에 이농한 농가들이다.15) 반면에 <사례 8>의 박씨는 어

---

15) 도시빈민의 형성과정을 크게 제1기의 원초적 형성기(해방에서 60년대 초반), 제2기의 구조적 형성기(60년대), 제3기의 구조적 재생산기(70년대 말에서 80년대)로 구분

느 정도 안정된 생산기반을 가지고 농업경영을 하던 농민이 국가 및 산업 자본부문의 농업지배로 어려워진 농업재생산 조건에 의해 농업을 포기하고 조사마을에서 이주한 경우이다. 이러한 가구단위의 이농유형이 주로 80년대 초반 이후에 집중되어 있는 사실도 관심을 모으는 부분이다. 이 시기는 농업지배의 수준이 최고의 강도를 보이는 "개방 농정기"이다. 이에 따라 구조적 차원의 변화압력과 개별 농가 차원의 대응전략의 관계에서 외부의 구조적 압력에 더욱 강하게 규정받던 시기였다. 그 결과 농촌 인구의 절대적 과잉상태에서 빈농층들이 이농했던 60년대의 유형과는 달리 <사례 8>의 박씨와 같이 비교적 "양호한" 조건을 갖춘 농민층도 이농하는 양상을 보이고 있었다.

4. 대응전략에 따른 농업생산형태의 변화

농업생산에서 가족농 생산형태의 변화는 독점자본에 의한 농업지배의 관철이라는 구조적 압력과 이에 대응하는 농민들의 다양한 대응전략과의 관계 속에서 이루어진다. 여기에서 변화라는 의미는 가족농 생산체계가 외형상으로 지속되기는 하지만 개별 농가가 선택하는 대응전략 행위의 구체적 실행과정에서 그 내용은 많은 변화를 경험하고 있다는 뜻이다. 예컨대 구조적 변화 압력의 강도가 높기 때문에 개별 농가는 생계유지를 위한 단순재생산을 지향하지만 이는 곧 농업에서 생산되는 잉여가 과도하게 농외 부문으로 이전되는 과정이기에 재생산체계 조차 위협받고 있다는 것이다.

___

한다면, 이들의 유형은 제2기에 해당하며 산업화 과정에서의 저곡가 정책으로 당시 농촌에 광범위하게 존재했던 빈농층이 도시로 이동하여 산업 노동시장의 상대적 과잉인구로서의 도시빈민층을 형성하는 과정을 보여준다. 도시빈민층의 형성과 이농민과의 관계 그리고 이농후 이들의 생활양식에 대한 자세한 내용은 길태근(1991), 조은, 조옥라(1992) 등의 논문을 참조할 것.

　이러한 상황에서도 가족농은 지속되는 경향을 보이는데 이것은 생산에 투입되는 노동형태가 대부분 비자본주의적 노동형태인 가족노동력에 근거하고 있다는 사실에서 확인할 수 있다. 농업노동형태의 변화과정을 살펴보면, 1994년 현재 농업노동에서 가족노동의 형태는 전체의 82.9%를 차지하여 1962년의 71.5%의 구성비 이후 계속 증가하고 있다.[16) 이러한 사실은 우리의 농업 노동과정이 자본주의적 임노동 관계보다는 가족관계에 기반하고 있다는 것을 의미하며, 가족이 하나의 단위로서 생산의 주체가 되는 가족농 생산형태가 지속되고 있다는 것을 나타내 준다. 특히 이러한 가족농 생산형태의 노동과정에서 나타나는 특징은 생산의 주체인 농민들이 소유하고 있는 토지와 노동력을 가족단위로 결합시키고 초과 착취을 통해 농업생산을 영위하며, 그것은 전통적인 가부장적 질서에 바탕한다는 것이다.

　조사마을에서도 농업노동의 과정은 가족 노동력의 활용이 중요한 조건이다. 이러한 점에서 가족농 생산형태가 지속되고 있다고 할 수 있다. 그러나 <사례 3>에서 나타나듯이 농업생산에서의 노동과정은 1)부부 중심의 가족노동력만으로 이루어지는 경우가 대부분이며, 2)이앙이나 또는 추수와 같이 중요한 작업에 투입되는 노동은 농기계의 임대작업에 의해 이루어지는 것이 특징이다. 그리고 경제활동의 다양화나 가족원의 이농을 통한 대응전략은 가족노동력의 변화를 초래해 노동력의 재구성을 가져왔다는 점 또한 특징으로 지적될 수 있다. 특히 가족원의 부분 이농에 의한 노동력의 감소는 농업생산에 있어서 임노동 고용은 물론

---

16) 농업노동형태의 구성비를 시기별 변화과정을 구체적으로 살펴보면, 1962년의 총노동투하량은 2,536.4시간에 가족노동(71.5%), 고용노동(20.2%), 교환노동(8.3%)로 구성되고, 1970은 총노동투하량이 2,154.8시간에 가족노동(75.2%), 고용노동(16.9%), 교환노동(7.9%)로, 1980년에는 총노동투하량이 1,814.0시간에 가족노동(79.4%), 고용노동(11.2%), 교환노동(9.4%)로, 1990년에는 총노동투하량이 1,592.7시간에 가족노동(80.7%), 고용노동(12.1%), 교환노동(7.2%)로 나타난다. (농협중앙회, 「농협연감」; 농림수산부, 「농림수산통계연보」). 이러한 수치를 통해서 보면 고용노동은 계속적으로 감소하고 있는 반면에 가족노동은 점차 증가해 오고 있다.

개별 농가간의 노동교환을 더욱 어렵게 만들었기 때문에 부부 두 사람은 자신들의 노동력을 최대한으로 활용하는 범위 내에서 농업생산 활동의 목표를 설정한다. 따라서 소득을 높이기 위해서는 남아있는 가족들(부부노동)의 노동시간과 노동강도를 최대한으로 강화시켜 노동력의 완전연소를 통하여 농업생산에서의 생산량을 증대시키거나 또는 농외 부문의 겸부업을 선택하게 된다.

이와 같이 조사마을의 가족농 생산형태는 일차적으로 독점자본의 농업형태 변형의 압력에 대해 개별 농가의 선택적 대응전략을 통해 자본주의적 경영을 저지당하면서도 지속되고 있다. 전체 사회의 산업화의 전환비용(costs of industrialization)을 충당하기 위한 국가의 저농산물 가격정책은 직접 생산자로서 농민이 취해야 할 농업 생산물의 정당한 가치를 박탈당하게 한다. 또한 자본부문은 다양한 전략을 이용하여 농자재, 농업생산물, 토지 등의 시장을 독점하고, 시장 메카니즘을 통해 농업의 잉여를 빠르게 이전하는 방식으로 자본 축적의 토대를 마련하고 있다. 이러한 농업지배의 실행이 농민들에게 미치는 영향으로 인하여 농가 차원의 농업생산의 위기는 더욱 심화된다. 즉, 농업소득율이 지속적으로 감소하고, 그에 따라 농가의 농업소득에 의한 가계비 충족도는 급격히 저하하고 있는 것이다.[17] 이는 농업의 확대재생산에 의한 자본주의적 경영으로 나아갈 수 있는 물적 토대가 붕괴되었다는 것을 의미하며, 그에 따라 단순재생산을 지향하는 소규모 가족농 생산형태가 지속된다는 것을 의미한다.

이러한 농업위기의 상황속에서 농민들은 소유자원을 최대한으로 활용하여 적절한 대응전략, 즉 소득을 극대화시키기 위해 경제활동을 다양화시키는 전략과 가족원을 부분 이농시켜 소득과 수입의 균형을 꾀하는 전략 등으로 생계를 유지하려 한다. 이러한 대응전략의 실행은 가족노동

---

17) 특히 가계비충족도는 1965년 88.4에서 1970년에는 93.40으로 조금 상승하지만 그후로는 1980년 82.1, 1990년 76.1, 1994년 71.8%로 점차 낮아지고 있다. 농협중앙회, 「농협연감」; 농림수산부, 「농림수산통계연보」.

력의 구성을 변화시키며 그에 따라 농업생산형태를 변형시키는데, 이러한 가족농의 변형은 농업생산의 생산주체의 감소화, 임차농화, 겸업농화, 여성의 생산노동에의 참여확대 등으로 나타나고 있다. 생산주체의 숫적 감소는 농업노동력 구조를 변화시켜 가족농 생산형태의 노동과정을 변형시키는 중요한 요인으로 작동하게 된다. 예컨대, ①가족노동력의 동원 범위가 축소되기 때문에 동원 가능한 노동력의 과다활용(노동조건의 악화)을 야기시키고, ②전통적 가족주의의 원리에 생계를 맡겨야 한다는 생존의 논리가 결합되어 노동력이 조정·통제되며, ③농기계를 통한 임작업(賃作業)의 비중이 점차 높아져 경영조건이 악화되는 결과를 초래한다는 것이다.

이러한 농업생산 주체의 공동화(空洞化)는 농가의 이농전략에 따른 결과로서 농가 인구의 급속한 유출과 밀접한 관련이 있다. 농가 인구는 1960년 전체인구의 58.3%를 차지할 정도로 과잉상태였지만 1994년 현재 5,167천명 정도로 전체 인구의 11.6%을 차지하고, 호당 가구원수도 3.32명에 정도에 이르고 있다. 이러한 현상은 조사마을의 경우에서도 마찬가지로 나타나는데, 1965년에는 가구당 5.2명의 가구원으로 구성되어 있던 것이 1994년에는 3.5(실재 거주자는 2.4명)명으로 줄어들고 있다. 이러한 농가 인구의 감소는 농업노동력 구조를 변화시켜 가족농 생산형태의 노동과정을 변형시키는 중요한 요인이 되고 있다는 것을 알 수 있다.

임차농화와 겸업농화는 잔존하는 가족노동력을 이용하여 가족단위 소득을 극대화하려는 경제활동의 다양화 전략과 밀접하게 관련되어 있다. 소유농지에 주곡만을 경작하여 얻어지는 소득으로는 생계유지 자체가 어렵기 때문에 가족노동력을 마지막까지 연소하기 위하여 임차지 규모를 늘려 나가는 과정에서 임차와 임차농가가 증대되고, 또 한편으로 농외 소득과 겸업농가의 비율이 증가하게 된 것이다. 조사마을에서는 <사례 1>의 농지의 임차를 통한 경작규모의 확대와 같이 적극적인 농업경영의 차원에서 이루어지는 경우와 소극적 농업경영의 차원에서 이루어지는 경우와 어우려져 나타나는 임차농화 경향이 가장 보편적이다. 예컨대, 1994년말 현재 마을의 전체 경작지(310,793평)의 26.7%가 임차지이고 임차농가는 26호로 전체 농가(54호)의 48.1%에 이르고 있다. 이러한 임차농화는 토지소유와 가족단위의 경영 그리고 가족 노동력이 일치되는 가족농 생산형태의 원리가 변화한다는 것을 의미한다.[18]

개별 농가의 겸업농화의 정도는 가족구성상의 특성, 즉 노동력 구조의 양과 질에 의해 농가에 따라 차이를 보이기는 하지만 마을 전체로 볼 때는 급속한 증가경향을 나타낸다. <사례 4>의 농업 임노동과 같이 농기계를 이용하여 직접 임노동 형태로 참여하는 경우와 그리고 <사례 5>의 경우처럼 농외 임노동에 참여하는 겸업농화의 정도가 점차 늘어나고 있다는 것이다. 특히 농기계를 이용한 임작업 형태는 조사마을의 주요 농업노동을 거의 전담하고 있어 새로운 노동형태로 정착되고 있다. 이러한 겸업농화는 농업소득만으로 생계를 유지할 수 없을 정도로 농가의 농업경영조건이 악화되었다는 것과 그리고 가족노동력을 농업노동에만 이용하지 않고 농외 노동에 사용한다는 것을 의미하며, 이는 곧 가족농 생산의 원리가 변화하고 있다는 것을 보여준다.

특히 농업 재생산의 위기를 단적으로 보여주고 있는 부채농의 증대는 오늘날 가족농 중심의 농업경영의 현실을 보여줄 뿐만 아니라 농가의 빈곤 문제와도 연결되는 부분이다. 농가부채는 1980년 초반까지만 하더라도 30만원대에 불과하였지만 1994년에는 약 788만원으로 증가하여 10여년 동안 26배나 증가하고 있다(농림수산부 1995). 이러한 농가부채의 증가는 농업생산의 위기에 대하여 임차규모나 겸업화를 통하여 가족농 형태를 변형시켜 가하면서 대응하려 했지만 단순재생산의 지향 마저도

---

18) 가족농 생산형태의 노동과정에서 나타나는 특징은 첫째, 생산의 주체가 농가이며 농가 스스로 소유하는 자원인 토지와 노동력이 가족단위로 결합된다. 둘째, 가부장적 질서에 의해 노동시간과 노동강도가 결정된다. 셋째, 가족노동력의 과다착취에 의해 잉여가 창출되며, 그 한계는 단순재생산에 필요한 비용까지이다. (Banaji 1977 : 32 – 33)에서 참조.

한계에 놓이게 될 정도로 가족농 중심의 농업경영이 열악한 상태에 빠져있다는 사실을 나타내 준다. 다시 말해 농민들은 개별 농가단위로 선택할 수 있는 모든 대응전략을 동원하여 소득의 극대화를 꾀하지만, 농업의 경영수지는 오히려 악화되고 있다는 것이며, 이는 곧 농가들이 생산의 측면 뿐만 아니라 소비의 측면에서도 상대적인 자율성을 상실하고 점차 빈농의 위치로 전락하거나 농업경영에서 손을 떼는 탈농화로 나아가고 있다는 것을 의미한다.

5. 맺 음 말

지금까지 이 논문에서는 농업의 위기적 상황속에서 농민들이 농업재생산을 위하여 개별 농가단위로 어떠한 대응전략을 선택하고 있고 그리고 그러한 대응전략에 따라 농업생산형태가 어떻게 변화해 가는가에 대하여 살펴보았다. 독점자본은 국가를 매개로 하여 농업·농민를 포섭해 가는데, 이러한 과정은 국가의 농업정책을 통하여 구체화되며 국가의 농업정책은 개별 농가의 생산활동을 지배하여 각 농가의 새로운 생존전략을 강요하는 외부의 압력으로 작용하게 된다. 특히 우리의 경우 농가의 물적 토대를 지배하는 외부의 구조적 변화압력은 농가의 생산 및 재생산체계의 해체위기를 초래할 정도로 강도가 심하다. 따라서 농가가 선택하는 대응은 적극적 대응전략으로 1)가족노동력의 과다한 노동에 근거한 경제활동의 다양화와 2)전통적 가족주의에 근거하여 성별·연령별로 차별화하는 가족원의 이농전략을 선택하고 있다.

경제활동의 다양화 전략은 잔존하는 가족노동력의 과다한 활용에 근거하여 이루어지며, 이의 결과가 농가에 두 가지의 결과를 초래한다. 하나는 농업노동력 구조의 고령화·여성화로 나타나는 질적 변화이고, 다른 하나는 노동시간 및 노동강도의 증가로 나타나는 농업노동조건의 악화이다. 농업 노동조건의 악화는 농가의 유일한 자원인 가족원의 노동시간과 노동강도를 최대한으로 증가시켜 농업생산에 임하려는 농가의 대응전략과 관련이 있다. 노동시간의 증가는 매우 높은 수준으로 나타나고 있는데, 특히 농번기에는 식사와 취침시간을 제외한 하루의 대부분을 농업노동에 투하하고 있다. 이러한 노동강도의 증가는 좁은 공간에서 많은 단계의 작업과 짧은 시간에 모든 노동력을 투하하여 생산에 차질이 없도록 해야 하는 논농사 중심의 농업 노동과정의 특징에 기인한다.

가족원 이농전략의 실행은 농촌 인구의 급속한 유출로 연결되며, 그 결과 가족구성의 축소와 소멸 및 가족의 다가구화(多家口化)로 나타나는 가족구조의 변화와 잔존 가족노동력의 노동조건이 악화되어 농가생활의 질이 떨어지는 문제로 귀결된다. 더구나 이와 같은 전략의 실행과정이 전통적인 가족주의에 근거하여 "딸"들에게 빠른 유출을 강요하는 성적 차별성이나 또는 장남과 이하 자녀들 간에 다른 방식의 전략형태를 강요하는 연령별 차별성에 의해 이루어지고 있다. 그리고 가족원의 이농에 의한 농업노동력 구조의 변화는 일차적으로 국가 및 자본의 농업지배에 의한 농촌 인구의 압출요인(push factors)과 개별 농가의 이농전략과 맞물리면서 농촌 인구가 과다하게 이농한 결과로서 농업 노동의 주체가 공동화(空洞化)되는 현상과 관련이 있다.

이러한 상황에서 조사마을의 농민들은 농업생산에서 다음 세 가지의 방식을 채택하고 있다. 1)노동 능력이 없는 노령자의 농가를 제외하고 마을에 남아있는 모든 가족원이 농업생산에 투입된다. 2)가능한 농기계를 도입하여 농사를 지을 것이며, 농기계를 작동시킬 수 없거나 소유할 수 없는 여성이나 노인 가구는 농기계품을 사서 농사를 짓는다. 3)자가 노동력이 없을 경우에는 농지를 다른 사람에게 임대해서 소작을 준다. 특히 조사마을에서 농업기계화의 진전은 구체적으로 다음과 같은 변화를 가져왔다. 1)농업기계화는 농업생산에 투입되는 노동의 양과 질의 변화를 초래하고, 이것은 일정한 가족 노동력으로써 경작할 수 있는 규모의 확대를 가져왔다. 2)기계화의 진전은 종래 육체노동을 기초로 해 온 농작업체계의 변화를 가져오고, 이것은 특히 농업노동과정의 변화를 가져왔다. 3)농기계화의 진전은 기계를 보유한 농가에서 감가상각과 이자부담 등의 고정비용을 증대시킨 반면에 많은 경우 경영규모의 영세성 등으로 인하여 기계의 효율적인 이용이 제한됨으로써 농기계 보유농가의 경영을 압박하는 요인이 되고 있다.

그리고 농업노동력의 부족 속에서 이루어지는 농업기계화의 진전은 농기계의 보유와 그것을 조작할 수 있는 노동력의 확보 여부가 농업생산과 경영에서 주도력을 가질 수 있느냐의 여부를 규정하기에 이르렀고, 농기계를 도입하지 못한 농가는 농업경영의 주체성이 현저하게 약화되었다. 또한 농기계를 도입하지 못한 농가는 노동력 사정에 따라 농작업의 일부나 전부를 기계를 보유한 개별 농가에 맡기지 않을 수 없게 되고, 경우에 따라서는 농지를 모두 임대하여 농업경영으로부터 완전히 손을 떼기도 한다. 이와 같이 가족단위의 농업노동력이 노령화·여성화되는 추세 속에서 농기계 임대작업은 더욱 활성화될 것으로 예상되며, 앞으로의 농업노동은 가족노동을 근간으로 하면서 농기계의 임대작업에 의한 농업노동으로 이루어질 것이다. 그리고 벼농사에 있어 몇몇 농가를 제외하면 조사마을의 대부분 농가가 자기완결적인 농업경영이 불가능하고 경운(정지), 이앙, 수확과 같은 본답작업(本畓作業)의 주요 작업을 농기계 가진 농가에 의뢰하여 처리하고 있으며, 농기계가 대형화 및 고성능화되면서 이러한 농기계의 임대작업을 통한 농작업은 더욱 커지고 있다.

이 연구에서는 구조적 변화압력과 개별 농가의 행위적 대응전략과의 힘의 역학관계나 지배-피지배 관계를 가로지르는 다양한 현상을 서술하지 못한 점과 그리고 분석단위가 개별 농가의 대응전략이기 때문에 전체 사회의 구조 속에서 규정된 존재양식을 마을이나 지역단위로 극복하고자 하는 집단적 대응양식에 대한 분석에서는 한계를 갖는다.

『한국문화인류학』제32집 1호, 1999, 한국문화인류학회

통계수치로 본 근현대의 농민사회

〈부표 1〉 일제하 가구별 직업구성의 변화

구분	1912년	1922년	1932년	1942년
농수산업 구성비(%)	2,420,321 (83.8)	2,752,355 (84.8)	2,914,078 (77.2)	3,069,370 (66.9)
광공업 구성비(%)	40,001 (1.3)	76,512 (2.3)	80,409 (2.1)	328,981 (7.1)
상업운수업 구성비(%)	194,922 (6.7)	214,843 (6.6)	228,587 (6.0)	382,753 (8.3)
공무자유업 구성비(%)	32,164 (1.1)	71,960 (2.2)	127,303 (3.3)	193,066 (4.2)
기타유업자 구성비(%)	127,526 (4.4)	87,111 (2.6)	341,129 (9.0)	477,489 (10.4)
무직 구성비(%)	70,469 (2.4)	39,651 (1.2)	80,728 (2.1)	135,583 (2.9)
전체 구성비(%)	2,885,404 (100.0)	3,242,432 (100.0)	3,772,234 (100.0)	4,587,242 (100.0)

자료 : 朝鮮總督府, 해당연도, 『統計年報』.

〈부표 2〉 일제하 관개시설별 관개면적

구분	수리조합사업에 의한 것				수리조합사업에 의하지 않은 것			
	건수	비율	면적	비율	건수	비율	면적	비율
제언(堤堰)	188	51.8	149	71.0	6,334	7.6	73	13.3
보(洑)	101	27.8	31	14.8	75,258	89.9	458	83.3
양수기	66	18.2	29	13.8	2,085	2.5	19	3.4
기타	8	2.2	1	0.4	0	0	0	0
전체	363	100.0	210	100.0	83,677	100.0	550	100.0

자료 : 小早川九朗, 1944, 『朝鮮農業發達史』 發達篇, 123쪽.
참고 : 단위는 천 정보이다.

<부표 3> 산업별 생산액 구성비(1938년)

산업	농업	임업	수산업	공업	전체(생산액:천원))
경기	43.3	4.4	0.9	51.4	100.0(404,274)
충북	88.2	2.6	0.0	9.2	100.0(81,266)
충남	86.6	4.1	1.7	7.6	100.0(145,983)
전북	63.0	3.6	0.9	32.0	100.0(201,614)
전남	57.2	5.9	6.9	30.0	100.0(300,162)
경북	76.6	5.9	4.9	12.6	100.0(224.091)
경남	54.4	4.1	9.3	32.2	100.0(250,403)
황해	59.8	2.3	2.4	35.5	100.0(250,186)
평남	45.9	1.5	0.5	52.1	100.0(256,846)
평북	63.4	5.5	1.3	29.8	100.0(176,646)
강원	63.6	7.8	19.6	9.0	100.0(138,355)
함남	27.5	3.1	13.0	56.4	100.0(321,098)
함북	25.7	7.3	32.9	34.1	100.0(152,946)
전체	54.3	4.2	6.6	34.9	100.0(2,897,004)

자료 : 朝鮮總督府, 1939, 『農業統計表』, 4쪽., 全羅北道, 1939, 『全羅北道道勢一班』, 97쪽.

<부표 4> 산업별 인구구성(1940년)

구분	전북	조선
농업	463,460(80.9)	6,670,360(74.8)
수산업	1,793(0.3)	129,408(1.5)
광업	2,833(0.5)	165,825(1.5)
공업	11,731(2.0)	425,397(4.8)
상업	34,377(4.3)	536,602(6.0)
교통업	2,701(0.5)	109,141(1.2)
자유공무업	8,984(1.6)	170,665(1.9)
가사업	17,016(2.9)	168,620(1.9)
기타	39,834(7.0)	537,823(6.0)
유업자　소계	572,729(100.0)	8,913,841(100.0)
무업자	991,312	14,633,624
전 체	1,564,041	23,547,465

자료 : 朝鮮總督府, 1944년 12월, 『昭和十五年 國勢調査結果要約』, 73쪽.
참고 : ( )안은 전체 유업자에 대한 비율이고, 단위는 인(人)과 %이다.

<부표 5> 소작지율의 변화

도별	1920년	1930년	1940년
경기	69.4	70.7	71.4
충북	59.2	64.3	66.7
충남	61.7	68.9	72.5
전북	73.6	75.6	77.1
전남	47.6	53.4	52.8
경북	47.6	53.4	52.8
경남	52.4	54.0	56.0
황해	59.8	65.1	65.7
평남	47.4	55.0	56.2
평북	54.9	56.6	63.1
강원	35.3	45.9	49.8
함남	22.5	31.1	33.8
함북	11.5	17.9	26.2
전체	50.8%	55.1%	57.9%

자료 : 朝鮮總督府, 『조선총독부 통계연보』, 각연도에서 작성(주봉규・소순열, 1996, 『근대지역농업사 연구』, 42쪽에서 인용).

<부표 6> 해방직후 경영형태별 농가호수(1945년 말)

구분	농가호수(호)	구성비(%)	비고
자작농	284,509	13.8	
자소작농	716,080	34.6	
소작농	1,009,604	48.9	
화전·피고용농	55,284	2.7	
전체	2,065,477	100	

자료 : 조선은행 조사부, 1948, 『조선경제연감』, 28-29쪽.

<부표 7> 해방직후 경영형태별 농가호수(1945년 말)

구분	5정보 이상	3-5정보	2-3정보	1-2정보	1정보 미만	불경작 농가	전체
자작농	1,011	7,231	23,048	64,079	191,455	−	
자소작농	1,237	8,653	30,534	87,433	211,976	−	
소자작농	1,134	8,198	30,538	94,402	243,359	−	
소작농	2,259	17,349	70,406	213,529	701,201	−	
전체	5,641	41,431	154,571	459,443	1,347,991	56,400	2,065,477

자료 : 조선은행 조사부, 1948, 『조선경제연감』, 28-29쪽.

<부표 8> 해방직후 농촌의 계층구성(1945년 말)

구분	자작농(호)	자소작농(호)	소작농(호)	전체(%)
부농	8,242	2,371	2,259	12,872(0.6)
중농	87,127	259,803	87,755	346,930(15.9)
빈농	191,455	455,335	914,730	1,561,520(71.8)
지주				200,000(9.2)
농업노동자				55,284(2.5)
전체				2,176,606(100.0)

자료 : 조선은행 조사부, 1948, 『조선경제연감』, 29쪽, 31쪽.
참고 : 부농-자작농 3정보이상, 자소작농 5정보이상, 소작농 5정보 이상.
　　　 중농-자작농1-3정보, 자소작농 1-5정보, 소작농 2-5정보.
　　　 빈농-자작농 1정보 미만, 자소작농 1정보 미만, 소작농 2정보 미만.

<부표 9> 농가인구 및 농가호수의 변화(1910-2003)

연도	총인구(천명)	농가인구(%)	총호수	농가호수(%)	호당인구
1910	13,313	10,427(78.3)	2,804	2,336(83.3)	–
1915	16,278	13,445(82.6)	3,118	2,629(84.3)	–
1920	17,289	14,413(83.4)	3,293	2,721(82.6)	–
1925	19,016	14,684(77.0)	3,610	2,743(76.2)	–
1930	19,686	15,853(80.5)	3,822	2,870(75.2)	–
1935	21,249	16,599(78.1)	4,143	3,066(73.2)	–
1940	22,955	16,725(72.9)	4,410	3,047(69.1)	–
1943	25,827	17,787(68.9)	–	–	–
1949	20,188	14,416(71.4)	–	2,474	5.83
1950	20,356	12,864(63.2)	–	2,261	5.69
1955	21,526	13,300(61.8)	–	2,218	5.99
1960	24,989	14,559(58.3)	4,378	2,350(53.7)	6.20
1965	28,705	15,812(55.1)	4,844	2,507(51.7)	6.31
1970	32,241	14,422(44.7)	5,857	2,483(42.4)	5.81
1975	35,281	13,244(37.5)	6,754	2,379(35.2)	5.57
1980	38,124	10,827(28.4)	7,969	2,155(27.0)	5.02
1985	40,806	8,521(20.8)	9,571	1,926(20.1)	4.42
1990	42,869	6,661(15.5)	–	1,767(15.6)	3.79
1995	45,093	4,851(10.9)	12,961	1,501(11.6)	3.23
2000	47,008	4,031(8.6)	14,312	1,383(9.7)	2.91
2003	47,925	3,530(7.4)	15,298	1,264(8.3)	2.79

〈부표 10〉 연령별 농가인구구성의 변화

연령	1960년	1970년	1980년	1900년	1995년	2000년
0−4세	−		645,912	217,581	121,563	106,615
5−9세	−	6,271,261	1,258,126	452,908	197,593	151,790
10−14세	−		1,669,109	699,846	361,076	200,370
15−19세	−	1,496,825	1,340,335	734,191	423,092	262,026
20−24세	−	744,732	845,489	464,360	328,526	219,796
25−29세	−	658,523	526,457	345,357	245,721	197,387
30−34세	−	805,532	442,714	336,040	203,241	155,311
35−39세	−	820,595	514,412	325,869	261,487	196,811
40−44세	−	707,419	688,416	352,892	278,785	259,864
45−49세	−	666,932	683,664	434,147	308,105	271,733
50−54세	−	586,930	567,433	568,445	377,654	306,649
55−59세	−	519,887	506,648	542,538	489,348	369,718
60−64세	−	430,445	410,376	417,951	470,188	456,986
65−69세	−	287,422	299,147	317,649	320,292	388,959
70−74세	−		208,663	207,691	221,702	236,018
75−79세	−	425,227	119,251	129,826	126,956	138,533
80세 이상	−		100,596	114,031	115,751	112,499
전체	−	14,421,730	10,826,748	6,661,322	4,851,080	4,031,065

자료 : 『농림수산통계연보』.

비고 : 1960년도에는 연령별로 조사하지 않았고, 1970년도에는 연령구간을 15세 미만과 70
세 이상으로 분류해서 조사함.

〈부표 11〉 성별 인구구성의 변화

연도	전체(명)	남자		여자	
		실수(명)	구성비(%)	실수(명)	구성비(%)
1960년	14,242,489	7,000,781	49.2	7,241,708	50.8
1970년	14,421,730	7,163,515	49.7	7,258,215	50.3
1980년	10,826,748	5,414,805	50.0	5,411,943	50.0
1990년	6,661,322	3,278,764	49.2	3,382,558	50.8
1995년	4,851,080	2,372,999	48.9	2,478,081	51.1
2000년	4,031,065	1,937,989	48.9	2,060,076	51.1

〈부표 12〉 가구주의 연령별 농가구성의 변화

연도	전체(%)	30세 미만	30-39세	40-49세	50-59세	60세 이상	65세 이상
1960년	2,329,128 (100.0)	102,667 (4.4)	453,693 (18.7)	617,680 (26.5)	612,397 (26.3)	400,208 (17.2)	160,045 (6.9)
1970년	2,483,318 (100.0)	215,812 (8.7)	657,922 (26.5)	662,953 (26.7)	569,564 (22.9)	377,067 (15.2)	184,542 (7.4)
1980년	2,155,073 (100.0)	129,673 (6.0)	367,123 (17.0)	664,794 (30.8)	555,907 (25.8)	437,576 (20.3)	−
1990년	1,767,033 (100.0)	36,719 (2.1)	221,177 (12.5)	372,508 (21.1)	583,964 (33.0)	552,665 (31.3)	323,182 (18.3)
1995년	1,500,745 (100.0)	12,311 (0.8)	134,201 (8.9)	272,494 (18.2)	447,256 (29.8)	634,483 (42.3)	371,486 (24.8)
2000년	1,383,468 (100,0)	7,270 (0.5)	84,246 (6.1)	237,737 (17.2)	348,067 (25.2)	706,148 (51.0)	451,758 (32.7)

비고 : 1960년의 조사에서 연령구분은 25세미만, 25-35세, 35-45세, 45-55세, 55-65세, 65세 이상으로 해서 이루어짐.

<부표 13> 농가 및 농가인구의 증감 추이

연도	농가		농가인구		농가당 가구원수
	실수(가구)	증감률	실수(명)	증감률	
1960년	2,329,128	−	14,242,489	−	6.11
1970년	2,483,318	0.6	14,421,730	0.1	5.81
1980년	2,155,073	−1.4	10,826,748	−2.8	5.02
1990년	1,767,033	−2.0	6,661,322	−4.7	3.77
1995년	1,500,745	−3.2	4,851,080	−6.1	3,23
2000년	1,383,468	−1.6(−2.4)	4,031,065	−3.6(−4.9)	2.91

비고 : ( )은 1990-2000년 사이의 연평균 증감률을 나타낸다.

<부표 14> 경지규모별 농가구성의 변화

연도	전체	경지없음	0.5ha 미만	0.5− 1.0ha	1.0− 2.0ha	2.0− 3.0ha	3.0− 5.0ha	5.0ha 이상
1960년	2,329,128 (100.0)	−	815,344 (35.0)	837,414 (36.0)	562,074 (24.1)	94,763 (4.1)	19,533 (0.8)	−
1970년	2,483,318 (100.0)	85,940 (3.5)	772,972 (31.1)	824,347 (33.2)	639,369 (25.7)	123,391 (5.0)	37,299 (1.5)	−
1980년	2,155,073 (100.0)	27,877 (1.3)	611,698 (28.4)	747,579 (34.7)	629,197 (29.2)	107,559 (5.0)	31,163 (1.4)	−
1990년	1,767,033 (100.0)	23,803 (1.3)	482,703 (27.3)	544,457 (30.8)	543,027 (30.7)	129,510 (7.3)	43,533 (2.5)	−
1995년	1,500,745 (100.0)	23,918 (1.6)	432,982 (28.9)	432,107 (28.8)	417,960 (27.9)	123,333 (8.2)	54,896 (3.7)	15,549 (1.0)
2000년	1,383,468 (100.0)	14,170 (1.0)	440,605 (31.8)	378,655 (27.4)	351,534 (25.4)	113,790 (8.2)	61,068 (4.4)	23,646 (1.7)

비고 : 1960-1990년 까지는 3.0ha이상인 농가이다.

<부표 15> 경영유형별 농가 구성(전업농/겸업농)

연도	전체 농가(호)	전업농(%)	겸업농(%)	
			1종 겸업	2종 겸업
1960년	2,329,128 (100.0)	1,706,423 (73.3)	325,043 (14.0)	293,369 (12.6)
1970년	2,483,318 (100.0)	1,681,003 (67.7)	488,574 (19.7)	313,741 (12.6)
1980년	2,155,073 (100.0)	1,642,320 (76.2)	295,116 (13.7)	217,637 (10.1)
1990년	1,767,033 (100.0)	1,052,315 (59.6)	389,097 (22.0)	325,621 (18.4)
1995년	1,500,745 (100.0)	849,053 (56.6)	277,214 (18.5)	374,478 (25.0)
2000년	1,383,468 (100.0)	902,149 (65.2)	224,642 (16.2)	256,677 (18.6)

비고 : 1960년도 전체농가 2,329,128호에는 무응답 가구 4,302호가 포함되어 있다.

참고 : 겸업농가는 수입을 위해 농업이외의 일에 연간 30일 이상 종사한 가구원이 있는 가구이
다. 1종 겸업농가는 겸업농가중 농업수입이 농외수입보다 많은 가구이고, 2종겸업농가
는 농외 수입이 농업수입보다 많은 가구이다.

<부표 16> 농작업별 기계화율

연도	경운 및 정지	이앙	방제	수확	탈곡	건조
1985년	68.5	22.6	68.2	17.4	97.4	2.1
1987년	71.8	36.8	80.2	35.8	97.2	3.7
1989년	82	66	87	62	99	12.5
1991년	88.5	80	93	72	99	14.5
1993년	93.2	92.1	94.8	87.0	–	21.3
1995년	95.4	96.6	96.5	94.5	99.8	31.7
1997년	96.5	97.7	97.6	96.6	99.8	35.9
1999년	98.7	97.5	98.5	97.0	99.7	39.9
2001년	98.7	98.1	99.6	99.2	100.0	48.0

자료 : 해당연도, 『농림수산통계연보』, 1991년 3월, 『농업기계화업무자료』, 16쪽.

<부표 17> 농업노동형태별 노동투하량

연도	전체	가족노동	고용노동	교환노동(품앗이)
1960년	3,151(100.0)	2,578((81.8)	573(18.2)	–
1965년	2,585(100.0)	1,863(72.0)	556(21.5)	167(6.5)
1970년	2,155(100.0)	1,621(75.2)	363(16.9)	171(7.9)
1975년	1,703(100.0)	1,310(76.7)	395(17.3)	103(6.0)
1980년	1,8149100.0)	1,441(79.4)	202(11.1)	171(9.5)
1985년	2,017(100.0)	1,594(79.0)	255(12.7)	168(8.3)
1990년	1,593(100.0)	1,286(80.7)	193(12.1)	114(7.2)
1995년	1,414(100.0)	1,158(81.9)	180(12.7)	76(5.4)
2000년	1,266(100.0)	1,064(84.0)	151(11.9)	52(4.1)
2002년	1,196.(100.0)	1,007(84.2)	145(12.1)	44(3.7)

자료 : http://www.nso.go.kr/cgi_bin/sws_999.cgi.
참고: 단위는 시간과 %이다.

<부표 18> 농가소득 중 쌀 소득 비중

년도	농가소득 (A:천원)	농업소득 (B:천원)	쌀소득 (C:소득)	쌀소득 비중(%)	
				(C/A)	(C/B)
1965년	112	89	43	38.4	48.3
1970년	256	194	88	34.4	45.4
1975년	876	715	310	35.6	43.5
1980년	2,693	1,755	741	27.5	42.2
1985년	5,736	3,699	1,824	31.8	49.3
1990년	11,026	6,264	3,097	28.1	49.4
1995년	21,803	10,469	3,984	18.3	38.1
2000년	23,072	10,897	5,691	24.6	52.0
2003년	26,543	10,825	5,450	20.5	50.3

자료 : http://www.maf.go.kr/asp/05_data/data01_0304.sap

〈부표 19〉 연도별 경지면적의 변화

년도	전제 경작면적	논		밭	
		면적(천ha)	비율(%)	면적(천ha)	비율(%)
1960년	2,024.8	1,206.2	59.6	818.6(40,4)	40.4
1965년	2,256.4	1,286.2	57.0	970.2	43.0
1970년	2,297.5	1,272.9	55.4	1,024.6	44.6
1975년	2,239.7	1,276.6	57.0	963,1	43.0
1980년	2,195.8	1,306.8	59.5	889,0	40.5
1985년	2,144.4	1,324.9	61.8	819.5	38.2
1990년	2,108.8	1,345.3	63.8	763.5	36.2
1995년	1,985.3	1,205.9	60.7	779.4	39.3
2000년	1,888.8	1,149.1	60.8	739.7	39.2
2002년	1,862.6	1,138.4	61.1	724.2	38.9

참고 : 경지면적은 1968년 2,319천ha(논 1,289, 밭 1,030)로 최고를 기록한 이후 계속 감소추세 임.

〈부표 20〉 주요 쌀 수출국가의 현황

수출량순위	국가	재배면적순위	생산량순위	소비량순위	수입량순위	수출량(천톤)	재배면적(천ha)	생산량(천톤)	수입량(천톤)	소비량(천톤)
1	태국	5	6	7	109	8,750	10,300	17,800	−	10,200
2	베트남	6	5	5	73	4,250	7,348	21,252	40	18,200
3	미국	15	11	13	18	3,048	1,213	6,324	476	3,853
4	인도	1	2	2	108	2,750	44,000	89,000	−	85,000
5	파키스탄	10	12	18	112	1,900	2,400	4,900	−	2,450
6	중국	2	1	1	10	1,500	27,100	115,000	750	135,000
7	이집트	22	14	14	111	700	615	3,900	−	3,300
8	우루과이	35	28	79	114	625	185	785	−	100
9	미얀마	7	7	8	110	500	6,400	10,440	−	10,200
10	유럽연합	28	20	19	7	325	405	1,670	925	2,230
11	호주	55	32	44	64	325	70	500	60	380
12	아르헨티나	37	29	53	97	325	165	579	10	275
13	일본	13	10	9	12	200	1,660	7,080	700	8,658
14	구아나	38	35	74	113	175	150	370	−	120
15	한국	17	13	11	35	100	985	4,450	160	5,001
16	대만	32	27	29	40	90	290	1,140	135	1,150
17	사우디	92	92	30	4	60	−	−	1,150	1,025
18	에콰도르	34	34	42	96	55	240	440	10	405
19	브라질	9	9	10	16	50	3,550	8,100	500	8,300
20	도미니카	46	36	48	103	20	97	315	8	355

자료 : USDA(미국 농무성), PS&D online service, 2004. 3. 11.
참고 : 한국과 일본의 경우 원조용이 대부분이다.

<부표 21> 한 · 일 · 대만 농가인구 비교

국가		1980년	1985년	1990년	1995년	2000년	2002년
총인구 (천명)	한국	38,124	40,806	42,869	45,093	47,008	47,640
	일본	117,060	121,049	123,537	125,068	126,926	126,479
	대만	17,805	19,258	20,353	21,304	22,216	22,453
농가수 (천호)	한국	2,155	1,926	1,767	1,501	1,383	1,280
	일본	4,661	4,376	3,835	3,444	3,120	3,028
	대만	891	780	861	792	721	–
농가인구 (천명)	한국	10,827	8,521	6,661	4,851	4,031	3,591
	일본	21,366	19,839	17,296	15,084	10,467	9,898
	대만	5,389	4,685	4,289	3,930	3,669	–
농가인구비 (%)	한국	28.4	20.9	15.5	10.9	8.6	7.5
	일본	18.3	16.4	14.0	12.0	10.6	7.8
	대만	30.3	24.3	21.1	18.4	16.5	–
호당농가인구 (명)	한국	5.0	4.4	3.8	3.2	2.9	2.8
	일본	3.6	3.5	3.5	3.4	3.4	3.3
	대만	6.0	6.0	5.0	5.0	5.1	–

자료 : http//www.maf.go.kr/sap/05_data/data01_0202.as, 농업기본통계.

참고문헌

1. 자료

경성일보사, 1943, 『조선연감』.
군산시(부), 1935, 『群山府史』.
__________, 1975, 『군산시사』.
__________, 1992, 『군산시사』.
김제군부량면, 「제적부」(1935－1995) ; 「호적부」 ; 「세대별주민등록부」, 「토지대장」
김제시, 1995, 『金堤市史』.
김제군, 1994, 『金堤郡史』.
______, 1994, 『통계연보』.김제군(시)
농촌진흥청, 1988, 『농가주부 및 경영주의 생활시간분석 보고서』.
농협중앙회, 1984, 『농촌부녀자의 의식과 역할』.
__________, 1986, 『농촌사회의 구조변화와 농협』.
__________, 각연도, 『농협연감』.
__________, 1993, 『농업연감』.
농협중앙회 농업개발부, 1994, 『영농조합법인 설립현황』.
농협중앙회 조사부, 1982, 「농기계공동이용조직에 관한 조사연구」, 『조사자료』
        제6집.
동진농지개량조합, 1995, 『東津農組七十年史』.
농림수산부, 각연도, 『농림수산통계연보』.
농림수산부, 1992, 『1990년도 농업총조사(전국편)』.
농림수산부, 1994, 『농어촌발전대책 및 농정개혁 추진방안 세부실천계획』.

농림신문사 편, 1949, 『농업경제연보』.

동진농지개량조합, 1995, 『東津農組七十年史』

민주주의 민족전선編, 1946, 『조선해방연보』, 문우인서관.

울릉군, 『울릉군지』, 울릉군지편찬위원회.

울릉군, 1997, 『통계연보』.

울릉군 서면 면사무소, 1998, "관내현황표"

全國經濟調查機關聯合會朝鮮支部編, 1939, 『朝鮮經濟年報』, 改造社.

조선은행 조사부, 1948, 『조선경제연보1』.

통계청, 각연도, 『인구 및 주택센서스』.

한국농기구공업협동조합, 1990, 『농업기계편람』.

한글학회, 1981, 『한국지명총람』11(전북편 上).

풀빛편집부 편, 1988, 『경제학사전』, 풀빛.

2. 논문 및 저서

(국 문)

강동진, 1970, 「일제지배하의 노동야학」, 『역사학보』46집.

______, 1980, 『일제의 한국침략정책사』, 한길사.

강만길, 1987, 『일제시대 빈민생활사』, 창비사.

강재언, 1984, 『일제하 40년사』, 풀빛.

강정일·강창용·이서호, 1990, 『기계화영농단의 효율적인 관리 및 육성방향』,
        한국농촌경제연구원 연구보고 209호.

강정일 외, 1993, 『위탁영농회사의 운영실태와 정책지원 방향』, 한국농촌경제
        연구원.

강창용 외, 1990, 「農機械共同利用組織의 變遷에 관한 小考」, 『農村經濟』제13
        권2호, 한국농촌경제연구원.

권병탁, 1984, 『한국경제사』, 박영사.

권삼문, 1991, 「어촌의 미역 최취관행에 관한 연구」, 영남대 문화인류학과 석
        사논문,

권이구, 1982, 「전통적 생활양식의 생태학적 측면」, 『전통적 생활양식의 연구』

(상), 한국정신문화연구원.

권태섭, 1947, 『朝鮮經濟의 基本構造』, 조선시론사.

권태억, 1986, 「통감부 시기의 일제의 농업정책」, 『러일전쟁 전후 일본의 한국 침략』, 역사학회, 일조각

권태환, 1990, 「일제시대의 도시화」, 『한국의 사회와 문화』11집, 한국정신문화 연구원.

권태환·장경섭, 1995, 「한국 가족농 재생산체계의 위기 : 가족주기별 분포와 생활실태를 중심으로」, 『한국인구학회지』제18권1호

공세권 외, 1987, 『한국가족구조의 변화─가족생활주기 조사를 중심으로』, 한 국인구보건연구원.

공제욱, 1993, 『1950년대 한국의 자본가연구』, 백산서당.

김경일, 1987, 「일제하의 농업과 공동노동조직─공동경적을 중심으로─」, 『현 대자본주의와 공동체이론』, 한길사.

김광억, 1974, 「한국농촌에 있어서 노동력동원의 형태분석」, 『한국문화인류학』 6집, 한국문화인류학회.

김병태, 1956, 「머슴에 관한 연구(1)」, 『경제학연구』 4집.

______, 1957, 「머슴에 관한 연구(2), 『경제학연구』 5집.

______, 1977, 「현행소작관계의 실태와 지주의 성격」, 『경제학연구』25집.

______, 1979, 『한국농업의 발전이론』, 대화.

______, 1981, 「토지개혁의 평가와 반성」, 『한국경제의 전개과정』, 돌베개.

김성훈 편, 1994, 『한국농업─이 길로 가야한다』, 비봉출판사.

김세건, 1993, 「반농반어촌 자원이용방식의 변화과정에 관한 연구」, 서울대 인 류학과 석사논문.

김 완, 1984, 「한국의 농민층분화에 관한 사례연구」, 박현채 외, 『한국농업의 새로운 인식』, 돌베개.

김보현·김용래, 1967, 『지방행정의 이론과 실제』, 법문사.

김용섭, 1992, 「일제의 초기 농업식민정책과 지주제」, 『한국근현대농업사연 구』, 일조각.

김윤환, 1981, 『한국경제의 전개과정』, 돌베개.

김일철 외, 1993, 『한국농민의 희망과 불안─1992년 한국농민의식조사』, 서울 대 출판부.

________, 1994, 『일본농촌과 지역활성화 운동』, 나남출판.

김이선, 1991, 「이농에 따른 농업노동력의 변화와 기계화 과정」, 서울대 석사 논문.

김종덕, 1988, 「한국의 경제성장과 농업」, 『현대 한국자본주의와 계 급 문제』, 한국사회사연구회, 문학과 지성사.

______, 1989, 「한국과 대만의 경제개발과 농업정책연구」, 『동아시아 발전의 정치경제』, 경남대 극동문제연구소.

______, 1993, 「미국의 대한농산물원조와 그 영향에 관한 연구」, 서울대 사회 학과 박사논문.

______, 1997, 『원조의 정치경제학』, 경남대 출판부.

김주숙, 1994, 『한국농촌의 여성과 가족』, 한울아카데미.

김준보, 1987, 『토지문제와 지대이론』, 한길사

김창민, 1994, 「환금작물경제에 대한 제주농민의 문화적 적응」, 서울대 인류학 과 박사논문.

김 철, 1965, 「식민지기의 인구와 경제」 ; 최원규 편, 1988, 『日帝末期의 파시 즘과 韓國社會』, 청아.

김춘동, 1983, 「이농이 소농의 재생산구조에 미친 영향 : 전북 정읍 이평면 도 계 1리 사례연구」, 『인류학 논집』 6집.

______, 1988, 「농민에 관한 인류학적 논의의 재검토」, 『인문과학』4집, 경북대 인문과학연구소.

______, 1993, 「한국 농촌의 사회경제적 변동과 정치적 과정」, 서울대 인류학 과 박사논문

______, 1995, 『농촌사회의 변동과 정치적 과정』, 경북대 출판부.

김택규, 1979, 『씨족부락의 구조연구』, 일조각

______, 1985, 『한국농경세시 연구』, 영남대 출판부

김홍식, 1981, 『조선시대 봉건사회의 기본구조』, 박영사

김홍상, 1986,, 「8.15이후 한국 농업의 전개과정과 소작제」, 서울대 석사논문.

김홍주, 1994, 「한국 농민가족의 변화에 관한 연구」, 고려대 사회학과 박사논 문.

김희승, 1993, 「농촌공업화의 재인식과 개선방안」, 『농촌사회』3, 한국농촌사회 학회.

남성문, 1991, 「국양식업 생산과정과 임노동의 특성」, 서울대 인류학과 석사논 문.

노동규, 1932, 「朝鮮農家經濟實相調査解剖」, 『東方評論』1(3).

노영택, 1975, 「일제하의 여자야학」, 『단국대사학지』9집.

______, 1979, 『일제하 민중교육운동사』, 탐구당.

류제헌, 1994, 『한국근대화와 역사지리학 - 호남평야』, 한국정신문화연구원.

문병집, 1973, 『한국의 촌락』, 진명문화사

문옥표, 1990, 「일제의 식민지문화정책」, 『한국의 사회와 문화』11집, 한국정신
　　　문화연구원.

______, 1994 『일본의 농촌사회』, 서울대 출판부.

문팔용, 1980, 『농업기계화의 정책과제 - 공동이용조직을 중심으로』, 한국개발
　　　원.

박경식, 1986, 『일본제국주의의 조선지배』, 청아.

박광서, 1990, 「한국의 경제발전과 소농농업에 관한 연구」, 연세대 경제학과
　　　박사논문.

박광순, 1981, 『한국어업경제사연구』, 예풍출판사.

박금화, 1986, 「김양식의 확대와 어촌사회의 변화」, 『한국어촌의 저발전과 적
　　　응』, 집문당.

박길성, 1988, 「농업문제 분석을 위한 이론틀」, 『한국사회학』22(겨울호), 한국
　　　사회학회.

______, 1990a, 『경제사회학』1, 태진출판사

______, 1990b, 「농민층에 대한 계급론적 이해 : 계급위치를 중심으로」, 『경제
　　　와 사회』8호(겨울호), 한국산업사회연구회.

박　경, 1983, 「저개발사회구성체의 연구」, 충남대 경제학과 석사논문.

박경아, 1993, 「朝鮮後期 村落民 組織과 村契」, 『정신문화연구』16권 4호, 한국
　　　정신문화연구원.

박명규, 1992, 「1910년대 식민지 농업개발의 성격」, 『한국의 사회제도와 농촌
　　　사회제도의 변동』, 문학과지성사.

박민선, 1992 "1980년대 한국의 농민계층분화에 관한 연구 - 6개 부락의 사례
　　　에 관한 경험적 연구」, 이화여대 박사논문.

______, 1993, 「1980년대 농민 계층분화의 양상과 그 성격」, 『농촌사회』3집,
　　　한국농촌사회학회, 일신사.

박병호, 1986, 「한국 가부장권 법제의 사적 고찰」, 『한국여성학』제2집.

박부진, 1994, 「한국농촌가족의 문화적 의미와 가족관계의 변화에 관한 연구」,

서울대 인류학과 박사논문

박 섭, 1986, 「1930년대 식민지 조선의 사회정책적 농정과 반봉건적 지주제의 변화」, 서울대 석사논문.

______, 1998, 『한국근대의 농업변동 – 농업경영의 성장과 농업구조의 변동』, 일조각.

박성용, 1993, 「프랑스 인류학과 아날학파의 동향」, 『사화과학연구논총』2, 효성카톨릭대 사화과학연구소.

______, 1996, 「한 농촌사회 가족집단의 조직원리와 그 문화적 전략」, 『윤용진교수정년퇴임기념논문집』.

박수미, 1994, 「농촌사회의 위기와 농촌가족의 적응전략」, 한국정신문화연구원 석사논문.

박원서, 1991, 「식민지 조선에서의 수도생산력 발전의 지역차」, 서울대 석사논문.

박진도, 1980, 「계층분화의 분기점으로서의 중농의 의의에 관한 연구」, 『충남대 경상논집』2(2).

______, 1988, 「8.15이후 한국농업정책의 전개과정」, 『한국농업·농민문제연구』Ⅰ, 한국농어촌사회연구소편, 연구사.

______, 1994, 『한국자본주의와 농업구조』, 한길사.

박현수, 1985, 「인류학의 제3세계연구와 제3세계의 인류학연구」, 『인문연구』7(1), 영남대 인문과학연구소.

______, 1990, 「식민지 도시에 있어서의 일본인 사회의 형성 – 1900년 무렵 부산과 대구의 경우」, 『인류학연구』제5집, 영남대 문화인류학연구회.

박현채, 1979, 「일본자본주의의 성립과 제국주의화 과정」, 『현대 일본의 해부』, 한길사.

______, 1981, 『한국농업의 구상』, 한길사.

______, 1983, 『한국경제와 농업』, 까치사.

박홍진, 1988, 「농업생산력 r조에 관한 연구」, 『한국농업·농민문제연구Ⅰ』, 연구사

______, 1989, 「한국수도작 생산력에 관한 연구 : 1971년부터 1985년까지」, 서울대 석사논문.

배영동, 2001, 「산간지역 농민의 농업생산체계와 신기술 조정」, 영남대 문화인류학과 박사논문.

배진한, 1977, 「농촌 노동력 유출과 노동시장」, 서울대 경제과 석사논문

백욱인, 1989, 「1950년대 한국사회의 계급구성」, 『경제와 사회』3호

서관모, 1984, 『현대한국사회의 계급구성과 계급분화』, 한울

서울농대 농업개발연구소, 1976, 『한국농업기계화의 촉진정책에 관한 연구』

성태규, 1986, 「농업노동력 동원형태에 관한 연구」, 『인류학연구』3집, 영남대 문화인류학연구회

______, 1995, 「농업노동력형태에 관한 연구 : 경산군 협석리를 중심으로」, 영남대 문화인류학과 박사논문.

손인수, 1987, 『韓國敎育史Ⅱ』, 문음사.

손정목, 1977, 『조선시대 도시사회연구』, 일지사.

______, 1982, 『한국 개항기 도시사회경제사연구』, 일지사.

신용하, 1980, 「일제 식민지 정책과 그 유산의 청산」, 『한국근대사와 사회변동』, 문학과지성사.

______, 1987, 『한국 근대사회사연구』, 박영사

______, 1988, 「일제하 지주제도의 분화」, 『식민지시대의 사회체제와 의식구조』, 한국정신문화연구원.

안병직 외, 1989, 『近代朝鮮의 經濟構造』, 비봉출판사.

안준섭, 1989, 「미작농가의 농작업수위탁실태에 관한 고찰 : 8개지역 사례조사를 중심으로」, 『농협조사월보』6월호.

안호용, 1993, 「한국 가족의 형태분류와 핵가족화의 의미」, 『한국의 사회와 역사』(최재석교수 정년퇴임 기념논총), 일지사.

양희왕, 1984, 「농가가계구조를 통해서 본 농민분해에 관한 연구 : 신무리의 사례」, 『인류학논집』7집, 서울대 인류학연구회.

여중철 외, 1990 『양좌동 연구』, 영남대 인문과학연구소.

연규집, 1972, 「한국농업노동력'에 있어서의 공동작업에 관한 연구」, 『청주대 논문집』7, 청주대학.

염인호, 1983, 「일제하 지방통치에 관한 연구 - '조선면제'의 형성과 운영을 중심으로 - 」, 연세대 석사논문.

오명석, 1983, 「농업기계화에 따른 농민경제의 변화 : 평택평야의 한 마을에 대한 사례연구」, 『인류학논집』6집, 서울대 인류학연구회..

오미일 편, 1991, 『식민지시대 사회성격과 농업문제』, 풀빛.

오성철, 2000, 『식민지 초등교육의 형성』, 교육과학사.

오호성, 1979, 「경제발전과 농지제도」, 『농촌경제』2(1) : 4 - 13, 농촌경제연구원.

유인호, 1975, 『한국농지제도의 연구』, 백문당.

유철인, 1986, 「제주사람들의 문화적 정체감 : 주변사회에 있어서의 적응방식」, 『탐라문화』5집, 제주대 탐라문화연구소.

윤수종, 1990, 「한국농업생산에서의 노동조직의 변화과정에 관한 연구」, 서울대 박사논문

______, 1991, 「머슴제도에 관한 일고찰」, 『한국 근현대의 사회조직과 변동』, 한국사회사연구회, 문학과지성사.

윤여덕 외, 1983, 「농촌인구 이동에 관한 사회학적 연구」, 한국농촌경제연구원.

은기수, 1987, 「조선후기 인구자료로서의 호적에 관한 일 연구」, 『한국사회의 신분계급과 사회변동』, 한국사회사연구회, 문학과지성사.

이경숙, 1987, 「한국농지개혁의 결정과정에 관한 연구」, 『한국자본주의와 농업문제』, 아침.

이기욱, 1995, 「제주도 농민경제의 변화에 관한 연구」, 서울대 인류학과 박사논문.

이덕성, 1991, 「농민경제의 이론적 체계들에 대한 비판적 고찰」, 『인류학연구』6집, 영남대 문화인류학연구회.

이대근, 1987, 『한국전쟁과 1950년대 자본축적』, 까치사.

이병혁, 1990, 「일제하의 언어생활」, 『한국의 사회와 문화』14집, 한국정신문화연구원.

이애숙, 1985, 「일제하 수리조합의 설립과 운영」, 『한국사연구』51・2합집.

이영기, 1982, 「1960년대 이후의 농민층분해에 관한 연구」, 서울대 경제학과 석사 논문.

______, 1992, 「한국농업의 구조변화에 관한 연구」, 서울대 경제학과 박사논문.

이영훈 외, 1992, 『近代朝鮮 水利組合研究』, 일조각.

이정덕, 1984, 「수도작 기술변화에 따른 농업노동의 변화 : 원평촌의 사례연구」, 서울대 인류학과 석사논문.

이정한, 이승규, 1979, 「농업기계화 수준과 적정경지규모」, 『농업경제연구』20.

이정환, 1983, 「대농의 상대적 감소원인과 새로운 대농층의 형성 전망」, 『농촌경제』제6권 4호.

이종훈, 1985, 「한국의 농촌-도시간 노동이동 경로에 관한 연구-토다로의 2
　　단계 이동가설 검증을 중심으로」, 서울대 경제학과 석사논문.
이형덕, 김종덕, 1982, 「농촌의 가족이주에 관한 연구」, 『농촌경제』118호.
이호철, 1991, 『산업화와 농업경제』, 한길사.
＿＿＿, 1992, 『농업경제사연구』, 경북대 출판부.
이효재 편, 1988, 『가족연구의 관점과 쟁점』, 까치사.
이훈구, 1935, 『농업경제론』, 한성도서.
임영춘, 1992, 『농노』(上,下), 전주 : 민영사.
장경섭, 1995, 「가족농 체제의 위기와 농촌개혁의 전망-90년대 농촌현실의
　　사회학적 평가」, 『농촌사회』5집, 한국농촌사회학회.
장상환, 1985, 「농지개혁에 관한 실증적 연구」, 『해방전후사의 인식』2, 한길사.
장수현, 1986, 「농지개혁이후 한국의 농민층 분화에 관한 연구; 경남 김해군의
　　한 마을의 사례를 중심으로」, 서울대 인류학과 석사논문.
田剛秀, 1993, 「植民地 朝鮮의 米穀政策에 관한 硏究」, 서울대 경제학과 박사
　　논문.
정건화, 1987, 「한국 도시빈민의 형성과 존재형태」, 『한국사회연구』5집, 한길
　　사.
정근식·김준, 1993, 「도서지역의 경제적 변화와 마을체계 : 소안도의 사례연
　　구」, 『도서문화』11집, 목포대 도서문화연구소.
정승모, 1984, 『태종고전연구』1집, 태동고전연구소.
정연태, 1994, 「일제의 한국농지정책」, 서울대 박사논문
정영일, 1967, 「전후 농지개혁에 관한 일고찰」, 『경제논집』6(2), 서울대.
정진형, 1982, 『증보 벽골제사』, 전주 : 대흥출판사.
조강희·조승연, 1998, 「울릉도·독도 주민의 경제생활과 사회조직」, 『울릉
　　도·독도의 종합적 연구』, 영남대 민족문화연구소.
조경만, 1991, 「청산도의 농업환경과 문화적 적응의 일고찰」, 『도서문화』9집,
　　목포대 도서문화연구소.
＿＿＿, 1997, 「유기농업의 생태·경제 과정을 통해서 본 사회자연체계의 이
　　상과 현실」, 서울대 인류학과 박사논문.
조기준, 1970, 「한국사에 있어서의 근대의 성격」, 『한국사시대구분론』, 지식산
　　업사.
조동걸, 1978, 『일제하 한국농민운동사』, 한길사.

조성윤, 1991, 「조선후기의 도시와 농촌」, 『한국의 도시문제와 지역사회』, 한국사회사연구회, 문학과지성사.

조승연, 1996, 「농업노동력유출과 농업생산구조」, 『사회연구』9, 경남대 사회학연구회.

______, 1998, 「한국농업정책의 전개과정에 관한 연구」, 『천마논총』9집, 영남대 대학원.

______, 2000, 『한국농촌사회변동과 농업생산구조』, 서경문화사.

조영탁, 1985, 「수도작 상층농의 실태와 그 전망에 관한 연구」, 서울대 경제학과 석사논문.

조옥라, 1984, 「경제적 측면에서 본 한국의 전통적 생활양식 연구」, 『전통적 생활양식의 연구』(하), 한국정신문화연구원.

______, 1990, 「도시빈민 가족과 농촌 영세빈농 가족의 비교」, 『한국 가족론』, 까치.

______, 1991, 「농촌여성의 경제활동의 증가가 가족구조에 미친 영향」, 『한국의 사회와 역사』, 최재석교수정년기념논총간행위원회, 일지사.

______, 1998, 「농민가족의 현대성과 보수성」, 『한국문화인류학』제31집 2호, 한국문화인류학회.

조 은, 1993, 「한말 서울의 가족구조」, 『한국 근현대 가족의 재조명』, 한국사회사연구회, 문학과지성사.

조 형, 1982, 「한국의 비공식근로자에 관한 연구」, 『이대논총』12집.

조흥식, 1992, 「한국 농촌사회의 복지문제 – 사회보장제도를 중심으로」, 『농촌사회』2집, 한국농촌사회연구회.

주종환, 1981, 『農業機械化와 營農組織』, 일조각.

주봉규·소순열, 1998, 『근대 지역농업사 연구』, 서울대 출판부

주종환, 1967, 「농민층분해와 대농계층의 성격」, 『농업경제연구』9.

______, 1981 『농업기계화와 영농조직』, 일조각.

지수걸, 1984, 「1932 – 35년간의 농촌진흥운동」, 『韓國史研究』46호.

차홍균 외, 1991, 「농작업수탁조직의 동향과 그 구조」, 『농업정책연구』제61권 1호, 농업정책학회.

최규홍 외, 1991, 『농기계임작업 및 공동이용 유형분석』, 농촌진흥청.

최석영, 1997, 『일제의 동화이데올로기 창출』, 서경문화사.

최운규, 1988, 『근현대조선경제사』, 갈무지.

최재석, 1975, 『한국농촌사회연구』, 일지사

______, 1988, 『한국농촌사회변동연구』, 일지사.

최재율, 1986, 『농촌사회학』, 유풍출판사.

최재현, 1983, 「한국 전자본주의 생산양식의 개념규정 문제」, 『한국 사회의 전통과 변화』, 법문사.

한국농어촌사회연구소, 1989, 「1980년대 농업정책의 동향과 성격 – 농축산물 수입개방과 농업구조조정정책의 진전을 중심으로」, 『1980년대 한국자본주의의 전개와 지배구조』, 풀빛.

______________________, 1990, 『지역사회 지배구조와 농민』, 연구사.

______________________, 1991, 「80년대 한국자본주의의 전개와 농산물 수입개방」, 『자본주의 세계체제와 한국사회』, 한울.

______________________, 1991, 『한국자본주의와 농촌사회』, 사회문화연구소.

한국농촌경제연구원, 1983a, 『농지소유제도에 관한 조사연구』.

______________, 1983b, 「농촌인구이동에 관한 사회학적 연구」, 『연구보고』 62호.

______________, 1983c, 『농가경제의 유형과 성격』.

______________, 1989, 『농지개혁사연구』.

______________, 1991, 『농촌 및 농업구조 변천에 관한 연구』.

한국보건사회연구원, 1990, 『한국가족의 기능과 역할 변화』.

한국여성개발원, 1993, 『농촌가족의 변화와 지속에 관한 연구』.

한기언, 1970, 「일제의 동화정책과 한민족의 교육적 저항」, 『일제의 문화침탈사』, 아세아문제연구소, 민중서관.

한기언, 이계학, 1993, 『일제의 교과서정책에 관한 연구』, 한국정신문화연구원.

한도현, 1986, 「1930년대 농촌진흥운동의 성격」, 『한국 근대농촌사회와 일본제국주의』, 한국사회사연구회, 문학과지성사

함한희, 1991, 「해방이후의 농지개혁과 궁삼면 농민의 사회경제적 지위와 그 변화」, 『한국문화인류학』제23집, 한국문화인류학

______, 1994, 「호남지방경제사의 연구사적 검토」, 『한국문화인류학』 25집, 한국문화인류학회

______, 1995, 「농민들의 경제적 위기와 문화적 대응 : 문화와 정치 경제의 상호작용에 유의하여」, 『한국문화인류학』제27집, 한국문화인류학회.

______, 1998a, 「미군정의 농지개혁과 한국 농민의 대응」, 『한국문화인류학』제

31집 2호, 한국문화인류학회.

______, 1998b, 「일제 식민지 시대의 가족제도의 변화」, 『한국인류학의 성과와 전망』, 이광규교수정년기념논총간행위원회, 집문당.

허수열, 1983, 「일제하 한국에 있어서 식민지 공업의 성격에 관한 연구」, 서울대 박사논문.

황연수, 1991, 「수입개방에 따른 농정전환의 내용과 성격」, 『한국자본주의와 농촌사회』, 한국농어촌사회연구소, 사회문화연구소.

황한식, 1984, 「현행소작제도의 성격에 관한 연구」, 『한국 농업의 새로운 인식』, 돌베개.

______, 1985, 「미군정하의 농업과 토지개혁 정책」, 『해방전후사의 인식』2, 한길사.

______, 1988, 「개방체계하의 한국농업의 성격」, 『한국경제론』, 까치.

홍동식, 1987, 『농촌사회학의 이해』, 법문사.

홍성찬, 1992, 『한국근대농촌사회의 변동과 지주층』, 지식산업사.

홍성흡, 1995, 「일본 농민의 농업경영형태와 사회경제적 적응전략」, 서울대 인류학과 박사논문.

______, 1998, 「세계화 국면에서의 농산물의 유통과 농민의 적응방식」, 『한국인류학의 성과와 전망』, 집문당.

홍종필, 1993, 「在滿 朝鮮人移民의 分布狀況과 生業」, 『백산학보』41호, 백산학회.

(일 문)

高橋正郞, 1983, 「規模問題と構造政策の視點」, 『農業經濟研究』第55卷 3號.

古阜水利組合, 1937, 『古阜水利組合20週年記念事業槪要誌』.

橋谷弘, 1993, 「釜山,仁川の形成」, 『近代日本と植民地3』(植民地化と産業化), 岩波書店.

久間健一, 1935, 「農民家族經濟と其の經營規模に關する研究」, 『朝鮮農業の近代的 樣相』, 西ケ原刊行會.

________, 1935, 「勞動隊制度と雇只隊制度」, 『朝鮮農業の近代的 樣相』, 西ケ原刊行會.

________, 1943, 「巨大地主の農民支配」, 『朝鮮農政の課題』, 成美堂.

群山南韓鐵道期成同盟會, 1910, 『群山開港史』.

群山府廳, 1935,『群山府史』.

宮嶋博史, 1990,「植民地朝鮮」,『歷史のなかの地域』, 岩波書店.

　　　　　, 1993,「朝鮮における植民地地主制の展開」,『近代日本と植民地3』(植民地化と産業化), 岩波書店

吉野誠, 1978,「李朝末期における米穀輸出の展開と防穀令」,『朝鮮史研究論文集』15集.

南滿洲鐵道株式會社 經濟調査會, 1933,『朝鮮人勞動者一般事情』.

　　　　　　　　　　　　　　　, 1971,『日本の階級構成』, 岩波書店.

農林省熱帶農業研究센터, 1976,『舊朝鮮における日本の農業試驗研究の成果』.

大野 保, 1941,『朝鮮農村の實態的研究』, 滿洲大同學院 論叢 第四輯.

渡邊兵力, 1967,『農業構造の改善』, 泰文館.

藤井寬太郎, 1911,『朝鮮土地談』.

福島北溟, 1909,『朝鮮と全州』, 共存舍.

仙波正太郎, 1913,『群山と交通機關の變遷』, 京城.

蘇淳烈, 1994,「植民地後期朝鮮地主制の研究」, 京都大 博士學位論文.

　　　　, 1995,「1930年代朝鮮における小作爭議と小作經營」,『アシア經濟』36卷 9號.

小早川九郎, 1944,『朝鮮農業發達史』(發達篇).

　　　　　　, 1944,『朝鮮農業發達史』(政策篇).

松本武祝, 1987,「朝鮮 全羅北道農業の構造變化」,『日本史研究』298號, 日本史研究會.

　　　　　, 1991,『植民地期朝鮮の水利組合事業』, 未來社.

.實業之朝鮮社 編, 1928,『東津江流域』, 群山.

若尾祐司, 1989,「近代 ヨーロツペ 家族と親族―親族ドイツを中心に －」,『社會的 結合』, 岩波書店.

宇津木初三郎, 1928,『朝鮮寶庫 全羅北道發展史.』

　　　　　　　, 1934,『湖南の寶庫 金提發展史』.

箋田喬二, 1968,『日本帝國主義と舊植民地地主制－台灣・朝鮮・滿洲におけ日本人土地所有の史的分析－』, 御茶の水書房.

李時載, 1983,「韓國の傳統社會における社會的再生産機構の研究」, 東京大 博士論文

印貞植, 1937,『朝鮮の農業機構分析』, 白揚社.

______, 1940, 『朝鮮の農業地帶』, 生活社.

______, 1940, 「朝鮮農民生活の狀況(一,二)」, 『調査月報』11券 3,4號.

______, 1943, 『朝鮮農村再編成の研究』, 人文社.

______, 1948, 『朝鮮農村問題事典』, 新學社

日本 農商務省, 1905, 『韓國土地農産調査報告』(慶尙道,全羅道)

若尾祐司, 1989, 「近代 ヨーロツペ 家族と親族－親族ドイツを中心に－」, 『社會
　　　的 結合』, 岩波書店

山田龍雄, 1941, 「全羅北道における農業經營の諸相」, 『農業と經濟』8－8.

全羅北道農務課, 1937, 『昭和十一年度全羅北道農業情勢』.

全羅北道農會, 1928, 『全北の農業』.

全州財務監査局, 1910, 『全北調査資料』

朝鮮農村社會衛生調査會, 1940, 『朝鮮の農村衛生』, 岩波書店.

朝鮮農會, 1930, 『農家經濟調査 全羅南道』.

________, 1931, 『農家經濟調査 慶尙南道』.

________, 1932, 『農家經濟調査 京畿道』.

________, 1933, 『朝鮮農會報』7卷 12號.

________, 1939, 『朝鮮農會報』 13卷 4號.

朝鮮農民社, 해당연도 『朝鮮農民』

朝鮮總督府, 1917, 『朝鮮全道府郡面里洞名稱一覽』.

________, 각연도, 『統計年報』.

________, 1923, 『朝鮮に於ける內地人』.

________, 1927, 『朝鮮の人口現狀』, 調査資料 第22編.

________, 1929, 『朝鮮の小作慣習』.

________, 1930, 『朝鮮國勢調査報告』.

________, 1932, 『朝鮮ニ於ケル小作ニ關スル參考事項摘要』.

________, 1932, 『朝鮮の小作慣行』(上,下).

________, 1935, 『朝鮮國勢調査報告』, 道編4卷 全羅北道.

________, 1935, 『施政二十五年史』.

________, 1940, 「朝鮮における 兒童敎育費及び小兒死亡に伴う諸經費の現況」,
　　　『調査月報』11.

朝鮮總督府 內務局, 1932, 「咸鏡北道慶源郡農家經濟狀況調査」, 『調査月報』12月.

朝鮮總督府 農村振興科 編, 1939, 『朝鮮農山漁村振興運動叢書』.

朝鮮總督府 學務局, 1935, 『朝鮮諸學校一覽』.

增田收作, 1936, 「朝鮮における部落中心人物につきての一考察」, 『朝鮮』257號.

車洪均, 1987, 「韓國における農業構造變化と農地賃貸借に關する研究」, 東京大 博士論文.

川廷謹造, 1972, 『農業機械化技術』, 養賢堂.

倉持和雄, 1980, 「韓國農業機械化の現段階： 耕耘機の利用と今後の方向」, 『ア シア經濟』第21卷 10號, アジア經濟研究所.

________, 1983, 「韓國における農村農家人口の流出－60,70年代における特徵と 結果」, 『アジア經濟』 第24卷 5號, アジア經濟研究所.

________, 1984, 「70年代における韓國農業勞動構造の變動」, 『アジア經濟』第25 卷 1號. アジア經濟研究所.

________, 1993, 「80年代後半韓國における農地關係の變化」, 『アジア經濟』34卷 4號. アジア經濟研究所.

河合和男, 1986, 『朝鮮ニ於ケル産米增殖計劃』, 未來社.

(영 문)

Acheson, J. M.

1981, *Anthropology of Fishing*, Annual Review of Anthropology Vol.10.

Alivi, H.

1987, 「Peasantry and Capitalism : A Marxist Discourse」, *Peasant and Peasant Societies* by Teodor Shanin(eds.), Oxford : Basil Blackwell

Amin, S.

1977, *Imperialism and Unequal Development*, Monthly Review Press.

Banaji, J.

1976, 「Summary of Seiected Parts of Kautsky's The Agrarian Questia」, *Economy and Society* 5(1).

1977, 「Modes of Production in Materialist Conception of History」, *Capital and Class* 3(Fall)

Baran, P.

1957, *The Political Economy of Growth*, New York : Monthly Review Press.

Barlett, P.

1980, 「Adaptive Strategies in Peasant Agricultural Production」, *Annual Review of*

Anthropology 9.

Bernstein, H.

1977, 「Notes on Capital and Peasantry」, *Review of African Political Economy* 10.

1979, 「African Peasantries: A Theoretical Framework」, *The Journal of Peasant Studies* 6-4.

1988, 「Capitalism and Petty-Bourgeois Production: Class Relation and Division of Labor」, *The Journal of Peasant Studies* 15-2.

Bloch, M.

1983, *Marxism and Anthropology*, Oxford University Press.

Bray, F,

1986, *The Rice Economics: Technology and development in Asian Societies*, New York: Basil Blackwel.

Castells, M.,

1977, *The Urban Question*, London: Edward Arnold Pub.

Chandrasekhara, C.S. & Mather, G.D.

1972, 「The Role of Growth Foci in Regional Development Strategy」, In R.P. Misra et. al. *Urban Systems and Rural Development* Vol.1.

Chayanov, A. V.

1986, *The Theory of Peasant Economy*:With a New Introduction by T.Shanin. Thorner,Kerblay & Smith(eds.). The Univ. of Wisconsin Press

Chevalier, J.

1983, 「There is Nothing simple about Simple Commodity Production」, *The Journal of Peasant Studies* 10-4

Clammer, John(ed.).

1978, *The New Economic Anthropology*, New York: Macmllian, 양희왕, 허석렬 공역, 1984, 『제3세계의 경제와 사회』, 풀빛.

Cook, S.

1973, 「Economic Anthropology: Problems in theory, Method and Analysis」, Honigmann, John(ed.), *Handbook of Social and Cultural Anthropology*, Chicago: Rand McNally, 795-860.

Crow, G

1989, 「The Use of the Concept of Strategy in Recent Sociological Literature」,

Sociology 23-1

Dalton, George(ed.)

　1967, *Tribal and Peasant Economies*, Austin: University of Texas Press.

Deere, C.D & De Janvry, A.

　1981, 「Demographic and Social Differentiation Among Nothern Peruvian Peasants, *The Journal of Peasant Studies* 8-3.

Deere, C.D

　1987, 「The Peasantry in Political Economy in Trend of the 1980's」, Latin American Studies Program. *Occasional Paper* 19, Massachusetts Univ. Press.

Edward P. Reed.

　1979, *Group Farming in Smallholder Agriculture: Experience and Potential in South Korea*, The Univ. of Wisconsin-madison.

Ennew, J., Hirst, P., Tribe, K.,

　1977, 「Peasantry as an Economics Category」, *The Journal of Peasant Studies* 4-4.

Firth, Raymond(ed.)

　1967, *Themes in Economic Anthropology*, London:Tavistok.

Friedman, H

　1978, 「World Markets,State and Family Farm:Social Bales of Household Production in an Era of Wage Labor", *Comparative Studies in Society and Histoty* 20-4.

　1980, 「Household Production and the National Economy: Concept for the Analysis of Agrarian Formation, *The Journal of Peasant Studies* 7-2.

Fosberg, F.R.(ed.)

　1963, *Man's Place in the Island Ecosysrem*, Honolulu: Bishop Museum Press.

Geertz, C.,

　1963, *Agricultural Involution*, Berkeley: Univ. of California Press.

Giddens, A

　1973, *The Class Structure of Advanced Socities*, London: Hutchinson & Co.

Godelier, M

　1978, 「Infrastructures,Societies and History」, *Current Anthropology* 19: 763-771

Goodman, D. & Redclift, M.

　1982, *From Peasant to Proletarian: Capitalist Development and Agrarian Transitions*, St. Martin's Press.

Harrison, M.

1977, 「The Peasant Mode of Production in the Work of A.V.Chayanoy」, *The Journal of Peasant Studies* 4-4.

Hobe M. C. Vessuri,

1980, 「Technological Change and the Social Organization of Agricultural Production」, *Current Anthropology* 3: 315-327.

Horwitz, R.

1978, *Anthropology Toward History*, Wesleyan University Press.

Horvath, R. V.,

1969, 「In Search of a Theory of Urbanization: Notes on the Colonial City」, *East Lakes Geography* 5.

Humphries, J.

1982, Class Struggle and the Persistence of the Working Class Family, The Family in Political Thought, Elshtain, J.B., Amherst; The Univ. of Masachusetts Press)

Hunt, D.

1979, 「Chayanov's Model of Peasant Household Resource Allocation」, *The Journal of Peasant Studies* 6-3.

Kahn, J.

1981, 「The Social Context of Technological Change in Four Malaysian Village」, *Man* 16-4

Kahn, J. & Llobera, R.

1981, 「Franch Marxist Anthropology: Twenty Years After」, *The Journal of Peasant Studies* 8-1.

King, D. A.,

1976, *Colonial Urban Development: Culture, Social Power and Enviroment*, London: Roulledge & Kegan Paul

Kwan, Tai Hwan

1977, *Demography of Korea*, S.N.U. Press.

Long, N.

1977, *An Introduction to Sociology of Rural Development*, London Tavistock, 홍동식 역, 1984, 『농촌발전의 사회학』, 법문사.

1984, *Family and Work in Rural Society*, New York: Tavistok Publication.

Meillassoux, C.

　　1978, 「The Economy in the Agricultural Self-Sustaining　Societies」, (ed.),Sedden, *Relations of Production* 127-157.

　　1980, 「From Reproduction to Production」,(ed.) Wolpe,H(1980)189-201.

　　1981, *Maidens,Meal and Money: Capitalism and the Domestic Community,* London: Camebridge University Press, 김봉률 역, 1989, 『자본주의와 가족제공동체』, 까치.

Migdal, J. S.

　　1974, *Peasant, Politics and Revolution: Pressures toward Political and Social Change in the Third World,* Princeton Press.

Murdock, G. P.

　　1949, *Social Structure,* Macmillan Company, 조승연 역, 1995, 『사회구조-친족인류학의 이해』, 서경문화사.

Nash, M.

　　1966, *Primitive and Peasant Economic System,* University. of Chicago.

Ortner, S. B.

　　1984, 「Theory in Anthropology since the Sixties」, *Comparative Studies in Society and History,* 26(1):126-166.

Omvedt, G.

　　1980, 「Migration in Colonal India: The Articulation of Feudalism and Capitalism by the Colonal State」, *The Journal of Peasant Studies* 7-2.

Patnaik, U.

　　1978, 「Differentiation of Peasantry in India」, in Ashok Rudra et al. eds., *Studies in the Development of Capitalism in India,* Vanguard Books Limited.

Plattner, S.

　　1989, *Economic Anthropology,* Stanford University Press.

Polanyi, K.

　　1977, *The Livelihood of Man,* Academic Press, 박현수 역, 1983, 『인간의 경제』, 풀빛.

Redfield, R.

　　1930, *Tepoztlan, A Mexican Village: A Study of Folk Life,* Chicago : University of Chicago Press.

1947, 「The Folk Society」, *The American Journal of Sociology* 52.

1956, *Peasant Society and Culture: an Anthropological Approach to Civilization*, University of Chicago Press.

Schmink, M.

1982, Woman in the Urban Economy in Latin America. *Low-Income Households and Urban Services Working Paper* No.1. New York: The Population Council.

1984, 「Household Economic Strategies: A Review and Research Agenda」, *Latin American Research Review* 19(3).

Scott, J. C.

1976, The Moral Economy of the Peasant, Yale University Press.

Sedden, D(ed.).

1978, *Relations of Production*, London: Frank Class & Company.

Shanin, T.

1973, 「The Nature and Logic of the Peasant Economy」, *The Journal of Peasant Studies* 1-1.

Sider, Gerald M.

1988, *Culture and Class in Anthropology and History*, Cambridge Univ., Press.

Sjoberg, G.,

1960, *The Preindustrial City: Past and Present*, New York: Free Press.

Smith, C.

1984, 「Forms of Production in Practice: Fresh approaches to Simple Commodity Production」, *The Journal of Peasant Studies* 11-4.

Sorensen, C. W.

1988, *Over Mountains Are Mountains*, Seattle & London: University of Washington Press of Wasington Press.

Stavenhagen, R.

1965, 「Classes, Colonialism, Acculturation」, *Studies in Comparative International Development* 1-6.

1973, The Social Structure of Rural Societies, 김대웅, 장영배 역, 1983, 『농업사회의 구조와 변동』, 백산서당.

Taylor, J.

1979, *From Modernization To Modes of Production*, London : Macmillan Press, 김홍

명 역, 1978, 『제3세계의 생산양식』, 풀빛.

Tsurumi, E. P.

1984, 「Colonial Education in Korea and Taiwan」, In Meyers and Peattie(eds.).

Wolf, E.

1966, *Peasant*, New Jersy: Prentice-Hall, 박현수 역, 1978, 『농민』, 청년사.

1969, Wars of the Twentieth Century, New York, Harper and Row, 곽은수 역, 1985, 『20세기 농민전쟁』, 형성사.

1982, *Europe and People without History*, Berkely: Univ. of California Press.

Wolpe, H,(ed.).

1980, *The Articulation of Modes of Production*, London: RKP.

Wood, C. H.

1981, 「Structural Changes and Household Strategies:A Conceptual Framework for the Study of Rural Migration」, *Human Organization* 40(4).

ㄱ

조승연(趙承衍)

1962년 경북 선산에서 출생
영남대, 경남대, 계명대, 대구대, 대구교대, 경북대 강사 역임
현재 국립민속박물관 민속연구과 학예연구사
인류학 박사

저서 : 『한국농촌사회변동과 농업생산구조』(저서)
　　　『사회구조 – 친족인류학의 이해』(역서)
논문 : 「토지소유와 노동형태의 변화에 관한 연구」
　　　「한국농업정책의 전개과정에 관한 연구」
　　　「농업노동력의 유출과 농업생산구조」
　　　「농촌사회변동과 농업생산구조」
　　　「독도·울릉도민의 사회조직과 경제생활」

한국근현대 농민사회연구

초판인쇄일 : 2004년 6월 25일
초판발행일 : 2004년 6월 30일

저　　자 : 조승연
발 행 인 : 김선경
발 행 처 : 도서출판 서경문화사
편　　집 : 김현미·조시내
표　　지 : 김윤희
필　　름 : 프린텍
인　　쇄 : 한성인쇄
제　　책 : 반도제책사
등록번호 : 1–1664호
주　　소 : 서울시 종로구 동숭동 199–15 105호
전　　화 : 02–743–8203, 8205
팩　　스 : 02–743–8210
메　　일 : sk8203@chollian.net

ISBN 89–86931–70–2　93300

정가　18,000원